JAPAN. BODY PERFORM LIVE

a cura di / edited by
Shihoko Iida e / and Diego Sileo

SilvanaEditoriale

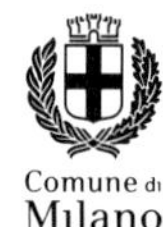

Sindaco / Mayor
Giuseppe Sala

Assessore alla Cultura
/ Councillor for Culture
Tommaso Sacchi

Direttore Cultura
/ Director for Culture
Marco Edoardo Minoja

Ufficio stampa
/ Press Office
Elena Conenna

PAC

JAPAN. BODY PERFORM LIVE

Milano
22.11.2022
–12.2.2023

Direttore / Director
Domenico Piraina

Comitato scientifico
/ Scientific Committee
Ferran Barenblit
Silvia Bignami
Emanuela De Cecco
Iolanda Ratti
Diego Sileo

Curatore / Curator
Diego Sileo

Responsabile Organizzazione e Amministrazione
/ Head of Organization and Administration
Giovanni Bernardi

Responsabile Valorizzazione e Promozione
/ Head of Valorization and Promotion
Simone Percacciolo

Coordinamento mostra
/ Exhibition Coordinator
Ciro Bertini
Christina Schenk

Organizzazione
/ Organization
Luisella Angiari
Luisa D'Elia
Cinzia Ercoli
Bianca Girardi
Vittoria Marsala
Giulia Sonnante
Roberta Ziglioli

Responsabile Ufficio tecnico / Head of Technical Office
Annalisa Santaniello

Ufficio tecnico
/ Technical Office
Stefano Calvi
Alessandro Gironi
Giuseppe Marazia
Claudio Midollo
Lorenzo Monorchio
Andrea Passoni
Gabriella Riontino
Silvia Segala
Roberto Solarino

Coordinamento amministrativo
/ Administrative Coordination
Antonella Falanga

Amministrazione
/ Administration
Luisa Barchielli
Roberta Crucitti
Laura Piermattei
Sonia Santagostino

Coordinamento eventi
/ Events Coordination
Filomena Della Torre
Silvana Rezzani

Responsabile Comunicazione e Promozione
/ Head of Communication and Promotion
Francesca La Placa

Comunicazione e Promozione
/ Communication and Promotion
Antonietta Bucci
Ilaria Gozzi
Claudio Pagliarin
Graziella Perini
Raffaele Putortì

Attività didattiche
/ Educational
Marta Ferina

Servizio Civile Nazionale
/ National Civil Service
Matilde Coletti
Veronica Di Tonno
Beatrice Forlini
Anna Flavia Lazzari

Assistenza operativa
/ Operational Assistance
Cinzia Mangialetti
Rita Trino

Servizio custodia
/ Security
Corpo di guardia
Villa Reale / PAC

Mostra a cura di
/ Exhibition curated by
Shihoko Iida e / and
Diego Sileo

Realizzazione allestimento
/ Set Up
Studio Noè

Allestimento video
/ Video Set Up
Audiovisual Advanced Art

Progetto grafico
/ Graphic Design
studio òbelo
Claude Marzotto
Maia Sambonet
Alice Guarnieri

Trasporti / Transports
Butterfly Transport

Foto allestimento mostra
/ Photo documentation
Lorenzo Palmieri

Conservazione opere
/ Conservation of works
Simona Fiori

Assicurazioni
/ Insurance
Lloyd's

Catalogo / Catalogue
Silvana Editoriale

Ufficio stampa
/ Press Office
PCM Studio
di Paola C. Manfredi

Web e / and Digital
Claudia Capelli

Guida alla mostra a cura di / Exhibition Guide by
Rossella Menegazzo

Si ringraziano per il prestito delle opere
/ Thanks for the loan of the works to
Aichi Prefectural Museum of Art
Ashiya City Museum of Art and History
Yumiko Chiba Associates
Annet Gelink Gallery
Tomio Koyama Gallery
Mizuma Art Gallery
Kenji Taki Gallery
E tutti gli studi degli artisti
/ and all artists' studios

Un particolare ringraziamento a
/ Special thanks to
Luciano Cantarutti
Antonella Cataldi
Jon Hendricks
Michela Virgilio

Si ringraziano
/ Thanks to
Igort
Sergio Brancato
Daniela Myoei Di Perna
Walter Zarroli
Oblomov Edizioni

Sponsor PAC

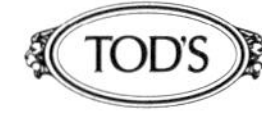

In partnership con / with

ALCANTARA

Sponsor tecnico
/ Technical Sponsor

الاتحاد
ETIHAD
AIRWAYS

Con il supporto di
/ Supported by

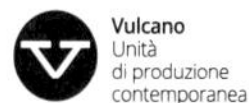

Si ringrazia / Thanks to

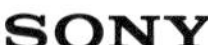

Tommaso Sacchi

Assessore alla Cultura del Comune di Milano
/ Councillor for Culture, Municipality of Milan

Dopo Cina, Cuba, Africa, Brasile e Australia, il PAC continua ad offrire ai visitatori occasioni di approfondimento e conoscenza delle culture extraeuropee partendo dalla lettura dell'opera di artisti contemporanei.

Protagonista di quest'anno è il Giappone, paese di cui vengono valorizzate le manifestazioni artistiche degli anni Duemila, centrando il focus tematico dell'esposizione attorno alla lettura e all'analisi delle forme espressive che hanno visto il coinvolgimento diretto del corpo dell'artista. Questo argomento non poteva del resto che avere punti di tangenza con la riflessione sull'identità, tema di cui le opere in mostra ne restituiscono il rilievo nella ricerca artistica giapponese contemporanea.

L'esposizione di opere diverse tra loro sia per stile che media utilizzati è pertanto funzionale a descrivere il fermento artistico del Giappone, un laboratorio contemporaneo caratterizzato da un'interessante vivacità intellettuale. Inoltre, le attuali forme espressive sono state analizzate dai curatori nel contesto più ampio delle avanguardie giapponesi sviluppatesi nel dopoguerra, dando così forma a diversi livelli di lettura dell'operato degli artisti rappresentati in mostra.

Con questa esposizione il PAC offre quindi ancora una volta un importante contributo alla promozione di attività capaci d'accompagnare i cittadini verso la scoperta e la comprensione di altre culture, un tema cardine per il Comune di Milano al quale diverse istituzioni museali civiche prestano la loro attenzione dando vita ad offerte diversificate in base alle peculiarità dei singoli istituti.

After China, Cuba, Africa, Brazil and Australia, PAC offers its visitors once again opportunities for in-depth study and knowledge of non-European cultures, starting from the reading of the oeuvre of contemporary artists.

The protagonist of this year is Japan, enhancing the artistic manifestations of the 2000s and centering the thematic focus of the exhibition around the reading and analysis of the forms of expression which have seen the direct involvement of the artist's body. Moreover, this topic could only have points of tangency with the reflection on identity, a theme of which the works on display restore the importance in contemporary Japanese artistic research.

The display of works that differ in both style and media used is therefore functional in describing the artistic ferment of Japan, a contemporary lab characterized by an interesting intellectual vivacity. Furthermore, the current forms of expression have been analyzed by the curators in the broader context of the Japanese avant-gardes that developed after the war, thus giving shape to different levels of interpretation of the work of the artists on exhibit.

With this show, PAC offers once again an important contribution to the promotion of activities capable of accompanying citizens towards the discovery and understanding of other cultures, a key theme for the Municipality of Milan and many civic museum institutions, giving rise to diversified offers according to the peculiarities of the sundry institutions.

Domenico Piraina

Direttore PAC
/ PAC Director

Con *JAPAN. BODY_PERFORM_LIVE, Resistenza e resilienza nell'arte contemporanea giapponese*, il PAC di Milano continua la sua esplorazione dei continenti attraverso la scena contemporanea. La mostra propone diverse forme d'espressione d'arte contemporanea provenienti dal Giappone dopo il 2000, concentrandosi in particolare sulle tendenze che coinvolgono i corpi degli artisti, tra azioni e dinamiche performative, per assumere progressivamente una precisa identità di contenuti che ormai caratterizza la proposta culturale del PAC.

Gli apporti straordinari diretti dei tanti artisti coinvolti hanno generato una mostra collettiva di ampio respiro, celebrativa e unica nel suo genere. Emerge un'arte in tutto il suo divenire, sensibile ai cambiamenti socio-politici e alle esigenze di non tradire un'ingombrante tradizione, ma nel contempo si rivela essere un'arte innovativa, che mira a decostruire i pregiudizi e a promuovere nuove visioni.

Riflettendo in modo critico sulle relazioni fra le espressioni corporee dinamiche e la società, l'ambiente, la materialità e la tecnologia, la mostra offre uno spaccato sulla vita e sulla morte, sul senso di urgenza inerente la politica dell'identità immaginata dagli artisti giapponesi contemporanei, e su come lo spirito politico sociale di un'epoca sia stato rivelato attraverso le pratiche artistiche.

Come cittadini del mondo perciò non possiamo non sentirci coinvolti; e come fruitori dell'immagine dell'opera d'arte non possiamo che sentirci presi da uno straordinario stupore, dal momento che essa ci rivela una dimensione del fare arte per certi versi familiare e per altri versi inusitata. Tutto ciò, appunto, non è cosa di poco conto; così come non lo è rendere accessibile a un pubblico italiano un'arte che può aiutarci a ripensare il Giappone ben oltre gli stereotipi e i luoghi comuni.

Una mostra in perfetta sintonia con il percorso di ricerca e di sperimentazione del PAC, portato avanti attraverso il lavoro del Comitato Scientifico, che vuole esplorare le relazioni e le ibridazioni tra le arti visive e gli altri linguaggi creativi italiani e non.

With *JAPAN. BODY_PERFORM_LIVE, Resistance and Resilience in Japanese Contemporary Art*, Milan PAC continues its exploration of continents through the contemporary scene. The exhibition offers various forms of contemporary art expression from Japan after 2000, focusing in particular on the trends involving artists' bodies in actions and performative dynamics, to gradually assume a precise identity of contents that now characterizes PAC's cultural proposal.

The extraordinary direct contributions of the many artists involved have generated a wide-ranging, celebratory and one-of-a-kind collective exhibition. The result is an art which emerges in all its becoming, sensitive to socio-political changes and the need not to betray a cumbersome tradition, but at the same time revealing itself to be an innovative art, aiming to deconstruct prejudices and promote new visions.

Critically reflecting on the relationships between dynamic bodily expressions and society, environment, materiality and technology, the exhibition offers an insight into life and death, the sense of urgency inherent in the identity politics imagined by contemporary Japanese artists, and how the social-political spirit of an era has been revealed through artistic practices.

Therefore, as citizens of the world, we cannot but feel involved; and as users of the image of the artwork we can only feel seized by an extraordinary amazement, since it reveals to us a dimension of making art that is in some ways familiar and in other ways unusual. All this, in fact, is not of little relevance, just as we cannot define as insignificant the capability of making accessible to an Italian public an art that helps us rethink Japan far beyond stereotypes and clichés.

An exhibition in perfect harmony with the research and experimentation path of PAC, carried out through the work of the Scientific Committee, which aims to explore the relationships and hybridizations between the visual arts and other Italian and non-Italian creative languages.

SAGGI / ESSAYS

OPERE / WORKS

APPARATI / APPENDIX

SAGGI

Japan. Body_Perform_Live Resistenza e resilienza nell'arte contemporanea giapponese

Shihoko Iida

Questo saggio intende chiarire l'intento che ha guidato l'organizzazione di questa mostra, principalmente in un'ottica che tenga conto delle tensioni tra arte e politica che caratterizzano l'attuale società giapponese. Per prima cosa prenderò in esame l'impatto considerevole che due eventi significativi accaduti durante le fasi di ideazione e preparazione della mostra hanno avuto sulla sua pianificazione: la Triennale di Aichi 2019 (di seguito denominata AT2019 o semplicemente Triennale) in Giappone e la pandemia globale di COVID-19 hanno gettato nuova luce sul rapporto tra arte e politica in maniera altamente simbolica. Successivamente passerò a discutere in maniera piuttosto approfondita l'associazione artistica Gutai (di seguito Gutai), una forza determinante nell'arte d'avanguardia del Giappone del dopoguerra, e gli artisti Kazuo Shiraga, Atsuko Tanaka, Yoko Ono e Saburo Muraoka, al fine di esplorare i contorni della relazione esistente tra il retaggio delle guerre del XX secolo, che continua a esercitare un impatto negativo profondamente radicato nel Giappone come fattore principale che plasma l'attuale congiuntura sociale, e cercherò di ripercorrere le tappe di una linea evolutiva che lega questi artisti ai partecipanti alla mostra. Infine, mi soffermerò sulle interrelazioni esistenti tra le pratiche degli artisti presenti in mostra, compresi i suddetti pionieri.

1. Ho ricevuto l'invito ufficiale a collaborare in qualità di curatrice al PAC – Padiglione d'Arte Contemporanea in occasione di una mostra dedicata all'arte contemporanea giapponese nel gennaio del 2019. [1] Nell'agosto dello stesso anno, mentre eravamo in procinto di dare avvio al dibattito in previsione dell'arrivo in Giappone del collega Diego Sileo, curatore del PAC, sono stata coinvolta in un'aspra polemica in merito alla Triennale, per la quale all'epoca ero a capo del team curatoriale in veste di Chief Curator. La tumultuosa saga di minacce e intimidazioni protrattasi per 75 giorni che ha avuto come effetto il temporaneo ritiro di svariate opere d'arte e si è conclusa con la ripresa della mostra nella sua formulazione originaria, è stata fomentata da alcuni politici [2] e gruppi di estrema destra, e si è diffusa quando molti attori anonimi, seguendo alla lettera i manuali di protesta e intimidazione diffusi sui social media, hanno reagito con indignazione alla presenza di opere d'arte che trattavano argomenti tabù nel mondo politico [3] e all'esposizione di opere dal contenuto politico controverso nell'ambito di una mostra che beneficiava di finanziamenti pubblici. In totale più di 13.000 reclami, tra cui telefonate, fax ed e-mail dal tono rabbioso e intimidatorio che in alcuni casi sono arrivati a minacciare attacchi terroristici hanno preso di mira non solo gli organizzatori, ma anche le strutture

1 Data di ricezione dell'invito ufficiale da parte del PAC. La prima e-mail sull'argomento risale all'agosto 2018.

2 Il sindaco della città di Nagoya Takashi Kawamura, il sindaco della città di Osaka Ichiro Matsui, il governatore della prefettura di Osaka Hirofumi Yoshimura, il governatore della prefettura di Kanagawa Yuji Kuroiwa e i legislatori conservatori del partito di governo. Inoltre, l'allora segretario di gabinetto Yoshihide Suga e l'allora ministro della cultura Masahiko Shibayama hanno dichiarato l'intenzione di rivedere attentamente l'erogazione di sovvenzioni da parte dell'Agency for Cultural Affairs. Per maggiori dettagli, si veda: "Timeline of Aichi Triennale 2019 and Closure / Reopening of 'After Freedom of Expression?'", Aichi Triennale 2019: Taming Y/Our Passion, catalogo della mostra, Aichi Triennale Organizing Committee, 31 marzo 2020, pp. 218-260 (il catalogo è bilingue giapponese/inglese, tranne che per le pagine che si riferiscono alla timeline. La timeline in inglese è inclusa in una brochure supplementare).

3 Le opere al centro di polemiche sono state Statue of Peace (2011) di Seo-kyung Kim e En-sung Kim, che commemora il fenomeno delle "donne di conforto", e l'opera video Holding Perspective (quadruplicate) Part II (2019) di Nobuyuki Oura, che accosta in un collage immagini dell'imperatore Hirohito (imperatore Showa).

vicine, le aziende sponsor e persino le scuole, gli asili e le case di cura della prefettura di Aichi, precipitando gli uffici della Triennale nel caos più totale per diverse settimane. 4 Sia in Giappone che all'estero, l'evento ha innescato un vivace dibattito per stabilire se la chiusura temporanea di quella sezione della mostra su decisione dell'allora presidente del comitato organizzatore della Triennale di Aichi (il governatore della Prefettura di Aichi) e del direttore artistico, fosse stata una misura di sicurezza inevitabile per fare fronte all'emergenza o se piuttosto non si fosse trattata di una censura *de facto*, per quanto involontaria, e se in definitiva non si trattasse di una questione di interpretazione costituzionale anziché di una mera questione contrattuale, e così via. 5 La sezione è stata riaperta poco prima della conclusione della Triennale al termine di una serie di processi molto complessi: l'arresto dell'autore delle minacce terroristiche; la sentenza del comitato d'inchiesta della Triennale di Aichi (Aichi Triennale Next Step Committee), composto da studiosi di diritto e altri esperti, secondo cui questo caso non costituiva censura, e la proposta formulata al presidente del comitato organizzatore di una riapertura condizionale; 6 un accordo extragiudiziale tra il comitato organizzatore della mostra, che aveva presentato un'ingiunzione presso il Tribunale distrettuale di Nagoya chiedendo la ripresa della mostra, e il comitato organizzatore della Triennale di Aichi; 7 il rafforzamento di varie misure di sicurezza e la definizione di programmi di apprendimento; 8 l'impegno di artisti giapponesi e stranieri e di altri 9 – tutto ciò ha contribuito a fare sì che la Triennale fosse ripristinata nella sua formula originaria per un breve periodo di tempo. 10

Benché questo risultato sia stato valutato positivamente da organizzazioni artistiche internazionali come il CIMAM (Comitato Internazionale per i Musei e le Collezioni d'Arte Moderna) e l'AICA (Associazione Internazionale dei Critici d'Arte), 11 l'incidente ha seminato sfiducia tra il pubblico in generale, che è solito entrare in contatto con l'arte contemporanea per mezzo delle "informazioni" fornite dai media e dai social media senza aver effettivamente visitato la mostra, e ha generato tutta una serie di problemi e ripercussioni che continuano a influenzare il mondo dell'arte e la società giapponesi. Tra gli effetti più scioccanti, soprattutto per chi si occupa di arte a vario titolo, per i ricercatori accademici, per la comunità legale e per gli spettatori, vi è stato l'intervento eclatante del governo nazionale, con la decisione dell'Agenzia per gli affari culturali di revocare il finanziamento alla Triennale di Aichi 2019. 12 Inoltre, in aperto contrasto con il governatore della prefettura di Aichi (ex presidente del comitato organizzativo della Triennale), che non ha mai preso posizione in merito ai contenuti della mostra e che si è sempre schierato con grande coerenza in difesa della libertà di espressione, il sindaco della città di Nagoya (ex vicepresidente), che già in precedenza aveva chiesto la rimozione delle opere, ha dichiarato che la città di Nagoya non avrebbe corrisposto il resto della sua quota del bilancio della Triennale e ha incitato i suoi sostenitori a unirsi a una campagna per revocare il mandato del governatore. Questa "guerra culturale" sulla censura e la libertà di espressione si è trasformata in una vera e propria schermaglia politica tra la prefettura di Aichi e la sua città più grande, Nagoya, e le dispute non accennano a placarsi. 13

Così Tomoki Sakuta, il fondatore di Arts and Law, commenta la situazione attuale: "Dobbiamo riconoscere che dalla Triennale di Aichi, come durante le 'guerre culturali' americane che hanno imperversato per circa un decennio a partire dal 1989… l'arte è diventata un "bersaglio facile" da sfruttare come un "cuneo" per scatenare polemiche divisive, tanto che ormai si impone la necessità di adottare misure pratiche contro ogni controversia, trolling e demagogia che potrebbero verificarsi in futuro". 14 Nello stesso periodo in cui hanno avuto luogo le "guerre culturali" statunitensi, anche in Giappone si sono verificati ripetuti incidenti legati alla censura, tra cui l'attacco nel 1986 da parte di gruppi di estrema destra alla mostra *Toyama Art 86* presso il Museum of Modern Art di Toyama 15 e l'intervento della polizia, del Governo metropolitano di Tokyo, dell'agenzia pubblicitaria e di altri attori alla mostra *Atopic Site* 16 nel 1996. A partire dal 2000 si sono verificati molti altri casi simili. 17

4 Si veda: "Timeline of Aichi Triennale 2019 and Closure / Reopen of "After 'Freedom of Expression?'", Aichi Triennale 2019: Taming Y/Our Passion.

5 Si veda: "Aichi Triennale International Forum," Aichi Arts Center, 5 e 6 ottobre 2019 [https://aichitriennale2010-2019.jp/2019/en/news/2019/004284.html]; Pruden, Vincent. "Aichi Triennale Tests The Limits Of Freedom Of Expression In Japan," Biennial Foundation, 15 novembre 2019 [https://www.biennialfoundation.org/2019/11/aichi-triennale-tests-the-limits-of-freedom-of-expression-in-japan/]; HOUGAKU Seminar, vol. 65-7, n. 786, Nippon Hyoron Sha Co., Ltd., primo luglio 2020 (solo in giapponese).

6 Si veda: Resoconti dell'inchiesta del comitato Aichi Triennale Next Step Committee [https://www.pref.aichi.jp/soshiki/bunka/triennale-finalreport.html] (solo in giapponese).

7 Per spiegare la posizione di After 'Freedom of Expression?' (di seguito "AFoE?") nell'ambito di AT2019: AFoE? era una piccola mostra organizzata nella cornice di AT2019. L'evento era solo uno tra 106 opere e progetti presentati all'AT2019 e, in termini di budget, ha rappresentato lo 0,3% del costo totale del progetto, pari a 1.241.116 migliaia di yen (circa 11.230.000 dollari) distribuiti in un periodo di tre anni. In termini di superficie, il progetto occupava lo 0,83% dei 20.033 metri quadrati complessivi dell'Esposizione Internazionale d'Arte Contemporanea (cfr. The Aichi Triennale Investigation Committee/The Aichi Triennale Next Step Committee Survey Report [https://www.pref.aichi.jp/soshiki/bunka/triennale-finalreport.html].) La mostra è stata pianificata da un comitato organizzativo di cinque persone denominato Freedom of Expression? separato dal team curatoriale di AT2019. La mostra originaria Freedom of Expression? ha avuto luogo nel 2015 in una piccola galleria (Gallery Furuto) di Tokyo, con l'obiettivo di esporre opere che in passato erano state rifiutate nei musei giapponesi, illustrando i motivi. Una versione aggiornata è stata riproposta all'AT2019 con il titolo AFoE?. Questa mostra era posta sotto la diretta supervisione di Daisuke Tsuda, il direttore artistico di AT2019. Il direttore artistico e il comitato organizzativo di Freedom of Expression? hanno discusso e deciso l'allestimento delle opere e le modalità espositive. Il comitato organizzatore di Freedom of Expression? ha contestato la decisione del comitato organizzatore di AT2019 di sospendere questa sezione della mostra e il 13 settembre 2019 ha presentato un'ingiunzione al Tribunale Distrettuale di Nagoya per chiederne la ripresa. Le due parti si sono accordate il 30 settembre 2019, quando la Triennale era ancora aperta. Fino all'inizio delle trattative per la riapertura della sezione, il team curatoriale di AT2019, compresa l'autrice, non ha avuto alcun coinvolgimento curatoriale con AFoE?

8 Si veda: "Timeline of Aichi Triennale 2019 and Closure / Reopen of "After 'Freedom of Expression?'," Aichi Triennale 2019: Taming Y/Our Passion, p. 257 (8 ottobre 2019 nella timeline).

9 Si veda: Sito web di un'iniziativa di artisti, ReFreedom_Aichi [https://www.refreedomaichi.net/about].

10 Alla fine di agosto 2019, quando Diego Sileo ha visitato Nagoya, la sede della Triennale è stata presa di mira da continue proteste e minacce giorno e notte, è stata richiesta la rimozione temporanea o la modifica parziale delle opere da parte di alcuni artisti come protesta contro la cancellazione della sezione "AFoE?", e sono state rilasciate dichiarazioni di solidarietà [https://aichitriennale2010-2019.jp/2019/en/news/index.html]. La situazione ha subito una vera e propria strumentalizzazione a fini politici e i media vi hanno attinto a piene mani senza farsi scrupolo di fomentare gli animi e senza preoccuparsi di verificare i fatti, e tutti i dipendenti e lo staff della segreteria erano fisicamente e mentalmente esausti e traumatizzati. L'équipe curatoriale, compresa l'autrice, è rimasta profondamente rattristata e irritata nel vedere la Triennale, organizzata con tanto impegno, boicottata per una polemica su una piccola sezione, e si è adoperata per risolvere la situazione impegnandosi giorno e notte in varie trattative con gli artisti. La disponibilità mostrata da Sileo, in veste di collega curatore, nel comprendere la complessità e la delicatezza della situazione ha contribuito a costruire un rapporto di fiducia per collaborare a questa mostra al PAC, e ha rappresentato un passo importante nel recupero dell'autrice dagli abissi della disperazione. Colgo l'occasione per esprimere ancora una volta la mia gratitudine. A seguito della controversia su AT2019, il comitato organizzatore della Triennale di Aichi è stato riconfigurato e l'8 settembre 2020 è stata istituita una nuova organizzazione. Takeo Obayashi, presidente e Representative Director di Obayashi Corporation, noto collezionista d'arte contemporanea a livello internazionale, è stato nominato presidente del settore privato. Mami Kataoka (direttrice del Mori Art Museum/poi presidente del CIMAM) è stata scelta come direttore artistico della 5a Triennale, prevista per il 2022.

11 Dichiarazioni di CIMAM [https://cimam.org/museum-watch/museum-watch- actions/aichi-triennale-re-opened-thanks-to-the-artists-and-curators-efforts/]; AICA International [https://static1.squarespace.com static/58d3ea4f1e5b6c804e67e48a/t/5e6619c4de69c6177b20730c/1583749572780/AICHI+TRIENNALE_FollowUp.pdf].

12 Il 26 settembre 2019, il giorno dopo l'annuncio da parte del comitato organizzatore di AT2019 della ripresa della sezione AFoE?, l'Agency for Cultural Affairs ha improvvisamente comunicato alla Prefettura di Aichi la decisione di non concedere i circa 78 milioni di yen (circa 710.000 dollari) con cui si era impegnata a sostenere la Triennale. Il motivo principale è stato il presunto mancato completamento delle procedure di candidatura in un modo che avrebbe consentito di chiarire in anticipo i problemi di sicurezza relativi ad AFoE?. Sebbene la Prefettura di Aichi non abbia ammesso che la candidatura preliminare fosse viziata, ha riconosciuto che la mostra non era stata realizzata come previsto perché si era rivelato impossibile esporre continuativamente tutte le opere per tutta la durata della Triennale, e ha presentato una nuova richiesta di finanziamento ridotta a 66 milioni di yen (circa 600.000 dollari), detratte le spese sostenute per AFoE?, che è stata accolta. Benché questo sia stato considerato un risultato parzialmente positivo, il fatto che l'Agency for Cultural Affairs non abbia annullato la decisione di revocare il finanziamento (in effetti è stata avanzata e approvata una nuova richiesta di sovvenzione) e il fatto che in definitiva sia stato concluso un accordo politico senza esaminare le ragioni e i processi che hanno portato alla revoca della sovvenzione, desta preoccupazione per l'impatto persistente che avrà sulle attività legate alle arti. Si veda anche: Comunicato di AICA Japan [http://www.aicajapan.com/en/statement_2020_04b/].

13 Al 25 luglio 2021.

14 Tomoki Sakuta, "Current Trends in Artistic Freedom in Art Museum: An International Viewpoint", Cultural Policy Research, vol. 13, The Japan Association for Cultural Policy Research, 30 maggio 2020, p. 24 (solo in giapponese). In questo speciale contributo alla mostra, Sakuta presenta una panoramica dei 20 anni che sono seguiti alle "guerre culturali" negli Stati Uniti e la progressione verso gli sforzi recenti basati sui cambiamenti nell'ambiente online. Delinea inoltre le attività della NCAC (National Coalition Against Censorship) e le risorse per il settore culturale e per i professionisti, come Museum Best Practice for Managing Controversy, A Manual for Art Freedom/A Manual for Art Censorship, e Smart Tactics: Curating Difficult Content (pp. 20-35, solo in giapponese).

15 Holding Perspective (quadruplicate) (1982-85) dell'artista Nobuyuki Oura, una serie di 14 stampe tra cui un collage di immagini dell'imperatore Hirohito (imperatore Showa) realizzato come autoritratto, è stata esposta nella mostra Toyama Art 86 al Museum of Modern Art Toyama nel 1986. Dopo la chiusura della mostra, un deputato della prefettura ha accusato l'opera di essere offensiva, il che ha portato a una serie di proteste da parte di gruppi di estrema destra; alla fine il museo ha accettato di non esporre le opere, le ha vendute e ha bruciato i cataloghi della mostra. Holding Perspective (quadruplicate) Part II (2019), un nuovo cortometraggio proiettato nell'ambito di "After 'Freedom of Expression?" ad AT2019, contiene una scena in cui la stampa della serie sopra descritta, che include un collage di immagini dell'imperatore Showa, viene data alle fiamme con una torcia. Anche in questo caso l'opera è stata oggetto di proteste e minacce da parte di politici, gruppi di estrema destra e alcuni membri del pubblico.

16 Questo gruppo di progetti, parte del Sekai Toshi Hakurankai (World City Expo), consisteva nella mostra d'arte Atopic Site (2 agosto-25 agosto 1996), nel progetto di rivitalizzazione On Camp/Off Base (10 agosto-19 agosto 1996) e nel progetto Internet TOKYO Art Zone (10 agosto-19 agosto 1996). Il titolo ufficiale era GALLERY – Urban Art Project Toward the 21st Century, la sede era il Tokyo Big Sight (Tokyo International Exhibition Center) ed era posta sotto la curatela del TOKYO Seaside Festa '96 Art Plaza Organizing Committee. Yukiko Shikata, all'epoca una delle curatrici, sottolinea i problemi strutturali legati alla mediazione di una grande agenzia pubblicitaria tra il governo metropolitano di Tokyo e il team curatoriale. Il comitato organizzatore era stato istituito nell'aprile 1996, ma la giurisdizione sul progetto era passata al Governo Metropolitano di Tokyo in luglio, poco prima dell'inaugurazione, e mentre sorgevano vari problemi, era difficile stabilire quale fosse l'organo responsabile. (Yukiko Shikata, "Atopic Site", Bijutsu Techo, vol. 72, n. 1081, aprile 2020, Bijutsu Shuppan-Sha Co., Ltd., pp. 100-101 (solo in giapponese).

17 Hiroki Tsutsui, Tamaki Sugihara (scrittori), Tomoki Sakuta, Jun Fujimori, Yuji Muto (fornire materiale di riferimento), "Hyogen no Jiyu to Kisei no Jikenbo [Case files of Freedom of Expression and Control]", ibidem, pp. 88-99 (solo in giapponese).

In aggiunta all'autoregolazione e all'autocensura, ovverosia all'interiorizzazione dei controlli che caratterizza le restrizioni alla libertà di espressione in Giappone, negli ultimi anni si è assistito a una crescente pressione censoria da parte delle autorità, dei gruppi di estrema destra e dell'opinione pubblica, ed è facile comprendere come ciò non sia estraneo al fatto che Internet abbia facilitato la diffusione di accuse e incitamenti anonimi sui social media, che diffondono frammenti di opere avulsi dal loro contesto. Questo fenomeno richiama alla mente la sorveglianza reciproca tra i residenti di una piccola comunità chiusa in se stessa, o il panopticon di Michel Foucault. [18] Su Internet, gli ingranaggi che alimentano le fiamme della polarizzazione sono azionati da chi accetta di vivere imprigionato nelle bolle di filtraggio delle opinioni e delle informazioni, e ha rinunciato a prospettive ampie e relativizzanti, dalle autorità e dalle forze di estrema destra che sfruttano subdolamente questi strumenti per proporre ideologie politiche distorte. È un classico esempio di come i progressi tecnologici non siano necessariamente accompagnati da un progresso del mondo reale e da mentalità più illuminate. La comunicazione online, in assenza di un contatto fisico diretto e diffusa istantaneamente a un vasto pubblico, è un'arma a doppio taglio che se da un lato può ispirare e favorire rivoluzioni positive e umane e campagne per l'uguaglianza, come la Primavera araba, la Rivoluzione degli ombrelli a Hong Kong, il MeToo e Black Lives Matter, d'altro lato fa sì che nel campo delle arti visive le intenzioni degli artisti e le loro opere risultino decontestualizzate, distorte e falsificate.

All'inizio di questo saggio ho approfondito il caso della Triennale di Aichi perché le circostanze illustrano chiaramente come la realtà dell'arte e della società giapponese contemporanea sia giunta all'ultimo di una serie di punti di svolta. Tutti coloro che si occupano di arte in Giappone, siano essi artisti, ricercatori o curatori di mostre, saranno costretti a tenere a mente la sfida incombente presentata da questo incidente nel corso delle loro attività future. La verità e la storia sono riscritte da bellicose e impulsive controversie sui social media e da visioni del mondo "post-verità" che si adattano convenientemente a ciò che alcuni vogliono credere, plasmando così l'opinione pubblica, mentre i politici sfruttano le opinioni di alcuni membri del pubblico come giustificazione per intervenire nelle arti – questi fenomeni non sono circoscritti al Giappone, ma si può dire che il Giappone sia particolarmente soggetto al loro verificarsi a causa dell'oscura eredità storica e politica delle guerre del XX secolo e dell'incapacità di affrontarne con lucidità le conseguenze. Contestualmente alla crescita della società online a partire dagli anni Duemila, assistiamo a una palpabile accelerazione del nazionalismo e del razzismo. Tramontata l'era della democrazia Taisho [19] (1912-1926), il fermento degli ideali democratici in Giappone che ha caratterizzato i primi del Novecento ha subito una brusca battuta di arresto a causa della guerra e ha perso forza. In tal senso, il Giappone potrebbe essere considerato una nazione non del tutto modernizzata. D'altro canto, Giorgio Agamben propone in merito alla democrazia occidentale la seguente riflessione:

> Se oggi assistiamo al dominio schiacciante del governo e dell'economia su una sovranità popolare che è stata progressivamente svuotata di ogni significato è forse perché le democrazie occidentali stanno pagando il prezzo di un'eredità filosofica che avevano assunto senza beneficio d'inventario. Il malinteso che consiste nel ritenere il governo come semplice potere esecutivo è uno degli errori più gravidi di conseguenze nella storia della politica occidentale. Esso ha portato al fatto che la riflessione politica della modernità si perde dietro ad astrazioni vuote come la legge, la volontà generale e la sovranità popolare, lasciando senza risposte il problema decisivo da ogni punto di vista che è quello del governo e della sua articolazione con il sovrano. [20]

18 Michel Foucault, *Sorvegliare e punire: Nascita della prigione* (l'edizione originale francese risale al 1975).

19 Un termine generico che fa riferimento ai fermenti e ai movimenti democratici e liberali emersi nella politica, nella società e nella cultura durante l'era Taisho (1912-1926), in reazione al governo di burocrati in carica sin dal periodo Meiji (1868-1912). Il progresso della democrazia a livello globale e la Rivoluzione russa segnano l'avvento del movimento operaio, del movimento socialista, dei movimenti per la protezione della Costituzione e portano all'istituzione del suffragio universale maschile.

20 Giorgio Agamben "Minshushugi Gainen ni kansuru Kantogen [Nota introduttiva sui concetti di democrazia]" (traduzione di Yusuke Ota), Minshushugi ha Ima? Dans Quel État?, Ibunsha, 2011, p. 14 (solo in giapponese). Non essendo attualmente disponibile una traduzione in inglese, il testo è stato tradotto dalla traduzione giapponese dell'originale francese.

In Giappone, dove la democrazia del dopoguerra è stata imposta dall'alto verso il basso con l'istituzione della Costituzione del Giappone, redatta nel 1946 e adottata nel 1947, senza speculazioni sul destino della democrazia occidentale e senza un processo di pubblico dibattito e di integrazione dell'opinione pubblica, permane un persistente stato di apatia nei confronti del governo e dell'egemonia del governo e degli interessi dominanti. In particolare, dall'insediamento del primo gabinetto di Shinzo Abe nel 2006, si sono verificati innumerevoli casi in cui l'amministrazione al potere ha adottato misure palesi al fine di consolidare ulteriormente questa egemonia, che proprio in anni più recenti hanno comportato l'occultamento, la falsificazione e la distruzione di documenti pubblici, la privatizzazione di eventi pubblici, la sospetta revisione della legge per estendere l'età pensionabile del Direttore delle procure (Director of Public Prosecutions) senza fondamento giuridico e infine il rilascio di dichiarazioni mendaci alla Dieta nazionale. A fronte dell'apatia (per non dire tacita approvazione) mostrata dal pubblico di fronte a questo stato di cose, come mostra il calo dell'affluenza alle urne, una mostra che antepone l'agenda politica all'arte stessa ha sortito lo stesso effetto del vaso di Pandora scoperchiato. Secondo Keigo Komamura, professore di diritto costituzionale all'Università di Keio, "Sembra che sussistano le fondamenta teoriche per distinguere tra arte e propaganda politica... il problema non è tanto l'essenza artistica di quest'opera, quanto il contesto che la circonda... Quando l'arte diventa propaganda politica, significa che è inserita in un contesto politico. Anche perché c'è chi si sforza deliberatamente di collocarla in un contesto politico." [21] I problemi liberati dal vaso scoperchiato – la deliberata cancellazione della storia dei crimini di guerra perpetrati dal Giappone nella regione dell'Asia Pacifica (revisionismo storico); il fallimento dell'unico regime nominalmente "democratico" del dopoguerra; gli effetti nefasti della cassa di risonanza dell'opinione pubblica online; l'ignoranza e il fraintendimento della libertà di espressione e del principio di piena concorrenza (indipendenza e uguaglianza delle parti in una transazione) – non possono più essere nascosti sotto il tappeto nel tentativo di procedere a tentoni. La capacità di confrontarsi con i tabù e di gestire la crisi rientra ormai nella lista dei prerequisiti per praticare l'arte contemporanea in Giappone, una nazione continuamente gravata da un bagaglio storico negativo. Urge la necessità di ricominciare da capo prendendo chiaramente coscienza di questo fatto. Questa mostra presenta l'arte contemporanea giapponese a Milano e riporta l'attenzione da Milano al Giappone, nel tentativo di rivendicare la prerogativa della pratica curatoriale di collocare l'arte in un contesto artistico, in quella che potrebbe essere definita una performance di resilienza estetica.

In questo scenario, la motivazione da cui è scaturita la decisione di curare questa mostra è stata quella di contestualizzare le attuali forme d'arte nella genealogia delle avanguardie giapponesi del dopoguerra che trova nella fisicità il suo punto di partenza, al fine di richiamare l'attenzione sull'importanza dell'esperienza fisica in una mostra d'arte. Tra le implicazioni vi è l'obiezione alla diffusione indiscriminata di rappresentazioni prive di fisicità e di contesto che nega l'esistenza degli artisti in quanto entità fisiche dotate di un corpo e che mini l'integrazione delle opere d'arte, in quanto oggetti fisici affidati alla loro cura, degradando il tutto a un flusso di informazioni superficiali fini a se stesse. Per questo motivo ho scelto di invitare artisti la cui pratica coinvolge il proprio corpo o quello altrui, chiama in causa elementi di performance, o esplora le dinamiche fisiche della materia e questioni filosofiche esistenziali, con l'obiettivo di consentire agli spettatori di fare esperienza diretta delle opere, aperte a varie interpretazioni, nel contesto di "resistenza e resilienza nell'arte contemporanea giapponese". In quest'ottica, il titolo della mostra che ho proposto afferma "il corpo

21 Keigo Komamura, "Kenpo Mondai toshite no Geijutsu [Arts as the issues of Constitution Arti come questioni di Costituzione]", Hougaku Seminar, vol. 65-7, n. 786, Nippon Hyoron sha Co., Ltd., 1° luglio 2020, p. 16 (solo in giapponese). L'ex direttore artistico di AT2019, il giornalista e attivista mediatico Daisuke Tsuda, si è scusato in occasione della conferenza stampa che ha annunciato la sospensione della sezione AFoE?, affermando: "Sento che il mio ego giornalistico ha contribuito a creare questa situazione". Il caso è stato caratterizzato da molti fattori complicati, tra cui la governance dell'organizzazione, e generalmente si concorda sul fatto che un singolo individuo non debba assumersi tutte le colpe. Tuttavia, questa dichiarazione dimostra che l'ex direttore artistico era consapevole del fatto che al contesto politico veniva accordato un peso maggiore rispetto alla considerazione del contesto artistico di ogni opera, e che la natura politica del progetto veniva privilegiata. Questo ha costituito uno dei fattori determinati che ha portato alla contestualizzazione politica del progetto e all'assenza di un dibattito sulla qualità e il valore artistico delle opere. Va notato che i pareri in merito alla mostra e al ruolo prioritario accordato alla politica più che all'arte o all'estetica sono discordi. ("NEWS," Bijutsu Techo (versione web) 3 agosto 2019. [https://bijutsutecho.com/magazine/news/headline/20283]; HUFFPOST, 3 agosto 2019 [https://www.huffingtonpost.jp/entry/tsuda-art_jp_5d455808e4b0aca3411e3f5f]) (entrambi solo in giapponese).

espressivo / il corpo vivente" e suggerisce sia una posizione politica di rifiuto ad assoggettarsi al dominio sia le proprietà di "resistenza ed elasticità" proprie della fisica. Ho accostato questi termini ambigui allo scopo di tracciare il percorso di una mostra che affrontasse di petto la questione di come vivremo in futuro, sia dal punto di vista della pratica artistica, intesa come reazione fisica che si oppone, interviene ed energizza la realtà attuale delle società e degli spazi, sia da quello delle dinamiche dell'ambiente naturale, quali gravità, elasticità, attrito e tensione.

A prescindere da tutto ciò, nel febbraio e nel marzo 2020 il mondo si è capovolto, come se una nuova realtà imprevista si fosse appropriata dell'idea della mostra e ne avesse precorso i tempi. Questa realtà, che persiste tuttora, ha avuto l'effetto di prolungare la nostra esplorazione della vita e della fisicità.

Per tre mesi, da aprile a giugno 2020, il governo giapponese ha chiesto ai cittadini di astenersi volontariamente da varie attività, una politica accettata senza problemi da una popolazione che tende a interiorizzare i processi di autocontrollo e di autolimitazione e che coltiva una mentalità collettivista. I termini a cui si è fatto ricorso nel contesto specifico del dibattito sulla sicurezza e sulla censura di cui sopra – "solidarietà", "sospensione temporanea" (o "pausa"), "riapertura", "misure per la sicurezza del personale e degli utenti" e via dicendo – sono ricomparsi sulla bocca della gente giorno dopo giorno, con implicazioni completamente diverse, e ho provato un senso di dissonanza cognitiva come se fossi costretta a rivivere il trauma del 2019 in una dimensione diversa. Le difficoltà e i dilemmi legati alla chiusura e alla riapertura erano ora quelli che tutti erano costretti ad affrontare. Nel bel mezzo di una pandemia c'è qualcosa di estremamente ironico nell'organizzare una mostra di artisti provenienti da un'unica nazione, i cui confini sono artificialmente tracciati, e nel fatto che non sia l'arte ma la pandemia a generare sentimenti di globalismo e di un mondo connesso. Allo stesso tempo, circola un diffuso presentimento che il globalismo alimentato dall'economia capitalista fosse al capolinea, e in tutto il mondo le persone si sono trovate a riflettere sulle fragilità delle infrastrutture (assistenza sanitaria, reti di sicurezza sociale, sistemi politici ed economici, cultura) che sostengono la società nei vari paesi e regioni. Noi tutti non abbiamo altra scelta se non quella di abituarci a nuovi modi di vivere e di lavorare. Le motivazioni alla base della pandemia risiedono nella civiltà umana, come dimostrano i miglioramenti temporanei che si sono verificati negli ambienti inquinati delle aree che hanno adottato la politica del lockdown. Questa "grande pausa" su scala globale segna per tutti noi il momento di abbandonare il miope interesse personale e l'antropocentrismo, di ammirare il potere purificatore della natura e di rinnovare il nostro apprezzamento per i processi primordiali della vita. Inoltre, il rapido passaggio obbligato alla cultura virtuale ha acuito in molti individui il desiderio di esperienze tangibili. Fatte queste premesse, le pratiche degli artisti presenti in mostra – da sempre in prima linea nell'affrontare le sfide poste dall'epoca contemporanea, dalla società, dall'ambiente e abituati a mettersi in gioco attraverso il loro lavoro, esplorando senza sosta i temi fondamentali della vita e dell'espressione – sono diventate ancora più ricche di implicazioni.

È superfluo precisare che quando gli artisti affrontano una certa tematica lo fanno adottando motivazioni e approcci diversi, ed è proprio in virtù di questa molteplicità di punti di vista molto personali che prende forma la "transregionalità critica positiva" auspicata da Nancy Adajania e Ranjit Hoskote. [22] Queste prospettive estremamente personali trascendono i quadri nazionalistici dei confini politici e dell'identità etnica promossi dallo stato. In sintesi, pur riconoscendo le potenzialità di un'arte incentrata sull'utilità ai fini di un attivismo sociale trasformativo, l'obiettivo degli artisti di questa mostra non è quello di assumersi l'onere di cambiare il mondo e la società. Nel portare avanti le loro pratiche artistiche da prospettive del tutto personali, essi rivelano l'essenza delle cose e dei fenomeni, le norme sociali e gli inganni, scuotono le coscienze e incoraggiando le persone ad aprire gli occhi. Nei termini del dibattito sull'utilità o inutilità dell'arte, si può affermare che questi artisti si impegnano in ciò che Immanuel Kant definiva "una finalità percepita senza uno scopo". [23] I tre elementi del corpo vivente, della pratica artistica e della politica sono sostanzialmente inscindibili, secondo quanto asseriscono *Untitled (Your body is a battleground)* (1989) di Barbara Kruger, *Your Body is Yours* [24] di Wolfgang Tillmans e *Body is not Antibody* [25] di Kota Takeuchi, rappresentante del cosiddetto "Finger Pointing Worker" (presente in mostra). In questa sede vorrei cogliere l'occasione di affermare questa premessa fondamentale.

Mentre la pandemia continua a mettere in evidenza i limiti delle infrastrutture nazionali, gli artisti in mostra esplorano le verità dell'espressione e dell'esistenza, della vita e della natura; mettono in dubbio i principi generatori alla base delle cose e guardano al Giappone da una prospettiva distaccata, con un misto di amore e disgusto. Pur avendo le radici in Giappone e forti legami con le regioni locali, essi non parlano a nome dello stato, bensì costituiscono una diaspora che lotta per costruire minoranze o identità sociali, politiche e culturali in Giappone. Benché questa mostra sia incentrata sull'arte degli anni Duemila, ho ritenuto di grande importanza fare in modo che ricoprisse un territorio che muovendo da un segmento della vecchia arte del dopoguerra che ha decostruito le norme sociali e il modernismo filoccidentale si estendesse sino a comprendere l'arte dei giorni nostri, e che mostrasse come le pratiche degli artisti abbiano trasceso i confini imposti dai sistemi politici e artistici. Mi auguro che gli spettatori avranno modo di apprezzare queste pratiche come esperienze fisiche e che la solidarietà tra regioni ed epoche diverse si delinei nel punto di intersezione tra "contemporaneità internazionale" [26] e senso di comunanza.

È importante a questo punto sottolineare che la solidarietà che auspico non rappresenta una missione assegnata o idealizzata. Non è organizzata in modo monolitico, ma scaturisce organicamente dalle azioni di individui diversi con punti di vista molto personali che condividono uno scopo comune. Il termine "solidarietà", non di rado appesantito da una coloritura romantica, in pratica viene spesso chiamato in causa come risultato di un'esigenza pressante e assume forme distorte. Il filo conduttore della mostra, vita e fisicità, rappresenta solo un arco di possibilità speculative. Come matrice da cui è stato ricavato, l'ecosistema dell'arte nel suo complesso può essere molto più ampio e ricco di qualsiasi pratica individuale, non limitato da confini nazionali, variabile nella forma e, in certi casi, persino deforme. Quanto a questo è del tutto simile all'ecosistema naturale. D'altra parte, l'osservazione di Boris Groys secondo cui il pensiero dei partiti politici di destra avrebbe una natura ecosistemica mette in guardia dal desiderio di organizzare un particolare ecosistema. Groys ha fatto questa puntualizzazione nel contesto dell'intima connessione tra genealogia (lo studio della discendenza) ed ecosistema, poiché la (ri)produzione di un corpo umano con determinati tratti identitari richiede la sostenibilità di un particolare biotopo che la favorisca. I nuovi partiti di destra cercano di espandere i loro interessi ecosistemici e di organizzare i propri biotopi, e temono le ripercussioni dei mercati culturali globali e dell'espansione del turismo. In questo senso, afferma Groys, i nuovi partiti di destra possono coesistere perfettamente con la globalizzazione neoliberale. [27] Dalla formazione del Partito liberaldemocratico nel 1955, il Giappone del dopoguerra è rimasto a lungo sotto il giogo dell'ecosistema auto-rigenerante del partito, tranne che per brevi periodi, tra il 1993 e il 1994 e dal 2009 al 2012. La tesi di Groys è intrigante ma anche allarmante, perché si applica anche al Giappone di oggi.

2. La linea evolutiva abbozzata in questa mostra ha il suo punto di partenza in Gutai (fondato nel 1954 ad Ashiya, nella prefettura di Hyōgo), gruppo multimediale attivo a livello internazionale con sede nella regione del Kansai che, nell'ecosistema dell'arte giapponese del dopoguerra, ha rappresentato una forza innovativa paragonabile a quella di Jikken-Kobo (Experimental Workshop), collettivo fondato a Tokyo nello stesso periodo, e a Fluxus, attivo in varie regioni dell'Europa e degli Stati Uniti. Il fondatore di Gutai, Jiro Yoshihara, invitava i membri del gruppo a perseguire un'originalità senza compromessi, "a non emulare gli altri e a realizzare qualcosa che non è mai stato realizzato prima". [28]

22 Adajania, Nancy e Hoskote, Ranjit, "Notes Towards A Lexicon of Urgencies," Independent Curators International RESEARCH, primo ottobre 2010. [https://curatorsintl.org/research/notes-towards-a-lexicon-of-urgencies].

23 Immanuel Kant, Critica del giudizio edizione in nuovo formato, traduzione di Yoshiaki Utsunomiya, Ibunsha, 2004.

24 Il titolo della mostra personale di Wolfgang Tillmans, Your Body is Yours, al National Museum of Art di Osaka dal 27 luglio 2015 al 23 settembre 2015. [http://www.nmao.go.jp/en/exhibition/2015/wolfgang_tillmans_your_body_is_yours.html]; [https://www.youtube.com/watch?v=_8jyLtFptNc].

25 Il titolo della mostra personale di Kota Takeuchi, Body is not Antibody, presso snow contemporary, Tokyo dal 18 luglio 2020 al 15 agosto 2020 [http://www.snowcontemporary.com/en/exhibition/202007.html].

26 Un termine che si dice sia stato proposto da Atsushi Miyagawa nel 1963 e da Ichiro Haryū nel 1968: "La storica dell'arte Reiko Tomii lo ha utilizzato per storicizzare la globalizzazione dell'arte negli anni Sessanta e Settanta, ed è diventato un concetto centrale in riferimento alla globalizzazione dell'arte contemporanea." (Riferito a Ming Tiampo, GUTAI: Shuen kara no Chosen (traduzione giapponese di Yukiko Fujii, traduzione supervisionata da Reiko Tomii), Sangensha Publishers Inc., 30 novembre 2016, p. 31, nota a piè pagina [21] a p. 217. L'originale Gutai: Decentering Modernism è stato pubblicato nel 2010 da The University of Chicago. L'edizione giapponese è stata pubblicata previo accordo con The Sakai Agency.

27 Groys, Boris, "Trump's America: Playing the Victim," e-flux journal, #84, settembre 2017 [https://www.e-flux.com/journal/84/150668/trump-s-america-playing-the-victim/].

28 Atsuo Yamamoto, "Yoshihara Jiro to Gutai [Jiro Yoshihara and Gutai]," Jiro Yoshihara, Ashiya City Museum of Art & History, 1992, p. 192 (solo in giapponese). L'articolo è apparso per la prima volta su The Kobe Shimbun, 9 luglio 1967, p. 8.

È significativo che Gutai non abbia cercato di organizzare uno specifico ecosistema artistico. Infatti, durante il suo periodo di attività che si protrae fino al 1972, anno in cui il gruppo si scioglie in seguito alla morte di Yoshihara, si distinguono grosso modo tre fasi [29] che vedono la partecipazione e l'interazione di molti artisti giapponesi e stranieri attraverso una serie di attività in continua evoluzione in una direzione diametralmente opposta rispetto alla replica dell'identità di Yoshihara. In particolare, come afferma Shoichi Hirai, il motto formulato da Yoshihara per Gutai "sembra aver assunto un significato speciale nel rinnovamento dello spirito moderno che è stato proibito durante la guerra" ed è divenuto "una sorta di movimento sociale... con ramificazioni che si estendono ben oltre la portata dell'arte". [30] Nel frattempo, Atsuo Yamamoto ha commentato:

> Se al posto della parola "pennello" che hanno abbandonato, leggiamo la parola "sistema" non dovremmo ignorare il fatto che queste tendenze su scala globale si sono verificate in uno scenario comune: l'era del dopoguerra. In maniera consapevole o inconsapevole, hanno preso in considerazione l'evento che ha rivelato gli aspetti peggiori delle civiltà e dei sistemi creati dall'essere umano. In questo senso, le critiche già rivolte a Gutai – mancanza di senso sociale o di comprensione dello spirito dell'epoca – si rivelano estremamente parziali. Al contrario, possiamo dire che Gutai fosse in anticipo sui tempi. [31]

Ritengo sia giunto ormai il momento di riportare in auge la missione del gruppo Gutai di ravvivare lo spirito della modernità lasciandosi alle spalle la brusca battuta d'arresto della "grande pausa" imposta dalle grandi guerre del XX secolo. Ed è tempo che i protagonisti dell'arte contemporanea giapponese del XXI secolo, costretti a vivere in una democrazia ancora sottosviluppata e a sostenere ancora il fardello delle guerre passate, rivisitino la sua lezione.

Nello specifico, questa mostra presenta le opere Gutai del primo e medio periodo di Kazuo Shiraga e Atsuko Tanaka, che si collocano agli estremi opposti del coinvolgimento del corpo nelle loro opere, ovvero del loro rapporto con la fisicità e la materialità. Sia Shiraga che Tanaka hanno trovato il proprio stile come membri del collettivo di artisti d'avanguardia Zero-kai (costituitosi nel 1952), vale a dire prima di prendere parte al movimento Gutai, ma entrambi hanno continuato a evolversi stilisticamente dopo l'adesione. [32] Fino ai suoi ultimi anni di vita, Shiraga ha creato collisioni viscerali tra il corpo e la pittura con i suoi "dipinti con i piedi", che eseguiva appendendosi a una corda e scivolando su tele cariche di colore sul pavimento. Le radici di questa pratica affondano in *Challenge the Mud* (1955), una performance/pittura in cui Shiraga si immergeva con tutto il corpo in un mucchio di fango e vi si contorceva per realizzare un dipinto, invece di usare un pennello che lo separava dalla tela e creava barriere tra il sé come soggetto e la pittura come oggetto. Yamamoto descrive l'opera come "una memoria spaziale del corpo, in definitiva una prova della sua stessa esistenza". Qui, gli atti del 'vivere' e dell''esprimere' si avvicinano come non mai e quasi diventano un tutt'uno". [33] Yamamoto analizza le motivazioni che hanno spinto Shiraga a tornare al formato della pittura, definendo quest'opera "la soluzione definitiva, nel senso che in linea di principio è impossibile svilupparla ulteriormente". [34]

Per contrasto, secondo quanto afferma Mizuho Kato, "il suo lavoro [di Atsuko Tanaka] si distingue dall'*action painting* del gruppo Gutai", [35] in quanto l'artista non era interessata al corpo come dinamo emotiva, bensì alla "superficie visiva di un corpo che si altera minuto dopo minuto. [36] Ovvero, se Shiraga testimoniava l'esistenza dell'artista e del suo corpo attraverso la materialità dell'opera, nelle opere di Tanaka come *Electric Dress*, immagine del corpo che attraversa un continuo mutamento a causa del lampeggiare delle lampadine, "le caratteristiche del materiale risultano sminuite, se non abolite del tutto... mediante l'importanza attribuita al processo e al rapporto dell'opera con il corpo". [37] Tanaka definiva tutte le sue opere, compresa la produzione giovanile pre-Gutai e le opere planari successive a *Electric Dress* come "dipinti", [38] e portava l'esperienza audiovisiva a un livello metafisico inquadrando tutto in una cornice, dai numeri alle cuciture sino a giungere agli spazi che contengono il suono in movimento e la superficie del corpo, a prima vista apparentemente allontanando la materialità dal corpo. Tuttavia, Kato afferma a proposito di *Work (Bell)* (1955): "La ricerca di Tanaka di una forma d'arte che permetta all'artista stessa di essere chiaramente consapevole di ogni singolo e specifico corpo fisico qui e ora, e di percepire la relazione con il corpo mediante la percezione visiva è portata alle estreme conseguenze in *Bell*, che rappresenta l'elemento chiave dietro la descrizione di Tanaka delle sue opere come dipinti". [39] Per questo motivo, gli spettatori delle sue opere sperimentano i movimenti dinamici quali trasformazioni e transizioni, percepiti con la vista, all'interno del proprio corpo, e sentono circolare l'energia. Secondo la descrizione di Yuko Hasegawa, "le lampadine collegate e assemblate nell'opera compiuta rappresentano il 'confine' della vita di Tanaka... I primi lavori di Tanaka sono caratterizzati dalla trasformazione e dal movimento, in seguito la sua opera vira in direzione di una bidimensionalità e staticità che le consente di catturare il movimento e l'ispirazione. I drappi di stoffa, il suono del campanello e le luci lampeggianti non rappresentano altro che i 'tableaux della vita'". 40 Vorrei sottolineare a questo proposito che le opere bidimensionali esposte in mostra sono nate dalla ricerca di un sistema per rappresentare *Electric Dress* su una superficie piana, e che "non si tratta di studi o bozzetti realizzati per *Electric Dress*, bensì di dipinti ispirati a *Electric Dress*". 41

Qui la concezione della natura della pittura emerge come punto in comune tra Shiraga e Tanaka. Nelle prime opere Gutai antecedenti all'evento del 1957 *Gutai Art Using the Stage*, nel cui ambito i processi venivano presentati in quanto tali e fini a se stessi, "l'azione era sempre memorizzata nel materiale, e l'azione stessa non acquisiva alcuna indipendenza come nei successivi happening". 42 Al contrario, erano le fotografie del processo di produzione e dei momenti che scandivano l'azione ad assumere vita propria, con il risultato che le azioni venivano fraintese come opere a sé stanti, dando origine a un'immagine distorta degli artisti Gutai come pionieri della performance art. 43 In realtà, l'intento dei primi artisti Gutai era quello di smantellare ed estendere elementi e concetti connessi alla creazione dei dipinti, come gesto e spazialità, al fine di ri-esaminare il processo di formazione dei dipinti. Come dimostrano le affinità tra Shiraga e Tanaka, la questione sollevata da Yamamoto è di estrema rilevanza. 44 D'altra parte, lo sforzo di Gutai nel ridefinire la pittura nel contesto dell'arte americana dell'epoca è stato definito radicale, in quanto "le opere Gutai nelle mostre open-air erano pittura nello spazio e le opere portate sul palcoscenico erano pittura nel tempo", e "non era possibile concepire le azioni del gruppo Gutai come connesse alla pittura e come una sfida ai limiti della pittura, ovvero come arti visive piuttosto che performative". 45 Alla fine Gutai si è evoluto, adattandosi ai cambiamenti imposti dai tempi, dall'ambiente e dai progressi

29 Yamamoto, ibid.: "Il primo Gutai, dal 1954 al 1958, coincide con l'era dell'azione e della performance; il periodo intermedio dal 1958 al 1965 è quello della pittura, ed è nel tardo periodo dal 1965 al 1972 che vengono introdotte forme di astrazione come l'arte cinetica e l'arte ottica". In un'altra variante, poiché la mostra Gutai: Splendid Playground al Museo Solomon R. Guggenheim nel 2013 era basata sulla monografia di Ming Tiampo GUTAI: Decentering Modernism (2010) e metteva a fuoco Gutai come un gruppo che ruota attorno alla figura di Jiro Yoshihara, la fondazione della Gutai Pinacotheca nel 1962 è considerata come un punto di svolta nella storia di Gutai, tanto che si arriva a distinguere una prima fase (1945-1962) e una seconda fase (1962-1972). Si veda: Ming Tiampo, "Nihon-go ban no tame no Atogaki [Afterword for the Japanese edition]," GUTAI: Shuen kara no Chosen, p. 201.) Inoltre, in occasione della retrospettiva Gutai per il 50° anniversario della fondazione del gruppo, Shoichi Hirai ha sottolineato l'importanza di riesaminare il tardo Gutai, escluso dalla retrospettiva, e di trattarlo alla stregua del primo e del secondo periodo. Si veda: Shoichi Hirai, "Gakugeiin no Shiten: sulla mostra retrospettiva di Gutai", QUARTERLY REPORT ART RAMBLE, vol. 2, Hyogo Prefectural Museum of Art, 20 marzo 2004, pp. 2-3 (solo in giapponese).

30 Shoichi Hirai "Gutai-A Utopia of the Modern Spirit" (traduzione di Christopher Stephens), Gutai: The Spirit of an Era, The National Art Center, Tokyo, 2012, pp. 12-14 (giapponese)/245-247 (inglese).

31 Atsuo Yamamoto, "GUTAI 1954-1972" (traduzione di Simon Scanes e Keiko Shiraha), GUTAI I/II/III, Ashiya City Museum of Art & History, 1994, p. 23 (giapponese)/p. 42 (inglese).

32 Yamamoto, "Yoshihara Jiro to Gutai [Jiro Yoshihara e Gutai]", p. 191 (solo in giapponese): "Atsuko Tanaka produceva opere in tessuto... Shiraga stava già sperimentando la pittura con i piedi".

33 Yamamoto, ibidem, "Challenging Mud and the Structure of the Early Gutai Works: By Way of a Comparison between Art Brut and the Dobi-ten", Bulletin of the Hyogo Prefectural Museum of Art, n. 8, Hyogo Prefectural Museum of Art, 2014, pp. 21-22 (solo in giapponese. Disponibile l'abstract in inglese).

34 Ibid.

35 Mizuho Kato, "Searching for a boundary" (traduzione di Simon Scanes e Keiko Shiraha, a cura di Ming Tiampo), Atsuko Tanaka: Searching for an Unknown Aesthetic, 1954-2000, Atsuko Tanaka Exhibition Organizing Committee/Ashiya City Museum of Art & History/ Shizuoka Prefectural Museum of Art, 2001, p. 13 (giapponese)/p. 24 (inglese).

36 Ibid., p. 8 (giapponese)/p. 18 (inglese).

37 Ibid.

38 Si veda: Mizuho Kato, "Atsuko Tanaka's 'paintings', as seen through Work (Bell)" (traduzione di Tetsuo Kinoshita, Sachiko Namba e Fontaine Limited), Atsuko Tanaka: The Art of Connecting, organizzato da Ikon Gallery/Espai d'art contemporani de Castelló (EACC)/ Museum of Contemporary Art, Tokyo (MOT)/the Japan Foundation, distribuito da Cornerhouse Publications, 2011, p. 51, nota a piè pagina 2 a p. 58 (giapponese)/p. 39, nota 2 a p. 47.

39 Ibid., p. 57 (giapponese)/p. 47 (inglese).

40 Yuko Hasegawa, "Network Paintings. Prophecies of the Present" (traduzione di Tetsuo Kinoshita, Sachiko Namba e Fontaine Limited), ibid., p. 24 (giapponese)/p. 14 (inglese).

41 Kato, "Atsuko Tanaka's 'paintings', as seen through Work (Bell)," p. 52, nota a piè pagina 4 a p. 58 (giapponese)/p. 40, nota a piè pagina 4 in p. 47 (inglese).

42 Shinichiro Ozaki, "Jiro Yoshihara and Sho [Jiro Yoshihara e la calligrafia]", Jiro Yoshihara, Ashiya City Museum of Art & History, 1992, p. 181 (solo in giapponese).

43 Si veda: Hirai, "Gutai - A Utopia of the Modern Spirit," pp. 11-12 (giapponese)/pp. 244-245 (inglese).

44 Si veda: Yamamoto, "GUTAI 1954-1972," p. 12 (giapponese)/p. 33 (inglese).

45 Ming Tiampo, GUTAI: Shuen kara no Chosen, p. 75, note a piè pagina [20],[24] a p. 75 (solo in giapponese).

tecnologici, e ciò ha portato alla formalizzazione e al rafforzamento della pittura nel Gutai del medio periodo e alle opere interattive della environmental art, della light art e dell'arte cinetica del tardo periodo Gutai.

Tracciando un confronto con Yayoi Kusama, Hasegawa interpreta la reiterazione della forma del cerchio nell'opera di Tanaka come relazioni metaforiche e sistematiche che profetizzano l'avvento di una società interconnessa, 46 mentre Jonathan Watkins paragona *Calendar* di Tanaka (1954) ai dipinti di date di On Kawara, osservando che "i due artisti sono accomunati dall'influenza formativa dell'esistenzialismo, tradita da un costante ricorso alla ripetizione, da diverse risposte all'idea di delimitazione o di confine e, soprattutto, dall'insistenza sulla propria sopravvivenza". 47 Le opere risalenti al primo periodo Gutai, come *Challenge the Mud* di Shiraga, sono concepite come "una tabula rasa sulla scia della sconfitta militare del Giappone e prefigurano l'esigenza interiore delle giovani generazioni dell'arte contemporanea di riesaminare il proprio essere su di un piano fisico". 48 Resta inteso che l'influenza dell'esistenzialismo sul movimento Gutai si sia forgiata in un clima di minaccia universale alla sopravvivenza dell'umanità. 49

Yoko Ono torna in Giappone dagli Stati Uniti per la prima volta dopo 10 anni nella primavera del 1962. Nei suoi due anni e mezzo circa di permanenza in Giappone Ono porta in scena alcuni dei suoi eventi più noti, tra cui *Instructions for Paintings* in "Works of Yoko Ono" presso il Sogetsu Art Center di Tokyo (24 maggio 1962), *Cut Piece* (1964), a Kyoto e Tokyo, e pubblica *Grapefruit* (1964), affermandosi come artista concettuale e promuovendo al contempo lo scambio tra Fluxus in Nord America ed Europa e gli artisti di Tokyo, come i membri dell'Hi-Red Center. 50 È evidente che, alla fine degli anni cinquanta e per tutto il decennio successivo, l'ecosistema dell'arte giapponese ospitò diversi movimenti artistici d'avanguardia sorti nel dopoguerra e operanti su circuiti multipli oltre al movimento Gutai, nel Kansai. 51 A questo proposito, vorrei sottolineare il fatto che sia Ono sia i membri di Gutai scelgono il concetto di "pittura" come base per l'espandere il loro pensiero artistico, a prescindere dalle differenze in merito alla direzione artistica o all'area di attività. Secondo Midori Matsui, la "finzione" o la realtà concettuale che riassume l'approccio artistico di Ono è un meccanismo attivo che punta a defamiliarizzare la realtà al fine di infrangere rigidi schemi di pensiero. 52

Le cornici della pittura concettuale di Ono smantellano le convenzioni tradizionali della pittura in maniera diversa rispetto a Gutai, sebbene anche lei lavori con parole e azioni. In particolare, vorrei tracciare un paragone con il già citato uso dei "confini" da parte di Atsuko Tanaka, che produce "dipinti" che elevano l'esperienza audiovisiva a un livello metafisico e catturano la relazione che intercorre tra il senso della vista e il corpo. Nel caso di Tanaka, gli spettatori percepiscono dei movimenti dinamici all'interno del proprio corpo e "fanno esperienza fisica della visione". Ono, d'altro canto, incorpora una serie di espedienti, quali un palco, che trasformano in finzione la vita quotidiana. È interessante constatare come, pur impiegando strategie diverse al fine di elevare la realtà

46 Si veda: Hasegawa, "Network Paintings: Prophecies of the Present," p. 26 (giapponese)/p. 16 (inglese).

47 Jonathan Watkins, "Broader Horizons," Atsuko Tanaka: The Art of Connecting, p. 155 (giapponese)/p. 144 (inglese).

48 Hirai, "Gutai – A Utopia of the Modern Spirit," p. 13 (giapponese)/p. 246 (inglese).

49 Gutai ha anticipato gli sviluppi dell'arte in Europa e negli Stati Uniti come una delle manifestazioni della contemporaneità internazionale che si è sviluppata in varie regioni. Ciononostante, fino alla sua rivalutazione negli anni Ottanta, in questo contesto globale è stato emarginato dal discorso filoccidentale sul modernismo ed è stato frainteso come arretrato e imitativo. In risposta al dilemma presentato dal modernismo che si evolve in varie regioni mentre la narrazione è "centrata" in una regione, in GUTAI: Decentering Modernism Ming Tiampo propone il concetto di "mercantilismo post-culturale", che è l'equivalente dello scambio culturale delle politiche economiche ineguali (p. 29 nell'edizione giapponese, GUTAI: Shuen kara no Chosen), e sulla base di un esame approfondito della duplice struttura dell'imperialismo culturale e degli standard di originalità (ibid., pp. 41-42), svolge un lavoro estremamente innovativo di decentramento dei concetti di storia modernista e di originalità attraverso Gutai e propone un vocabolario per descrivere la storia del modernismo transnazionale.

50 Si veda: Naoko Seki, "Postcard – Sharing a Piece of Time" (tradotto da Reiko Tomii), Yoko Ono: From My Window, Museum of Contemporary Art, Tokyo, 2015, pp. 22, 208- 209 (giapponese)/pp. 23, 218 (inglese).

51 Tra gli altri gruppi d'avanguardia dell'epoca figurano Kyushu-ha (Scuola di Kyushu) (1957-1968), Neo Dadaism Organizers (1960), Zero Jigen/Zero Dimension (1960-1972), Group Ongaku (primi anni Sessanta) e Jikan-ha/Timism (1962-1966).

52 Midori Matsui, "Frames, Doors, Invisible Flower: Immanence and Transcendence of Yoko Ono's Imagination" (tradotto da Midori Matsui), Yoko Ono: From My Window, pp. 227-228 (giapponese)/pp. 236-237 (inglese).

53 Si veda: Saburo Muraoka [senza titolo] (Dalla lettera di risposta a Monica M. Bock dell'agosto 1993, 1993) (traduzione di James Roberts, Sumiko Roberts), Oxygen Saburo Muraoka, Kenji Taki Gallery, pp. 9-11 (giapponese)/pp. 5-7(inglese).

54 Toru Matsumoto, "Saburo Muraoka 1983-1997 – Salt/Heat/Oxygen" (tradotto da Kikuko Ogawa), Saburo Muraoka, The National Museum of Modern Art, Tokyo, p. 12 (giapponese)/p. 20 (inglese).

alla sfera metafisica, il lavoro di entrambe le artiste, che presuppone il coinvolgimento fisico dello spettatore, sia ispirato al concetto di pittura e continui ad aderirvi, pur decostruendo di fatto la pittura.

Un altro artista presente in mostra, attivo nello stesso periodo di Gutai e di Ono, è Saburo Muraoka, noto principalmente come "scultore del ferro". Muraoka ha sperimentato sia l'epoca prebellica che quella postbellica, sempre mostrandosi coerente nel mettere in discussione i concetti di nazionalismo giapponese e di tradizione etnica distinta. Ciò è dovuto al modo in cui entrambi i sistemi forzano la realtà delle sensibilità estetiche individuali ad appiattirsi in una "tradizione" unica, spogliandosi della propria unicità e trasformandola in un'astrazione simbolica. Il rafforzamento del carattere culturale tradizionalista del Giappone e la sistematizzazione di una narrazione storica etnocentrica si sono affermati durante il periodo Meiji (1868-1912), quando il sistema imperiale si è assestato nella sua forma attuale. Questi elementi si sono fusi con il nazionalismo fanatico del periodo prebellico, arrivando a costituire un'estetica simbolica che ha rappresentato una vera e propria un'identità spirituale per le persone dell'epoca. Sulla base delle proprie esperienze belliche, Muraoka nutriva il timore che l'enfasi sulle qualità etniche distintive avrebbe incoraggiato il ritorno al nazionalismo pre-moderno. 53 Per salvaguardare la sensibilità e l'intuizione individuali come pilastri portanti della sua pratica artistica, lo scultore si è avvalso unicamente di mezzi espressivi ricavati dall'ambito della scienza e della tecnologia, senza lasciare margine all'intromissione di istituzioni e usanze collettive ed emotive. Ho descritto Muraoka come uno "scultore del ferro", ma una definizione più calzante potrebbe essere quella di "scultore del calore". Nel corso della sua carriera artistica, Muraoka si è avvalso delle nozioni della meccanica quantistica in materia di calore, vibrazione ed energia cinetica per scolpire materiali come il ferro, il sale, lo zolfo e l'ossigeno in maniera tale da affrontare "concetti esistenziali riguardanti la [sua] stessa vita e la morte". 54 Per scelta, Muraoka modellava il ferro esclusivamente mediante l'applicazione del calore. Creare un'opera in cui vita e materia e vita e morte si incontrano tramite il calore, inteso come dimostrazione della vita, rappresentava per Muraoka una prova intellettuale dell'esistenza. *Body Temperature* (2010), presente in mostra, è radicata in *Transmitted Heat (Body Temperature)* (1997), un'opera che trasmette un calore equivalente alla temperatura corporea dell'artista misurata quotidianamente, mentre l'opera più recente rappresenta una transizione da "prova di vita" a "vestigia di vita / dispositivo di memoria", e da opera esistenzialista a opera concettuale. Modificata in maniera tale da mantenere una temperatura costante di 36,7 gradi (pari alla temperatura corporea rilevata il 16 luglio 2010) e da trasmetterla nel momento in cui il visitatore interagisce toccando una colonna di rame, l'opera esposta in mostra per la prima volta dalla morte di Muraoka continua a portare avanti l'idea del calore come una condizione per la vita. Muraoka ha in comune con il movimento Gutai il periodo di attività e la regione di appartenenza, il Kansai. In qualità di artista rigorosamente indipendente e "individualista", Muraoka ha seguito una traiettoria completamente diversa e priva di punti di contatto con quella del gruppo Gutai, eppure *Transmitted Heat (Body Temperature)* e *Body Temperature* riportano alla mente le date dipinte da On Kawara e, per tornare alle osservazioni di Watkins citate poc'anzi, nella gerarchia concettuale di questa mostra tali opere si riallacciano ai calendari dipinti di Atsuko Tanaka.

Non serve dire che quanto ricordato sinora rappresenta solo un frammento dell'arte d'avanguardia nel Giappone del dopoguerra, e chiedo al lettore di compiere lo sforzo necessario a immaginare un albero ramificato e frondoso che cresce in tante direzioni quanti sono gli artisti che lo popolano. Di seguito, illustro i rapporti di reciprocità che legano questo ecosistema ad altri artisti qui rappresentati e alle loro pratiche.

3. Per Chiharu Shiota, vita e morte sono un tutt'uno e vivere è una forma di espressione. "La morte è parte integrante della mia opera, tanto che la vedo più come un nuovo inizio, anziché come una fine. Fa parte del ciclo della vita come un nuovo stadio dell'essere. È come trasferirsi in un universo più ampio." 55 Dopo aver rinunciato alla pittura per l'incapacità di trovare un senso di integrazione e di connessione con la propria vita durante gli anni dell'università, Shiota si immerge nella pittura con vernice a smalto giungendo a realizzare *Becoming Painting* (1994) come "un atto di liberazione". 56 Nelle performance e nelle opere video più recenti *Try and Go Home* (1997) e *Bathroom* (1999) ha trasformato il proprio corpo in un oggetto. Benché sia importante discutere la pratica di Shiota, influenzata da artiste come Magdalena Abakanowicz e Marina Abramović, 57 in termini di storia dell'arte femminista 58 Andrea Jahn, dialogando con lei,

caratterizza come segue le differenze rispetto alle artiste citate: "ti sottrai alle proiezioni sessualizzanti dall'esterno, in quanto tu stessa descrivi la superficie del tuo corpo o lo rendi parte della tua installazione... il tuo corpo scompare completamente dalla scena nel momento in cui hai iniziato a sostituirlo con oggetti personali". 59 Le installazioni di Shiota che utilizzano il filo si fanno "scultoree e performative al tempo stesso", 60 invitando lo spettatore a entrare nello spazio dell'opera.

Questa mostra guarda alla pratica di Shiota non dal punto di vista dell'espressione corporea come atto di resistenza di un'artista donna nei confronti delle istituzioni e della violenza, ma in funzione della sua appartenenza a una linea evolutiva di artisti: Muraoka, che scolpiva con la presenza e i processi vitali fondamentali come prova della propria esistenza, e con cui Shiota ha studiato all'Università Seika di Kyoto; Shiraga, che si immergeva fisicamente nella pittura alla ricerca di un senso di unità con essa; e Tanaka, che si occupava della superficie visibile dei corpi in movimento. In particolare, *Electric Dress* di Tanaka può essere interpretato come simbolo della generazione di un'identità dinamica inquadrata in relazione al mondo. 61 Come l'artista stessa ha affermato più volte, in *After That* (1999), *Bathroom*, *Memory of Skin* (entrambi del 2001), *Reflection of Space and Time* (2018) e nella nuova opera *Empty Body* (2022) presentata in questa sede, per Shiota l'abito come "seconda pelle" rappresenta anche una "memoria della pelle" che incarna un'identità che non può essere dilavata, oltre che un "corpo assente" svuotato dall'interno." 62 È possibile proiettare la nostra comune condizione fisica e psicologica di intrappolamento e di incapacità di muoverci durante la pandemia sugli abiti sospesi di *Empty Body*, un'opera che in più di un tratto fa memoria dell'incubo del presente. Allo stesso tempo, gli abiti intrappolati suggeriscono una condizione temporanea, transitoria, e ci incoraggiano a immaginare che un giorno corpo e anima saranno liberi. Nelle parole di Shiota: "La fisica in genere nega l'esistenza dell'anima, ma scendendo a patti con la mia morte, ho percepito che l'anima esiste. Se il corpo umano è composto interamente da atomi, allora non dovrebbero scomparire nemmeno se un essere umano fosse bruciato in un forno crematorio... Gli atomi che ci hanno creato si disperdono nel fumo e continuano a esistere su questa terra". 63 Se la fisicità del corpo che percepiamo è uno stato temporaneo degli atomi che lo compongono, l'abito può essere visto come un guscio abbandonato quando gli atomi che compongono l'anima intrappolata nel corpo vengono finalmente liberati. *Empty Body* ricrea l'abisso della vita e della morte e l'ambiguità della speranza quando sperimentiamo momenti di difficoltà.

Nelle loro straordinarie opere multimediali, il collettivo Dumb Type amplifica le sensazioni fisiche dello spettatore e risveglia un senso di coinvolgimento personale che ci rende consapevoli di come i nostri corpi viventi siano inconsciamente intrecciati con la politica, le norme sociali e gli stereotipi. Scegliendo di caratterizzarsi volutamente come "dumb", muti, incapaci di parlare, ma anche stupidi e ottusi, i membri del collettivo indagano le condizioni fondamentali per la convivenza tra gli esseri umani mediante opere che non si basano su dialoghi o narrazioni teatrali tradizionali, ma che ricorrono a

55 Chiharu Shiota, "A Conversation with Shiota Chiharu" (intervista di Andrea Jahn). Una versione rivista di "An Interview with Chiharu Shiota" di Andrea Jahn [Bielefeld: Kerber Verlag, 2016], integrata da un'intervista aggiuntiva del marzo 2019), Shiota Chiharu: The Soul Trembles, a cura del Mori Art Museum, pubblicato da Bijutsu Shuppan- Sha Co., Ltd., primo agosto 2019, p. 218(giapponese)/p. 232 (inglese); si rimanda anche al seguente commento di Chiharu Shiota citato da Mami Kataoka, "Probing the Origin of Death/Life: The Cosmic View of Shiota Chiharu" (traduzione di Darryl Jingwen Wee), ibidem, p. 13 (giapponese)/p. 26 (inglese): nel 2005, quando si ammala effettivamente di cancro ed è posta a confronto diretto con la morte, la consapevolezza di ciò che si trova al di là del termine ultimo della morte si espande. "Sono arrivata a pensare che vivere e morire appartengano davvero alla stessa dimensione", afferma (da una conversazione via e-mail con Kataoka, febbraio 2019).

56 Ibid., p. 211 (giapponese)/p. 225 (inglese).

57 Altri esempi includono Rebecca Horn e Ana Mendieta (si veda: Kataoka, "Probing the Origin of Death/Life: The Cosmic View of Shiota Chiharu," pp. 15-17 (giapponese)/pp. 27-30 (inglese) Jahn osserva che il suo lavoro ricorda quello di artisti performativi di prima generazione come Hannah Wilke, Gina Pane e Valie Export (si veda: Jahn "A Conversation with Shiota Chiharu," p. 211(giapponese)/p. 225 (inglese).

58 Si veda: Kanji Ishitani, "Trauma Kioku ga Isou sareru Botai no Umi e [Towards the sea of matrix where traumatic memory is transferred]," Bijutsu Techo, vol. 71, n. 1077, Bijutsu Shuppan-Sha Co., Ltd., agosto 2019, pp. 104-111 (solo in giapponese).

59 Jahn, "A Conversation with Shiota Chiharu," p. 211(giapponese)/p. 225 (inglese).

60 Ibid., p. 215 (giapponese)/p. 229 (inglese).

61 Si veda: Kato, "Searching for a boundary," pp. 6-13 (giapponese)/pp. 15-25 (inglese).

62 Si veda: Kataoka, "Probing the Origin of Death/Life: The Cosmic View of Shiota Chiharu," p.13 (giapponese)/p. 25 (inglese); Shiota, "A Conversation with Shiota Chiharu," p. 213 (giapponese)/p. 227 (inglese).

63 Un commento di Shiota, ibidem, p. 15 (giapponese)/p. 27 (inglese).

video, suoni, corpi, brevi testi simili a parole in codice, grafiche e a composizioni architettoniche (sceniche e spaziali). Nel progetto *S/N* (1992-1994), in particolare, gli artisti affrontano sul piano personale problematiche legate a razza, nazionalità, genere, sessualità, minoranze e HIV/AIDS. *LOVE / SEX / DEATH / MONEY / LIFE* (2018), incluso in mostra, è una nuova versione elaborata al computer di filmati proiettati durante la performance di *S/N* (inaugurata nel 1994). Con la sua critica coerente delle strutture sociopolitiche plasmate dall'opinione della maggioranza con il pretesto del "bene pubblico" come scudo, e del retaggio storico di gerarchie e pregiudizi, Dumb Type ha successo per due motivi. Il primo è un uso sapiente e incisivo delle tecnologie mediatiche che si appellano direttamente alle sensazioni corporee, e l'accostamento di parole chiave universali e contrapposte che ci inducono a interrogare noi stessi, a comunicare e a condividere con gli altri un senso di identificazione personale con queste problematiche. Il secondo motivo è che non hanno mai smesso di evolversi e metabolizzare come collettivo, senza paura di cambiare. Il coinvolgimento di membri diversi in ogni progetto permette di cogliere l'attualità dei nostri tempi come una realtà dinamica attraversata da un continuo mutamento anziché come un'entità statica e inamovibile. In seguito alla morte di Teiji Furuhashi, che ha avuto un ruolo centrale sin dalla formazione del gruppo nel 1984, Dumb Type ha ereditato la sua estetica sofisticata, riducendo gli elementi nonsense e ludici e dando vita a opere che si sono trasformate in nuove forme astratte a più alta risoluzione. Tutto ciò rappresenta una conferma della coerenza di Dumb Type nello scegliere una pratica che si rapporti con l'attuale ecosistema, invece di limitarsi a sostenere un biotopo specifico che tende a riprodursi ripetutamente. Il movimento Gutai che costituisce il punto di partenza di questa mostra è stato l'esatto opposto di Dumb Type, in quanto il gruppo seguiva la spinta propulsiva di Yoshihara, un leader solido e insostituibile. Tuttavia, ritengo che Gutai sia pertinente alla linea evolutiva di Dumb Type, considerato che si è trattato di un movimento di orientamento sociale che puntava a far rivivere lo spirito modernista che nutriva ideali democratici, e che nei suoi quasi vent'anni di attività ha saputo evolversi e diversificarsi passando dalla decostruzione della pittura alla environmental art in risposta ai tempi che cambiano e alle variazioni nella formazione dei suoi membri. Anche Gutai è stato un gruppo multimediale riconosciuto a livello internazionale con sede nella regione del Kansai, fortemente interessato a un approccio globale e composito all'arte. [64]

Durante la pandemia attualmente in corso, gli antropologi culturali hanno discusso la coesistenza con i virus adottando una serie di punti di vista non antropocentrici. [65] Tornano in mente le parole di Furuhashi, che credeva nel potere dell'arte e ha continuato a praticarla pur essendo costretto a convivere a sua volta con un altro virus, l'HIV: "Esistono cellule che proteggono il mio corpo, e credo siano la creatività e l'amore a proteggere la mia mente. Proprio come le mie cellule accettano il virus, io sono determinato ad accettare tutti con immaginazione e amore". [66] Dopo aver introdotto euforia, senso di perdita e incertezza nel mondo dell'arte del XX secolo, la presenza leggendaria di Furuhashi conferisce a Dumb Type una forza ancora più dirompente nel XXI secolo. Questo sembra essere il risultato non tanto di una "evoluzione" basata su concetti lineari, quanto dell'apertura mentale promossa di Dumb Type, portata a interrogarsi sulle motivazioni di un determinato stato di cose e a chiedersi fino a che punto esso sia inevitabile, piuttosto che essere disposta a credere ciecamente nel progresso o nella novità. La ricerca della vita e dell'esistenza trae origine dal dubbio e dallo smantellamento di idee e percezioni preconcette. La stessa apertura mentale caratterizza anche Kishio Suga e Mono-ha, di cui si parlerà più avanti in questo saggio.

64 A proposito del contesto storico in cui è nato Dumb Type, Yuko Hasegawa ricorda che "i gesti e il linguaggio del corpo 'anti' del teatro d'avanguardia e delle performance degli anni Sessanta sono ormai disfunzionali, tanto che la maggior parte di essi si è trasformata in teatro commerciale", e che "Il video... è diventato uno strumento in grado di trasformare in immagini sia il nostro io interiore sia l'ambiente esterno". Riconosce in artisti come Laurie Anderson e Robert Wilson i precursori sul fronte dello sviluppo di installazioni e di performance multimediali che incorporano il video a partire dagli anni Settanta. Secondo Hasegawa la fiorente economia capitalista nella società postmoderna del Giappone degli anni Ottanta ha causato una stravagante inondazione di immagini, informazioni e beni, tanto che "non c'era mai stata un'epoca che corrispondesse così perfettamente a questo "pensiero" fluttuante e privo di struttura e a un atteggiamento antistorico che elimina ogni contesto". Hasegawa riconosce a Dumb Type il merito di aver adottato una posizione critica nei confronti di quest'epoca (si veda: Yuko Hasegawa, "The Dumb Type effect, 1984 to the present" [tradotto da Alfred Birnbaum, Darryl Wee, Tsutomu Nakano], DUMB TYPE 1984 2019, Masaru Onodera/Kawade Shobo Shinsha Ltd. Publishers, 2018, pp. 154-155 (giapponese)/ pp. 163-164 (inglese).

65 Si veda: Toshiaki Ishikura, "Series 'COVID-19 <to> Kangaeru' Talk 07 Ishikura Toshiaki x Tsujimura Nobuo [Series 'Think <with> COVID-19' Talk 07 Toshiaki Ishikura x Nobuo Tsujimura]," HAGAZINE, 11 luglio 2020 [https://hagamag.com/series/s0065/7736] (solo in giapponese).

66 Teiji Furuhashi, "Furuhashi Teiji no Atarashii Jinsei – LIFE WITH VIRUS HIV Kansen Happyo wo Iwatte [A New Life of Teiji Furuhashi – LIFE WITH VIRUS HIV, for a commemoration of an announcement of the infection]," memorandum Teiji Furuhashi, Little More, 10 dicembre 2000, p. 38 (solo giapponese).

Lieko Shiga realizza fotografie composite che traggono il loro immaginario da ambientazioni locali e dalle storie delle persone, imprimendo al tempo stesso una direzione artistica ben riconoscibile ai suoi soggetti. Il suo approccio, in cui assume il ruolo di mediatrice di immagini e narrazioni e che incorpora elementi teatrali, è coerente sin dagli esordi della sua carriera, ma non è mai sistematico e si sviluppa come parte del suo processo di vita. Shiga, che dice di sé: "Quando scatto o ricreo le mie fotografie, è come se stessi inspirando", 67 incentra la sua pratica sulla fotografia come strumento per conservare traccia delle nostre vite, tutte inevitabilmente transitorie.
Una fotografia estende per sempre l'"adesso" congelando un istante, e queste fotografie scattate in tempi diversi e riproposte simultaneamente spesso funzionano come rappresentazioni sostitutive di corpi assenti. Si ha l'impressione che i primi lavori di Shiga esprimano un'angoscia pervasiva nei confronti di una concezione astratta della morte, per la quale la cruda esperienza della vita è un prerequisito. Tuttavia, dopo alcuni incontri ravvicinati con la morte vera e propria durante il Grande Terremoto del Giappone Orientale dell'11 marzo 2011, che ha causato devastazioni immani distruzione e numerose vittime nella regione in cui Shiga viveva e lavorava, le sue immagini sono arrivate a rappresentare la vita e la morte come due facce di una stessa entità, anziché rendere la presenza del corpo vivo un prerequisito. Secondo Shiga, "Le fotografie che restano non ci risanano completamente, eppure ci trasmettono la sensazione che possano restituirci dei ricordi oltre che un luogo a cui possono appartenere. Raccontiamo storie di continuo, di continuo forniamo una sorta di contesto, ne avvertiamo la necessità, eppure inconsciamente mi rendo conto che gestiamo l'inafferrabile 'presente' come se si trattasse della 'morte', e suppongo che stiamo combattendo contro il dato di fatto che non si può invertire il corso del tempo. Il motivo per cui le persone si tramandano storie e non smettono mai di ripeterle è perché avvertiamo la necessità di dare un senso autentico alla 'vita'". 68

L'installazione in mostra è stata realizzata smontando la "bara vuota" 69 esposta nella personale del 2019 *Human Spring* e riutilizzando le fotografie che la ricoprivano in quella che potrebbe essere definita una resurrezione per immagini. Le fotografie di Shiga non sono rappresentazioni che riproducono i suoi soggetti, ma ciò che Georges Didi-Huberman definisce immagini intrinseche al corpo. 70 Queste immagini fanno luce sull'essenza degli esseri umani che lottano per vivere in un ciclo di distruzione e rigenerazione, continuamente posti a confronto con la perdita e il dolore e con le malattie che affliggono un'economia capitalista che disintegra e divide le comunità nel nome del recupero e della ricostruzione post-catastrofe. Shiga indaga sul modo in cui la provvidenza della natura, su scala globale, influisce sullo spirito umano, in maniera analoga al ritorno della primavera al variare d'orientamento dell'asse di rotazione terrestre. Questa installazione si pone nel solco di *Human Spring*, opera in cui Shiga indaga la propria esistenza di sopravvissuta e le tensioni tra umanità, società, mondo e natura. Per questo motivo in questa mostra la pratica di Shiga, che solitamente tende a essere catalogata alla voce teoria fotografica, viene deliberatamente svincolata dal contesto della fotografia e questa espressione di vita potenziata che viene posta nella linea evolutiva di Gutai, Muraoka, Shiota, Dumb Type e Yamashiro.

Non si può presentare l'"arte contemporanea giapponese" senza avvertire dei dubbi su questa formulazione, poiché la parte "giapponese" di questa locuzione conserva echi dell'illusione di massa di uno stato monoetnico e monoculturale. Muraoka nutriva dubbi e resistenze nei confronti della cultura tradizionalista giapponese e del nazionalismo premoderno che affonda le sue radici nel periodo Meiji. È proprio il governo Meiji a rafforzare la sistematizzazione di una narrazione storica etnocentrica, ad annettere il Regno delle Ryukyu (fondato nel 1429) e a trasformarlo nel Dominio delle Ryukyu

67 Da un'intervista con Lieko Shiga del 20 dicembre 2018, citata da Harumi Niwa, "Human Spring: A Human Story that SHIGA Lieko Links to the Body" (traduzione di Gavin Frew), Human Spring, Tokyo Photography Art Museum/Tokyo Metropolitan Foundation for History and Culture, 2019, p. 129 (giapponese)/p. 146 (inglese).

68 Masashi Kohara e Lieko Shiga, "Mourning and Image" (dialogo, tradotto da Gavin Frew), ibid., pp. 121-122 (giapponese)/pp. 139-140 (inglese).

69 Si veda: Ibid., pp. 119-120 (giapponese)/pp. 137-138 (inglese).

70 Georges Didi-Huberman, Images in Spite of All: Four Photographs from Auschwitz (traduzione di Kazumichi Hashimoto), Heibonsha, 2010.

del Giappone nel 1872 e successivamente nella Prefettura di Okinawa nel 1879. Okinawa, rasa completamente al suolo dalla violenza della battaglia che infuria sulla terraferma a pochi mesi dalla fine della guerra, rimane sotto il controllo militare degli Stati Uniti fino al 1972 e, data la continua presenza di basi americane, ancora oggi resta prigioniera delle controversie e dei dilemmi che adombrano il rapporto tra Okinawa, le isole maggiori del Giappone e gli Stati Uniti, con la sua popolazione esposta ai pericoli e il suo ambiente marino sempre più devastato. [71]

Tsuchi no Hito (Mud Man) (2016) di Chikako Yamashiro è un capolavoro che emerge da una lunga e variegata serie di opere realizzate a partire dal 2002 e incentrate sulla nativa Okinawa. A Okinawa, il "tacit farming" è una pratica diffusa in molti siti all'interno delle basi americane, dove l'agricoltura è stata autorizzata in via ufficiosa in risposta alle petizioni, alle negoziazioni e alle lotte dei cittadini per riappropriarsi dei terreni requisiti con la forza dall'esercito americano durante e dopo la guerra. La situazione dei diritti fondiari è complicata anche dal fatto che la terra è di proprietà della Defense Facilities Administration Agency giapponese, a voler tacere il fatto che le forze armate statunitensi l'hanno messa a disposizione dei residenti. [72] In mezzo a questa complessità c'è l'innegabile realtà che Okinawa continua a essere sfruttata come risultato di una risoluzione ancora incompleta delle questioni postbelliche. *Tsuchi no Hito (Uomo di fango)*, connette quest'area grigia della società di Okinawa con l'isola di Jeju, in Corea del Sud, caratterizzata da un contesto geopolitico e da una storia di eccidi di massa simili a quelli di Okinawa, avvalendosi delle formazioni geologiche note come *gama* (trincee naturali o grotte calcaree) e sublima le realtà storiche, politiche e militari che popolano questi confini in un'esperienza audiovisiva fantastica e potente. Yamashiro libera le due isole dai confini imposti dallo Stato e ci permette di immaginare una solidarietà che si estende su un'ampia area geografica e che trascende il tempo e lo spazio. Una narrazione mitologica nel cui ambito le parole discese dal cielo fanno sì che lo *tsuchi no hito* (l'uomo di fango) si risvegli come essere umano, assista alla battaglia e glorifichi la nostra comune madre Terra, può essere definita un inno al risveglio grazie alla conoscenza e alla forza della vita che supera ogni conflitto. La prassi di Yamashiro, spesso incentrata su aspetti fisici come la bocca, la voce, il respiro o la carne, sovrappone altri corpi al corpo dell'artista o rivela il sé, con implicazioni sul corpo umano come un organismo vivente nel ciclo di più ampio un ecosistema, e invita lo spettatore a lasciarsi coinvolgere sul piano personale e a trasmettere un impegno diretto. Il corpo nell'opera di Yamashiro "vive all'interno di una catena di vita comunitaria", [73] pur riconoscendo l'impossibilità di comprendere pienamente la storia o di condividere l'esperienza. Il suono stupefacente di un beatbox umano immerge lo spettatore in un ritmo di rabbia e resistenza contro il colonialismo e lo sfruttamento interiorizzati, e conduce infine alla catarsi. *Tsuchi no Hito (Uomo di fango)* trascende la specificità del luogo e presenta un'immagine di resilienza che risuona in ogni terra lacerata dal conflitto e dalla catastrofe.

4. Da mezzo secolo Kishio Suga si concentra sulla natura fondamentale dell'"essere": sul nostro modo di pensare alla nostra esistenza, oppure a una persona o a qualcosa che esiste. Le sue indagini costituiscono le fondamenta filosofiche di questa mostra. Suga richiama la nostra attenzione sulle cose vere e proprie, anziché su "espressioni" artistiche, risvegliando il nostro senso di *agency*, intesa come capacità di intervenire sulla realtà. Il verbo giapponese *aru* ("essere" o "esistere") può essere scritto con due diversi kanji, e Suga sottolinea la distinzione tra quello che sottende qualcosa che viene fatto per "esistere" tramite l'azione umana e l'altro che implica ciò che "esiste" senza intenzione, definendo quest'ultimo come "ciò che inevitabilmente è anche quando l'atto umano della

71 Per i dettagli sulla relazione esistente tra la la complessa situazione attuale a Okinawa, che non può essere caratterizzata in termini di dicotomie come bene/male, necessario/non necessario, controllo e resistenza, e l'opera di Yamashiro, si veda: Kenichi Kondo, "Seeking Okinawa's Real Face: The World of Yamashiro Chikako" (tradotto da Fontaine Limited), MAM Project 018 Yamashiro Chikako, Mori Art Museum, 2012, pp. 30-36 (giapponese)/pp. 38-45 (inglese).

72 Si veda: Takuya Yamanouchi, Atsumu Onishi e Shoichi Tashiro, "Tolerated Cultivation and the Postwar Period Processing Problem: A Case Study on Yomitan Village in Okinawa Prefecture," Bulletin of the Faculty of Agriculture, Kagoshima University, vol. 54, Kagoshima University, 31 marzo 2004, pp. 31-47 (giapponese) [http://hdl.handle.net/10232/1507].

73 Ikuo Shinjo, "The Ethics of Ecstasy: The Art of Yamashiro Chikako" (tradotto da Fontaine Limited), ibid., p. 48 (giapponese)/p. 51 (inglese).

creazione è completamente disatteso". [74] Suga trova la via per creare il proprio lavoro in questo stato dell'essere, e commenta: "Per creare un''opera', la nuova 'cosa/oggetto' deve anzitutto e principalmente continuare a esistere in quel determinato luogo senza che insorgano problemi riguardo alla sua presenza in una materia sufficientemente realistica. In altre parole, le cose (l'opera) devono trasferire la realtà e la sostanzialità delle cose a un nuovo spazio realistico (il luogo)... Le cose che sono lì devono esistere come sono, e le cose che non sono lì devono esistere in quanto non sono lì". [75] Questi prerequisiti sono rimasti coerenti sin dalla pubblicazione del suo determinante saggio *Existence Beyond Condition* [76] negli anni Settanta.

In *Jou-en/Edges of Site* (2020-2022), una nuova opera realizzata appositamente per questa mostra, una corda nera tesa da parete a parete viene tenuta in posizione da chiodi. Diversi pezzi di carta su cui sono state disegnate in precedenza delle linee nere sono disposti sul pavimento a formare una linea continua che riprende la linea nera della corda tesa sospesa in aria. *Jou-en/Edges of Site* induce lo spettatore a percepire un livello che "esiste" nello spazio e invita a esplorare i "confini" [77] che separano e al tempo stesso integrano soggetto e oggetto, linea e ombra, spazio. L'opera invita a percepire l'esistenza di vari limiti nello spazio in cui è installata, realizzando così una "forte tendenza alla significazione, che esorta lo spettatore a riflettere sulla relazione esistente tra gli oggetti e l'espansione del loro spazio". [78] Come ha osservato Midori Matsui, si tratta di una delle opere in cui Suga "afferma l'interdipendenza di cose e persone, teorizzata in modo sistematico dopo il 1973". [79]

Mono-ha (letteralmente "scuola delle cose"), un movimento artistico giapponese del dopoguerra paragonabile per importanza a Gutai e caratterizzato da forti affinità con i movimenti artistici dell'Arte Povera, di Supporti/Superfici e dell'Earthwork, "si riferisce a un gruppo di artisti che cerca di derivare una sorta di linguaggio artistico direttamente dal modo in cui le cose sono e operano". [80] In questo caso per "cose" si intendono materiali, sostanze e oggetti naturali virtualmente non modificati. Attivo a Tokyo dal 1968 ai primi anni Settanta, il movimento Mono-ha entra in attività quando Gutai ha ormai raggiunto la piena maturità.

In questo periodo gli artisti esplorano modalità espressive giapponesi originali, dopo lo scalpore suscitato dall'*Art informel* negli anni Cinquanta e Sessanta e l'influenza di altre avanguardie artistiche occidentali, mentre la protesta studentesca, che trae origine dal movimento contro il Trattato

74 Kishio Suga, "Existence Beyond Condition," Bijutsu Techo, vol. 22, n. 324, Bijutsu Shuppan-Sha Co., Ltd., febbraio 1970, pp. 24-33 (solo in giapponese).

75 Kishio Suga, "What Emerges, and Does Not Emerge" (tradotto da Darryl Jingwen Wee, Kei Benger. Testo inglese rivisto da Haruka Cho), Kishio Suga Expanded Self- Space / Divided Orientation of Space, Tomio Koyama Gallery Inc., 2018, p. 4 (giapponese)/p. 6 (inglese).

76 Suga, "Existence Beyond Condition": We could say that the very state of existence is the most individualistic and unique mode of being as such for us. The clue for people to transcend their mentality of fabricating object[thing]s is to convert something present into that object[thing]'s extreme limit state of existence, to shift the general state of being of object[thing]s that we normally perceive to a state in which each exists in isolation. (Traduzione inglese di Andrew Maerkle).

77 Si veda: Midori Matsui, "The Presence of Things, the Position of People: The Interdependence of Mind and Matter in Kishio Suga's Artistic Practice" (tradotto da Midori Matsui, con la revisione di Pamela Miki), Kishio Suga "Intentional Scenic Space," Tomio Koyama Gallery Inc., Office., 2017, pp. 88-89 (giapponese)/pp. 101-102 (inglese).

78 Ibid., p. 85 (giapponese)/p. 96 (inglese).

79 Ibid.

80 Toshiaki Minemura, "Mono-ha to ha Nani de attaka [What was Mono-ha]" (tradotto da Jean Campignon), Kamakura Gallery, 15 agosto 1986 [https://www.kamakura.gallery/mono-ha/minemura-en.html].

81 Katsuo Suzuki, "1970, a Landmark Year: the Lineage of Conceptual Art in Japan (2)" (tradotto da Cheryl Silverman), Kenkyu Kiyou [Study Bulletin], n. 20, The National Museum of Modern Art, Tokyo, 2016, pp. 6-21 (solo in giapponese. abstract disponibile in inglese).

82 chiro Haryū, "Dai 3 sho: Jōtai to Katei – Conceptual Art [capitolo 3: State and Process – Conceptual Art]," Gendai no Bijutsu Dai 11 kan. Koui ni Kakeru [Contemporary Art vol. 11. To Bet on Actions], vol. 11, Kodansha Co., Ltd., 1972, p. 50 (solo in giapponese). (Questa citazione è riportata nel precedente saggio di Suzuki, p. 10).

83 Kishio Suga, "Ba no Mukei ni Sotte iku [Going along an incorporeal of a site]," Bijutsu Techo, vol. 47, n. 706, Bijutsu Shuppan-Sha Co., Ltd., maggio 1995, p. 267 (solo in giapponese).

84 Si veda: Yasuyuki Nakai, "Reconsidering Mono-ha" (tradotto da Christopher Stephens), *Reconsidering Mono-ha*, The National Museum of Art, Osaka, 2005, p. 17 (giapponese)/p. 252 (inglese).

85 Si veda: Matsui, "The Presence of Things, the Position of People: The Interdependence of Mind and Matter in Kishio Suga's Artistic Practice," p. 88 (giapponese)/p. 101 (inglese).

86 Mika Yoshitake, "Mono-ha: Living Structures," Requiem for the Sun: The Art of Mono- ha, Blum & Poe, Los Angeles, 2012 (consultato sul sito web di Blume & Poe, accesso del 15 maggio 2020) [https://www.blumandpoe.com/broadcasts/reading_with_monoha].

87 Si veda: Suga, "Latent Infinity" (tradotto da Naoki Matsuyama, Fontaine Limited, Tetsuo Kinoshita. Testo inglese revisionato da Ivan Vartanian), Kishio Suga: Situated Latency, a cura di Museum of Contemporary Art, Tokyo, edito da Mizue Nakamura/HeHe, 2015, pp. 80-82 (giapponese)/pp. 75-79 (inglese).

88 Per maggiori dettagli sulla relazione tra Mohri e la sound art, si veda: Minoru Hatanaka, "On Yuko Mohri: From the Perspective of Sound Art" (tradotto da Gaku Kondo), Yoko Mohri: Assume That There Is Friction and Resistance, a cura di Towada Art Center, pubblicato da Yutaka Kambayashi/Getsuyosha Limited., 2019, pp. 41-46 (giapponese)/pp. 84-87 (inglese).

di mutua cooperazione e sicurezza tra gli Stati Uniti e il Giappone raggiunge il culmine. Il termine "arte concettuale" fa la sua comparsa nel discorso critico sull'arte giapponese nel 1969 e fa le sue prime apparizioni su giornali e riviste di interesse generale nel 1970 e all'inizio del 1971. 81 Ichiro Haryu scrive che, sulla base delle tendenze dell'arte concettuale in Occidente sul finire degli anni Sessanta, "in cerca di un soggetto, l'arte è tornata a concentrarsi sull'azione e sul concept". 82 Mono-ha mette in discussione l'antropocentrismo occidentale e lo status quo consolidato secondo cui i materiali sono trattati come veicoli di trasmissione del significato, e prende spunto dalla rimozione di idee e immagini preconcette legate al*mono* (cose, oggetti o materiali), in altre parole "si assume il compito di negare le percezioni esistenti del mondo". 83

Suga è considerato uno dei principali esponenti di Mono-ha, un movimento che, a differenza di Gutai, non segue compatto la guida di un leader o una filosofia condivisa. 84 Ne consegue che nelle sue opere giovanili Suga ha perseguito l'ideale Mono-ha di una realtà immediata nella quale gli elementi antropocentrici sono espunti in misura quasi ascetica, ma nel corso degli anni, come artista individuale, ha elaborato le proprie teorie in una visione del mondo che incorpora l'espansione di *mono* e dei rispettivi ambienti, le relazioni organiche con le persone, i sensi e la coscienza umani, la cultura e la storia. 85 l'intento di Suga non è quello di ricreare le opere del passato. Egli attiva il *mono* introducendo una nuova realtà e sostanzialità in luoghi e spazi, schierandolo in maniera tale che "esista" naturalmente e affidandolo alle dinamiche dell'ambiente naturale del luogo. Questo processo fa emergere la realtà del *mono*. *Jōkyō*, la situazione in cui *mono* continua a "vivere" in seguito al trasferimento delle cose, per volontà dell'artista si colloca come parte di una totalità. Il seguente brano di Mika Yoshitake che lo esprime in modo sintetico:

> *Per Suga*, jōkyō è una totalità svincolata attraverso la quale passa il mono. Il concetto di mono si identifica non tanto nel suo stato concreto isolato (i blocchi di legno o la sabbia compattata), ma come fase temporanea che esiste quale parte di una più vasta totalità spazio-temporale. [...] il concetto di mono si espande in una entità fluttuante che prende forma da e per jōkyō e la sua struttura totale. 86

Nella concezione di Suga riguardo a *mono* e *jōkyō*, ogni entità, esseri umani inclusi, si pone come variabile e transitoria nel circolo dell'ecosistema del mondo naturale. 87 Si tratta di una posizione condivisa da molti artisti menzionati finora. Come nella legge di conservazione della massa, quando gli esseri umani e altre entità sono posti in uno stato di transizione, l'essenza e la realtà che li caratterizzano si manifestano naturalmente e consentono loro di "esistere" in quello stato.

In contrasto con l'approccio di Suga, Yuko Mohri fa emergere il potenziale dei materiali e crea la percezione che le cose "sono" (nel senso di "sono fatte per 'essere'" mediante l'azione umana) in nuove situazioni. Il suo lavoro porta a un cambiamento di valore mediante riutilizzi che avvicinano la sua pratica al bricolage o a utilizzi giocosi e involontari dei materiali. Le materie prime di cui Mohri si serve sono prodotti ready-made, oggetti di uso comune e strumenti musicali, resti di lampioni e batterie, flussi d'acqua e di corrente elettrica. Osservando le caratteristiche degli spazi e improvvisando in risposta ai luoghi, l'artista realizza installazioni nelle quali le combinazioni dei materiali danno vita a sistemi organici dinamici e a strutture circolatorie che somigliano a nuovi ecosistemi. Per ottenere questo effetto si avvale della corrente elettrica debole e ricorre a dinamiche naturali come la gravità, la forza centrifuga, il galleggiamento e l'attrito, arrivando a incorporare nelle opere persino reazioni a catena accidentali di movimento ed errori. Mohri processa i materiali in maniera non dissimile a Mono-ha, nel senso che le cose naturali e quelle artificiali ricevono lo stesso trattamento e che l'applicazione minima delle leggi fisiche naturali ai materiali, pur consentendo loro di conservare le loro caratteristiche uniche, porta a cambiamenti nella percezione del valore, tuttavia nella sua pratica artistica è possibile scorgere anche un'affinità con il trattamento che l'Arte Povera riserva ai materiali naturali. Un'altra caratteristica che differenzia la sua pratica da quella di questi precursori, è la generazione di sistemi dinamici, un interesse che riflette l'iniziale predilezione di Mohri per la sound art, e che ha ampliato la sua pratica sino a sconfinare nel campo dell'arte visiva contemporanea. 88 Altri importanti precursori per Mohri sono Marcel Duchamp, John Cage, Jean Tinguely, il gruppo Fluxus, Peter Fischli e David Weiss, senza contare Seiko Mikami, sua insegnante alla Tama Art University.

Nel contesto di questa mostra, un'importante figura pionieristica per Mohri è stata Atsuko Tanaka, altra artista che ha fatto un utilizzo attivo degli iconici prodotti di massa della sua epoca e che si è adoperata per cercare di rimuovere il più possibile il significato dagli oggetti e di ricostruire la pittura puntando sul collage e la composizione anziché su di un approccio pittorico. Prendendo spunto dalle argomentazioni di Izumi Nakajima, che fa risalire la linea evolutiva della pittura di Tanaka ai ready-made di Duchamp anziché all'Informale o all'action painting, sotto il profilo dei ready-made e dell'originalità possiamo scorgere un filo conduttore che da Mohri arriva a Tanaka e risale fino a Duchamp. 89

Mohri è stata l'unica artista a riuscire fortunatamente a visitare il sito del PAC poco prima dell'inizio del lockdown. Proprio in occasione della mostra le è stata commissionata una nuova opera site-specific dalla serie *Moré Moré (Leaky)*. Questa serie, derivata dal lavoro sul campo alla ricerca degli errori e dei malfunzionamenti che inceppano i meccanismi associati alla modernizzazione urbana, è stata lanciata nel 2009 dopo che Mohri è stata ispirata dalle misure di emergenza messe in atto dal personale della stazione per contrastare le infiltrazioni d'acqua in diverse stazioni della metropolitana di Tokyo. L'opera celebra in chiave umoristica atti creativi anonimi ispirati ai principi del bricolage, originati in diversi ambienti socio-economici e culturali. Le sue installazioni *Moré Moré* hanno compiuto un gigantesco passo avanti con *Moré Moré (Leaky): The Waterfall Given #1-3*, (2015), opera ispirata al *Grande Vetro* di Duchamp, ma la serie è validamente supportata da un corpus di 10.000 fotografie scattate sul campo che raccolgono esempi della creatività improvvisata e delle abilità artistiche innate in ognuno di noi.

5. Sinora il saggio ha analizzato le pratiche dei singoli artisti dal punto di vista del "corpo resilienza". Da qui in poi, tornando al contesto di tensioni tra arte e politica che caratterizza la società giapponese moderna, passiamo ad analizzare le opere incentrate sul corpo degli stessi artisti e di altri soggetti.

Finger Pointing Worker, un progetto rappresentato qui da Kota Takeuchi, è un'opera imprescindibile per qualunque discussione in merito alle risposte degli artisti e al rapporto esistente tra arte, performance e attivismo in relazione al grande terremoto del Giappone orientale e all'incidente alla centrale nucleare Daiichi di Fukushima che hanno reso il 2011 una pietra miliare nella lunga storia costellata di catastrofi del Giappone, insieme al 1945 (la battaglia di Okinawa, i bombardamenti atomici di Hiroshima e Nagasaki) e al 1995 (il grande terremoto di Hanshin-Awaji e l'attacco con il gas sarin perpetrato dai membri del movimento religioso Aum Shinrikyo nella metropolitana di Tokyo). In passato ho già avuto modo di scrivere dei limiti del nostro coinvolgimento e della nostra capacità di entrare in empatia con il dolore altrui, in riferimento a *Davanti al dolore degli altri* di Susan Sontag (2003). 90 La critica espressa dal "Finger Pointing Worker" (un addetto alle pulizie della centrale nucleare di Daiichi a Fukushima) che interagisce con una telecamera in diretta streaming all'interno dell'impianto, mette in evidenza come l'atto stesso del "guardare" passivamente contribuisca al consumo digitale di massa, alla spettacolarizzazione e allo sfruttamento del dolore altrui, in altre parole come esso limiti l'empatia e il coinvolgimento a cui si fa riferimento nel saggio menzionato qui sopra, mettendo in atto una performance accusatoria di guerriglia silenziosa che ricorda una parodia di Vito Acconci. Come già evidenziato all'inizio del saggio, quest'opera induce lo spettatore a riflettere sull'anonimato online come arma a doppio taglio che, da un lato, conferisce potere all'attivismo online e, dall'altro, accelera la violenza che si cela dietro uno scudo di anonimato.

Dunque, come possiamo abbandonare liberarci dalla passività e rivendicare attivamente una presa di posizione resiliente che "guardi indietro" anziché spingersi ciecamente in avanti? Agendo in qualità di "rappresentante", Takeuchi ha esposto e presentato quest'opera in varie location serbando l'anonimato sul suo creatore. Ciò ha permesso di rimanere consapevole del rischio di sfruttamento corso dal creatore e al tempo stesso di essere personalmente coinvolto negli eventi. In quest'opera Takeuchi osserva la reazione del mondo di

89 Si veda: Izumi Nakajima, "Dai 4 sho: Chūshō no Houhou – Tanaka Atsuko no 'En to Sen no Kaiga' to Sengo no Busshitu Bunka [capitolo 4: Atsuko Tanaka's 'Painting of Circle and Line' and the Postwar Material Culture]," Anti Action – Japanese Postwar Paintings and Women Artists, Brücke, 5 settembre 2019, pp. 217-276 (solo in giapponese).

90 Si veda: Shihoko Iida, "Becoming Involved with the Pain of Others" (tradotto da Pamela Miki), Aichi Triennale 2013: Awakening – Where Are We Standing? – Earth, Memory and Resurrection, Aichi Triennale Organizing Committee, 2013, pp. 20-22 (giapponese) / pp. 226-228 (inglese).

91 Conversazione via e-mail con l'autore del 24 febbraio 2020.

92 Durante la mostra Japan Unlimited (26 settembre – 24 novembre 2019) al Q21 di Vienna, le persone che erano venute a conoscenza dei contenuti della mostra tramite Twitter e diversi legislatori hanno contestato il video di Makoto Aida The video of a man calling himself Japan's Prime Minister making a speech at an international assembly e le opere di Chim↑Pom che trattano del disastro nucleare di Fukushima Daiichi come "anti-giapponesi", e il Ministero

fronte alla zona disastrata da un punto di osservazione fisso, sottraendosi alla commemorazione collettiva che vuole scolpiti nella pietra i nomi delle singole vittime di disastri e di luoghi specifici, evocata dal dispiegamento di significanti come "3/11", "2011" e "Fukushima" e dalla deliberata enumerazione cronologica dei disastri all'inizio di questo capitolo.

Attraverso il corpo di un individuo anonimo, *Finger Pointing Worker* sottolinea che il centro del panopticon è in realtà un vuoto di orrore, l'interiorizzazione di uno sguardo che in realtà non esiste nel mondo reale. Oggi che l'entrata e l'uscita dalle regioni sono soggette a restrizioni e che si dibatte sulle origini del virus, questo commento di Takeuchi, attivo a Fukushima, è pertinente: "Quest'area viene descritta come una zona di quarantena, ma dall'avvento della pandemia di COVID-19, in effetti, è il mondo esterno ad essere effettivamente in quarantena." 91

Il fenomeno della quarantena all'inverso produce degli echi anche nell'opera di Makoto Aida esposta in mostra. Il collasso della bolla economica all'inizio degli anni Novanta ha rallentato il passo dell'economia giapponese ben oltre il traguardo degli anni Duemila, tanto che l'importanza del Giappone nel bilancio complessivo dell'economia asiatica è diminuita, come ben riassume il motto "Japan passing".

Né sul fronte economico, né su quello della politica estera e delle arti è stata trovata una strategia particolarmente efficace per incrementare la competitività internazionale. In questo contesto di stagnazione del Giappone e di crescente conservatorismo e introversione, il primo dei video di Aida in esposizione presenta un uomo che sostiene di essere Osama Bin Laden nascosto in Giappone; nel secondo si vede un uomo che sostiene di essere il primo ministro giapponese; i contenuti sono ricchi di satira e umorismo, in quanto il primo uomo appare visibilmente ubriaco e farfuglia, e il secondo si pronuncia contro il globalismo a favore della chiusura dei confini nazionali durante una conferenza internazionale.

In una ininterrotta narrativa di collisioni con la tradizione del Giappone che, concluso il periodo di isolamento nazionale tra il 1639 e il 1854, ha aperto le frontiere durante il periodo Meiji (1868-1912), ha importato il concetto occidentale di arte e ha coniato il termine *bijutsu* ("belle arti" visive), Aida è sempre consapevole del divario tra l'arte contemporanea nazionale, che sembra non riuscire ad affrancarsi dalla superficialità, e la sua controparte occidentale. Aida sotto il profilo artistico si riconosce come pittore, anche se ha lavorato in un'ampia varietà di media e formati, e nella sua pratica si può scorgere un misto di ammirazione per Joseph Beuys e di rassegnazione per la propria incapacità di essere un artista simile a Beuys. Aida accetta la propria posizione, inestricabilmente radicata nel contrastato e scismatico *bijutsu* giapponese, e il senso di investimento personale nel Giappone, come identità ed etichetta da cui è impossibile sottrarsi, pervade ogni sua opera. La critica di Aida proviene dall'interno, egli infrange le convenzioni e i tabù del sistema del *bijutsu* da insider, facendo ricorso a una spiccata autoironia. In tal senso, le performance di questa mostra possono essere viste anche come autoritratti di Aida.

Alla luce di quanto si siano inasprite le tensioni tra arte e politica nella società giapponese ora che il comune autoisolamento su scala globale è diventato inaspettatamente una realtà, possiamo ancora ridere della satira autoironica di Aida nel modo in cui era stata originariamente concepita? Auspico una società in cui ciò sia possibile. La nostra accettazione di un'opera d'arte dipende dall'epoca e dal contesto in cui viene presentata, e queste opere fungono da cartina tornasole che misura l'intolleranza dei tempi e della società. 92 Allo stesso tempo, le opere rappresentano una tappa fondamentale nel lungo percorso dell'artista, la cui pratica resta sostanzialmente immune all'influenza dello spirito del tempo. In quest'ottica, la mostra accosta due opere prodotte rispettivamente nel 2005 e nel 2014, con l'intento di porre in evidenza la complessa ambivalenza di Aida nei confronti del Giappone e il suo riflesso sulla psiche sfaccettata dell'artista.

Meiro Koizumi ricorre a metodologie teatrali per rendere visibili i conflitti psicologici, le contraddizioni, le assurdità proprie dell'essere umano e la struttura della violenza statale e sociale che li sottende. In anni recenti l'artista si è concentrato sul rapporto tra il Giappone e il resto dell'Asia a partire dal periodo Meiji (1868-1912), sui colpevoli e le vittime della guerra, sulle proiezioni e i tabù che circondano la figura dell'imperatore e sulla fitta trama di relazioni esistenti tra colpa, trauma e oblio, creando opere che riflettono criticamente sulla storia del Giappone moderno nel quadro di narrative personali. Tuttavia, il suo approccio alla produzione di film dopo aver condotto indagini si discosta completamente da quello di un documentarista. Koizumi interagisce volutamente con i performer, ne amplifica le emozioni invitandoli a parlare delle proprie ideologie e convinzioni e spingendoli a ripetere dialoghi e azioni. Ne consegue che l'autonomia e la fisicità degli interpreti trascendono la finzione del medium cinematografico. Quando la fragilità che accomuna gli esseri umani e l'immagine in movimento viene rivelata nella sua immediatezza, anche le emozioni dello spettatore vengono drammaticamente scosse.

In *We Mourn the Dead of the Future* (2019), installazione video a cinque canali, filmato durante un workshop con i connotati di un rituale svoltosi sul sito di una antica base militare statunitense a Tokyo, un ciclo di morte e resurrezione si snoda attorno all'asse della dichiarazione di autoimmolazione dei giovani. Il sacrificio del sé e l'eroismo sono due temi che Koizumi sviluppa da molti anni, basti pensare alle opere incentrate sul tema dei piloti kamikaze, ma quest'opera si interroga direttamente sul senso del sacrificio. La guerra si regge su una fitta trama di intrighi politici che inducono al sacrificio di sé, nel nome dell'integrità e della sopravvivenza della nazione, mentre in realtà pervertono il patriottismo per i propri scopi. Nel catalogo di *Battlelands* (2018) che prende spunto dal suo lavoro sui piloti kamikaze e si avvale delle interviste ai veterani delle guerre in Iraq e Afghanistan, Koizumi ha precisato, dialogando con Jason Waite, che sia il trauma che il senso di colpa sono tanto fisici come sociali, e che il grado di colpa o di trauma sperimentato da chi è entrato in contatto con la guerra dipende da quanto la società nel suo complesso cerchi di reprimere collettivamente i ricordi delle atrocità, come in Giappone, oppure scelga di affrontarli, come negli Stati Uniti. [93] In Giappone, la cancellazione storica dei crimini di guerra è così pervasiva a livello nazionale che si rende necessario attingere alle narrative personali. Koizumi parla di "immolare il proprio corpo alla causa delle parole ambigue che sono sospese nello spazio", [94] e in quest'opera alcuni giovani mettono i loro corpi al servizio delle parole sospese nello spazio storico, parole di resistenza alla repressione collettiva e all'amnesia istituita dallo Stato, parole che i soldati sui campi di battaglia del passato potrebbero non essere stati in grado di pronunciare. In effetti, alcune delle parole pronunciate dai performer non sono dialoghi riportati nel copione, ma sono state formulate in anticipo dai singoli partecipanti al workshop. L'opera rappresenta in parte un avvertimento: se non restituiamo al corpo individuale la capacità di esprimere il proprio linguaggio la storia tenderà a ripetersi, come un'immagine in loop che evoca un rito di magia nera. Traspare chiaramente la mentalità di Muraoka che, basandosi sulle proprie esperienze di guerra, cancella l'emotività forgiata collettivamente, mantenendo il proprio nucleo artistico come individuo.

Quale debba essere la risposta adeguata dei praticanti delle arti con il proprio lavoro in tempo di crisi di fronte a guerre, catastrofi naturali e pandemie è da sempre oggetto di frequenti dibattiti. Kota Takeuchi, di cui si è già parlato in precedenza, richiama l'attenzione sui rischi connessi al dimenticare il proprio corpo e all'identificare il sé con la nazione. L'artista ha intitolato la sua personale *Body is not Antibody* per sottolineare che il corpo è proprietà del singolo individuo. La dichiarazione "Il mio corpo non è l'anticorpo del mostro chiamato paese" è la risposta di Takeuchi al sottotitolo di questa mostra. [95]

6. Come rivendicare il fatto che il nostro corpo ci appartiene? Che cos'è la vita prima che ottenga un corpo? Che rapporto intercorre tra le parti del corpo e l'identità? Le opere di Yui Usui, Mari Katayama e Ami Yamasaki suscitano interrogativi e offrono approfondimenti su queste problematiche da diverse angolazioni.

Yui Usui riflette sul ruolo del genere femminile nella società moderna. La sua opera fa luce sullo status sociale delle donne raccontando storie rimaste impigliate nelle pieghe della società e della storia: lavoro domestico, assistenza all'infanzia, istruzione femminile, lavoro sessuale, i ricordi delle "donne di conforto" e della dominazione coloniale. Ricorrendo a tecniche di "artigianato" come il cucito e il ricamo, relegate in passato, in un sistema patriarcale, alla sfera delle incombenze domestiche che non si qualificano come attività economiche, Usui incoraggia a riconsiderare i confini tra questi manufatti e le "opere artigianali" realizzate dagli artigiani, nonché le convenzioni sociali che hanno creato questa disparità di valore.

in vitro (2019), opera incentrata sul tema delle tecnologie legate alla riproduzione, come la diagnosi prenatale e il soggetto dei cromosomi estratti in una capsula di Petri, innesca una serie di riflessioni bioetiche che prendono spunto dalla sua esperienza di madre. Le tecnologie della diagnosi prenatale offrono maggiori speranze a coloro che desiderano avere una famiglia e allo stesso tempo possono essere viste come eugenetica, e le scelte che le persone compiono riguardo agli esseri viventi in ambienti artificiali presentano ambiguità impossibili da risolvere con certezza. I cromosomi fanno parte del sé e vengono trasmessi ai nuovi nati. I geni contenuti in questi cromosomi sono "informazioni" oppure sono "vita"? Cosa ci permette di definire i contorni del corpo e della vita che vi alberga?

Electric Dress simboleggia la generazione dinamica dell'identità racchiusa nella cornice che definisce la relazione dell'individuo con il mondo. Furuhashi di Dumb Type percepiva come le cellule del suo corpo accettassero il virus dell'HIV mentre Shiota considera la fisicità del corpo come uno stato temporaneo dei suoi atomi. Questa catena di implicazioni porta al lavoro di Usui, che rende visibili anche le zone invisibili e ricuce assieme i vari conflitti umani che ha esplorato.

Mari Katayama ha iniziato a realizzare autoritratti da adolescente, utilizzando il proprio corpo come manichino per le presentazioni esplicative degli oggetti che cuciva a mano. Per lei il corpo è al tempo stesso qualcosa di personale e un oggetto oggettivato di cui ha dovuto costantemente apprendere il funzionamento, dal momento che le sono state amputate entrambe le gambe all'età di nove anni e che ha dovuto convivere con una serie di protesi durante la crescita. La mano che compensa la perdita di entrambi i piedi è una parte del corpo estremamente importante per Katayama, e la creazione di oggetti e la produzione di autoritratti è stata un mezzo per cercare i contorni del sé, aprire le porte al mondo esterno e perseguire la bellezza, per la quale tutti nutrono un desiderio innato. Per questo motivo Katayama considera lo scatto fotografico come un atto fisico e l'azionamento dell'otturatore per mezzo della propria mano è un vero e proprio articolo di fede. Attraverso le sue fotografie Katayama esplora una bellezza universale che tutti possono riconoscere, non perché aderisca a standard basati su norme o tradizioni, ma perché l'artista è convinta che il concetto di bellezza implichi intrinsecamente diversità e uguaglianza. Dopo essere rimasta incinta di sua figlia nel 2016, i suoi interessi si sono ampliati sia sul fronte temporale che su quello concettuale. Per Katayama, le protesi sono una parte di sé, eppure al tempo stesso qualcosa di separato; nel suo corpo "innaturale" [96] che ha subito numerosi interventi chirurgici, nell'ambiente della sua città natale e del vicino fiume Watarase contaminato dal potenziamento della miniera di rame di Ashio, in molteplici archi temporali che si estendono per generazioni, negli anticorpi prodotti dal corpo e nei disturbi cutanei che causano, nella vita e nella tossicità, l'artista scorge non tanto forze contraddittorie quanto parti di un ecosistema più grande che resta in vita "assumendo qualunque forma". [97] Le nuove espressioni di resilienza di Katayama, che finora hanno assunto principalmente la forma di autoritratti, esplorano ciò che potrebbe essere lo stato naturale della "vita", compreso l'ambiente naturale.

L'esistenza del corpo è confermata dai contorni che lo separano e lo distinguono dal mondo esterno e dagli altri. Trovandosi immersi completamente nel buio, alcuni lettori potrebbero sperimentare una perdita soggettiva del corpo; in questi momenti, l'eco della propria voce rivela la profondità dello spazio e verifica l'esistenza del corpo. Nella mitologia greca, Eco era un personaggio che perdeva la propria identità e il proprio corpo quando diventava solo una voce disincarnata. Una voce

degli Affari Esteri giapponese si è rimosso dalla lista dei sostenitori, come l'ambasciatore giapponese in Austria ha riferito all'organizzatore il 30 ottobre: [https://www.mqw.at/en/institutions/q21/frei-raum-q21-exhibition-space/2019/japan-unlimited/ ; https://mainichi.jp/english/articles/20191121/p2a/00m/0et/023000c; https://www.japantimes.co.jp/news/2019/11/06/national/vienna-art-exhibition-fukushima- wwii/; https://www.huffingtonpost.jp/entry/japan- unlimited_jp_5dc3ae9be4b0d8eb3c8f9ca6].

93 Si veda: "A conversation between Meiro Koizumi and Jason Waite," Battlelands, White Rainbow, 2018, p. 30.

94 Un commento di Meiro Koizumi nella open lecture al corso di Inter-Media Art, Faculty of Fine Arts, Tokyo University of the Arts il 25 luglio 2020 (visione limitata in diretta streaming).

95 Kota Takeuchi, dichiarazione dell'artista per la mostra "Body is not Antibody", siti web dell'artista [http://kota-takeuchi.net/body_is_not_antibody.html; e snow contemporary [http://snowcontemporary.com/en/exhibition/202007.html].

96 Mari Katayama, "ANSWER" (giapponese/inglese tradotto da Koichiro Osaka, giapponese/francese tradotto da Camille Ogawa, francese/inglese tradotto da Charles Penwarden), Mari Katayama, Collection Un Certain Désordre, Fondation Antoine de Galbert, 2020, p. 84 (numero di pagina nel testo originale giapponese. Il testo francese-inglese riportato in pagine separate dello stesso libro non include i brani citati in questo saggio).

97 Ibid.

che promana da un corpo richiede un corpo che la riceva. La voice artist Ami Yamasaki percepisce le risonanze di se stessa, dello spazio che la circonda e del mondo intero attraverso le sue orecchie e sulla pelle, mediata dai tremori delle corde vocali e della voce. Le azioni di Yamasaki trascendono la semplice emissione di suoni e il semplice ascolto, trasmettendo sensazioni tattili delicatamente avvolgenti, mentre palpa gli spazi con un'incredibile varietà di toni e timbri vocali e ne raccoglie gli echi senza dispersioni. Queste sensazioni sono amplificate dal gran numero di "piume" di carta che spesso vengono esposte insieme alle sue performance vocali. Realizzate a mano una a una da Yamasaki, le piume sono attaccate alle pareti in formazioni simili a onde o al pelo di animali, in maniera tale da riflettere o da assorbire il suono, conferendogli tridimensionalità e gradazione in base alle caratteristiche spaziali. La magnificenza visiva della stupefacente distesa di piume bianche stimola il senso tattile; ogni volta che si entra nello spazio dell'installazione si crea una sinestesia di sensazioni. Così Yamasaki si esprime in merito alle sue installazioni "piumate": "Le considero azioni, oltre che indagini per stabilire di cosa sia fatto il mondo". [98]

L'esistenza del corpo e del sé è confermata non solo dalle linee di demarcazione che la separano dal mondo esterno e dagli altri, ma anche dalle relazioni reciproche con il mondo, inclusi i suoi confini. Acquisiamo questa consapevolezza quando udiamo l'eco dei nostri passi, del nostro respiro e del battito cardiaco nello spazio piumato di Yamasaki.

7. Fuyuki Yamakawa, che presenterà una performance di canto di gola e battito cardiaco durante la mostra, nel 2016 ha iniziato a recarsi in visita al National Sanatorium Ōshimaseishoen di Kagawa, l'unico centro di cura della malattia di Hansen su un'isola remota del Giappone, nell'ambito della sua pratica multidisciplinare, impegnandosi in progetti artistici e interagendo con i residenti in fase di recupero. Pur diffidando dei paragoni semplicistici con il COVID-19, Yamakawa legge un ritorno alla mentalità giapponese pre-moderna nella sorveglianza reciproca dei cittadini nella società odierna investita dalla pandemia e nel pregiudizio, nella discriminazione e nell'ostracizzazione di cui vengono fatti oggetto i pazienti, le famiglie e i convalescenti. Alla luce dei deleteri effetti della politica di isolamento condotta nei confronti delle persone affette dal morbo di Hansen, e protratta per molto tempo dopo la Seconda Guerra Mondiale, e in seguito al riproporsi di una situazione in cui l'eccessiva autoprotezione dei cittadini viene legittimata da un senso distorto di giustizia che porta all'esclusione sociale, Yamakawa descrive la questione del morbo di Hansen come "uno specchio che riflette il vero volto del Giappone, nascosto dietro una facciata di modernità". [99]

Il retaggio negativo del Giappone moderno che proietta un'ombra sull'ecosistema del mondo dell'arte, ha creato tensioni tra arte e politica nell'attuale società giapponese. Gli artisti che espongono in questa mostra si sono confrontati con le rispettive epoche, come del resto hanno fatto i membri di Gutai, che aspiravano a far rivivere lo spirito moderno che aveva alimentato il progresso del Giappone verso la democrazia, e come ha fatto Muraoka che paventava la rinascita del nazionalismo premoderno. In occasione di *LIVE FOR 70 HOURS* a Yokohama nel 2017, Yamakawa ha completato 70 ore ininterrotte di performance live. Questa impresa esemplifica alla perfezione il duplice significato del titolo di questa mostra, *BODY_PERFORM_LIVE*, incarnando "il corpo che mette in scena una performance", "il corpo che compie l'atto del vivere", e allo stesso tempo "la resistenza contro il tempo". [100] Il suo contributo si contrappone alla velocità istantanea dei social media ed entra in

98 Ami Yamasaki, "Artist interview YAMASAKI Ami,"AC2, n. 15, Aomori Contemporary Art Centre (ACAC), 25 marzo 2014, p. 100 (solo in giapponese).

99 Si veda: Fuyuki Yamakawa, "Series 'COVID-19 <to> Kangaeru' Talk 06 Yamakawa Fuyuki x Murayama Goro [Series 'Think <with> COVID-19' Talk 06 Fuyuki Yamakawa x Goro Murayama]," HAGAZINE, 18 giugno 2020 [https://hagamag.com/series/s0065/7689] (solo in giapponese).

100 Ibid.

*I siti web riportati nelle note precedenti sono stati tutti consultati il 25 luglio 2021.

risonanza con l'obiettivo di questa mostra nel promuovere la resilienza estetica del contesto e della fisicità delle opere.

Il rapporto tra il corpo e il sé oggi versa in uno stato di fragilità. Non è facile per noi avvertire un senso di urgenza, resistere alle forze che cercano di intervenire e rivendicare "Il mio corpo è mio". Ma se non lo facciamo, il corpo dell'individuo è un'entità vulnerabile che è facile sfruttare. Gli atti di espressione di questi artisti non mirano a supportare lo sfoggio di potere dei loro paesi in difficoltà o ad alimentare la bestia del nazionalismo, e nemmeno questa mostra intende rappresentare la rinascita nazionale del Giappone. La linea evolutiva dell'arte che contestualizza la vita e la fisicità delineata in questo saggio dimostra il potenziale di resilienza che caratterizza un ecosistema artistico non organizzato e che si esprime attraverso le diverse pratiche dei singoli artisti. Concludo questa introduzione all'abbozzo di genealogia artistica presentato in *JAPAN. BODY_PERFORM_LIVE: Resistance and Resilience in Japanese Contemporary Art*, con il senso di urgenza che deriva dall'essere vivi in questo mondo e in questa epoca tumultuosi.

Luglio 2021 a Nagoya, Giappone

Japan. Il pensiero del corpo

Diego Sileo

Un giorno decisi di incominciare a coltivare alacremente il mio orto. Usai sole e acciaio. I raggi implacabili del sole, uniti all'acciaio dell'aratro e della zappa, furono due elementi principali della mia coltivazione. Così, mentre gli alberi lentamente fruttificavano, il pensiero del corpo giunse ad occupare gran parte delle mie meditazioni.

Yukio Mishima [1]

L'arte giapponese è sovrapposizione di spazi e di tempi diversi, accumulazione di decenni in un medesimo luogo, insieme eterogeneo di identità e saperi. Essa sfugge a qualsiasi pretesa di interpretazione finalizzata alla sua riduzione/semplificazione in un tutto uniforme e ordinato. Ogni descrizione che abbia come oggetto il Giappone non può astenersi dall'analisi dell'intricata rete di complessità culturali che convivono in un solo paese e che danno vita a movimenti di integrazione e di repulsione, di fusione e di giustapposizione, sempre parziale e negoziabile. Agli storici si imporrà il compito, nel momento in cui la distanza temporale avrà consentito una sedimentazione, di decifrare e di separare aspetti e peculiarità che, in fondo, distinguono e caratterizzano l'ampio e spesso contradditorio contesto giapponese. Rimane tuttavia centrale – e costituisce in fin dei conti il fattore unitario – l'interesse che gli artisti giapponesi dimostrano per la creazione di un dialogo molteplice, attraverso lo strumento di un'arte ritrovata. È il dialogo che gli artisti instaurano con un osservatore complice e preparato, che conosce la storia e la cultura del Giappone e ha gli occhi aperti sulla scena del mondo; è un dialogo che richiede, più che un codice di lettura singolo, una molteplicità di codici di accesso, per averne una piena fruibilità. Gli obiettivi dell'arte giapponese sembrano andare molto oltre la soglia dell'impegno politico o del semplice piacere della visione: vi sono interrogativi che si pongono intorno al modo di guardare le cose, di "dire" le cose, o di "tacerle"; vi sono sollecitazioni a rivedere i rapporti temporali tra osservatore e soggetto; vi è un'affermazione a volte di un eterno istante, a volte di una atemporalità maestosa e densa di richiami colti, a volte di un delirio sensuale che si trasmette con le forme, con i colori e con una voluttuosità di contemplazione che appartiene agli artisti prima ancora che all'osservatore. Le opere selezionate per la mostra *JAPAN. BODY_PERFORM_LIVE*, legate alla domanda sulla rappresentazione del sé o, detto in altro modo, sulla conformazione dell'identità mediante la produzione artistica, ruotano intorno al concetto di corpo – esibito, ostentato, raffigurato, nascosto, evocato, contemplato, rifiutato –, posto che la formulazione di tale domanda comporta in ogni caso per l'artista il collocare il proprio corpo lì dove non solo è in grado di lasciare un'impronta, in modo tale che il significato dell'esistenza si conformi a essa, bensì sia l'impronta stessa traccia di resistenza e di

1 Y. Mishima, *Sole e Acciaio*, Ugo Guanda Editore, Milano 1982, p. 7.

2 J. Deridda, *Psyché. Invenzioni dell'altro*, volume 1, Jaca Book, Milano 2008.

3 B. Saez Tajafuerce, *Challenging the Self: to Be One's Other*, Cambridge Scholars Publishing, Cambridge 2012.

4 J. Deridda, *Dello spirito. Heidegger e la questione*, Feltrinelli, Milano 1989.

5 J. Yoshihara, *Il manifesto Gutai*, in "Geijutsu Shincho", vol. 7, n. 12, dicembre 1956: tradotto e riportato in *Shozo Shimamoto. Opere 1950-2011. Oriente e Occidente*, (a cura di) A. Bonito Oliva, Allemandi & C., Torino 2011.

resilienza. Un'arte di azione senza alcuna volontà di sciamanismo demiurgico, giacché non vuole oggettivare nulla e vuole rimanere fuori dall'aneddotica morbosa. Un'arte che circoscrive le sue azioni all'ambito plastico e come tali le propone sotto forma di astrazioni metaforiche, come un qualsiasi oggetto. L'uso del corpo è come una tecnica di immersione, come un toccare il fondo in modo catartico, che fa trascendere gli artisti per sottolineare l'immediatezza e l'eternità del flusso vitale collettivo, della memoria.

La rappresentazione di un'azione artistica si genera in quel contesto che Jacques Derrida definiva come un "luogo di un avvenimento, un apparire o una presenza". [2] Qui però non bisogna perdere di vista il carattere di questo luogo in cui si verifica la rappresentazione, perché proprio questo luogo la determina. Esso è una frontiera di ordine geografico e linguistico, che crea ostacolo all'incontro di un'identità in senso invariabile, già prestabilita e che regola tutte le variazioni, tutte le corrispondenze, tutte le relazioni inter-espressive. In questa situazione, l'esperienza cui vuole accedere l'artista è quella che passa attraverso il riconoscimento dell'essenzialità; tale ricerca però, per essere emancipante, non può implicare la chiusura, la semplice delimitazione di uno spazio cui si deve appartenere in maniera esclusiva, quanto piuttosto costituire l'esperienza di un radicamento a un "oltre-memoria", a un altrove che non è solo un passato assoluto, che è già da sempre stato (e non è una semplice forma modificata del presente, un presente-passato), ma anche l'apertura della possibilità di un'avventura "a-venire", di una traversata dei segni sempre lontana da qualsiasi forma di prossimità e vicinanza, da qualsiasi viaggio dalla meta prestabilita e sicura. Il fatto che la performance sia per sua stessa natura radicalmente seconda e non azione originaria che accade in prossimità del senso innesta costitutivamente nella sua struttura di significazione la differenza; [3] d'altra parte solo questa struttura apre lo spazio alla libertà dell'artista, alla possibilità di un'operazione di inscrizione e di interrogazione che permette all'artista di assumere le parole su di sé e affidarsi al movimento delle tracce, trasformandolo nell'uomo che scruta e indaga la realtà.

Nella modernità, ricorda sempre Derrida seguendo Heidegger, nella "epoca dell'immagine del mondo", [4] la rappresentazione ha luogo in quanto relazione tra un soggetto e un oggetto, in cui questo si costituisce come tale, guadagnando la sua identità proprio in relazione con il soggetto. Si costituisce *prima* e *per* il soggetto, dato che nella relazione – che di fatto è la rappresentazione – il soggetto fa venire di nuovo a sé l'esistente, restituendolo. Dopodiché l'oggetto ha nel soggetto il suo luogo proprio. La rappresentazione è quindi un aver luogo in cui soggetto e oggetto si costituiscono come quello che sono: l'uno per/con l'altro. In concreto, la rappresentazione di una performance si verifica in quanto relazione rappresentativa in senso stretto, conformata come azione, cioè in grado di portare alla presenza. Occorre parlare, quindi, di un destino di reduplicazione ontologica che avrà conseguenze nella dimensione politica delle azioni degli artisti e che ricadrà sul soggetto/artista in quanto strutturato per la rappresentazione e quindi anche soggetto rappresentante. Un rappresentante dell'entità e di conseguenza anche un oggetto. Vale a dire: il soggetto, in quel che potremmo chiamare riqualificazione politica del luogo che gli appartiene nell'ambito della relazione con l'altro, oltre a innescare rappresentazioni, a disporre di esse, rappresenta qualcosa (o qualcuno), si rivolge ad esse davanti qualcosa (o qualcuno), fino al punto di uscire fuori da sé, di uscire fuori dal proprio corpo. In questo significato la rappresentazione si costituisce in un luogo che è di oscillazione radicale, estrema, e che è solita deviare nella sua sospensione o nella sua cancellazione mediante la sua trasgressione. Non bisogna però perdere di vista che la relazione che il corpo stabilisce con se stesso non è una relazione che lo lega a un'identità, bensì si costituisce in essa in quanto corpo *altro*, dove altro significa soprattutto incommensurabile. In questo senso si considera il corpo un luogo di coabitazione estranea che crea ostacolo alla rappresentazione in senso stretto.

Ed è precisamente per questo carattere incommensurabile che il corpo di Kazuo Shiraga, ad esempio, resiste a ogni logica che lo vuole collegato a un significato immutabile. Nell'azione ripetuta del corpo e mediante la quale si costituisce come tale, non c'è l'identità dell'artista, o meglio, ha luogo solo l'identità sotto forma di furia realizzativa. Questa furia – a mio avviso – ha un nome nelle azioni di Shiraga e questo nome è imposizione/esposizione. "Le mostre Gutai sono sempre animate da una grande vitalità e dal nostro desiderio di giungere a nuove scoperte della vita della materia che emette urla roboanti". [5] Kazuo Shiraga e Atsuko Tanaka provenivano dall'esperienza *Zero-kai* (Gruppo Zero), gruppo d'avanguardia che, costituitosi nel 1952, si sciolse dopo solo due anni per confluire nell'associazione artistica Gutai su invito di Shozo Shimamoto. L'apporto degli artisti di *Zero-kai* fu di grande importanza. La loro arte, fondata su un'originalità completa, voleva partire appunto da "zero", ovvero dall'immediatezza e dall'essenzialità. La prima mostra di Gutai del 1955 si svolse presso la galleria del maestro di ikebana Houn Ohara di Tokyo, nello spazio antistante all'aperto e nei due piani interni dell'edificio. Tra le opere più innovative si può sicuramente citare *Challenge for the Mud* di Shiraga, incentrata sull'azione dell'artista e dunque già legata al concetto di performance. Shiraga era solito dipingere usando le mani e i piedi, in questo caso si spinse oltre e si procurò argilla da costruzioni che collocò accanto all'ingresso della galleria per poi inscenare una sorta di combattimento con la materia: il suo corpo seminudo sferrava pugni, si contorceva come fosse imprigionato diventando un tutt'uno con l'argilla e offrendo la visione di un'arte propriamente viva. Una volta seccata l'argilla, l'opera si presentò a tutti gli effetti come un dipinto, con la superficie densa di tracce ancora vibranti di azione e con tanto di didascalia. E se l'opera di Shiraga sviluppò pratiche gestuali e performative, Atsuko Tanaka dedicò attenzione all'interazione con il visitatore, affidandosi in modo molto originale al movimento del suono. L'opera intitolata *Bell* consisteva in numerosi campanelli collocati in una sala a una certa distanza l'uno dall'altro; il visitatore attraverso un pulsante li attivava propagando il suono che con il suo percorso restituiva al visitatore una percezione indiretta dello spazio espositivo. In occasione della "Seconda Mostra all'aperto di arte Gutai" nell'autunno del 1956 le opere presentate risultarono ancora più ardite. Tanaka, per esempio, indossò *Electric Dress*, un abito realizzato con lampadine accese e luci al neon che colpì notevolmente gli spettatori. L'opera di Tanaka era un groviglio di cavi, tubi e bulbi luminosi, coloratissimi, da indossare. Alla brama di introdurre corpo e movimento nella lista delle sue espressioni artistiche, l'artista associava una specie di seconda pelle che prefigurava quanto la tecnologia si sarebbe compenetrata alla sfera organica al punto da creare una sovrapposizione inesorabile tra le nostre funzioni biologiche e gli apparati di provenienza industriale. Dal suo vestito da performance – o da "cyberperformance" come lo definisce Fabriano Fabbri [6] – nacque una bellissima serie di disegni (di cui tre fanno parte della mostra al PAC) che sembrano un insieme di cavi, bobine, piste metalliche, microchip, linee di raccordo, fusibili, e che anticipano schede madri, processori e hardware di futuri computer. A un primo colpo d'occhio si percepisce un'immediatezza che l'artista ha probabilmente ricavato e assorbito da modelli decorativi astratto-geometrici non molto distanti da un certo neoplasticismo europeo, ma in realtà Tanaka dimostra la perfetta coesistenza di due differenti canali espressivi della sua poetica, il decorativismo superpiatto e la performance, in un equilibrio dinamico impeccabile.

Mostrarsi in azione di fronte a un pubblico fece nascere negli artisti l'idea di realizzare un'esibizione sul palcoscenico. Nel mese di maggio del 1957 fu organizzato alla Sankei Hall di Osaka l'evento "Arte Gutai sulla scena", un vero e proprio spettacolo teatrale di pittura. [7] Gli artisti, una volta sul palco, iniziarono le loro azioni pittoriche, consentendo ai loro dipinti di superare la bidimensionalità della tela e di dilatarsi nel tempo e nello spazio. Si trattò di una mostra-performance senza precedenti, molto affine al futuro genere dell'happening (sviluppatosi a partire dal 1959) e che provava nuovamente la straordinaria capacità di Gutai di intraprendere percorsi inediti. Gutai carica l'intervento artistico di una speciale forza centrifuga che tende a risolvere l'oggetto nell'azione, a dilatare il significato e la possibile portata espressiva del materiale ponendolo in relazione con il corpo dell'artista. L'opera va intesa non come un sublime compimento di una ricerca estetica e linguistica, ma come testimonianza, profondamente concreta e vissuta. Conseguentemente l'artista occupa la scomoda ma interessante posizione del testimone, il primo a sorprendersi, ad allarmarsi, a soffrire di quanto viene accadendo sotto ai suoi occhi. La metabolizzazione della confusione e della violenza, del gesto ribelle e del fango in cui rotolarsi, è condotta da Gutai, e in particolare da Shiraga, a un livello incomparabile di raffinatezza, di fredda impaginazione e di stilismo che non lascia praticamente residui. Sta soprattutto qui la differenza tra il grande artista giapponese e i suoi compagni delle avanguardie occidentali. Il gesto di Shiraga annulla il tempo e lo estetizza, mentre la gestualità degli artisti americani ed europei è costretta a inventarsi complicati rituali.

Nell'arte Gutai l'espressione non è ricavata dal materiale, bensì è il materiale stesso che si esprime. Gli artisti appartenenti a Gutai percepivano un mondo che era costruito all'estremo limite del mezzo pittorico, troppo distanziato da loro stessi, perciò hanno cercato di far parlare il materiale con la sua concretezza, la sua chiarezza e la sua immediatezza. Questo approccio, che capovolgeva la convinzione esistente per cui le opere d'arte altro non erano che l'espressione dei pensieri e delle idee degli artisti, cercò di avvicinare alla sfera espressiva la natura, in quanto indipendente e libera dal controllo esercitato dalla personalità degli artisti o dalle loro idee. In questo atteggiamento possiamo rintracciare l'influsso del pensiero orientale, il quale non attribuisce un valore supremo alle attività della mente dell'uomo, bensì le considera facenti parte dell'insieme trascendentale, chiamato natura o universo, in cui sono compresi gli esseri umani, e considera l'arte come il mezzo per prendere coscienza di ciò. Questo atteggiamento fu ulteriormente accentuato da un altro artista presente in mostra, Saburo Muraoka, attivo nello stesso periodo di Gutai, e successivamente portò a una forma d'arte assai radicale che si manifestò (quindici anni più tardi) a opera degli artisti giapponesi del movimento Mono-ha. Saburo ne ha anticipato i tempi con le sue radicali opere tridimensionali in cui ha espresso la vita umana e la morte utilizzando la combinazione di materiali e sostanze naturali come il ferro, il sale, lo zolfo, e simili.

Partecipare in un'opera di Yoko Ono, nel senso di creare qualcosa insieme con l'artista ideatore, richiede qualità e una disposizione mentale completamente differenti da quelle di tipo partecipativo incluse negli happening di Allan Kaprow, per esempio. Ciò che a Ono interessa non ha nulla a che vedere con una figura di stile, bensì con un autentico compromesso, come quello che unisce il paziente con il terapeuta in un trattamento medico o psicanalitico. [8] Ciò però non ci deve far dimenticare che una chiave di lettura di alcuni suoi lavori più potenti ci indirizza – come molti critici e storici dell'arte hanno evidenziato – verso una violenza relazionale di insolita intensità. Ono, ad esempio, esplora il tema della violenza con molta attenzione e sottigliezza nella performance *Cut Piece*, 1964, [9] nella quale gli spettatori salivano sul palco, uno a uno, per tagliare l'abito dell'artista con una forbice, portandosi via i brandelli di stoffa. L'azione terminò nel momento in cui Ono decise di interromperla, rimanendo quasi totalmente svestita. L'artista come figura espiatoria o animale sacrificale che rimane lì immobile per curare, calmare e assurgere a ruolo di catalizzatore della violenza del pubblico, che colloca il corpo dell'artista al centro di un gioco sadico. Qui la violenza si autoimpone con un'altra nomenclatura che riguarda il genere, in cui la tautologia esistenzialista appesantisce di molto il corpo. E ciò che l'artista s'impone se lo impone ripetutamente. Poco importa lo sfogo successivo dell'azione: invano ci si aspetta da essa un effetto riparatore e ancor meno ricostituente. Il corpo s'impone qui come impronta e diventa uno strumento per denunciare e resistere alle ingiustizie, svelare un teatro dell'aggressività che agisce in maniera pesante nella quotidianità.

C'è uno scarto tra il sapere relativo agli eventi che accadono nelle diverse regioni del pianeta e il sapere i sussulti emotivi che scuotono l'essere umano che ne è coinvolto. Tra il sapere razionale, descrittivo, mediato dal linguaggio – dove non è questione di angoscia – e il sapere diretto, sensoriale. Il nucleo della sofferenza è intrinsecamente indicibile e irrappresentabile, e chi non ne è toccato non desidera sentirne parlare. Occorre fare forza sulle proprie emozioni, guardare a lungo in esse, compararle con qualcosa che si è provato e si conosce, per riuscire a incontrare dentro di sé l'altro e il suo malessere. Per riuscire a contenere il suo tragitto di sofferenza e non di rado di programmata e imposta disumanizzazione. Incontro interno, non ideologico, quello di Ono, dal quale partire per comprendere gli scenari di terrore, odio, vendetta, ma anche rallentamento, se non ibernazione dell'attività ideativa, che anni di guerre, bombardamenti quotidiani, sopraffazioni, violenze di ogni tipo, muri – reali o simbolici, di sorveglianza e di separazione – hanno originato e consolidato. Per gettare luce sull'ambiguità, "sulla coesistenza dell'orrore con lo spettacolo di un'apparente normalità sociale", [10] degli organismi sociali e contribuire a prevenire nuovi errori e orrori e a trovare un'altra uscita che non sia quella della catastrofe. L'angustia del pensiero umano, specie quando si manifesta sotto forma di un'opinione mondiale destinata a travolgere ogni cosa come un'irrefrenabile ondata, rappresenta un pericolo immenso. Al pericolo che si cela dietro questa angustia

6 F. Fabbri, *Lo zen e il manga*, Bruno Mondadori, Milano 2009, p. 16.

7 K. Kawasaki, *Gutai*, in A. Bonito Oliva (a cura di), *Le tribù dell'arte*, Skira, Milano 2011.

8 Cfr. N. Bourriaud, "Yoko Ono y la energía sutil", in *Yoko Ono. Dream Come True*, a cura di G.B. Kvaran, A. Pérez Rubio, MALBA, Buenos Aires 2016, p. 151.

9 "La prima volta che eseguii questa performance, nel 1964, lo feci con un sentimento di rabbia e irrequietudine. Questa volta la faccio con un sentimento di amore per voi, per me, per il mondo." Yoko Ono, 15.09.2003, Théâtre Le Ranelagh, Parigi.

10 M. Vinar, M.U. Viñar, *Dal Sudamerica: Terrorismo di stato e soggettività*, in M. Flores (a cura di), *Storia, verità, giustizia. I crimini del XX secolo*, Mondadori, Milano 2001.

che muove eserciti e fa crollare complesse istituzioni civili, e che può determinare atti disperati, Yoko Ono rivolge la sua attenzione. Al comportamento visto in interazione con il quadro storico e non a categorie di patologia mentale, sebbene queste entrino da subito in campo – la patologia non nasce nel vuoto, non è possibile isolare un individuo dal contesto sociale e geopolitico ove appare il disordine. Alla presenza invasiva e alla pressione ideologica di una potenza che mira instancabilmente alla distruzione delle forme sociali e demolisce senza restrizioni i sistemi di riferimento dell'economia, i modi di presentarsi, di vivere. Mi interrogo sul fascino ipnotico esercitato dall'opera di Ono e dai modelli da essa esibiti che, in quanto proposti da un artista, si pretendono "universali', "assoluti', "civili" e "unici", possibile e desiderabile condizione esistenziale e culturale. Sui loro intrecci complessi, che sanno bene come rivolgersi all'inconscio altrui poiché provengono dall'inconscio dell'artista. Sulla narrativa dell'Altro che rimanda valori discrepanti al proprio sentire, valori che mirano alla disintegrazione del substrato di identità, alle fantasie interattive di non riconoscimento, ai vissuti di deumanizzazione, umiliazione, vergogna e attivano stati d'animo cupamente depressivi, alle manifestazioni patologiche dell'ideologia della modernità biologica, antropometrica, eugenetica, volto nascosto, infernale, della civiltà occidentale. Sulla vita che nasce e compie il suo arco in contesti socio/culturali ad alto potenziale traumatico, ove è difficile contenere ed elaborare fatti di vita quotidiana, vissuti che incendiano l'immaginazione e bruciano gli spazi dell'elaborazione e della riflessione. Sul peso che si riversa sulla psiche quando le istituzioni politiche e militari rinserrano la società sotto una coltre di silenzi e paura. In tali situazioni l'equilibrio tra fattori esogeni ed endogeni si spezza, i primi schiacciano i secondi per poi farli risorgere con raddoppiata carica di orrore. Il linguaggio della forza dell'arte di Ono disturba la complementarità tra preconcetti, desideri, progetti individuali-collettivi e struttura sociale. La circolarità tra le aree della psiche e la rete di valori sottintesi e condivisi si sconnette. Gli affetti, privati del consueto contesto espressivo, del retroterra di sicurezza, della matrice transpersonale delle rappresentazioni condivise, si fanno muti, mentre i comportamenti empatici e civili si squilibrano, sopravanzati da moti violenti, aggressivi, lesivi di ogni forma di umanità. Il dubbio che alimenta e dà respiro a una posizione depressiva, corroso da un'inquietudine che giornalmente si autoconferma, via via si affievolisce. Al suo posto si riattivano comportamenti modellati da logiche difensive che innalzano barriere, accecano la visione dell'Altro e avanzano una mastodontica semplificazione manichea. Le pagine dell'evoluzione umana e dei comportamenti sociali si sfogliano in senso regressivo nei lavori di Ono. La psicoanalisi ci insegna che ogni fenomeno mentale – come le emozioni, le fantasie, i desideri – e i comportamenti che comprendono gli atti di terrore sono significativi, multi-determinati e in definitiva comprensibili, anche se la comprensione è incompleta e imperfetta. In altre azioni, invece, il corpo di Ono si espone a pratiche violente, dolorose, ostacolanti, che comportano di aprire il quotidiano a lo straordinario, ossia, il quotidiano che dà spazio alla resistenza di un ordine stabilito e alla sua sovversione. La "ferita" che Ono sovente ricerca introduce nel suo lavoro un approccio ulteriore: è un segno dello stato di estrema fragilità del corpo, un segno di dolore, un segno che evidenzia la situazione esterna di aggressione, di violenza cui siamo sempre esposti. Pertanto la "ferita" diventa l'elemento che denuncia la società, ciò che, nella performance, tocca di più l'Altro, il prossimo, poiché, mentre si verifica l'evento, la partecipazione del corpo dell'Altro è effettivamente presente. Non vi è distanza, né affettiva né spaziale, in quel preciso istante la persona vicino all'artista sente la propria carne socializzata. Creare una "apertura del corpo" supplementare significa toccare simbolicamente questa zona della coscienza estrema del corpo. In sintesi, il corpo di Ono (la sua gestualità) è in sé una scrittura, un sistema di segni che rappresentano, traducono la ricerca indefinita dell'Altro, i suoi fantasmi, i suoi desideri inconsci, le sue relazioni con il tempo inteso come entità senza principio né fine, che occorre decifrare attraverso il proprio corpo e non attraverso la propria cultura. La violenza delle opere di Ono assedia e soffoca lo spettatore con l'esuberanza dei suoi significati e delle sue immagini, appannando le fini lenti strutturali o ermeneutiche di volta in volta adottate e mettendo a nudo – fino a smembrarli – gli oggetti che fanno la materia prima della sua riflessione. In riferimento a questi aspetti possiamo definire il lavoro di Ono una "ricerca limite", perché la violenza invade costantemente il suo spazio morale e mentale. Il suo racconto opera, infatti, una metamorfosi in chi assiste alle sue azioni, obbligandolo ad assumere il difficile e doloroso ruolo di testimone. La violenza produce, non solo in chi la subisce, un particolare effetto di disgiunzione fra il vedere e il sapere. Il peso al quale alludo non è soltanto quello derivante dal testimoniare eventi drammatici, o dall'impegno etico che comporta per l'artista il dovere di ricordare insieme alle vittime, ma quello originato dalla natura stessa di questa conoscenza diretta che trasforma chi ascolta in qualcuno che vede: come se egli stesso avesse assistito a quelle vicende. Proprio per questo le performance di Ono sfidano le abituali strategie conoscitive, generando un'inquietante prossimità fra ascolto, testimonianza ed esperienza. Il suo lavoro abilita di frequente sentimenti e sensazioni di fastidio e insofferenza, tenendo come fondo della discussione la rappresentazione del dolore.

Molto diverso, invece, il lavoro di Chiharu Shiota sul proprio corpo, che – come dichiarato dalla stessa artista – si avvicina più all'esperienza performativa di Marina Abramović: una trama che tesse l'elemento corporale e quello psicologico in una complessa rete di significati. 11 Il corpo esibito, anche in situazioni complesse, la ritualità, la sessualità, la memoria, sono elementi di uno stesso linguaggio che accomuna e avvicina le due artiste, anche se in Shiota danno forma a una diversa stratificazione. Il corpo di Shiota diventa il mediatore e il riferimento concettuale della sua opera. L'artista lavora con materiali di vario tipo per esplorare le qualità rigenerative dell'identità in relazione alle origini culturali e ai costrutti universali. Le sue performance abbondano di forza di volontà, ma anche di sottomissione al destino, che appare sotto la maschera del corpo. La morte, come dimostrazione della vulnerabilità del corpo e, al tempo stesso, opportunità di risurrezione psichica – un'opportunità per liberarsi dalla propria dimensione fisica e trionfare così sopra la morte, anche se solo nell'immaginazione – sono sue preoccupazioni costanti. Shiota rappresenta il corpo sia come morte sia come ricordo vivente, come sagoma superstite. L'emergenza dell'impronta lasciata come residuo del corpo che disegna uno spazio violento tra l'esperienza e la rappresentazione. Per Shiota il corpo è simultaneamente sostanza e ombra schiva, ritrosa. L'uomo lo possiede, però il corpo possiede l'uomo e ne condiziona le sue emozioni. Il lavoro di Shiota si caratterizza per una ricercata inclinazione alla risoluzione estetica. Il suo compromesso con il luogo, con i materiali e con il processo è un modo di dare testimonianza a una vita fatta di un'intensità costante, che sempre ha comportato un rischio, un'eccezione alla regola, una condizione di esclusione, uno stare incomodo nel mondo. Della sua opera possiamo dire che è una forma esistenziale o, meglio, materia esistenziale.

Il corpo di Shiota – anche quando scompare dalle sue installazioni per essere sostituito con oggetti quali abiti, scarpe, letti, valigie... – è in sé una scrittura, un sistema di segni che rappresentano, traducono la ricerca indefinita dell'uomo, le sue paure, le sue ansie, i suoi desideri inconsci, le sue relazioni con il tempo, inteso però come entità indefinita, senza inizio e senza fine, che è importante saper interpretare. Attraverso le sue performance e le sue installazioni Shiota ricostituisce tra sé e gli altri una sorta di situazione neo-natale, dove si accoglie il linguaggio gestuale nel proprio corpo prima ancora di ricevere la parola. Si delinea così un suo caratteristico "linguaggio del corpo" attraverso una serie di azioni rivolte al pubblico, in cui l'artista cerca di toccare la profondità dell'essere attraverso dispositivi di sofferenza, di privazione, di impenetrabilità. Il corpo nudo e il corpo svestito, il corpo presente e il corpo assente, azione e passione dell'arte e dello sguardo. Corpo bello, corpo sublime, corpo malato, corpo evocato, corpo straordinario: lo sguardo gioca a inventare i suoi significati. Qui si annidano le forme e i simboli del vedere che inscrivono in questo territorio indefinito geografie e geologie della rappresentazione. Il corpo di Shiota appare come figura e oggetto, oggetto del desiderio, corpo del potere, corpo politico. Il corpo come scrittura geografica disegna i piani di significato, dai canoni dell'arte fino a quelli del suo significato politico. La scrittura geologica del corpo, invece, parla dei suoi strati, della profondità biologica e temporale, dell'interiorità della carne.

Il "linguaggio del corpo" di Ami Yamasaki e di Fuyuki Yamakawa si sviluppa in ambiti differenti ma trae origine dalla stessa sostanza. Gli strumenti che Ami Yamasaki usa per esprimere la sua poetica musicale apparentemente ci possono sembrare semplicissimi: lo schiocco della lingua sul palato, il rapido movimento della glottide, l'utilizzo atipico delle frequenze che fanno vibrare le corde vocali e mille altri effetti vocali che tutti noi almeno una volta abbiamo cercato di ricreare

11 Risale a dicembre del 1997 l'incontro tra Shiota e Marina Abramović a Kerguéhennec, in Francia, dove Shiota partecipò a un workshop realizzato da Abramović. Cfr: M. Kataoka, J. Putnam, *Chiharu Shiota*, Hatje Cantz Verlag, Berlino 2011.

nel tentativo di sonorizzare le voci della natura. Il lavoro di Yamasaki è una lettera d'amore al mondo naturale e alla vita stessa, più vitale di qualsiasi risposta. Canta mentre lavora in ogni luogo e gli schemi che crea sono una risposta diretta al *feedback* acustico che riceve. Canta e ascolta, e a poco a poco lo spazio comincia a fare la sua musica. Tutta intessuta di luce, di spazi, di tempo, la voce di Yamasaki ha caratteristiche timbriche che la rendono unica. Limpida come acqua di sorgente, spazia dai suoni acuti a quelli più gravi con un'estensione prodigiosa, acquista singolare intensità per improvvisi cambiamenti di vibrazioni, alterna trasparenze a toni densi e scuri e con un effetto sbalorditivo si effonde con una doppia emissione di toni uniti fra loro da un legame armonico. La voce di Yamasaki – che è il corpo fatto suono – è uno strumento utilizzato con espressività inusitata. Gli estremi che tocca, gli accenni di glossolalia, e le incursioni nella lirica non fanno solo parte di una sintassi musicale del tutto originale, ma costruiscono un suo personalissimo "linguaggio del corpo". Le performance di Fuyuki Yamakawa si caratterizzano, invece, per l'estrema intensità delle sue esibizioni canore basate sulla peculiare tecnica del *khoomei* (un metodo di canto unico nella musica tradizionale della Repubblica di Tuva, nella Siberia centro meridionale, nella Repubblica dell'Altaj e in Mongolia) e intraprende attività che trascendono i confini della musica e delle arti visive. Utilizzando tecnologie come microfoni a conduzione ossea o sincronizzando il battito del suo cuore con lampadine presenti sulla scena attraverso uno stetoscopio elettronico, crea una profonda risonanza con lo spazio e con i corpi del pubblico. Yamakawa intende questo intreccio di tecnologia e corporeità come pratiche di autoestensione e amplificazione corporea. Per lui è come se il pubblico entrasse nel suo corpo. Allarga ed espande l'attività del suo organo cardiaco, i suoi segnali, dall'interno del suo corpo allo spazio esterno, generando un'esperienza totalizzante tra se stesso e gli spettatori. Come spesso spiegato dallo stesso artista, durante le sue performance subisce una "elettrificazione del corpo". [12] Yamakawa, che vede la sua produzione in termini di *input* e *output* che attraversano il suo corpo, esplora il sistema corporeo e i suoi possibili effetti estetici, mentre orchestra il suo apparato somatico. Possiamo dire che il suo corpo inspira, elabora e poi espira cose che non possono essere ascoltate e viste. Di conseguenza, si impegna nella creazione del suono e nella sua esecuzione performativa, invece di "produrre musica". [13]

Su ben altro fronte, il lavoro di Lieko Shiga sembra voler colpire un pubblico abituato a relazioni asettiche con la morte. L'artista racconta lo scenario di morte e distruzione a Kitakama, sulla costa nordorientale del Tohoku che l'11 marzo 2011 fu colpita da un devastante terremoto. Le sue fotografie più sono colorate, più crudeli si rivelano. Sono il luogo di creazione del sublime sociale: l'apertura su un caos visivo e culturale mentalmente smisurato; l'approssimazione rispettosa e distante di poteri o strutture sociali spontanee molto sopra qualsiasi meccanismo di apprensione; la trasfigurazione della modernità in sofisticazione estetica; ma, nonostante ciò, i lavori di Shiga continuano a essere un attacco violento al corpo organico del soggetto (come spettatore) e, riducendo i corpi alla loro essenza, presentano anche una discussione violenta del corpo politico, giacché il cadavere è simultaneamente una cosa (qualcosa) – materialmente presente ma caratterizzata dall'assenza assoluta di soggettività – e un niente, un significato privato del suo referente, del suo padrone. [14] La contraddizione tra la materialità e il niente del cadavere guarda verso la cooptazione del corpo e la colonizzazione dei soggetti postmoderni a opera del neoliberalismo. Così, quel che si potrebbe percepire come violenza "impropria" nella poetica di Shiga non è inappropriata, ma trova riscontro in tutti quelli che attuano una forma di prevaricazione. La violenza, la riconfigurazione del significato della morte a partire dai cataclismi naturali, dalla memoria e altri temi essenziali per i nuovi schemi di valori e relazioni, detonano l'interesse a ripensare le zone geopolitiche di appartenenza. E così la morte del corpo organico rappresenta anche la morte del corpo politico. La sua arte rende letterale questa metafora, dopotutto la morte rappresenta

12 K. Centonze, "Vibrations of 11 March 2011 in Japan's Performance Scene. Yamakawa Fuyuki and the Sound of Radioactivity", in *Rethinking Nature in Post-Fukushima Japan. Facing the Crisis*, (a cura di) M. Mariotti, M.R. Novielli, B. Ruperti, S. Vesco, Università Ca' Foscari, Venezia 2015, pp. 117-118.

13 *Op. cit.*

14 Le fotografie in mostra sono le stesse utilizzate nella sua mostra personale del 2019 *Human Spring* al Tokyo Photographic Art Museum, dove erano state allestite come rivestimento di simboliche bare vuote.

15 Il film è ambientato a Okinawa e nell'isola coreana di Jeju, caratterizzata da un contesto geopolitico e da una storia di eccidi di massa simili a quelli di Okinawa.

16 G. Didi-Huberman, *Davanti all'immagine. Domanda posta ai fini di una storia dell'arte*, Mimesis, Milano 2016.

il cambio assoluto di stato. Questo cambio di stato organico e politico è una "interruzione nel corso del mondo" – come Walter Benjamin definiva l'opera di Baudelaire. Benjamin sosteneva che da questa intenzione di interrompere il corso del mondo nasceva la violenza, la sua impazienza e la sua rabbia, da essa nascevano anche i suoi intenti sempre rinnovati di strappare il cuore al mondo. Oggi potremmo dire lo stesso dell'opera di Shiga: la violenza delle sue immagini e i suoi tentativi reiterati di colpire al cuore del mondo innescano in lei un accompagnamento stimolante alla morte: la vita.

La forza dell'immagine sorge quando si stacca dal suo contesto. Le immagini si inscrivono in una gamma di significati, in vasti campi di possibilità. La sua condizione di apparire, di acquisire significati in distinti momenti, implica una manipolazione del tempo, si riferisce alla sua paradossale condizione anacronistica, piena di tempi stratificati, di sopravvivenze, di durate. La storia delle immagini è una storia di oggetti temporaneamente impuri, complessi, sovradeterminati. In questo senso le immagini del film *Mud Man* di Chikako Yamashiro non possono analizzarsi come semplici documenti della storia. 15 Esse sono anche avvenimenti. Acquisiscono significati non previsti, anacronistici rispetto al loro tempo, storici in quanto esperienza verificabile in un tempo e in un luogo: ciò in cui ebbero la loro origine è il luogo in cui si attualizzano significati inaspettati che si percepiscono come sintomi. L'opera di Yamashiro può essere ricondotta perfettamente all'immagine/sintomo descritta da Didi-Huberman: l'apparire che interrompe il corso normale della rappresentazione. 16 Il sintomo rimette a una complessità di secondo grado. Appare inopportunamente, importuna il nostro presente. Le immagini di Yamashiro non sono documenti della storia, configurazioni che si inscrivono in un racconto lineare e unico, il loro divenire è continuamente attraversato da sopravvivenze e ripetizioni. Esse interrompono la storia, la producono; sono vitali, vive, complesse. L'opera di Yamashiro sembra dichiarare che se la narrazione dei fatti si presenta come una narrazione orale di un certo tipo di discorso, non possiamo tuttavia concluderne che sia stato cancellato il riferimento al reale. Si tratta piuttosto di uno spostamento. Tale riferimento non è più dato immediatamente dagli oggetti narrati o ricostituiti. È contenuto nella creazione di modelli (destinati a rendere pensabili gli oggetti) adeguati a pratiche corporee. Yamashiro impiega carne e terra come metafore per personificare il corpo politico di Okinawa. È un film difficile da dimenticare, che affronta in modo originale la memoria storica e le stratificazioni contenute in un territorio; affronta metaforicamente la complessità della storia, ma anche fisicamente, con un montaggio finale che mescola reminiscenze belliche e ritmi beatbox. Un'opera quindi che possiede distinti sedimenti di significati, che a loro volta ritornano, si aprono, si mescolano, assemblando reti di significati che si articolano tanto con il loro contesto storico quanto con quello di coloro che le interpretano a partire dal presente.

Nelle opere di Makoto Aida e di Finger Pointing Worker/Kota Takeuchi è elaborato il concetto della sopravvivenza delle immagini, dove queste creano il loro statuto o la loro logica interna attraverso schemi che riflettono stati mentali, i quali – a loro volta – si trasformano in immagini. Questione che presuppone l'educazione di uno spettatore attivo che necessita di essere istruito e dotato di strumenti e paragoni di riconoscimento. Esercitare la percezione duttile, la capacità di penetrare nel doppio significato delle cose, implica lo sviluppo della facoltà di inventare metafore, di vedere una cosa attraverso un'altra, di conformare un labirinto di intricate voci. Il significato delle opere di Makoto Aida si mostra come un'immagine che è una costellazione di idee, pulsioni, visioni latenti, che solo una scrittura capace di leggere il mondo può intendere e decifrare. Aida cerca spesso di utilizzare l'elemento scioccante nel suo lavoro e non vuole reazioni semplici e scontate da parte del pubblico. Non vuole che il pubblico semplicemente rida o si arrabbi. Vuole innescare un dilemma. I visitatori della mostra devono pensare se ridere o arrabbiarsi. Ad Aida piace produrre opere che rendano difficile per le persone decidere su una particolare situazione. Vuole suscitare emozioni complicate. Gli esseri umani per Aida sono interessanti quando mostrano reazioni complesse e inaspettate. A me sembra che Aida cerchi sempre – attraverso la provocazione – di spingere lo spettatore un passo oltre, a dare uno sguardo nuovo alla vita di tutti i giorni presentando scene solo apparentemente banali. I suoi lavori indicano un'ambiguità di fondo derivante dalla tumultuosa storia del XX secolo del Giappone, che include un elenco non ristretto di eventi: la modernizzazione del Giappone durante la Restaurazione Meiji, le sue incursioni militari in Asia e la sconfitta nella seconda guerra mondiale, seguita dall'occupazione alleata del dopoguerra. Poi c'è stato il "miracolo economico" della nazione, che ha creato la bolla economica che è scoppiata puntualmente con la fine degli anni Ottanta, ed è stato seguito da oltre due decenni di profondo malessere caratterizzato da un vago senso di disagio e mancanza di direzione, che riflette la mancanza di *leadership* della nazione.

Una lettura interessante che si può fare del lavoro di *Finger Pointing Worker* – un progetto rappresentato qui da Kota Takeuchi – è il non ridurre le sue immagini a un semplice documento della storia. Takeuchi ci parla del disastro nucleare di Fukushima del 2011. Vivendo e lavorando lui stesso a Fukushima, esplora attraverso la sua arte il modo in cui gli esseri umani interagiscono con il loro ambiente, sia attraverso mezzi tattili sia attraverso la tecnologia, e come ci relazioniamo con un luogo attraverso la sua storia. Sebbene si ipotizzi che Takeuchi sia il lavoratore dell'impianto presente nel video, l'artista non l'ha mai ammesso, sostenendo che sarebbe molto difficile confermare la verità semplicemente dal video. Nella nostra "società dello spettacolo", dove tutto e tutti siamo esposti apertamente e continuamente, ci sono ancora cose che rimangono invisibili ai nostri occhi. E questo potrebbe benissimo essere applicato metaforicamente a un "sito" reale abbandonato a causa di radiazioni invisibili.

Kishio Suga realizza ed espone il suo lavoro a partire dalla fine degli anni Sessanta come membro del movimento artistico Mono-ha (letteralmente "la scuola delle cose"), che si forma e sviluppa a Tokyo tra il 1969 e il 1972. Unico tra gli artisti a proseguire fino a oggi la pratica e le ricerche del gruppo, Suga ne ha approfondito i temi e i concetti base in oltre quarant'anni di lavoro. Attraverso disposizioni e combinazioni di materiali naturali o industriali, Suga si interroga sulla loro presenza fisica, sulla loro esistenza e sul loro rapporto con l'ambiente, realizzando installazioni site-specific nello spazio e nel tempo. La relazione tra individuo e materia è uno dei temi centrali nella pratica dell'artista e viene ulteriormente indagata attraverso azioni davanti a un pubblico, definite "attivazioni", durante le quali Suga inserisce e altera nuovi materiali, svelandone significati e aspetti inediti. Attraverso un processo di tensione, l'artista crea appositamente per la mostra quella che definisce una "situazione" (*jōkyō*), in cui vengono messi in evidenza i legami esistenziali tra i diversi materiali che compongono l'opera e lo spazio circostante. Nella pratica di Suga, infatti, assume un ruolo centrale il concetto di interdipendenza tra oggetti (*mono*) differenti, come modalità per creare un'unica entità, che permette al visitatore da una parte di osservare nella sua interezza l'ambiente circostante, compreso il rapporto con il giardino esterno attraverso le vetrate, dall'altra di percepire uno spazio non-visibile, generato dalla presenza dell'opera d'arte. 17 Non si tratta qui di voler riconoscere una sorta di statuto formale del movimento Mono-ha, si tratta di una tendenza che raccoglie al meglio questa volontà di problematizzare – partendo da una *ars combinatoria* – la relazione tra immagini e idee, storia residuale e regole di controllo, anonimato e soggettività: una rete di significati che ha nei negli oggetti il proprio punto nevralgico di avvicinamento ai problemi della rappresentazione; che utilizza le opere per osservare una realtà sempre in fuga, della quale rimangono solo generalmente dei giudizi di valore che tendono a ridurre l'ambiguità e la molteplicità delle immagini a categorie atte a schematizzare la molteplicità delle loro visioni sotto principi binari: locale/globale, centro/periferia, realtà/finzione, presenza/assenza. Concetti che da un lato ci aiutano a pensare alle tensioni tra i mondi che si collocano dentro e fuori i principali centri di potere (a riflettere sull'importanza degli scontri, incroci e intercambi di questi traffici di informazioni, di materiali, di territori), ma che obbligano a ubicare la discussione delle differenze in una prospettiva che accetta l'esistenza di una prospettiva più ampia. La sintesi di questo substrato emerge perfettamente nell'arte di Kishio Suga: un lavoro che si basa sull'immediatezza più radicale e assoluta. Sono gli oggetti – reali, spesso comuni e banali – che agiscono in modo diretto di fronte alla nostra percezione. Suga racconta la realtà e riflette sull'esistenza di realtà immateriali, risponde alla libertà morfologica delle forme esterne e delle strutture interne, utilizzando diversi mezzi non convenzionali al linguaggio artistico come strumenti ausiliari per esprimere concetti complessi. Il post-minimalismo di Suga si relaziona con un concettualismo politico, sociale e culturale che conferma e riafferma i desideri, le paure, i sogni e anche le contraddizioni di una società – quella giapponese – che sperimenta la modernità e vive situazioni politiche irrisolte. In questo scenario l'artista si destreggia con invidiabile facilità, con sapiente intelligenza e con una giusta dose di ironia capace di trasformare le incongruenze della vita in un teatro pieno di possibilità per il gioco, spesso assurdo e contradditorio, del nostro vivere. Osservare – lo si sa – non è mai un'operazione meccanica o addirittura ingenua: non ci si trova mai di fronte a un'evidenza fuori discussione, perché la vista e la mente sono sempre in una condizione "falsa", influenzata dalle anticipazioni, dai pregiudizi, dalle convinzioni scientifiche e, persino, metafisiche di chi osserva. Evidentemente non basta voler vedere (o sentire, oppure capire) per vedere veramente; fare un'esperienza "vera" del mondo, senza lasciarsi confondere dai propri preconcetti, costituisce una difficoltà. È il problema, se si vuole, della lettura dei "fenomeni" intesi non come eventi in se stessi (scopo positivamente utilitaristico, almeno nelle intenzioni, delle specifiche scienze), ma di come essi appaiono alla nostra coscienza. È in questo senso, e per questa ragione, che l'illusorietà ludica delle opere di Yuko Mohri vorrebbe far convivere – in termini fenomenologici – procedimenti di "riduzione eidetica" e di "epoché". È la suggestione verso una sospensione scettica di ogni giudizio razionale a favore di quel sano dubbio creativo e liberatorio dalle possibilità, oserei dire, sconfinate. La forza del lavoro di Mohri include varie energie e fenomeni di vibrazione e può essere interpretato nei modi più svariati. Per esempio, potrebbe essere visto come una risonanza di emozioni causata dal comportamento di oggetti diversi, o qualcosa di non dissimile da un fenomeno soprannaturale. Espande i sensi, attualmente sepolti sotto l'ambiente tecnologico che pervade le sfere della vita quotidiana, e coinvolge la fisicità dello spettatore in un nuovo ambiente site-specific creato dall'artista sulla base di suoni, oggetti, invenzioni e percezioni pregresse. [18]

I corpi presenti nei film del regista giapponese Yasujiro Ozu sembrano invece essere i riferimenti visivi dell'artista Meiro Koizumi. Nel senso che le rappresentazioni del sé interiore sono ridotte al minimo, a un insieme di gesti all'interno di una struttura rigida. I film di Ozu sono come spettacoli di burattini che usano corpi di attori reali. Ozu non ha mai creduto nel linguaggio filmico convenzionale; voleva crearne uno tutto suo. E ci è riuscito, inventando un suo personalissimo stile che nessuno può copiare. In superficie tutto sembra così ordinario e poco drammatico, ma una volta che si intuisce lo strato sotto le apparenze, ci si rende conto di quanto fossero oscure e pessimistiche le sue visioni. [19] Il vuoto, l'assenza e il silenzio sono elementi che hanno un ruolo attivo nel suo cinema e nell'arte Zen, e mai passivo. Sono il suono e i dialoghi a dare significato al silenzio. La sobrietà e l'apparente quiete tecnica dei film di Ozu lasciano dialogare silenziosamente i personaggi, esenti da qualsiasi interpretazione fittizia e a tratti inespressivi, con il silenzio delle inquadrature, e il tutto si condensa con una composizione che guarda alla meditazione più assoluta in cerca della comprensione dell'essenza della realtà. E da tempo Koizumi evoca nelle sue opere il tema del sacrificio dei kamikaze, convinto che fino a quando non si affronterà la storia con la giusta consapevolezza e senza tentativi di cancellazione della memoria, le immagini di sacrificio e di morte continueranno a rimanere vive nella cultura giapponese. A maggior ragione se ci si ritrova in nuovi scenari di guerra. [20] Molti piloti kamikaze hanno lasciato biglietti d'addio alle loro famiglie. Koizumi ne ha letti tanti ed è giunto ad una sua conclusione che parte da una domanda: a questi piloti fu ordinato di uccidersi o fecero un sacrificio volontario della loro vita per la nazione? In generale, per i partiti di sinistra furono vittime della guerra cui fu ordinato di uccidersi. Per i nazionalisti, invece, soldati eroici che offrirono volontariamente le loro vite per salvare l'orgoglio della nazione. Koizumi tiene per valide entrambe le posizioni. Non che alcuni fossero volontari e altri furono obbligati, ma nel senso che era sia un ordine sia un atto volontario che poteva scaturire dalla mente stessa di una persona. L'opera in mostra, *We Mourn the Dead of the Future*, affronta molto bene una soggettività così scissa. Per realizzare il lavoro Koizumi ha collaborato con il Theatre Commons Tokyo e venti giovani performer giapponesi che si sono trovati tutti di fronte a un'unica domanda: per chi hai sacrificato la tua vita? La pioggia cade incessante su un ex base dell'esercito degli Stati Uniti in uno scenario lugubre e cupo. Alcuni corpi sono ammucchiati su un lato del campo, mentre altri sono distesi a faccia in su in una fila ordinata per terra. Durante l'azione potevano spostarsi da un gruppo all'altro solo

17 Y. Hasegawa e V. Todolí (a cura di), *Kishio Suga. Situations*, Mousse Publishing, Milano 2017.

18 K. Kanazawa (a cura di), *Yuko Mohri: Assume That There Is Friction and Resistance*, Getsuyosha Limited, Tokyo 2019. L'installazione al PAC è una delle varianti dell'opera *Moré Moré (Leaky)*, 2009, ispirata dalle misure di emergenza messe in atto dal personale della metropolitana di Tokyo per far fronte alle perdite d'acqua nelle stazioni.

19 R. Keehans, S. Suzuki, *Meiro Koizumi. Stories of a Beautiful Country*, Centro de Arte, Caja De Burgos, Burgos 2013. / Cfr.: P. Schrader, *Il trascendente nel cinema. Ozu, Bresson, Dreyer*, Donzelli, Roma 2010.

20 A. Zohar, "Meiro Koizumi, The Kamikaze Projects: Towards a Definition of the Third Generation in Japan", in C. Medina, A. Labastida (a cura di), *Meiro Koizumi: Portrait of a Failed Silence*, Museo Universitario Arte Contemporáneo, México City 2015, pp. 36–49.

dopo che agenti in camici bianchi e maschere li avevano formalmente scortati, con un rituale distopico, uno per uno, su una piattaforma improvvisata. Lì erano costretti a inginocchiarsi con le mani dietro la schiena, dopodiché giuravano fedeltà al concetto di sacrificio di sé o al principio dell'autonomia individuale. Dopo un rapido e violento movimento della testa – che ricorda una primitiva forma di pena capitale e potenziato da un brevissimo aumento della velocità del film – il performer veniva quindi trascinato sull'uno o sull'altro mucchio e sepolto. Intorno a loro un cerchio di spettatori che tenevano ombrelli e scattavano foto. Il loro silenzio è enfatizzato dal rumore della pioggia. Questa sorprendente passività mette in discussione la loro innocenza. L'intera cerimonia è un *loop* che suona prima in avanti e poi all'indietro, ancora e ancora, rafforzando la sensazione che la dicotomia delle due posizioni etiche espresse nelle premesse evochi simultaneamente i fantasmi del passato e i potenziali "eroi" del nostro futuro. All'interno di una visione dolorosa e spettacolare vi è la rinascita. L'inizio di una vita successiva al sacrificio.

Nelle invenzioni del collettivo Dumb Type l'immateriale e il materiale si affrontano sistematicamente. I Dumb Type sono autori di opere che ci parlano non tanto di assoluto che si materializza e si fa visibile, non tanto di un'epifania, di una manifestazione di una qualche assolutezza, qui e ora nel concreto della materia; esse ci parlano, al contrario, di una traccia che rivela l'occultarsi, il risalire verso un infinito punto di fuga della materia, che afferma il vuoto, forse addirittura il nulla. Parlano dell'assolutamente *altro* rispetto all'epifania dell'assoluto nella materia. È come se facessero cenno a un movimento che va in direzione contraria, opposta, rispetto al movimento della rivelazione dell'assoluto nel supporto materiale, nel quadro, nell'icona; parlano non della manifestazione dell'invisibile nel visibile, ma del ritrovamento del visibile nell'invisibile. Dunque, il nulla e il vuoto. Plotino, che su questi concetti ha riflettuto a lungo, distingueva tra il nulla che sta in alto e il nulla che sta in basso. [21] Il nulla che sta in basso è il nulla povero, misero, dell'annientamento, che ci imprigiona in una rete, è la necessità. Il nulla che sta in alto è proprio il contrario, è la libertà, è il fatto di non aver schemi, qualcosa che si impone a noi e ci domina. Ed è proprio l'artista a farci provare la possibilità di questa più alta esperienza del nulla. L'artista di fronte all'opera s'interroga, cerca di capire che cosa deve fare. Quella sola cosa, quel gesto, quel tratto che poggia sul nulla, ed ecco che il cerchio si chiude.

Agli inizi degli anni Novanta i Dumb Type si ritrovarono coinvolti negli orrori della malattia e della morte e realizzarono i loro lavori in un disinibito percorso di azioni e di immagini in cui convivevano le più disparate sensazioni, le emozioni, il disagio, la repulsione, la sgradevolezza, e persino il rifiuto. Ed è qui che per la prima volta i Dumb Type definiscono e sviluppano la loro immagine corporea. Con l'espressione "immagine del corpo umano" [22] Paul Schilder definisce il quadro mentale che ci facciamo del nostro corpo, vale a dire il modo in cui il corpo appare a noi stessi. Noi riceviamo delle sensazioni, vediamo parti della superficie del nostro corpo, abbiamo impressioni tattili, termiche, dolorose, sensazioni provenienti dalle innervazioni muscolari e sensazioni di origine viscerale. Ma al di là di tutto questo vi è l'esperienza immediata dell'esistenza di un'unita corporea, che, se è vero che viene percepita, è d'altra parte qualcosa di più di una percezione, è uno "schema del nostro corpo" o "schema corporeo". Lo schema corporeo è l'immagine tridimensionale che ciascuno ha di se stesso e può essere definito anche come "immagine corporea". Questo termine indica che non si tratta semplicemente di una sensazione o di un'immagine mentale, ma che il corpo assume un certo aspetto ("modello posturale") anche in riferimento a se stesso; esso implica inoltre che l'immagine non sia semplicemente percezione, sebbene ci giunga attraverso i sensi, ma comporti schemi e rappresentazioni mentali,

21 Plotino, *Enneadi*, II, a cura di Giuseppe Faggin, Bompiani, Milano 2010.

22 P. Schilder, *Immagine di sé e schema corporeo*, Franco Angeli Editore, Milano 1973, pp. 36-41.

23 L'opera in mostra *LOVE/SEX/DEATH/MONEY/LIFE* è una nuova versione del 2018, elaborata al computer, di filmati proiettati durante la performance *S/N* creata nel 1994: *S/N* ovvero Signal/Noise è legato all'infezione di AIDS del co-fondatore del gruppo, Teiji Furuhashi. La performance sfidava la sottile linea di demarcazione tra finzione teatrale e realtà attraverso un insolito e inusuale stile da talk show (in cui lo stesso Furuhashi si dichiarava, insieme a un'altra coppia di perfomer, come omosessuale e sieropositivo). Una lunga serie di immagini, testi e disegni affrontavano questi temi, con video, new dance, diapositive, luci e suoni.

24 Y. Miya, "Amateurism. Inside Dumb Type", in *The Dumb Type Reader*, (a cura di P. Eckersall, E. Scheer, F. Shintar), Museum Tusculanum Press, Copenhagen 2007. Cfr. F. Guattari e S. Rolnik, *Molecular Revolution in Brazil*, MIT Press Ltd, Los Angeles 2007; S. Rolnik, *Esferas de la insurrección*, Tinta Límon, Buenos Aires 2019; S. Rota in www.associazionetransglobal.jimdofree.com

pur non essendo semplicemente una rappresentazione. Sappiamo che immagine e percezione sono basate sugli stessi processi somatici, ma dobbiamo considerare che ci sono anche processi intellettivi, processi di pensiero, elementi illusori riguardanti il corpo. Il lavoro sul corpo intrapreso dai Dumb Type, il suo uso come strumento di misura o di esperienza, di decorazione frammentaria, la sua traccia, la sua valorizzazione come sede del desiderio e del dolore, il suo compimento narcisistico o sacrificale, la sua erotizzazione, l'individuazione della sua estraneità, il suo ruolo nella trasgressione, il suo funzionamento meccanico, costituiscono pratiche di sperimentazione a partire dalle quali si avvia una produzione artistica definita secondo termini scelti esclusivamente da colui che ne affronta la realizzazione, senza alcun condizionamento esterno.

A seguito del violento incontro con l'AIDS che aveva colpito il cofondatore del gruppo, Furuhashi Teiji, il tema centrale in *S/N* si è fortemente focalizzato sulla malattia e sulla relativa questione sociale. 23 Vivendo e lavorando insieme come membri di un gruppo in una comunità, che includeva ovviamente Furuhashi, al punto da condividere sia il lavoro sia la vita, i Dumb Type hanno rapidamente trasceso il ruolo di essere solo un altro gruppo di performance nella scena culturale. L'esperienza condivisa non solo è rimasta all'interno del collettivo, ma ha anche funzionato da catalizzatore per trascendere la loro estetica portando le questioni della politica dell'identità nella sfera pubblica. Il gruppo si è confrontato con questa esperienza e ha iniziato a coltivare la sua traiettoria, accettando i fatti e le conseguenze della malattia, impegnandosi il più possibile nella situazione e cercando le nozioni della propria verità, che non segue necessariamente le norme, la classificazione o il processo costruito e giustificato dai sistemi della scienza e dell'istituzione sociale. Apprendendo tutte le questioni sociali che circondavano lo stigma dell'AIDS, i Dumb Type si sono trasformati in un gruppo di attivisti che attraverso le loro opere affrontavano discussioni che riguardavano temi come il genere, il sesso e nozioni di vita in generale. I Dumb Type hanno percepito l'emergere di tali modalità di interazione sociale e hanno reagito di conseguenza dando loro una forma specifica, proprio come nel progetto *S/N* del 1994.

In una prospettiva metafisica, *S/N* rappresentava la nozione di soggettività nel senso del termine sviluppato da Felix Guattari e da Suely Rolnik, "situata non nel campo individuale ma in ogni processo di produzione sociale e materializzata". 24 Dunque la soggettività intesa come un campo di battaglia, il centro di un'economia capitalistica, una forma di vita che riduce il mondo alle merci e alla psicosi (auto) distruttiva. La riappropriazione dell'impulso creativo e della potenza vitale che abitano ognuno di noi è la condizione imprescindibile per cominciare a ripensare micropoliticamente la nostra esistenza quotidiana come ambito al cui interno immaginare, desiderare e sperimentare concatenazioni differenti da quelle attuali. È dalla riappropriazione desiderante, individuale e collettiva (scrive Rolnik), dalla finalità etica della pulsione vitale, in sintesi, dalla sua riappropriazione ontologica, che può emergere un mutamento collettivo del suo sfruttamento, a favore di una etica di esistenza. Se è vero che assoggettamento e soggettivazione producono reciprocamente la propria sostenibilità, è necessario resistere nel proprio ambito politico di produzione di soggettività e del desiderio dominante nella versione contemporanea del regime, cioè a dire, resistere al regime dominante in noi stessi. Se l'azione del regime colonial-capitalistico rivolge la sua attenzione al corpo e alle innumerevoli forme di espressione che emana dalla sua forza vitale, sfruttandole (secondo la suddetta logica prostituzionale) in una messa al lavoro costante per fare della soggettività null'altro che un'esperienza come soggetto identitario, la pratica micropolitica, dice Paul B. Preciado nella sua introduzione al testo di Rolnik, deve necessariamente ripartire dalla riappropriazione del sapere-del-corpo, della sessualità, degli affetti, del linguaggio, dell'immaginazione e del desiderio. La vera fabbrica è l'inconscio e, di conseguenza, la battaglia più intensa e cruciale è micropolitica. Ripartire quindi da una cartografia dei linguaggi, della cultura popolare (nonostante l'ambiguità che accompagna questa definizione), delle pratiche di fuga quotidiana, delle "tecniche" di conservazione e valorizzazione della propria vita, che ci consentano di cogliere le soggettività nella relazione pluridirezionale che colloca il soggetto nella dimensione spazio-temporale in cui agisce. Partire umilmente e senza preconcetti da questa ricostruzione epistemologica e cartografica dei soggetti, per sovvertire il rapporto grammaticale asfittico significato/significante applicato a termini come solidarietà, mutualismo, benessere, desiderio, lotta, vita, ecologia, relazione, godimento, piacere, tempo, libertà, migrante, straniero e riconsegnarli alla polifonia degli strumenti espressivi che è loro propria.

L'opera d'arte è la sintesi delle intensità, delle passioni, della vita interiore del suo creatore; della stessa forma, parlare d'arte è costruire un discorso che si converte in un luogo di risonanze dove si coniugano sia le affezioni dell'artista sia quelle di colui che parla. L'opera è il riflesso di uno stato dell'anima, la materializzazione di una visione della realtà che risveglia sentimenti ancora non espressi, di quelli che è possibile incontrare nel grembo di un tempo perduto, immagine di eternità. L'opera d'arte è la perfetta armonia di se stessa e dell'essenza più intima del suo autore. L'esperienza personale dell'artista, piena di significati, alleggerisce o intensifica la grandezza del suo lavoro di creazione; ma fino a che punto? La vita e la creazione nell'arte sono due realtà indissolubilmente unite da una forza che in alcuni momenti le sorpassa e, quindi, l'opera emerge con una vita propria. Sommersi in questo ambiente in cui la problematica dell'arte molte volte sembra desolante, dove il fare artistico spesso si ritrova in una strada senza uscita, emerge l'opera di una donna il cui fine è sempre stato quello di voler andare molto più in là di se stessa. Per cogliere l'intima relazione che esiste tra l'arte di Mari Katayama e la sua vita, affrontiamo affascinanti e numerose opposizioni; una curiosa mescolanza di energia e di fragilità, di entusiasmo esaltato e di dolore. Ma qual è la relazione che la donna ha all'interno del processo della creazione artistica? In che modo affronta il problema dell'arte? Attraverso quale linguaggio e quali sono i suoi mezzi? Risulta innegabile che il pensiero delle donne sia determinato, nella maggior parte dei casi,dalla struttura del loro corpo: specchio che le mette a confronto, giorno dopo giorno, con se stesse, corrente dell'esistenza che è la prova indiscutibile e miracolosa della vita stessa. Il corpo è spazio in continuo divenire dove il suo essere si manifesta. Nel terreno dell'arte il corpo della donna, ricettacolo della vita, nutre e articola costantemente la sua concezione e il suo lavoro di artista. Non è mia intenzione però esaltare il ruolo della donna nell'arte attraverso l'opera di Katayama, né polarizzare la sua specificità di donna nella creazione artistica. Mi limito solamente a evidenziare come il linguaggio della donna artista parta da una realtà specifica e concreta: l'immagine del corpo. Un linguaggio che si fa anatomia, che si fa corpo e, per questo, è *altro* e *differente*.

Questi aspetti sottendono in realtà una disciplina più complessa, fatta di lavoro costante e critico nei confronti dell'identità e della società. Insistendo su questa via, ho avuto modo di leggere le ricerche di Didier Anzieu sulla produzione dell'opera per mano del suo artefice e sul modo in cui l'artista proietta nel proprio lavoro l'immagine del suo stesso corpo. 25 Anche se i lavori di Anzieu sono limitati allo studio della letteratura (a eccezione dell'ultima parte del suo libro *Le corps de l'oeuvre* in cui si riferisce alla produzione di Francis Bacon), ho preso alcune delle sue idee per spiegare le relazioni di Katayama con la sua arte e la forma in cui le sue opere prendono corpo, a partire dall'intensità e dalla forza con le quali l'artista si rappresenta nel mondo. L'immagine del corpo è una delle pietre angolari del pensiero di una donna artista. Questo si manifesta attraverso una maniera di apprendere le cose, intima e interiorizzante, che lei esprime con un linguaggio di metafore, di silenzi, di discontinuità, di sentimenti opposti, un linguaggio straordinariamente ambivalente e segreto, prossimo alla poesia. In questo modo Katayama ricorre all'immagine del corpo, reale o traslato, come luogo di referenza privilegiato a sua disposizione verso l'esterno: ossia, attraverso di esso i fenomeni che giungono da fuori – tra questi il fenomeno dell'arte – incontrano la loro risonanza sia nella struttura interna del corpo sia nella sua anatomia e anche nel suo pensiero. Per mezzo della sua arte Katayama trasmette un mondo dolorosamente affascinante, fatto di emozioni e sensazioni proprie della sua vita di donna. Essendo la produzione di Katayama fortemente autobiografica, l'artista rivela nelle sue composizioni desideri e ossessioni che evidenziano un'inclinazione per la malattia e la disabilità fisica, temi che si impadroniscono di lei e che appaiono come immagini ricorrenti nella sua opera. L'esperienza individuale traspare in modo talmente poderoso e autentico che trascende il proprio carattere puramente personale per diventare sempre più universale; per questo motivo Katayama ha affrontato le sue creazioni come un flusso di intensità, come un movimento di energie espresse in autoritratti eleganti e raffinati, vere linee di forza sulle quali ha costruito la sua arte. Da qui l'importanza accordata all'immagine del corpo in questo universo, immagine a partire dalla quale si tesse il linguaggio delle forme per costruire un'opera che non permette la sua decomposizione in strutture, ma dove il corpo sembrerebbe inglobare e contaminare la fotografia, infondendole un ritmo biologico che la rende eminentemente viva. Corpi silenziosi,

25 Catherine Chabert, *Didier Anzieu*, Armando, Roma 2000.

26 S. Baker, *Mari Katayama. Gift*, United Vagabonds, Tokyo 2019.

27 Jean Guillaumin, "Lettres et Psychanalyse, entre pesanteur et sublimation", in *Corps Création*, Presses Universitaires Lyon, Lyon 1980, pp. 7-9.

immobili, paralizzati e prigionieri. Nelle opere di Katayama incontriamo l'immagine del corpo che funziona come centro e maestro dello spazio, a partire dal quale tutto sembra entrare in un'inquietante dialettica dell'Io e dell'Altro. Dalle rappresentazioni più ingenue – se ingenue possono definirsi le composizioni di questa artista – fino a quelle più elaborate e costruite, il corpo è per lei uno scenario dove tutto può succedere, uno scenario in cui qualcosa va a liberarsi, lo scenario dell'essere. In effetti, è grazie al corpo che l'esistenza del mondo e delle cose si rivela a noi come qualcosa di "già dato", che "sta lì", anteriore a qualsiasi riflessione e a tutto il sapere scientifico. Esiste, inoltre, una relazione spontanea tra il mondo e il corpo espressa dal desiderio di afferrare le cose dalla loro origine, di trovare un contatto semplice e ingenuo con il mondo, di scoprire le cose nella relazione stessa in cui esse guardano verso ogni individualità corporea; in una parola, dal desiderio di scoprire l'atto del sentire. È questo, in sintesi, l'oggetto della fenomenologia in Mari Katayama.
All'interno di questa stretta relazione si verifica un intercambio tra l'Io (corpo) e il Tu (mondo), il che significa che esiste una reversibilità. Nel pensiero di Merleau-Ponty questa reversibilità o "chiasma", come egli la chiama, costituisce il passaggio che ci permette di esistere in questo flusso magico che va da noi verso il mondo e dal mondo verso noi. Ma perché esporre qui il problema della fenomenologia e confrontarlo con la concezione di un'artista per la quale l'atto di autoritrarsi si situa in un delicato limite dell'esperienza del corpo e del mondo esteriore? Forse perché Katayama instaura precisamente un linguaggio attraverso questo lungo cammino interiore del corpo, cercando di apprendere e di proiettare quel che succede in esso. Credo anche che le relazioni, gli effetti e i cambi tra l'uomo e il mondo prendano maggiormente corpo – tra le varie attività creatrici o trasformatrici della realtà – proprio nell'atto del fotografare. Così, nell'universo di questa artista l'identificazione e la coesistenza tra il suo corpo e il mondo sono soggette a un processo costante di embricatura; c'è una relazione intima e stretta della sua immagine di fronte al mondo esterno, la cui opera è il suo miglior testimone. Per quasi tutta la sua produzione, il corpo di Katayama, reale o simbolico, è presente, anche se non lo vediamo rappresentato. Esso tesse una trama di figure e situazioni provocatorie che svegliano nello spettatore alcune volte confusione e altre volte stati di evidente angoscia. È qui, in questa stretta relazione tra l'esperienza corporea e la creazione di forme e di personaggi, che si sviluppa la sua opera e dove andrebbe cercata la struttura del "chiasma".
Data la profonda coscienza che l'artista ha del corpo, questo si converte nell'unico veicolo del suo essere attraverso il mondo, pertanto sarà nel centro di ciò che è visibile, incluso quando lo sostituisce con il fiume Watarase contaminato dal potenziamento della miniera di rame di Ashio. Il suo corpo è il termine impercettibile verso cui tutte le cose guardano. È il supporto del suo universo. Collocandosi, nella maggior parte delle volte, in una situazione strategica dove il corpo la unisce direttamente agli altri elementi della rappresentazione, esiste una prevalenza assoluta del corpo che serve da fondo alla prevalenza relativa delle forme che la circondano. La trascendenza del corpo è di fatto ciò che caratterizza le sue opere. Narcisismo? Probabilmente. Però, non è forse vero che esiste un narcisismo fondamentale alla base di tutto? Giacché è il corpo che modella le cose e, all'inverso e simultaneamente, le cose modellano il corpo, esso si proietta nel mondo e il mondo si riflette in esso. Così, l'immagine del corpo, centro della figurazione, si converte nel ricettacolo di tutta la visibilità. Esso è il principio e la fine del suo universo, attraverso la sua immagine Katayama modella l'insieme delle sue creazioni come qualcosa che fa parte della sua stessa definizione, come un annesso di se stessa, come un prolungamento del suo essere.
Tornando alla nostra indagine, possiamo concludere riflettendo su come, attraverso le tracce autobiografiche che traspaiono nell'opera di Katayama, penetriamo in un mondo di dolore e di angoscia, dove l'artista affronta il tormento fisico e la lotta incessante che deve combattere per rompere la sua solitudine esistenziale. 26 A tal proposito, Jean Guillaumin propone l'ipotesi secondo la quale l'esperienza corporea articola e nutre costantemente la creazione, e che grazie a essa si possono discernere le leggi o i grandi ritmi che legano il corpo dell'opera al corpo reale e presente dell'autore. 27

Lo stesso discorso vale per il lavoro di Yui Usui. Il sentiero narrativo lungo il luogo in cui si sviluppano le sue opere si origina da avvenimenti reali, quotidiani, a tratti anche banali. Le sue creazioni non nascono dal nulla, ma hanno bisogno, per mettersi in moto, dello stimolo rappresentato da una scena, da un oggetto o un evento reale. Il mondo che la circonda è il suo teatro d'azione, il libro da cui trae la sua ispirazione. Le grandi cornici acriliche appese al soffitto della galleria del PAC sembrano delle grandi provette da laboratorio, proprio di quelle usate per la fecondazione in vitro.
Il titolo dell'opera, *in vitro*, si riferisce a ciò che avviene al di fuori del corpo in condizioni artificiali. Con il progresso della scienza,

il mistero intorno alla nascita della vita è stato gradualmente svelato e chiarito. Allo stesso tempo, è anche necessario far avanzare i nostri giudizi di valore etico in risposta a nuove aree di ricerca che non sono state considerate prima. La delicata organza nella cornice è ricamata dall'artista e proietta un'ombra sul pavimento. Il lavoro di Usui si concentra sul ruolo della donna e su quei lavori considerati esclusivamente femminili ai quali è relegata la donna nella società giapponese (e non solo in Giappone). La sua gravidanza ha di sicuro contribuito allo sviluppo del tema. La maggior parte dei motivi ricamati sono associati a bambini e famiglie e sono simmetrici in coppia secondo la struttura cromosomica.

La questione del corpo, sulla stessa scia di quella del fenomeno, vive sull'onda della contrapposizione tra un corpo (*Körper*) recluso nella dimensione della mera estensione, spazialità, materialità, e un corpo (*Leib*) inteso come unità psico-fisica, in grado, grazie a una capacità auto-riflessiva, di "sentire" se stesso, di individuare come "proprie" le sensazioni avvertite. 28 Tuttavia, sia che si parli di "corpo-oggetto" sia che si prenda in esame il corpo come luogo dei vissuti individuali, all'orizzonte si staglia sempre l'idea di un'unitarietà, univocità, proprietà del corpo, e della necessità di un'organizzazione "soggettiva" della propria relazione con il mondo. Se, in definitiva, all'impostazione fenomenologica husserliana e merleau-pontyana va riconosciuto sicuramente il merito di aver emancipato il corpo dall'interpretazione ingenerosa della psicologia sperimentale, di aver criticato un'idea razionalisitica della percezione, di essere riusciti a ricollocare l'io sulla scena del mondo, la definizione di *Leib* si rivela ancora insufficiente per rendere conto di tutto il potenziale insito nella corporeità. In questo mio contributo, che si lega idealmente a quella tradizione filosofica (da Gilles Deleuze a Jean-Luc Nancy, da Paul Ricouer a Michel Henry) che ha messo in discussione l'organicità del corpo, segnalandone, piuttosto, la sua infinita sottraibilità, ho cercato, attraverso una lettura specifica dell'arte contemporanea giapponese, di far emergere il "corpo" nel suo carattere eminentemente "patico", che ne evidenzia non tanto la capacità intenzionale, organizzativa, quanto la sua frammentarietà, fragilità, dovute alla sua costitutiva apertura verso l'esterno, l'estraneo, l'ignoto. Quello del corpo, in realtà, più che un tema d'interesse specifico, in quanto, per sua natura, esso non si lascia cogliere se non nelle sue occorrenze, rappresenta il *leit motiv* dell'intero testo, secondo una serie di diverse declinazioni. L'obiettivo generale era quello di rivalutare la sfera dell'*aisthesis*, della materialità, non per ripristinare, però, l'atavica contrapposizione corpo-spirito, ma, in un'ottica radicalmente a-dualista, al fine di seguire, lungo il crinale di tutte le sue evoluzioni, lo sviluppo della coscienza, a partire dalla sua dimensione puramente fisiologica.

La scelta di aprire la mostra con le esperienze di Gutai e di Yoko Ono non è stata, ovviamente, casuale. Shiraga mostra di aver introiettato, e fatto autonomamente fruttare, il pensiero "tragico" nietzscheano che non mira a conservare l'opposizione duale, ma, al contrario, intende smantellarla, per restituire all'esistenza il suo primitivo carattere d'ambiguità, ambivalenza, per cui dolore e piacere, malattia e salute, degenerazione e palingenesi si coappartengono non armonicamente. Dal canto suo, Yoko Ono, invece, rivede nella "potenza" della volontà nietzscheana il barlume di una vita libera da ogni condizionamento morale, politico, religioso, estetico, e aperta, indirizzata verso infinite possibilità. Il corpo, in questo senso, lungi dal poter essere individuato come semplice superficie di contatto, luogo in cui si espletano i bisogni primordiali, "proprietà" di una coscienza intenzionale, incarna, più semplicemente, uno sguardo prospettico, un diverso modo di pensare, una forma di razionalità alternativa. Allora, più che di "corpo", dovremmo cominciare a parlare di "pensiero del corpo".

28 Cfr. G. Bornino, *Il pesa-nervi*, Mimesis, Milano 2016. Nelle *Meditazioni cartesiane* del 1931 il filosofo tedesco Edmund Husserl teorizza il termine "corpo": il *Körper* (= corpo-oggetto / rappresentazione) è quel che uno ha, che occupa uno spazio, misura di certe grandezze come il peso e l'altezza; il *Leib* è invece definibile come entità che risponde in modo specifico all'esperienza. Il primo è proprio di tutti, mentre l'altro determina possesso e peculiarità in quello che Husserl definisce "l'atto percettivo". Qui uno è a un tempo il soggetto che percepisce e l'oggetto che viene percepito: conosce attraverso l'esperienza ed è corpo vissuto, ma sempre sul punto di oggettivarsi. Il filosofo francese Merleau-Ponty tradusse *Leib* con il francese *chair*, "carne viva", che abita i corpi in modo così diverso da potersi definire peculiare: l'esperienza è il risultato della carne abitata da una chimica specifica per ogni essere, la quale esercita pressioni e direziona le scelte, con una subordinazione dell'organo fisico all'esercizio di un raziocinio su tale organo.

ESSAYS

Japan. Body_Perform_Live Resistance and Resilience in Japanese Contemporary Art

Shihoko Iida

Translated from Japanese to English
by Christopher Stephens

This essay outlines the intent with which this exhibition was organized, primarily from the perspective of tensions between art and politics in present-day Japanese society. First, I will discuss the impact on the exhibition's planning of two significant events which occurred during its conception and preparation stages – the Aichi Triennale 2019 (referred to below as AT2019) in Japan, and the COVID-19 pandemic worldwide – and which illuminated the relationship between art and politics in a highly symbolic manner. Next, I will discuss in some depth the Gutai Art Association (referred to below as Gutai), a seminal force in avant-garde art in postwar Japan, and the artists Kazuo Shiraga, Atsuko Tanaka, Yoko Ono, and Saburo Muraoka, so as to investigate relationships between the legacy of 20th-century wars, which continues to exert a deep-rooted negative impact on Japan as a major factor shaping the current social situation, and to present a tentative lineage connecting these artists to those participating in this exhibition. Finally, I will touch on interrelationships among and practices of artists featured in this exhibition, including the abovementioned pioneers.

1. I officially received an invitation to serve as a curator of PAC exhibition of Japanese contemporary art in January 2019. [1] In August of that year, when we were about to start discussions ahead of the arrival in Japan of my fellow curator Diego Sileo of PAC, I was engulfed in a rancorous controversy over AT2019, for which I was then Chief Curator and Head of the Curatorial Team. The tumultuous 75-day saga of threats, suspension of several artworks in the exhibition, and its eventual full resumption was instigated by certain politicians [2] and far-right groups, and spread as many anonymous actors, guided by how-to manuals for protest and intimidation disseminated on social media, reacted with outrage to works of art dealing with politically taboo subjects [3] and to showing work with controversial political content in an exhibition receiving public funding. A total of more than 13,000 complaints, including angry and intimidating phone calls, faxes and e-mails including those threatening terrorist attacks, were targeted not only at the organizers but also at neighboring facilities, sponsoring companies, and even schools, day care centers and

1 This is the date of receipt of an official invitation from PAC. The first e-mail bringing up the topic was in August 2018.

2 Nagoya City Mayor Takashi Kawamura, Osaka City Mayor Ichiro Matsui, Osaka Prefectural Governor Hirofumi Yoshimura, Kanagawa Prefectural Governor Yuji Kuroiwa and conservative ruling-party lawmakers. Also, then-Chief Cabinet Secretary Yoshihide Suga and then-Culture Minister Masahiko Shibayama stated their intention to carefully review issuing of grants from the Agency for Cultural Affairs. For details, see: "Timeline of Aichi Triennale 2019 and Closure / Reopening of 'After Freedom of Expression?'," *Aichi Triennale 2019: Taming Y/Our Passion*, exhibition cat., Aichi Triennale Organizing Committee, Mar. 31, 2020, pp.218-260 (The catalogue is J/E bilingual, except for the Timeline pages. The English Timeline is included in a supplemental brochure).

3 The works that particularly became the focus of controversy were Seo-kyung Kim and En-sung Kim's *Statue of Peace* (2011), which memorializes former "comfort women," and Nobuyuki Oura's video work *Holding Perspective (quadruplicate) Part II* (2019), which collages images of Emperor Hirohito (Emperor Showa).

4 See: "Timeline of Aichi Triennale 2019 and Closure / Reopen of "After 'Freedom of Expression?'," *Aichi Triennale 2019: Taming Y/ Our Passion.*

5 See: "Aichi Triennale International Forum," Aichi Arts Center, Oct. 5 and 6, 2019 [https://aichitriennale2010-2019.jp/2019/en/news/2019/004284.html]; Pruden, Vincent. "Aichi Triennale Tests The Limits Of Freedom Of Expression In Japan," *Biennial Foundation,* 15 Nov. 2019 [https://www.biennialfoundation.org/2019/11/aichi-triennale-tests-the-limits-of-freedom-of-expression-in-japan/]; *HOUGAKU Seminar,* vol.65-7, no.786, Nippon Hyoron Sha Co., Ltd., Jul. 1, 2020 (Japanese only).

6 See: Reports by The Aichi Triennale Investigation Committee/The Aichi Triennale Next Step Committee [https://www.pref.aichi.jp/soshiki/bunka/triennale-finalreport.html] (Japanese only).

7 To explain the position of *After 'Freedom of Expression?'* (referred to below as *AFoE?*) within AT2019: *AFoE?* was a small show within a show that was part of the AT2019 International Contemporary Art Exhibition. It was one of all 106 works and projects in AT2019, and in terms of budget, it accounted for 0.3% of the total project cost of 1,241,116 thousand yen (approx. USD 11,230,000) distributed over three years. In terms of area, 0.83% of the International Contemporary Art Exhibition's overall 20,033m^2 is occupied by the project (Referred to *The Aichi Triennale Investigation Committee/The Aichi Triennale Next Step Committee Survey Report* [https://www.pref.aichi.jp/soshiki/bunka/triennale-finalreport.html].) It was planned by a five-person *Freedom of Expression?* Organizing Committee separate from the AT2019 curatorial team. The original *Freedom of Expression?* exhibition was held in 2015 at a small gallery (Gallery Furuto) in Tokyo, with the purpose of showing works that had been refused exhibition at Japanese museums in the past along with an explanation of the reasons. An updated version was held as *AFoE?* at AT2019. This exhibition was under the direct supervision of Daisuke Tsuda, the Artistic Director of AT2019, and the Artistic Director and the *Freedom of Expression?* Organizing Committee discussed and decided on the lineup of works and how they were to be displayed. *Freedom of Expression?* Organizing Committee objected to the AT Organizing Committee's decision to suspend this section of the exhibition, and on September 13, 2019 filed an injunction with the Nagoya District Court calling for its resumption. The two parties settled on September 30, 2019, while the Triennale was still open. Until negotiations on reopening the section began, the AT2019 curatorial team including the author had no curatorial involvement with *AFoE?*

8 See: "Timeline of Aichi Triennale 2019 and Closure / Reopen of "After 'Freedom of Expression?'," *Aichi Triennale 2019: Taming Y/ Our Passion,* p.257 (Oct. 8, 2019 in the Timeline).

9 See: Website of an artist initiative, ReFreedom_Aichi [https://www.refreedomaichi.net/about].

10 Late August 2019, when Diego Sileo visited Nagoya, was a time when vehement protests and threats continued day and night at the Triennale office, there were requests for temporary suspension and partial modification of their works by some artists as a protest against cancellation of the "AFoE?" section, and statements of solidarity were issued [https://aichitriennale2010-2019.jp/2019/en/news/index.html]. The situation was thoroughly politicized and became convenient fodder for the media, which stirred things up further without bothering to verify the facts, and all the employees and staff of the secretariat were physically and mentally exhausted and traumatized. The curatorial team including the author were deeply saddened and angered to see the Triennale, which it had put such efforts into organizing, hijacked by controversy over one small part, and at the same time were groping toward resolution of the situation while engaged day and night in various negotiations with artists. Sileo's understanding, as a fellow curator, of the complexity and delicacy of the situation helped to build a relationship of trust for working together on this exhibition at PAC, and was an important step in the author's recovery from the depths of hopelessness. Here I would like to express my gratitude once more. Following the controversy over AT2019, the Aichi Triennale Organizing Committee was reconfigured and a new organization established on September 8, 2020. Takeo Obayashi, Chairman and Representative Director of Obayashi Corporation and internationally known as a collector of contemporary art, has been appointed as a Chairperson from the private sector. Mami Kataoka (Director, Mori Art Museum / then President, CIMAM) has been selected as Artistic Director of the 5th Triennale, scheduled for 2022.

11 Statements by CIMAM [https://cimam.org/museum-watch/museum-watch-actions/aichi-triennale-re-opened-thanks-to-the-artists-and-curators-efforts/]; AICA International [https://static1.squarespace.com/static/58d3ea4f1e5b6c804e67e48a/t/5e6619c4de69c6177b20730c/1583749572780/AICHI+TRIENNALE_FollowUp.pdf].

12 On September 26, 2019, the day after the AT Organizing Committee announced the resumption of the *AFoE?* section, the Agency for Cultural Affairs suddenly notified Aichi Prefecture that it had decided not to grant the approximately 78 million yen (approx. USD 710,000) that it had pledged to support the Triennale. The main reason given was purported failure to complete application procedures in such a way that clarified safety concerns regarding "*AFoE?* in advance. While Aichi Prefecture did not admit that the advance application was flawed, it acknowledged that the exhibition had not been carried out as planned because not all works could be exhibited continuously for the duration of the Triennale, and reapplied for a reduced grant of 66 million yen (approx. USD 600,000), with the expenses incurred by *AFoE?* deducted, which was received. While this was seen as a partially positive outcome, the fact that the Agency for Cultural Affairs decision to revoke the grant was not actually retracted (rather, a new grant application was "resubmitted" and approved), and that in the end a political bargain was struck without examining the reasons and processes behind the decision to revoke the grant, there are concerns about lingering impact that will have a chilling effect on arts-related activities. Also see: Statement by AICA Japan [http://www.aicajapan.com/en/statement_2020_04b/].

13 As of Jul. 25, 2021.

14 Tomoki Sakuta, "Current Trends in Artistic Freedom in Art Museum: An International Viewpoint," *Cultural Policy Research,* vol. 13, The Japan Association for Cultural Policy Research, May 30, 2020, p.24 (Japanese only). In this specially contributed article, Sakuta presents an overview of the 20 years following the "culture wars" in the United States, and the progression to recent efforts based on changes in the online environment, and then outlines the activities of the NCAC (National Coalition Against Censorship) and resources for the cultural sector and professionals such as *Museum Best Practice for Managing Controversy, A Manual for Art Freedom/A Manual for Art Censorship,* and *Smart Tactics: Curating Difficult Content* (pp.20-35, Japanese only).

15 *Holding Perspective (quadruplicate)* (1982-85) by artist Nobuyuki Oura, a series of 14 prints including a collage of images of Emperor Hirohito (Emperor Showa) produced as a self-portrait, were shown in the exhibition *Toyama Art 86* at the Museum of Modern Art, Toyama in 1986. After the show had already closed, a prefectural assemblyman accused the work of being offensive, which led to protests by far-right groups, and the museum eventually agreed not to exhibit the works, sold them off, and burned the exhibition catalogues. *Holding Perspective (quadruplicate) Part II* (2019), a new short film shown in "After 'Freedom of Expression?'" at AT2019, contains a scene in which the print from the above-described series including a collage of images of Emperor Showa is burned with a torch. This again became a target for protests and threats from politicians, far-right groups, and some members of the public.

16 This group of projects, supplementing the Sekai Toshi Hakurankai (World City Expo), consisted of the art exhibition *Atopic Site* (Aug. 2-Aug. 25, 1996), the revitalization project *On Camp/Off Base* (Aug. 10-Aug. 19, 1996), and the Internet project *TOKYO Art Zone* (Aug. 10-Aug. 19, 1996). Its official title was *GALLERY – Urban Art Project Toward the 21st Century,* the venue was Tokyo Big Sight (Tokyo International Exhibition Center), and it was organized by TOKYO Seaside Festa '96 Art Plaza Organizing Committee. Yukiko Shikata, one of the curators at the time, points to underlying structural problems with a major advertising agency's mediation between the Tokyo Metropolitan Government and the curatorial team. The Organizing Committee was established in April 1996, but jurisdiction over the project was transferred to the Tokyo Metropolitan Government in July just before the opening, and while various problems arose, it remained unclear which body was responsible. (Yukiko Shikata, "Atopic Site," *Bijutsu Techo,* vol.72, vol.72, no. 1081, Apr. 2020, Bijutsu Shuppan-Sha Co., Ltd., pp.100-101 (Japanese only).

17 Hiroki Tsutsui, Tamaki Sugihara (writers), Tomoki Sakuta, Jun Fujimori, Yuji Muto (provision of reference materials), "Hyogen no Jiyu to Kisei no Jikenbo [Case files of Freedom of Expression and Control]," ibid. pp.88-99 (Japanese only).

18 Michel Foucault, *Discipline and Punish: The Birth of the Prison* (translated by Hajime Tamura), Shinchosha, 1977 (original French edition was published in 1975).

nursing homes in Aichi Prefecture, throwing the Triennale offices into total disarray for several weeks. 4 It sparked a debate both in Japan and overseas over whether the temporary closure of that section of the exhibition, based on a decision by the then-Chairperson of the Aichi Triennale Organizing Committee (the Aichi Prefectural Governor) and the Artistic Director, was an unavoidable emergency safety measure or unintentional but de facto censorship, whether it was a matter of constitutional interpretation or a contractual issue, and so forth. 5 The section was reopened right before the end of the Triennale after several highly complex processes – the arrest of the perpetrator of terrorist threats; the judgment by the Aichi Triennale Investigation Committee (Aichi Triennale Next Step Committee) consisting of legal scholars and other experts that this case did not constitute censorship, and the delivery of a proposal for conditional reopening to the Chairperson of the Organizing Committee; 6 an out-of-court settlement between the organizing committee of the exhibit, which filed an injunction with the Nagoya District Court calling for resumption of the exhibit, and the Aichi Triennale Organizing Committee; 7 strengthening of various safety measures and learning programs; 8 the efforts of Japanese and overseas artists and others 9 – and AT2019 was restored to its original form for a short period of time. 10

While this outcome was positively evaluated by international art organizations such as CIMAM (International Committee for Museums and Collections of Modern Art) and AICA (International Association of Art Critics), 11 the incident sowed distrust among the general public who came into contact with contemporary art via "information" from the media and social media without actually visiting the exhibition, and created many problems and aftereffects that continue to impact the Japanese art world and society. Among the most shocking effects, especially for those involved the arts, academic researchers, the legal community, and viewers, was blatant intervention by the national government in the form of a decision by the Agency for Cultural Affairs to withdraw its grant to the Aichi Triennale 2019. 12 Furthermore, in contrast to the Aichi Prefectural Governor (former Chairperson of the Aichi Triennale Organizing Committee), who did not intervene in the exhibition's contents at all and maintained a consistent stance of defending freedom of expression, the Nagoya City Mayor (the former Deputy Chairperson), who demanded removal of the works, declared that the city of Nagoya would not pay the remainder of its share of the Triennale budget, and incited his supporters in a campaign to recall the governor. This "culture war" over censorship and freedom of expression developed into a full-scale political battle between Aichi Prefecture and the prefecture's largest city, Nagoya, and disputes continue today. 13

Arts and Law founder Tomoki Sakuta says of the current situation: "We must recognize that since the Aichi Triennale, as during the American 'culture wars' that raged for about a decade starting in 1989... art has become a 'soft target' easily exploitable as a 'wedge issue,' and it is necessary to take practical measures against future controversies, trolling and demagoguery." 14 Around the same time as the US "culture wars," Japan too saw repeated censorship-related incidents including the 1986 targeting by far-right groups of the *Toyama Art 86* exhibition at the Museum of Modern Art, Toyama 15 and the 1996 intervention in the *Atopic Site* exhibition 16 by police, the Tokyo Metropolitan Government, the advertising agency supervising the exhibition's production and others. Many such cases have occurred since 2000 as well. 17 In addition to the self-regulation and self-censorship, i.e. internalization of controls, that characterize restrictions on freedom of expression in Japan, recent years have seen increasing censorship pressure from the authorities, far-right groups and the public, and this is hardly unrelated to the fact that the Internet has made it easy to spread anonymous accusations and incitements on social media, which disseminates fragments of works cut off from their context. This phenomenon resembles mutual surveillance among residents in a self-enclosed village society, or the Panopticon of Michel Foucault. 18 On the Internet, mechanisms that fan the flames of polarization are propelled by dwellers in filter-bubbles of opinion and information, who have lost broad and relativizing perspectives, and by the authorities and far-right forces who covertly use these tools to put forth biased political ideologies. It is a classic example of how technological advances are not necessarily accompanied by real-world progress and more enlightened mentalities. Online communication, indirectly exchanged without first-hand physical contact and instantly spreading to a vast audience, is a double-edged sword that can empower positive and humane uprisings and campaigns for equality as seen in the Arab Spring, the Umbrella Movement in Hong Kong, MeToo, and Black Lives Matter, while in the visual arts the intentions of artists and works can be decontextualized, distorted and falsified.

I began this essay by discussing the AT2019 case in some depth because the circumstances clearly illustrate the realities of contemporary Japanese art and society, which are at the latest of a series of turning points. Everyone involved in the arts in Japan, whether as practitioners, researchers, or exhibition organizers, will be forced to keep the looming challenge presented by this incident in mind as they pursue future activities. Truth and history are rewritten by combative, knee-jerk exchanges on social media and "post-truth" worldviews that conveniently fit what some want to believe, thereby shaping public opinion, while politicians use the opinions of some members of the public as a defense for intervening in the arts – these phenomena are not unique to Japan, but Japan may be particularly prone to them due to the dark historical and political legacy of the wars of the 20th century and the failure to reckon with them sufficiently thereafter. With the growth of online society from the 2000s onward, there has been a palpable acceleration of nationalism and racism. After the era of Taisho Democracy [19] (1912-1926), Japan's early-20th-century embrace of democratic ideals was disrupted by war and went into retreat. In this sense, Japan may not be a fully modernized nation. On the other hand, Giorgio Agamben reflected on Western democracy as follows:

> If today we witness the overwhelming domination of the government and the economy over a popular sovereignty that has been progressively emptied of any sense, it may be that Western democracies are paying the price for a philosophical legacy they have assumed without reservations. The misunderstanding that consists in conceiving of government as a simple executive power is one of the errors most fraught with consequences in the history of Western politics. It succeeded in ensuring that the political reflection of modernity got lost behind empty abstractions like the Law, the general will and popular sovereignty, while leaving without response the problem which is from every point of view decisive: that of government and its articulation with the sovereign. [20]

Japan, where postwar democracy was instituted from the top down with the establishment of the Constitution of Japan, drafted in 1946 and adopted in 1947, without speculation on the fate of Western democracy and without a process of public debate and incorporation of public opinion, remains in a persistent state of apathy toward government and the hegemony of government and ruling interests. In particular, since the launch of the first Shinzo Abe cabinet in 2006 there have been countless cases of the administration in power taking overt steps to further cement this hegemony, which just in recent years have included concealment, falsification and destruction of public documents, privatization of public events, suspected revision of the law to extend the retirement age of the Director of Public Prosecutions without legal grounds, and false statements made in the National Diet. Amid public apathy toward (or approval of) this state of affairs, as indicated by declining voter turnout, an exhibit that foregrounded a political agenda to a greater extent than the art itself had the effect of opening up a Pandora's box. According to Keigo Komamura, Professor of Constitutional Law at Keio University, "It seems there are some theoretical grounds for distinguishing between art and political propaganda... the issue is not the artistic essence of this work, but the context that surrounds it... When art becomes political propaganda, it is because it is placed in a political context. Also, because there are those who deliberately endeavor to place it in a political context." [21] The problems that burst forth from the box – deliberate erasure of the history of war crimes perpetrated by Japan in the Asia-Pacific region (historical revisionism); the failure of the only nominally "democratic" postwar regime; the baleful effects of the echo chamber of online opinion; ignorance and misunderstanding of freedom of expression and the arm's length principle (of independence and equality of parties in a transaction) – cannot no longer be swept under the rug in an attempt to move blindly forward. Ability to confront taboos and manage crises has joined the list of prerequisites for practicing contemporary art in Japan, a nation that continues to bear negative historical baggage, and we need to make a fresh

19 A collective term for democratic and liberal trends and movements that emerged prominently in politics, society and culture during the Taisho Era (1912-1926), in reaction to the bureaucratic government in place since the Meiji Era (1868-1912). Against the backdrop of the advance of global democracy and the Russian Revolution, various movements reached new heights, including the labor movement, socialist movement, and movements to protect the Constitution and institute universal male suffrage.

20 Giorgio Agamben "Minshushugi Gainen ni kansuru Kantogen [Introductory Note on the Concepts of Democracy]" (translated by Yusuke Ota), *Minshushugi ha Ima? Dans Quel État?*, Ibunsha, 2011, p.14 (Japanese only). As no English translation is currently available, the text was translated from the Japanese translation of the original French.

start in clear cognizance of this fact. This exhibition presents Japanese contemporary art in Milan and shines light back from Milan to Japan, and endeavors to reclaim the curatorial practice of placing art in an artistic context, in what could be called a performance of resilience in aesthetics.

Against this backdrop, the initial motivation for curating this exhibition was to present a theoretical lineage of contemporary art practice that takes physicality as a starting point, referencing Japanese postwar avant-garde art, and to restore the importance of physical experience to an art exhibition. Among the implications was objection to dissemination of representations lacking physicality and context, which denies artists' existence as the possessors of bodies and undermines the integration of artworks as physical objects into their curation, degrading everything into mere superficial information. For this reason I invited artists whose practice involves their own bodies or those of others, including elements of performance, or who explore physical dynamics of matter and existential philosophical issues, with the goal of having viewers experience the works, each of which is open to various interpretations, in the context of "resistance and resilience in Japanese contemporary art." With that in mind, an exhibition title I proposed affirms "the expressive body / the living body," and which suggests both a political stance of refusal to be dominated and the properties of "resistance and elasticity" in physics. By uniting these ambiguous terms, I aimed to set the course for an exhibition that grapples head on with the question of how we will live in the future, from the perspectives of both the practice of art, as a physical reaction that resists, intervenes in, and energizes the actualities of societies and spaces, and dynamics of the natural environment such as gravity, elasticity, friction, and tension.

However, the world was turned upside down in February and March 2020, and it was as if an unforeseen new reality had caught up with and moved ahead of the exhibition's concept. This reality, which persists to this day, has had the effect of prolonging our exploration of life and physicality.

Over three months from April through June 2020 the Japanese government adopted a policy of requesting citizens to voluntarily refrain from various activities, and this was smoothly accepted by a populace that tends to internalize processes of self-restraint and to have a collectivist mentality. Terms used in the specific context of the debate over safety and censorship discussed earlier – "solidarity," "temporary suspension" (or "pause"), "reopening," "measures for the safety of staff and customers" and so forth – were on people's lips again day after day, with completely different implications, and I experienced a sense of cognitive dissonance as if reliving the trauma of the year before in a different dimension. The difficulties and dilemmas of closing and reopening were now ones that everyone was forced to face. In the midst of a pandemic, there was something extremely ironic about organizing an exhibition of artists from a single nation, whose borders are artificially drawn, and about the fact that it was not art but the pandemic that generated feelings of globalism and a connected world. At the same time, there was a widespread premonition that globalism propelled by the capitalist economy was on its last legs, and people around the world reflected on the weaknesses of the infrastructure (health care, social safety nets, political and economic systems, culture) sustaining societies in their own countries and regions. We all had no choice but to grow accustomed to new ways of living and working. The underlying causes of the pandemic lie in human civilization, as evidenced by temporary improvements in the polluted environments of locked-down areas. With this global-scale "grand pause," the time has come for us to move away from short-sighted self-interest and anthropocentrism, stand in awe of the purifying power of nature, and renew our appreciation of the primal processes of life. Also, the rapid shift to online culture has heightened many people's desire for tangible experience. Under these circumstances, the practices of the artists in this exhibition – who

21 Keigo Komamura, "Kenpo Mondai toshite no Geijutsu [Arts as the issues of Constitution]," *Hougaku Seminar*, vol.65-7, no.786, Nippon Hyoron sha Co., Ltd., Jul. 1, 2020, p.16 (Japanese only). The former Artistic Director of AT2019, journalist and media activist Daisuke Tsuda, apologized at a press conference announcing suspension of the *AFoE?* section, saying "I feel that my journalistic ego was part of what created this situation." There were many complicated factors in the case, including the governance of the organization, and it is generally agreed that one individual should not bear all the blame. However, this statement shows that the former Artistic Director was aware that the political context was given greater weight than consideration of the artistic context of each work, and the political nature of the project was prioritized. This became one of the factors in the project's political contextualization and lack of debate about the artistic qualities and values of the works. It should be noted that opinions are divided over the exhibit and its foregrounding of politics to a greater extent than art or aesthetics. ("NEWS," *Bijutsu Techo* (web ver.) Aug. 3, 2019 [https://bijutsutecho.com/magazine/news/headline/20283]; *HUFFPOST*, Aug. 3, 2019 [https://www.huffingtonpost.jp/entry/tsuda-art_jp_5d455808e4b0aca3411e3f5f]) (both Japanese only).

have always faced the present era, society, the environment, and themselves through their work, and continue to explore fundamental themes of life and expression – have become even richer in their implications.

Needless to say, when artists take on a subject they have any number of different motivations and approaches, and it is from these highly personal vantage points that the "affirmative critical transregionality" advocated by Nancy Adajania and Ranjit Hoskote is cultivated. 22 Highly personal vantage points transcend the nationalistic frameworks of political borders and ethnicities fostered by the state. To state it plainly, while recognizing the possibility of art focused on utility for the purposes of transformational social activism, it is not the goal of the artists in this exhibition to bear the burden of changing the world and society. In the process of pursuing their artistic practices from their own highly personal perspectives, they reveal the essences of things and phenomena, social norms, and deceptions, and this in turn shocks people and encourages them to open their eyes. In terms of the discussion of art's utility or non-utility, these artists can be said to engage in what Immanuel Kant called "purposiveness without an objective." 23 The three elements of the living body, artistic practice, and the political are essentially inseparable, as asserted in Barbara Kruger's *Untitled (Your body is a battleground)* (1989), Wolfgang Tillmans's *Your Body is Yours*, 24 and *Body is not Antibody* 25 by Kota Takeuchi, representative of Finger Pointing Worker (featured in this exhibition). Here I would like to affirm this fundamental premise.

As the pandemic continues to highlight the limitations of national frameworks, the artists in this exhibition explore the truths of expression and existence, life and nature; cast doubt on principles by which things are generated; and regard Japan from a cool perspective, with a mixture of love and loathing. Even if they have roots in Japan and strong ties to local regions, they do not speak on behalf of the state, but rather constitute a diaspora that strives to construct social, political, and cultural minorities or identities in Japan. While this exhibition focuses on art of the 2000s, I considered

22 Adajania, Nancy and Hoskote, Ranjit, "Notes Towards A Lexicon of Urgencies," *Independent Curators International RESEARCH*, Oct. 1, 2010. [https://curatorsintl.org/research/notes-towards-a-lexicon-of-urgencies].

23 Immanuel Kant, *Critique of Judgment* (new format edition, translated by Yoshiaki Utsunomiya), Ibunsha, 2004.

24 The exhibition title of a comprehensive solo show of Wolfgang Tillmans, *Your Body is Yours*, at the National Museum of Art, Osaka from Jul. 27, 2015 to Sept. 23, 2015. [http://www.nmao.go.jp/en/exhibition/2015/wolfgang_tillmans_your_body_is_yours.html]; [https://www.youtube.com/watch?v=_8jyLtFptNc].

25 The exhibition title of a solo show of Kota Takeuchi, *Body is not Antibody*, at snow contemporary, Tokyo from Jul. 18, 2020 to Aug. 15, 2020 [http://www.snowcontemporary.com/en/exhibition/202007.html].

26 A term said to have been proposed by Atsushi Miyagawa in 1963 and Ichiro Haryū in 1968: "The art historian Reiko Tomii employed it to historicize the globalization of art in the 1960s and 1970s, and it became a core concept in considering the globalization of contemporary art." (Referred to Ming Tiampo, *GUTAI: Shuen kara no Chosen* (Japanese translation by Yukiko Fujii, translation supervised by Reiko Tomii), Sangensha Publishers Inc., Nov. 30, 2016, p.31, footnote [21] in p.217. The original *Gutai: Decentering Modernism* was published in 2010 by The University of Chicago. Japanese edition published by arrangement through The Sakai Agency.)

27 Groys, Boris. "Trump's America: Playing the Victim," *e-flux journal*, #84, Sept. 2017 [https://www.e-flux.com/journal/84/150668/trump-s-america-playing-the-victim/].

28 Atsuo Yamamoto, "Yoshihara Jiro to Gutai [Jiro Yoshihara and Gutai]," *Jiro Yoshihara*, Ashiya City Museum of Art & History, 1992, p.192 (Japanese only). (The article was first appeared in *The Kobe Shimbun*, Jul. 9, 1967, p.8.)

29 Yamamoto, ibid.: "Early Gutai was the era of action and performance from 1954 to 1958, the middle period was that of painting from 1958 to 1965, and the late period was the era, from 1965 to 1972, when forms of cool abstraction such as kinetic art and optical art were introduced." In another variation, because the exhibition *Gutai: Splendid Playground* at the Solomon R. Guggenheim Museum in 2013 was based on Ming Tiampo's monograph *GUTAI: Decentering Modernism* (2010) and focused on Gutai as a group revolving around Jiro Yoshihara, the foundation of Gutai Pinacotheca in 1962 was seen as a turning point, and the history of Gutai is divided into a first stage (1945-1962) and a second stage (1962-1972). (See: Ming Tiampo, "Nihon-go ban no tame no Atogaki [Afterword for the Japanese edition]," *GUTAI: Shuen kara no Chosen*, p.201.) Also, on the occasion of the Gutai retrospective marking the 50th anniversary of the group's establishment, Shoichi Hirai remarked on the importance of re-examining late Gutai, which had been excluded from the retrospective, and treating it on an equal footing with the early and middle periods. (See: Shoichi Hirai, "Gakugeiin no Shiten: on the Retrospective Exhibition of *Gutai*, *QUARTERLY REPORT ART RAMBLE*, vol. 2, Hyogo Prefectural Museum of Art, Mar. 20, 2004, pp.2-3 [Japanese only.])

30 Shoichi Hirai "*Gutai*-A Utopia of the Modern Spirit" (translated by Christopher Stephens), *Gutai: The Spirit of an Era*, The National Art Center, Tokyo, 2012, pp.12-14 (J)/245-247 (E).

31 Atsuo Yamamoto, "GUTAI 1954-1972" (translated by Simon Scanes and Keiko Shiraha), *GUTAI I/II/III*, Ashiya City Museum of Art & History, 1994, p.23 (J)/p.42 (E).

32 Yamamoto, "Yoshihara Jiro to Gutai [Jiro Yoshihara and Gutai]," p.191 (Japanese only): "Atsuko Tanaka was producing fabric works... Shiraga was already experimenting with painting with his feet."

important for it to cover ground extending from a segment of older postwar art, which deconstructed social norms and Western-centered modernism, to art of the present day, and to show how artists' practices have crossed lines drawn by political and artistic systems. I hope that viewers will appreciate these practices as physical experiences, and that solidarity across regions and eras will be built at the intersection of the lineage of "International Contemporaneity" [26] and commonality.

However, I should note here that the solidarity I hope for is not assigned a mission or idealized. It is by no means monolithically organized, but arises organically from the actions of diverse individuals with highly personal perspectives sharing a common purpose. "Solidarity" as a word is often romanticized, but in practice it is often the result of urgent need and takes on distorted forms. The lineage of life and physicality presented in this exhibition only represents one arc of speculative possibility. As a matrix from which it was derived, the ecosystem of art as a whole may be much larger and richer than any individual practice, unbounded by national borders, variable in form and even deformed. In this it resembles the natural ecosystem. Then again, the observation by Boris Groys that the thinking of right-wing political parties is eco-systemic in nature stands as a warning against purpose-driven desire to organize a particular ecosystem. Groys made this point in the context of the intimate connection between genealogy (the study of lineage) and the ecosystem, as the (re)production of a human body with certain identity traits requires the sustainability of a particular biotope that will foster it. New right-wing parties seek to expand their eco-systemic interests and organize their biotopes, and are concerned with the effects of global cultural markets and expansion of tourism. In this sense, Groys states, new right-wing parties can coexist perfectly well with neo-liberal globalization. [27] Since the formation of the Liberal Democratic Party in 1955, postwar Japan has long been under the governance of the party's self-reproducing ecosystem, except for short periods in 1993-1994 and 2009-2012. Groys's point is intriguing but also alarming, because it applies to present-day Japan as well.

2. Gutai (established in 1954), which serves as the starting point of the provisional lineage put forward by this exhibition, was an internationally active multimedia group based in the Kansai region (founded in Ashiya, Hyogo), and in the ecosystem of postwar Japanese art, it was an innovative force comparable to Jikken-kobo (Experimental Workshop), established in Tokyo around the same time, and Fluxus, active in various parts of Europe and the United States. Gutai founder Jiro Yoshihara called on members to pursue uncompromising originality, "not copying others, and making something that had never been made before," [28] and it is significant that Gutai did not attempt to organize a specific artistic ecosystem. In fact, in the course of Gutai's activities, which continued until 1972 when the group was disbanded due to Yoshihara's death, and are roughly divided into three phases, [29] many artists from Japan and abroad participated and interacted through activities that continuously evolved in a direction diametrically opposed to replication of Yoshihara's identity. Notably, as Shoichi Hirai has stated, the motto Yoshihara set forth for Gutai "seems to have assumed special significance in the revitalization of the modern spirit that was prohibited during the war," and became "a kind of social movement... with ramifications that extend far beyond the scope of art." [30] Meanwhile, Atsuo Yamamoto commented:

> If we read for the word "brush" – which they abandoned – the word "system," we should not ignore the fact that these trends of a global scale occurred against a common backdrop - the Post-World War Age. Consciously or unconsciously, they took firmly into account the event which had revealed the ugliest aspects of civilizations and systems established by human beings. In this sense, the formerly mentioned criticisms of Gutai – lack of social sense or understanding of the spirit of the age – prove to be extremely one-sided. Quite the opposite, we can say that Gutai was racing ahead of its time. [31]

I believe that now is the time for Gutai's mission to revive the spirit of modernity, which had been derailed by the "grand pause" of the 20th century's great wars, and to be revisited by 21st-century practitioners of Japanese contemporary art, who live in a still-undeveloped democracy and still bear the burden of past wars.

In particular, this exhibition features the early- to middle-period Gutai works of Kazuo Shiraga and Atsuko Tanaka, who were at opposite ends of the spectrum in terms of the body's involvement with their works, i.e. their relation to physicality and materiality. Both Shiraga and Tanaka had established their own styles as members of the avant-garde artists' collective Zero-kai (formed in 1952), i.e. before joining Gutai, but each continued to develop stylistically after joining. [32] Until his final years,

Shiraga engineered visceral collisions between the body and paint with his "foot paintings," which he executed by hanging from a rope and sliding across paint-laden canvases on the floor. The roots of this practice lie in *Challenge the Mud* (1955), a performance/painting in which Shiraga plunged his entire body into a pile of mud and writhed in it to make a painting, rather than using a paintbrush that separated him from the canvas and created barriers between self as subject and painting as object. Yamamoto describes the work as "a spatial memory of the body, ultimately a proof of his own existence. Here, the acts of 'living' and 'expressing' draw closer than ever before and almost become one." [33] Yamamoto analyzes Shiraga's reasons for reversion to the format of painting, calling this work "the ultimate solution, meaning that in principle it is impossible to develop further."[34]

By contrast, in Mizuho Kato's words, "Her [Atsuko Tanaka's] work is distinct from the action painting of Gutai," [35] in that she was interested not in the body as an emotional dynamo but in "the visual surface of a body which alters minute by minute." [36] That is, while Shiraga testified to the existence of the artist and his body through the materiality of the work, in Tanaka's works such as *Electric Dress*, an image of the body that constantly changes due to the blinking of light bulbs, "the characteristics of the material are diminished, if not eliminated... through the importance given to process and the work's relationship to the body." [37] Tanaka described all her works, including her early pre-Gutai output and the planar works that came after *Electric Dress*, as "paintings," [38] and she brought audiovisual experience to a metaphysical level by framing everything from numbers and fabric seams to spaces containing sound in motion and the surface of the body, at first glance seemingly distancing materiality from the body. However, Kato says of *Work (Bell)* (1955): "Tanaka's pursuit of an art form that ensures the artist herself to be clearly aware of each individual and specific physical body in the here and now, and to perceive the relationship with the body through visual perception has been made all the more keen in *Bell*, representing the key element behind Tanaka's description of her works as paintings." [39] For this reason, viewers of her works experience dynamic movements such as transformations and transitions, perceived through the eyes, inside their own bodies, and feel the circulation of energy. In Yuko Hasegawa's description, "The light bulbs that were joined together and assembled into the work represented the 'border' of Tanaka's life... Tanaka's early work featured transformation and movement, after which there was shift towards work that was two-dimensional and static, in which movement and inspiration were captured. The fluttering cloth, the ringing of the bells and the blinking lights all represent 'the tableaux of life.'" [40] I should emphasize that the two-dimensional works in this exhibition emerged from an exploration of how to represent *Electric Dress* on a flat surface, and "they are not studies executed for *Electric Dress*, but are paintings based on *Electric Dress*." [41]

Here, conception of the nature of painting emerges as a common point linking Shiraga and Tanaka. In early Gutai works prior to the 1957 event *Gutai Art Using the Stage*, which presented processes in and of themselves, "action was always memorialized in material, and the action itself did not become independent as in the later Happenings," [42] but photographs of the production process and moments of action took on a life of their own, and the actions were misinterpreted as works in their own right, giving rise to an image of Gutai artists as pioneers of performance art. [43] However, in reality what the early Gutai artists sought to do was dismantle and extend elements and concepts related to the generation of paintings, such as action and spatiality, and re-examine paintings' process of formation. As illustrated by the commonality between Shiraga and Tanaka, this point which Yamamoto makes is an important one. [44] On the other hand, it has also been observed that Gutai's endeavor to redefine painting was radical in the context of American art at the time, in that "Gutai works at open-air exhibitions were painting in space, and the works performed on stage were painting in time," and that "it was not possible to see the Gutai actions as connected with painting, and as a challenge to the limits of painting, that is, as visual rather than performing arts." [45] Eventually Gutai evolved, adapting to the changing times and environment and technological advances, which led to the pursuit of formalization and reinforcement of painting in middle-period Gutai, and to the interactive environmental works of light art and kinetic art in late Gutai.

In a comparison with Yayoi Kusama, Hasegawa sees Tanaka's repeating circles as metaphorically, systematically depicted relationships that prophesy the advent of a networked society, [46] and Jonathan Watkins compares Tanaka's *Calendar* (1954) with On Kawara's date paintings, observing that "the two artists have shared the formative influence of existentialism, betrayed by a constant resort to repetition, various responses to the idea of delimitation or boundaries and, above, all, an insistence on their continued survival." 47 Early Gutai works such as Shiraga's *Challenge the Mud* are seen to "function as a tabula rasa in the wake of Japan's military defeat, and represent contemporary art young people's inner desire to reexamine their own being on a physical level," 48 and it is understood that the influence of existentialism on Gutai was forged amid a zeitgeist of universal threat to humanity's survival. 49

Yoko Ono returned to Japan from the United States for the first time in 10 years in spring 1962. Over the approximately two and a half years of her stay in Japan Ono staged some of her best-known events, including *Instructions for Paintings* in "Works of Yoko Ono" at the Sogetsu Art Center in Tokyo (May 24, 1962), *Cut Piece* (1964) in Kyoto and Tokyo, and published *Grapefruit* (1964), establishing her own direction as a conceptual artist while promoting exchange between Fluxus in North America, Europe and Tokyo-based artists such as the members of Hi-Red Center. 50 It is evident that aside from Gutai in Kansai, postwar avant-garde art movements were operating on multiple circuits within the ecosystem of Japanese art in the late 1950s throughout the 1960s. 51 Here, I would like to focus on the fact that both Ono and members of Gutai made the concept of "painting" the basis for expansion of their artistic thinking, regardless of differences in their artistic direction or area of activity. According to Midori Matsui, the "fiction" or conceptual reality that summarizes Ono's artistic approach is an active mechanism that defamiliarizes reality in order to shatter fixed thought patterns. 52

Ono's conceptual painting frames dismantle traditional painting conventions in a different manner than Gutai, while she also worked with words and actions. In particular, I would like to draw a comparison with Atsuko Tanaka's use of "borders" mentioned above, which produce "paintings" that elevate audiovisual experience to a metaphysical level and capture the relation of the sense of sight to the body. In Tanaka's case, viewers sense dynamic movements within their bodies and "physically experience vision." Ono, on the other hand, incorporated devices such as a stage that fictionalized everyday life. It is intriguing that while they employed different strategies to elevate reality to the metaphysical realm, both artists, whose

33 Yamamoto, ibid., "*Challenging Mud* and the Structure of the Early Gutai Works: By Way of a Comparison between Art Brut and the Dobiten," *Bulletin of the Hyogo Prefectural Museum of Art*, no.8, Hyogo Prefectural Museum of Art, 2014, pp.21-22 (Japanese only. English abstract available).

34 Ibid.

35 Mizuho Kato, "Searching for a boundary" (translated by Simon Scanes and Keiko Shiraha, edited by Ming Tiampo), *Atsuko Tanaka: Searching for an Unknown Aesthetic, 1954-2000*, Atsuko Tanaka Exhibition Organizing Committee/Ashiya City Museum of Art & History/ Shizuoka Prefectural Museum of Art, 2001, p.13 (J)/p.24 (E).

36 Ibid., p.8 (J)/p.18 (E).

37 Ibid.

38 See: Mizuho Kato, "Atsuko Tanaka's 'paintings', as seen through *Work (Bell)*" (translated by Tetsuo Kinoshita, Sachiko Namba, and Fontaine Limited), *Atsuko Tanaka: The Art of Connecting*, organized by Ikon Gallery/Espai d'art contemporani de Castelló (EACC)/Museum of Contemporary Art, Tokyo (MOT)/the Japan Foundation, distributed by Cornerhouse Publications, 2011, p.51, footnote 2 in p.58 (J)/p.39, footnote 2 in p.47.

39 Ibid., p.57 (J)/p.47 (E).

40 Yuko Hasegawa, "Network Paintings. Prophecies of the Present" (translated by Tetsuo Kinoshita, Sachiko Namba, and Fontaine Limited), ibid., p.24 (J)/p.14 (E).

41 Kato, "Atsuko Tanaka's 'paintings', as seen through *Work (Bell)*," p.52, footnote 4 in p.58 (J)/p.40, footnote 4 in p.47 (E).

42 Shinichiro Ozaki, "Jiro Yoshihara and Sho [Jiro Yoshihara and Calligraphy]," *Jiro Yoshihara*, Ashiya City Museum of Art & History, 1992, p.181 (Japanese only).

43 See: Hirai, "*Gutai*-A Utopia of the Modern Spirit," pp.11-12 (J)/pp.244-245 (E).

44 See: Yamamoto, "GUTAI 1954-1972," p.12 (J)/p.33 (E).

45 Ming Tiampo, *GUTAI: Shuen kara no Chosen*, p.75, footnotes [20],[24] in p.75 (Japanese only). 38

46 See: Hasegawa, "Network Paintings: Prophecies of the Present," p. 26 (J)/p.16 (E).

47 Jonathan Watkins, "Broader Horizons," *Atsuko Tanaka: The Art of Connecting*, p.155 (J)/p.144 (E).

48 Hirai, "*Gutai*-A Utopia of the Modern Spirit," p.13 (J)/p.246 (E).

49 Viewed in this global context, while Gutai presaged developments in art in Europe and the United States as one of the manifestations of International Contemporaneity arising in various regions, until its reappraisal in the 1980s it was marginalized by Western-centric discourse on modernism and has been misunderstood as behind the times and imitative. In response to the dilemma presented by modernism evolving across various regions while the narrative is "centered" in one region, in *GUTAI: Decentering Modernism* Ming Tiampo proposes the concept of "post-cultural mercantilism," which is the cultural-exchange equivalent of unequal economic policies (p.29 in the Japanese edition, *GUTAI: Shuen kara no Chosen*), and building on a thorough examination of the dual structure of cultural imperialism and standards of originality (ibid., pp.41-42), carried out the highly groundbreaking work of decentralizing concepts of modernist history and originality through Gutai and proposing a vocabulary to describe the history of transnational modernism.

50 See: Naoko Seki, "Postcard-Sharing a Piece of Time" (translated by Reiko Tomii), *Yoko Ono: From My Window*, Museum of Contemporary Art, Tokyo, 2015, pp.22, 208-209 (J)/pp.23, 218 (E).

51 Other avant-garde groups of the time included Kyushu-ha (the Kyushu School) (1957-1968), Neo Dadaism Organizers (1960), Zero Jigen/Zero Dimension (1960s -1972), Group Ongaku (early 1960s), and Jikan-ha/Timism (1962-1966).

52 Midori Matsui, "Frames, Doors, Invisible Flower: Immanence and Transcendence of Yoko Ono's Imagination" (translated by Midori Matsui), *Yoko Ono: From My Window*, pp.227-228 (J)/pp.236-237 (E).

work relies on the physical involvement of the viewer, were inspired by the concept of painting and continued to adhere to it while in effect deconstructing painting.

Another artist in this exhibition who was active contemporaneously with Gutai and Ono is Saburo Muraoka, known as a "sculptor of iron." Muraoka experienced both the prewar and postwar eras, and consistently questioned concepts of Japanese nationalism and distinct ethnic tradition. This was due to the way these systems force the reality of individual aesthetic sensibilities into a one-size-fits-all "tradition," stripping away uniqueness and transforming it into a symbolic abstraction. Strengthening of Japan's traditionalist cultural character, as well as the systematization of an ethnocentric historical narrative, occurred during the Meiji Era (1868-1912) when the imperial system was established in its current form. These were fused with fanatical nationalism during the prewar period, forming a symbolic aesthetics that was also a spiritual identity for people of the time. Based on his own wartime experiences, Muraoka feared that emphasis on distinctive ethnic qualities would encourage reversion to pre-modern nationalism. 53 To safeguard individual sensibility and intuition as a central pillar of his artistic practice, he worked exclusively with science and technology as a means of expression, leaving no scope for collective, emotionally tinged customs and institutions to intervene. I described Muraoka above as a "sculptor of iron," but he could more accurately be termed a "sculptor of heat." Throughout his artistic career, Muraoka worked with quantum-mechanical concepts such as heat, vibration, and kinetic energy to sculpt materials such as iron, salt, sulfur, and oxygen in ways that dealt with "existential notions regarding [his] own life and death." 54 Thus when Muraoka shaped iron, it had to be through application of heat. To create a work in which life and matter, life and death meet through heat, which is proof of life, was for Muraoka an intellectual proof of existence. *Body Temperature* (2010), featured in this exhibition, is rooted in *Transmitted Heat (Body Temperature)* (1997), a work that conducts heat equivalent to the artist's body temperature taken daily, and the later work represents a transition from "proof of life" to a "vestige of life / memory device," and from an existentialist work to a conceptual work. With the concept modified so as to maintain the consistent body temperature of 36.7 degrees (taken July 16, 2010) and transmit it when a copper column is touched, the work continues to present the idea of heat as a condition for life in this exhibition, where it is shown for the first time since Muraoka's death. Muraoka was active in the same region, Kansai, and at the same time as Gutai. As a rigorously individual artist, Muraoka took a completely different trajectory and did not intersect with Gutai, but *Transmitted Heat (Body Temperature)* and *Body Temperature* are reminiscent of On Kawara's

53 See: Saburo Muraoka [untitled] (From the letter in reply to Monica M. Bock August 1993, 1993) (translated by James Roberts, Sumiko Roberts), *Oxygen Saburo Muraoka,* Kenji Taki Gallery, pp.9-11 (J)/pp.5-7(E).

54 Toru Matsumoto, "Saburo Muraoka 1983-1997–Salt/Heat/Oxygen" (translated by Kikuko Ogawa), *Saburo Muraoka,* The National Museum of Modern Art, Tokyo, p.12 (J)/p.20 (E).

55 Chiharu Shiota, "A Conversation with Shiota Chiharu" (interviewed by Andrea Jahn. A revised version of "An Interview with Chiharu Shiota" by Andrea Jahn [Bielefeld: Kerber Verlag, 2016], supplemented by an additional interview from March 2019.), *Chiharu: The Soul Trembles,* edited by Mori Art Museum, published by Bijutsu Shuppan-Sha Co., Ltd., Aug. 1, 2019, p.218(J) /p.232 (E); Also referred to the following comment by Chiharu Shiota quoted by Mami Kataoka, "Probing the Origin of Death/Life: The Cosmic View of Shiota Chiharu" (translated by Darryl Jingwen Wee) ibid., p.13 (J)/p.26 (E): in 2005, when she actually fell ill with cancer and was forced to confront death directly, her consciousness of what lies beyond the demise that is death expanded as a result. "I came to think that living and dying really belong to the same dimension," she says (from an email conversation with Kataoka, Feb. 2019).

56 Ibid., p.211 (J)/p.225 (E).

57 Other examples include Rebecca Horn and Ana Mendieta (See: Kataoka, "Probing the Origin of Death/Life: The Cosmic View of Shiota Chiharu," pp.15-17 (J)/pp.27-30 (E).) Jahn remarks that her work is reminiscent of first-generation performance artists such as Hannah Wilke, Gina Pane, and Valie Export (See: Jahn "A Conversation with Shiota Chiharu," p.211(J)/p.225 (E).

58 See: Kanji Ishitani, "Trauma Kioku ga Isou sareru Botai no Umi e [Towards the sea of matrix where traumatic memory is transferred]," *Bijutsu Techo,* vol.71, no.1077, Bijutsu Shuppan-Sha Co., Ltd., Aug. 2019, pp.104-111 (Japanese only).

59 Jahn, "A Conversation with Shiota Chiharu," p.211(J)/p.225 (E).

60 Ibid., p.215 (J)/p.229 (E).

61 See: Kato, "Searching for a boundary," pp.6-13 (J)/pp.15-25 (E).

62 See: Kataoka, "Probing the Origin of Death/Life: The Cosmic View of Shiota Chiharu," p.13 (J)/p.25 (E); Shiota, "A Conversation with Shiota Chiharu," p.213 (J)/p.227 (E).

63 A comment by Shiota, ibid., p.15 (J)/p.27 (E).

date paintings, and to invoke the observations of Watkins mentioned earlier, connect in the conceptual hierarchy of this exhibition to the similarly date-themed calendar paintings of Atsuko Tanaka.

It goes without saying that the above is only a fragment of avant-garde art in postwar Japan, and I ask the reader to imagine this art as a lush tree with branches and leaves that grow in as many ways as there are artists. Below, I will describe the mutual relationships of this eco-system with other artists in this exhibition and their practices.

3. To Chiharu Shiota, life and death are one, and living is a form of expression. "Death is part of my work, and I see it more as a new beginning, not an end. It belongs to the cycle of life as a new state of being. It is like moving to a bigger universe." 55 After giving up painting due to inability to find a sense of integration and connection to her own life during her university years, Shiota immersed herself in enamel paint to produce *Becoming Painting* (1994) as "an act of liberation," 56 and in the subsequent early performance and video works *Try and Go Home* (1997) and *Bathroom* (1999) she made her own body into an object. While it is important to discuss the practice of Shiota, who was influenced by female artists such as Magdalena Abakanowicz and Marina Abramović, 57 in terms of the history of feminist art, 58 Andrea Jahn described differences from the aforementioned female artists: she "escaped sexualizing projections from the outside, since you yourself describe the surface of your body or make it become part of your installation... your body vanished completely from the scene when you started replacing it by personal objects." 59 By inviting the viewer into the space of the work, Shiota's installations employing thread became "sculptural and performance-like at the same time." 60

This exhibition looks at Shiota's practice not from the perspective of bodily expression as a female artist's act of resistance to biased institutions and violence, but in terms of her place in a lineage of artists - Muraoka, who worked sculpturally with presence and basic life processes as proof of his own existence, and who Shiota studied with at Kyoto Seika University; Shiraga, who immersed himself physically in painting in search of a sense of unity with it; and Tanaka, who was concerned with the visible surface of bodies in which movement occurs. In particular, Tanaka's *Electric Dress* can be interpreted as symbolizing generation of a dynamic identity framed in relation to the world. 61 As she has repeatedly expressed, in *After That* (1999), *Bathroom*, *Memory of Skin* (both 2001), *Reflection of Space and Time* (2018), and the new work *Empty Body* (2022) featured in this exhibition, for Shiota the dress as a "second skin" is also a "memory of skin" embodying an identity that cannot be washed away, as well as a hollowed-out "absent body." 62 It is possible to project our shared physical and psychological condition of being trapped and unable to move during the pandemic onto the dresses suspended in *Empty Body*, a work with aspects of memory of the nightmare of the present. At the same time, the entrapped dresses suggest a temporary condition, and encourage us to imagine that one day body and soul will be free. In Shiota's words, "Physics typically denies the existence of the soul, but in coming to terms with my own death, I felt that the soul does exist. If the human body is made up entirely of atoms, then they ought not to disappear even if a human being is burned in a crematorium... The atoms that created us scatter in the smoke and always continue to exist on this earth." 63 If the physicality of the body that we perceive is a temporary state of the atoms in it, the dress can be seen as a shell left after the atoms making up the soul trapped in the body are released. *Empty Body* presents the abyss of life and death and the ambiguity of hope as we live through times of hardship. In their stunning multimedia works, the collective Dumb Type heightens the viewer's physical sensations and awakens a sense of personal engagement with how our living bodies are unconsciously intertwined with politics, social norms, and stereotypes. Deliberately describing themselves as "dumb," they investigate fundamental conditions for human beings to live equally through pieces that do not rely on traditional theatrical dialogue and narratives, and employ video, sound, bodies, short texts resembling keywords, graphics, and architectural (stage and spatial) composition. In the *S/N* project (1992-1994) in particular, the members personally confront issues related to race, nationality, gender, sexuality, minority, and HIV/AIDS. Included in this exhibition, *LOVE / SEX / DEATH / MONEY / LIFE* (2018) is a new computer-processed version of video footage projected during the performance of *S/N* (1994 premiere). In consistently critiquing sociopolitical structures shaped by majority opinion with the cause of "public good" as a shield, and the hierarchies and prejudices generated by historical legacies, Dumb Type succeeds for two reasons. One is the effectiveness of their use of media technologies that appeal directly to bodily sensations, and their juxtapositions of universal, opposing keywords that provoke self-questioning, to communicate and share with others a sense of personal identification with these issues. The other is that they have continued to evolve and metabolize as a collective, without fear of change. Involvement of different members in each project makes it possible to perceive the actuality of the times as always variable and dynamic rather than fixed and static. Since the death of Teiji Furuhashi, who played a central role since the group's formation in 1984, Dumb Type have inherited his sophisticated aesthetic while reducing nonsensical and playful elements, resulting in works that metamorphose into new, higher-resolution abstract forms. This is a testament to Dumb Type's enduring practice of engaging with the current ecosystem, rather than sustaining a specific biotope that repeatedly reproduces. Gutai, the starting point for this exhibition, was the precise opposite of Dumb Type in that the group was propelled by Yoshihara, a robust and irreplaceable leader. However, I feel that Gutai has some relevance when considering the lineage of Dumb Type in the sense that Gutai was a socially oriented movement, which aimed at reviving the modernist spirit that nurtured democratic ideals, and which over the course of approximately 20 years evolved and diversified from deconstruction of painting to environmental art in response to changing times and alteration of the lineup of members. It was also an internationally recognized multimedia group based in the Kansai region, and strongly concerned with a comprehensive and composite approach to art. [64]

Amid the ongoing pandemic, cultural anthropologists have been discussing coexistence with viruses from a variety of non-anthropocentric perspectives. [65] I am reminded of the words of Furuhashi, who believed in the power of art and continued to practice it while living with another virus, HIV, in his body: "There are cells that protect my body, and I believe it is creativity and love that protect my mind. Just as my cells accept the virus, I want to accept everyone in with imagination and love." [66] After bringing elation, loss, and uncertainty to the 20th century art world, the legendary presence of Furuhashi gives Dumb Type even greater strength in the 21st century. This seems to be less the result of "evolution" based on linear concepts than of Dumb Type's stance of questioning reasons for things and whether they are truly inevitable, rather than blindly believing in progress or novelty. The pursuit of life and existence begins with doubting and dismantling preconceived ideas and perceptions. This stance also applies to Kishio Suga and Mono-ha, which will be discussed later in this essay.

Lieko Shiga takes composed photographs that derive images from local environments and people's stories, while applying artistic direction to her subjects. Her approach, in which she becomes a mediator of images and narratives and incorporates theatrical elements, has been consistent since the start of her career, but it is never systematic and unfolds as part of her own process of living. Shiga, who says "When I am taking or creating photographs, it is as if I am inhaling," [67] has centered her practice on

64 Regarding the historical background of Dumb Type's establishment, Yuko Hasegawa cites the fact that "the 'anti' gestures and body language of the avant-garde theater and performance of the 60s ended in dysfunction, most turning around and becoming commercial theater," and that "Video... has become a tool capable of transforming both our interior self and the exterior environment into images," as well as citing precursors in the development of multimedia installation and performance incorporating video from the 1970s onward by such artists as Laurie Anderson and Robert Wilson, and the way in which the flourishing capitalist economy in the postmodern society of 1980s Japan caused an extravagant flood of images, information, and goods, so that "there had never been another era that so perfectly matched this floating, structureless 'thought' and anti-historical attitude that severs all context," asserting that Dumb Type adopted a critical stance toward this era. (See: Yuko Hasegawa, "The Dumb Type effect, 1984 to the present" [translated by Alfred Birnbaum, Darryl Wee, Tsutomu Nakano], *DUMB TYPE 1984 2019*, Masaru Onodera/Kawade Shobo Shinsha Ltd. Publishers, 2018, pp.154-155 (J)/pp.163-164 (E).)

65 See: Toshiaki Ishikura, "Series 'COVID-19 <to> Kangaeru' Talk 07 Ishikura Toshiaki x Tsujimura Nobuo [Series 'Think <with> COVID-19' Talk 07 Toshiaki Ishikura x Nobuo Tsujimura]," *HAGAZINE*, Jul. 11, 2020 [https://hagamag.com/series/s0065/7736] (Japanese only).

66 Teiji Furuhashi, "Furuhashi Teiji no Atarashii Jinsei-LIFE WITH VIRUS HIV Kansen Happyo wo Iwatte [A New Life of Teiji Furuhashi-LIFE WITH VIRUS HIV, for a commemoration of an announcement of the infection]," *memorandum Teiji Furuhashi*, Little More, Dec. 10, 2000, p.38 (Japanese only).

67 From an interview with Lieko Shiga on Dec. 20, 2018, quoted by Harumi Niwa, "Human Spring: A Human Story that SHIGA Lieko Links to the Body" (translated by Gavin Frew), *Human Spring*, Tokyo Photography Art Museum/Tokyo Metropolitan Foundation for History and Culture, 2019, p.129 (J)/p.146 (E).

68 Masashi Kohara and Lieko Shiga, "Mourning and Image" (dialogue, translated by Gavin Frew), ibid., pp.121-122 (J)/pp.139-140 (E).

69 See: Ibid., pp.119-120 (J)/pp.137-138 (E).

70 Georges Didi-Huberman, *Images in Spite of All: Four Photographs from Auschwitz* (translated by Kazumichi Hashimoto), Heibonsha, 2010.

71 For details on relationships between the complex current status of Okinawa, which cannot be discussed in terms of dichotomies such as good/evil, necessary/unnecessary, control and resistance, and the work of Yamashiro, see: Kenichi Kondo, "Seeking Okinawa's Real Face: The World of Yamashiro Chikako" (translated by Fontaine Limited), *MAM Project 018 Yamashiro Chikako*, Mori Art Museum, 2012, pp.30-36 (J)/pp.38-45 (E).

72 See: Takuya Yamanouchi, Atsumu Onishi and Shoichi Tashiro "Tolerated Cultivation and the Postwar Period Processing Problem: A Case Study on Yomitan Village in Okinawa Prefecture," *Bulletin of the Faculty of Agriculture, Kagoshima University*, vol.54, Kagoshima University, Mar. 31, 2004, pp.31-47 (J) [http://hdl.handle.net/10232/1507].

photography as a means of preserving vestiges of our lives, all of which are inevitably transitory. A photograph extends the "now" forever by freezing an instant, and photographs that manifest multiple points in time simultaneously often function as substitute representations of absent bodies. At the same time, it seems that Shiga's early work was pervaded by fear toward the abstract conception of death, for which the raw experience of life is a prerequisite. However, after close encounters with actual death during the Great East Japan Earthquake of March 11, 2011, which caused overwhelming destruction and numerous deaths in the region where she was living and working, Shiga's images came to represent life and death as two sides of one thing rather than making the living body's presence a prerequisite. According to Shiga, "That is why the photographs that remain cannot provide total healing, but we feel that photographs provide memories together with a place where they can belong. We are forever telling stories, forever providing a kind of context, and we find this necessary, but subconsciously I realize that we handle the ungraspable 'present' in the same way as 'death,' and I suppose that we are fighting against the fact that time cannot be rewound. The reason why people pass on stories and never stop replying them is because we feel the need for a real sense of 'life.'" 68

The installation in this exhibition was produced by dismantling the "empty coffin" 69 appearing in her 2019 solo exhibition *Human Spring* and reusing the photographs that covered it, in what could be called a resurrection of images. Shiga's photographs are not representations that replicate her subjects, but what Georges Didi-Huberman calls images intrinsic to the body. 70 These images illuminate the essence of human beings endeavoring to live amid a cycle of destruction and regeneration, our confrontations with loss and grief, and the pathologies of a capitalist economy that fractures communities in the name of post-disaster recovery. Shiga has inquired into the ways nature's providence, on a global scale, affects the human spirit in the manner of spring returning as the Earth tilts on its axis. This installation is an outgrowth of *Human Spring*, in which Shiga questioned her own existence as a survivor and tensions among humanity, society, the world and nature. Therefore, in this exhibition Shiga's practice, which tends to be discussed under the rubric of photographic theory, is deliberately released from the framework of photography, and this expanded expression of life is placed within the lineage of Gutai, Muraoka, Shiota, Dumb Type, and Yamashiro.

One cannot present "Japanese contemporary art" without feeling dubious about this formulation, as the "Japanese" part of the phrase retains echoes of the mass delusion of a monoethnic, monocultural state. Muraoka had misgivings about and resistance toward Japanese traditionalist culture and pre-modern nationalism, the roots of which go back to the Meiji Era. It was the Meiji government, which reinforced the systematization of an ethnocentric historical narrative, that annexed the Ryukyu Kingdom (founded in 1429), making it the Ryukyu Domain of Japan in 1872 and then Okinawa Prefecture in 1879. Okinawa, which was reduced to scorched earth during the horrific ground battle near the end of World War II, after the war remained under US military governance until 1972, and with the ongoing presence of American bases, today remains shadowed by the conflicts and dilemmas of the tripartite relationship between Okinawa, Japan's major islands, and the US, its people exposed to dangers and its marine environment increasingly ravaged. 71

Chikako Yamashiro's *Tsuchi no Hito (Mud Man)* (2016) is a masterwork emerging from a long and diverse series of works engaging with her native Okinawa from 2002 onward. In Okinawa, "tacit farming" is carried out at many sites that are on US base premises, but where agriculture is unofficially permitted as a result of citizens' petitions, negotiations and struggles over land forcibly requisitioned by the US military during and after the war. Land rights are further complicated because the land is also the property of Japan's Defense Facilities Administration Agency, aside from its de facto provision to residents by the US armed forces. 72 Amid this complexity there is the undeniable reality that Okinawa continues to be exploited as a result of still-incomplete settlement of postwar issues. *Tsuchi no Hito (Mud Man)*, which connects this gray area in Okinawan society with Jeju Island, South Korea, which has a geopolitical background and history of mass slaughter similar to that of Okinawa, through the geological formations known as *gama* (natural trenches or limestone caves), sublimates the historical, political, and military realities surrounding borders into a fantastical and powerful audiovisual experience. Yamashiro liberates the two islands from boundaries imposed by the state and enables us to imagine solidarity extending across a wide geographical area and transcending time and space. A mythological narrative in which words descending from the sky cause the *tsuchi no hito* (mud man) to awaken as a human being, witness battle, and glorify our mother Earth, can be called a paean to awakening through knowledge and to life that endures conflict.

Yamashiro's work, often centered on physical aspects such as the mouth, voice, breath, or flesh, superimposes other bodies with her own or reveals the self, with implications of the human body as a living organism within the cycle of a larger ecosystem, and encourages the viewer to attain and transmit direct personal engagement. The body in Yamashiro's work is "living within a chain of communal life" [73] while recognizing the impossibility of fully comprehending history or sharing experience. The stunning sound of a human beatbox immerses the viewer in a rhythm of anger and resistance against internalized colonialism and exploitation, and leads in the end to catharsis. *Tsuchi no Hito (Mud Man)* transcends specificity of place and presents an image of resilience that resonates across every land torn by catastrophe.

4. For half a century Kishio Suga has been homing in on the fundamental nature of "being" - our thinking about our being alive, or a person or thing existing - and his explorations philosophically underpin this exhibition. Suga makes us aware of actual things, rather than artistic "expressions," by awakening our sense of agency. The Japanese verb *aru* ("to be" or "to exist") can be written with two different kanji, and Suga emphasizes the distinction between the one implying something made to "be" through human action and the other implying that which "exists" without intention, defining the latter as "that which unavoidably *is* even when the human act of creation is completely disregarded." [74] Suga found the path to creation of his work in this state of being, and commented: "To create 'work,' the new 'thing' must above and foremost continue to exist in that site without any issues of its presence in a sufficiently realistic mater. In other words, things (work) must transfer the reality and substantiality of things to a new realistic space (site)... Things that are there must exist as they are, and things that are not there must exit as not being there." [75] These prerequisites have remained consistent ever since the publication of his influential essay "Existence Beyond Condition" in the 1970s. [76]

In *Jou-en/Edges of Site* (2020–2022), a new work for this exhibition, black rope held in place with pins extends from wall to wall. Multiple pieces of paper with black lines drawn on them in advance are placed to form a continuous line on the floor, echoing the straight black line of the rope in the air. *Jou-en/Edges of Site* causes the viewer to perceive a layer "existing" in space, and invites exploration of the "boundaries" [77] that simultaneously separate and integrate subject and object, line and shadow, and space. The work invites perception of the existence of various edges in the space where the work is installed, thereby achieving a "strong tendency toward signification, which urges the viewer to reflect on the relation between objects and the expansion of their space." [78] As Midori Matsui has noted, it is one of the works in which Suga "presents his affirmation of the interdependence of things and people, which was systematically theorized after 1973." [79]

Mono-ha (lit. "School of Things"), a postwar Japanese art movement comparable in importance to Gutai and recognized as having strong affinities with the Arte Povera, Supports/Surfaces, and Earthwork movements, "refers to a group of artists that sought to derive some sort of artistic language directly from the way things are and the way they operate," [80] with "things" meaning virtually unmodified natural materials, substances and objects. Based in Tokyo from 1968 through the early 1970s, Mono-ha coincided with late-stage Gutai. This was a time when artists were exploring original Japanese modes of expression, after the *Art informel* sensation of the 1950s and 1960s and the influence of other Western avant-garde art, and student protest with origins in the anti-US-Japan Security Treaty movement was reaching its peak. The term "Conceptual Art" appeared in Japanese art-critical discourse in 1969, and made its first scattered appearances in general-interest newspapers and magazines in 1970 and early 1971. [81] Ichiro Haryu wrote that, based on trends in conceptual art in the West in the late 1960s, "in search of a subject, art has returned to focusing on action and concept." [82] Mono-ha raised objections to Western anthropocentrism and status quo affirmation in which materials are treated as vehicles for delivery of meaning, and took as its starting point the removal of preconceived ideas and images of *mono* (things, objects or materials), in other words "the work of negating existing perceptions of the world." [83]

Suga is viewed as one of the Mono-ha artists, but unlike Gutai, Mono-ha was not a solid movement pursuing activities under the guidance of a leader or a shared philosophy. [84] As a result, in his early works Suga pursued the Mono-ha ideal of immediate reality in which anthropocentric elements are eliminated to an almost ascetic extent, but over the years, as an individual artist, he developed his own theories into a worldview that incorporates expansion of *mono* and their environments, organic relationships with people, human senses and consciousness, culture and history. [85] Suga has no intention of recreating works of the past. He activates *mono* by constantly establishing new reality and substantiality in places and spaces, deploying *mono* so that it naturally "is," and entrusting it to the dynamics of the natural environment of the place. Through this process the reality of *mono* emerges. Suga positions the *jōkyō* (situation), in which the transferred *mono* continues to "live," as part of a totality. To quote a passage by Mika Yoshitake that expresses this succinctly:

> For Suga, jōkyō is an unbound totality through which mono passes. The concept of mono is identified not in its isolated concrete state (i.e., the wood blocks or compacted sand), but as a temporary phase that exists as part of a larger spatio-temporal totality. [...] the concept of mono expands into a fluctuating entity, given form by and through the total structure of jōkyō. 86

In Suga's thinking about *mono* and *jōkyō*, we see a stance that positions entities, including human beings, as variable and transitory within the circulation of the natural world's ecosystem. 87 This stance is shared with several of the artists mentioned thus far. As in the law of conservation of mass, when human beings and other entities are placed in a transitional state, their essence and reality are naturally manifested and make it possible to "exist" in that state.

In contrast to Suga's approach, Yuko Mohri draws forth the potential of materials and creates the perception that things "are" (in the sense of "made to 'be' through human action") in new situations. Her work brings about shifts in values through bricolage-like reuses or playful unintended uses of materials. Mohri's primary materials are ready-made products such as daily necessities and musical instruments, detritus such as streetlights and batteries, and the flows of water and electric current. Observing the characteristics of spaces and improvising in response to sites, she produces installations in which combinations of materials give rise to dynamic organic systems and circulatory structures resembling new ecosystems. To achieve this effect, in addition to weak electric current, she utilizes natural dynamics such as gravity, centrifugal force, buoyancy, and friction, and even accidental chain reactions of motion and errors are incorporated into the works. In the sense that natural and artificial things are treated equally, and minimal application of natural physical laws to materials while allowing them to retain their unique characteristics brings about shifts in perception of value, Mohri deals with materials in a manner not unrelated to Mono-ha, but an affinity for Arte Povera's handling of natural materials can also be seen. Another feature, which differs from both of these precursors, is the generation of dynamic systems. This reflects the fact that Mohri began with an

73 Ikuo Shinjo, "The Ethics of Ecstasy: The Art of Yamashiro Chikako" (translated by Fontaine Limited), ibid., p.48 (J)/p.51 (E).

74 Kishio Suga, "Existence Beyond Condition," *Bijutsu Techo*, vol.22, no.324, Bijutsu Shuppan-Sha Co., Ltd., Feb. 1970, pp.24-33 (Japanese only).

75 Kishio Suga, "What Emerges, and Does Not Emerge" (translated by Darryl Jingwen Wee, Kei Benger. English copyedited by Haruka Cho), *Kishio Suga Expanded Self-Space / Divided Orientation of Space,* Tomio Koyama Gallery Inc., 2018, p.4 (J)/p.6 (E).

76 Suga, "Existence Beyond Condition": We could say that the very state of *existence* is the most individualistic and *unique* mode of being as such for us. The clue for people to transcend their mentality of fabricating object[thing]s is to convert something *present* into that object [thing]'s extreme limit state of *existence*, to shift the general state of being of object[thing]s that we normally perceive to a state in which each *exists* in isolation. (translated by Andrew Maerkle).

77 See: Midori Matsui, "The Presence of Things, the Position of People: The Interdependence of Mind and Matter in Kishio Suga's Artistic Practice" (translated by Midori Matsui, contributing copyeditor Pamela Miki), *Kishio Suga "Intentional Scenic Space,"* Tomio Koyama Gallery Inc., Office., 2017, pp.88-89 (J)/pp.101-102 (E).

78 Ibid., p.85 (J)/p.96 (E).

79 Ibid.

80 Toshiaki Minemura, "Mono-ha to ha Nani de attaka [What was Mono-ha]" (translated by Jean Campignon), Kamakura Gallery, Aug. 15, 1986 [https://www.kamakura.gallery/mono-ha/minemura-en.html].

81 Katsuo Suzuki, "1970, a Landmark Year: the Lineage of Conceptual Art in Japan (2)" (translated by Cheryl Silverman), *Kenkyu Kiyou [Study Bulletin],* no.20, The National Museum of Modern Art, Tokyo, 2016, pp.6-21 (Japanese only. English abstract available.)

82 Ichiro Haryū, "Dai 3 sho: Jōtai to Katei-Conceptual Art [Chapter 3: State and Process-Conceptual Art]," *Gendai no Bijutsu Dai 11 kan. Koui ni Kakeru [Contemporary Art vol.11. To Bet on Actions],* vol.11, Kodansha Co., Ltd., 1972, p.50 (Japanese only). (The quotation was cited above essay by Suzuki, p.10.)

83 Kishio Suga, "Ba no Mukei ni Sotte iku [Going along an incorporeal of a site]," *Bijutsu Techo,* vol.47, no.706, Bijutsu Shuppan-Sha Co., Ltd., May 1995, p.267 (Japanese only).

84 See: Yasuyuki Nakai, "Reconsidering Mono-ha" (translated by Christopher Stephens), *Reconsidering Mono-ha,* The National Museum of Art, Osaka, 2005, p.17 (J)/p.252 (E).

85 See: Matsui, "The Presence of Things, the Position of People: The Interdependence of Mind and Matter in Kishio Suga's Artistic Practice," p.88 (J)/p.101 (E).

86 Mika Yoshitake, "Mono-ha: Living Structures," *Requiem for the Sun: The Art of Mono-ha,* Blum & Poe, Los Angeles, 2012 (viewed on the website of Blume & Poe, accessed on May 15, 2020) [https://www.blumandpoe.com/broadcasts/reading_with_monoha].

87 See: Suga, "Latent Infinity" (translated by Naoki Matsuyama, Fontaine Limited, Tetsuo Kinoshita. English proofreading by Ivan Vartanian), *Kishio Suga: Situated Latency*, edited by Museum of Contemporary Art, Tokyo, published by Mizue Nakamura/HeHe, 2015, pp.80-82 (J)/pp.75-79 (E).

interest in sound art and gradually expanded her practice into the field of contemporary visual art. 88 Other important precursors for Mohri are Marcel Duchamp, John Cage, Jean Tinguely, the Fluxus group, Peter Fischli and David Weiss, and Seiko Mikami, her teacher at Tama Art University. Especially in the context of this exhibition, an important pioneering figure for Mohri is Atsuko Tanaka, who actively utilized mass-produced goods that were icons of her era and sought to eliminate meaning from objects to the greatest possible extent, and to reconstruct painting using collage and composition rather than a painterly approach. Based on the argument of Izumi Nakajima, who traces the lineage of Tanaka's painting to Duchamp's ready-made paintings rather than to Informel or action painting, from the perspective of ready-mades and originality we can see a through-line from Mohri to Tanaka and back to Duchamp. 89

Mohri is the only artist who was fortunately able to visit the PAC site just before the lockdown began. For this exhibition she was commissioned to produce a new site-specific work from her *Moré Moré (Leaky)* series. This series, derived from fieldwork on errors in mechanisms associated with urban modernization, was launched in 2009 after Mohri was inspired by station staff's emergency response measures against water leaks inside Tokyo subway stations. It celebrates anonymous, bricolage-like creative acts originating in different socio-economic and cultural environments from a humorous standpoint. Her *Moré Moré* installations made a major leap forward with *Moré Moré (Leaky): The Waterfall Given #1-3*, (2015), which referenced Duchamp's Large Glass, but the series is firmly undergirded by an accumulation of 10,000 fieldwork photographs that collect examples of the improvisational creativity and artistic skills we all innately possess.

5. Thus far this essay has touched on the practices of each artist from the perspectives of "the expressive body / the living body," and "resistance and resilience." From here on, it will turn back to the context of tensions between art and politics in modern Japanese society, and discuss works that focus on the artists' own bodies and those of others.

Finger Pointing Worker, a project with Kota Takeuchi acting as representative, is indispensable to any discussion of artists' responses and the relationship between art, performance and activism pertaining to the Great East Japan Earthquake and Fukushima Daiichi nuclear power plant accident, which made 2011 a milestone year in the long history of catastrophe in Japan along with 1945 (the Battle of Okinawa, the atomic bombings of Hiroshima and Nagasaki) and 1995 (the Great Hanshin-Awaji Earthquake, the Aum Shinrikyo sarin gas attack on the Tokyo subway). In the past, I wrote about limitations on our involvement and ability to empathize with others' pain, making reference to Susan Sontag's *Regarding the Pain of Others* (2003). 90 The critique by the "Finger Pointing Worker" (a cleanup worker at Fukushima Daiichi), who interacted with a live-streaming camera at the plant, calls out the act of passively "looking" itself as contributing to the digital mass consumption, sensationalizing, and exploitation of the pain of others, in other words to the limitations on empathy and engagement discussed in the above-mentioned article, by means of an accusatory silent guerrilla performance resembling a parody of Vito Acconci. This work indicates that, as discussed at the beginning of this essay, online anonymity is a double-edged sword, giving power to online activism while accelerating violence that hides behind a shield of anonymity. So, how do we throw off passivity and actively reclaim a resilient stance that "looks back" rather than blindly pushing forward? Acting as its "representative," Takeuchi exhibited and presented this work in various locations while maintaining the anonymity of its creator. This made it possible to remain cognizant of the danger of exploitation the creator faced, and to be personally invested in the events. In this work Takeuchi observed the world's reaction to the disaster zone from a fixed point, while resisting the collectivized, graven-in-stone memorialization of individual disaster victims and specific places as represented by deployment of signifiers such as "3/11," "2011," and "Fukushima," and the deliberately chronological enumeration of disasters at the top of this paragraph. Through the body of an anonymous individual, Finger Pointing Worker points out that the center of the Panopticon is actually a vacuum of horror, the

88 For details on the relationship between Mohri and sound art, see: Minoru Hatanaka, "On Yuko Mohri: From the Perspective of Sound Art" (translated by Gaku Kondo), *Yoko Mohri: Assume That There Is Friction and Resistance,* edited by Towada Art Center, published by Yutaka Kambayashi/Getsuyosha Limited., 2019, pp.41-46 (J)/pp.84-87 (E).

89 See: Izumi Nakajima, "Dai 4 sho: Chūshō no Houhou-Tanaka Atsuko no 'En to Sen no Kaiga' to Sengo no Busshitu Bunka [Chapter 4: Atsuko Tanaka's 'Painting of Circle and Line' and the Postwar Material Culture]," *Anti Action-Japanese Postwar Paintings and Women Artists,* Brücke, Sept. 5, 2019, pp.217-276 (Japanese only).

internalization of a gaze that does not actually exist in the real world. Today, as entry to and exit from regions is restricted and the origins of the virus are debated, this comment from Fukushima-based Takeuchi is relevant: "This area has been described as a quarantined zone, but with COVID-19, it may be the world outside that is actually quarantined." 91

This phenomenon of quarantine reversal also resonates with Makoto Aida's work in this exhibition. After the collapse of the economic bubble in the early 1990s, the Japanese economy remained sluggish well into the 2000s, and its importance to the Asian economy as a whole declined, as encapsulated by the catchphrase "Japan passing." Not only economically but also in foreign policy and the arts, no particularly successful strategy to boost international competitiveness has been found. Against this backdrop of Japan's stagnation and increasing conservatism and introversion, the first of Aida's video pieces shown here features a man claiming to be Osama bin Laden hiding out in Japan and the second a man claiming to be the Japanese prime minister, and the contents are rich in satire and humor as the former man gets drunk and slurs his words, and the latter speaks out against globalism and in favor of closing national borders at an international conference.

Amid an ongoing narrative of collisions with tradition in Japan, which after the period of national isolation from 1639 to 1854 opened its borders during the Meiji Era (1868-1912), imported the Western concept of Art, and coined the term *bijutsu* (visual "fine art") for it, Aida has always sensed divergence between domestic contemporary art, which cannot seem to rid itself of superficiality, and its Western counterpart. While Aida artistically identifies as a painter, he has worked in a wide variety of media and formats, and in his practice can be glimpsed a mixture of admiration for Joseph Beuys and resignation to his own inability to be a Beuys-like artist. Nonetheless Aida accepts his own position, inextricably rooted in Japan's conflicted and schismatic *bijutsu*, and a sense of personal investment in Japan, as an unavoidably applied identity and label, pervades all of his works. Aida's criticism comes from within, that is he shatters conventions and taboos from within the *bijutsu* system, with a self-deprecating spirit. In that respect, the performance pieces in this exhibition can also be seen as Aida's self-portraits.

However, tensions between art and politics in Japanese society have increased, and mutual self-isolation on a global scale has unexpectedly become a reality. Can we laugh now at Aida's self-deprecating satire in the manner originally intended? I hope for a society in which we can. Our acceptance of a work of art depends on the era and context in which it is presented, and these works act as a litmus test that measures the intolerance of the times and society. 92 At the same time, the works themselves are essentially a stepping stone in the long development of the artist's practice, which remains fundamentally unaffected by the zeitgeist. With this in mind, this exhibition juxtaposes two works produced in 2005 and 2014, with the aim of foregrounding Aida's complex ambivalence toward Japan and its reflection of the artist's own refracted psyche.

Meiro Koizumi employs theatrical methodologies to render visible human psychological conflicts, contradictions, absurdities, and the structure of state and social violence underlying them. In recent years he has focused on the relationship between Japan and the rest of Asia since the Meiji Era (1868-1912), the perpetrators and victims of war, representations of and taboos surrounding the Emperor, and the relationality of guilt, trauma, and forgetting, creating works that critically reflect on the history of modern Japan in the framework of personal narratives. However, his approach to producing films after conducting surveys differs completely from that of a documentary filmmaker. Koizumi deliberately engages with performers and escalates their emotions by having them discuss their ideologies, or repeat dialogue and actions. As a result, the autonomy and physicality of the performers transcends the fictionality of the film medium. When the fragility of both human beings and

90 See: Shihoko Iida, "Becoming Involved with the Pain of Others" (translated by Pamela Miki), *Aichi Triennale 2013: Awakening-Where Are We Standing? -Earth, Memory and Resurrection,* Aichi Triennale Organizing Committee, 2013, pp.20-22 (J)/ pp.226-228 (E).

91 An email conversation with the author on Feb. 24, 2020.

92 During the *Japan Unlimited* exhibition (Sept. 26 – Nov. 24, 2019) at Q21 in Vienna, people who had become aware of the exhibition contents via Twitter and multiple lawmakers objected to Makoto Aida's *The video of a man calling himself Japan's Prime Minister making a speech at an international assembly* and Chim↑Pom's works dealing with the Fukushima Daiichi nuclear disaster as "anti-Japanese," and the Japanese Ministry of Foreign Affairs removed itself from the list of supporters, which the Japanese ambassador to Austria reported to the organizer on October 30: [https://www.mqw.at/en/institutions/q21/frei-raum-q21-exhibition-space/2019/japan-unlimited/ ; https://mainichi.jp/english/articles/20191121/p2a/00m/0et/023000c; https://www.japantimes.co.jp/news/2019/11/06/national/vienna-art-exhibition-fukushima-wwii/; https://www.huffingtonpost.jp/entry/japan-unlimited_jp_5dc3ae9be4b0d8eb3c8f9ca6].

the moving image are revealed, the viewer's emotions are dramatically shaken as well.

In *We Mourn the Dead of the Future* (2019), a five-channel video installation of a ritual-like workshop held on the site of a former US military base in Tokyo, a loop of death and resurrection winds around the axis of youths' declaration of self-sacrifice. Self-sacrifice and heroism are among the themes Koizumi has addressed for many years, as seen in previous works on the theme of kamikaze pilots, but this work straightforwardly asks what sacrifice is for. War is undergirded by political subterfuge that induces self-sacrifice, purportedly for the integrity and survival of the nation, and perverts patriotism for its own purposes. In the catalogue for Battlelands (2018), which developed out of his work dealing with kamikaze pilots and incorporated interviews with veterans of the wars in Iraq and Afghanistan, Koizumi responded in a dialogue with Jason Waite that both trauma and guilt are physical as well as social, and the degree of guilt or trauma of individuals who have experienced war depends on whether society as a whole collectively represses memories of atrocities, as in Japan, or confronts them, as in the United States. 93 In Japan, the historical erasure of war crimes is so pervasive at a national level that it is necessary to draw on personal narratives. Koizumi has spoken of "giving one's body for the cause of ambiguous words that hang in space," 94 and in this work youngsters pledge their bodies to words suspended in historical space, words of resistance to collective repression and state-instituted amnesia that soldiers on battlefields of the past may not have been able to speak. Actually, some of what the performers say is not scripted dialogue, but was composed in advance by individual workshop participants. The work is in part a warning that if we do not restore the capacity for language to the individual body, history will repeat, like a looping image evoking a black-magic rite. One is reminded of the mentality of Muraoka, who, based on his own experiences of war, eliminated collectively forged emotionality, and maintained his own artistic core as an individual.

There are often debates about how practitioners of the arts ought to respond through their work in times of crisis such as wars, disasters and pandemics. Kota Takeuchi, discussed earlier, focused on the danger of forgetting one's own body and identifying the self with the nation, giving his solo exhibition the title *Body is not Antibody* to emphasize that the body is the property of an individual. The declaration "My body is not the antibody of the monster named the country" is Takeuchi's response to the subtitle of this exhibition. 95

6. How do we confirm that our bodies are our own? What is life before it obtains a body? What is the relationship between parts of the body and identity? The works of Yui Usui, Mari Katayama, and Ami Yamasaki present questions about and insights into these difficult issues from various angles.

Yui Usui is concerned with female gender in modern society. Her work sheds light on untold stories of women's social status embedded in the shadows of society and history, including those of women's domestic labor, the history of childcare, girls' education, sex work, and the memories of "comfort women" and colonial rule. By using "handicraft" techniques such as sewing and embroidery, which have been regarded under the patriarchal system as domestic chores that do not qualify as economic activity, Usui encourages reconsideration of the boundaries between handicrafts and more respected "crafts" made by artisans, and the social conventions that created this disparity in value. *in vitro* (2019), with the theme of reproduction-related technologies such as prenatal diagnosis and the motif of extracted chromosomes in a petri dish, makes bioethical inquiries based on her own experiences of becoming a mother. Technologies of

93 See: "A conversation between Meiro Koizumi and Jason Waite," *Battlelands*, White Rainbow, 2018, p.30.

94 A comment by Meiro Koizumi in the open lecture at the Inter-Media Art Course, Faculty of Fine Arts, Tokyo University of the Arts on Jul. 25, 2020 (limited live streaming viewing).

95 Kota Takeuchi, Artist Statement for the "Body is not Antibody" exhibition, the websites of the artist [http://kota-takeuchi.net/body_is_not_antibody.html; and snow contemporary [http://snowcontemporary.com/en/exhibition/202007.html].

96 Mari Katayama, "ANSWER" (J/E translated by Koichiro Osaka, J/F translated by Camille Ogawa, F/E translated by Charles Penwarden), *Mari Katayama, Collection Un Certain Désordre*, Fondation Antoine de Galbert, 2020, p.84 (page number in original Japanese text. The edited French-English text on separate pages of the same book does not include the parts cited in this essay).

97 Ibid.

prenatal diagnosis offer greater hope to those yearning to have families and at the same time can be seen as present-day eugenics, and the choices people make regarding living things in artificial environments present ambiguities that are impossible to resolve with certainty. Chromosomes are part of the self, and are passed on to newly born others. Are the genes contained in these chromosomes "information," and not "life"? What enables us to ascertain the contours of the body and the life that dwells inside it? Tanaka's *Electric Dress* symbolized the dynamic generation of identity framed by the individual's relationship to the world. Furuhashi of Dumb Type perceived the cells in his body as accepting the HIV virus, and Shiota regards the physicality of the body as a temporary state of its atoms. This chain of implications leads to Usui's work, which also renders unseen zones visible and stitches together the various human conflicts she has been exploring.

Mari Katayama began making self-portraits as a teenager, using her own body as a mannequin for explanatory presentations of her own hand-sewn objects. For her, the body is simultaneously her own and an objectified object that she has constantly had to learn how to use, as both legs were amputated when she was nine years old and she lived with a succession of new prostheses as she grew up. The hand that compensates for the loss of both feet is an extremely important part of the body for Katayama, and the crafting of objects and production of self-portraits was a means of groping for contours of the self, opening doors to the outside world, and pursuing beauty, for which everyone harbors an innate desire. For this reason she regards taking photographs as a physical act, and treats releasing the shutter with her own hand as an article of faith. Through her photographs Katayama explores a universal beauty that all can recognize, not because she adheres to standards of beauty based on norms or traditions, but because she believes the concept of beauty inherently implies diversity and equality. After she became pregnant with a daughter in 2016, her concerns expanded both temporally and conceptually. Katayama, whose prostheses are both part of and separate from the self, sees in her "unnatural" [96] body that has undergone numerous surgeries, in the environment of her hometown and the nearby Watarase River contaminated by development of the Ashio Copper Mine, in multiple time-frames spanning generations, in antibodies produced in the body and the skin disorders they cause, and in life and toxicity, not contradictory forces but parts of a greater ecosystem that stay alive "by taking any form." [97] Katayama's new expressions of resilience, which have thus far mainly taken the form of self-portraits, explore what the natural state of "life," including the natural environment, might actually be.

The existence of the body is confirmed by distinguishing outlines that separate it from the outside world and from others. When in total pitch-black darkness, some readers may have had the sensation of subjective body loss, and at such times, the echo of one's own voice reveals the depth of the space and verifies that the body still exists. In Greek mythology Echo was a character who lost selfhood along with body when she became only a disembodied voice. A voice that emanates from a body requires a body to receive it. The voice artist Ami Yamasaki perceives the resonances of herself, the space around her, and the whole world through her ears and the entirety of her skin, mediated by tremors of her vocal cords and voice. Yamasaki's actions transcend simply uttering and listening, convey gently enfolding tactile sensations as she palpates spaces with an incredible variety of vocal tones and timbres and gathers their echoes without spillage. These sensations are affected by the large number of paper "feathers" often displayed along with her vocal performances. Handmade one by one by Yamasaki, the feathers are attached to walls in formations like waves or animals' fur so as to reflect or absorb sound, giving the sound three-dimensionality and gradation in accordance with the space's characteristics. The visual magnificence of the stunning expanse of white feathers stimulates the tactile sense, delivering an experience like the onset of synesthesia each time one enters the space. Yamasaki says of her installations incorporating feathers, "I think of them as actions, as well as inquiries into what the world is made of." [98] The existence of the body and the self are confirmed not only by boundaries demarcating it from the outside world and others, but also by reciprocal relationships with the world, including its boundaries. We become aware of this when we hear the echoes of our own footsteps, breathing, and heartbeat in Yamasaki's feathered space.

7. Fuyuki Yamakawa, who will present a performance for throat singing and heartbeat during the exhibition, has as part of his multidisciplinary practice been visiting National Sanatorium Ōshimaseishoen in Kagawa, the only Hansen's disease treatment

center on a remote island in Japan, since 2016, engaging in art projects while interacting with residents in recovery. While wary of simplistic comparisons with COVID-19, Yamakawa sees a reversion to the pre-modern Japanese mentality in the mutual surveillance by citizens in today's pandemic-afflicted society, and in the prejudice, discrimination and ostracization of patients, their families and those in recovery. In light of the harmful effects of the Hansen's disease isolation policy, which continued long after World War II, and the re-emergence of a situation in which citizens' excessive self-protectiveness is camouflaged by a narrow sense of justice and leads to social exclusion, Yamakawa describes the issue of Hansen's disease as "a mirror that reflects the true face of Japan, hidden behind ostensible modernization." [99]

The negative legacy of modern Japan, which casts a shadow over the art-world ecosystem, has created tensions between art and politics in present-day Japanese society. The artists in this exhibition have confronted their respective eras, including the members of Gutai, who aspired to revive the modern spirit that nurtured Japan's progress toward democracy, and Muraoka, who was concerned about the resurgence of pre-modern nationalism. At *LIVE FOR 70 HOURS* in Yokohama in 2017, Yamakawa completed 70 hours of continuous live performance. This feat dovetails exactly with the dual meaning of this exhibition's title, *BODY_PERFORM_LIVE*, embodying "the body that stages a performance" and "the body that performs the act of living," and at the same "resistance against time." [100] It resists the instant-reflex speed of social media, and resonates deeply with this exhibition's goal of aesthetic resilience of works' context and physicality.

The relationship between the body and the self is in a fragile state today. It is not easy for us to have a sense of urgency, resist forces that attempt to intervene, and declare "My body is mine." But if we do not, the individual's body is a vulnerable entity that is easily exploited. Artists' acts of expression are not intended to shore up the power of their struggling countries or feed the beast of nationalism, and neither does this exhibition intend to represent Japan's national resurgence. The lineage of art dealing with life and physicality discussed in this essay shows the potential resilience of an unorganized art ecosystem through the diverse practices of individual artists. I conclude this introduction to the provisional lineage presented in *JAPAN. BODY_PERFORM_LIVE: Resistance and Resilience in Japanese Contemporary Art*, with the sense of urgency that comes with being alive in this tumultuous world and era.

July 2021 in Nagoya, Japan

98 Ami Yamasaki, "Artist interview YAMASAKI Ami,"*AC2*, no.15, Aomori Contemporary Art Centre (ACAC), Mar. 25, 2014, p.100 (Japanese only).

99 See: Fuyuki Yamakawa, "Series 'COVID-19 <to> Kangaeru' Talk 06 Yamakawa Fuyuki x Murayama Goro [Series 'Think <with> COVID-19' Talk 06 Fuyuki Yamakawa x Goro Murayama]," *HAGAZINE*, Jun. 18, 2020 [https://hagamag.com/series/s0065/7689] (Japanese only).

100 Ibid.

*The websites in the notes above were all accessed on 25 July 2021.

Japan. Thoughts of the Body

Diego Sileo

> One day, it occurred to me to set about cultivating my orchard for all I was worth. For my purpose, I used sun and steel. Unceasing sunlight and implements fashioned of steel became the chief elements in my husbandry. Little by little, the orchard began to bear fruit, and thoughts of the body came to occupy a large part of my consciousness.
>
> Yukio Mishima [1]

Japanese art is an overlapping of different spaces and times, an accumulation of decades in one single place, a heterogeneous set of identities and knowledge. It eludes any claim to interpretation aimed at reducing or simplifying it into a uniform and ordered whole. No description of Japan escapes an analysis of the intricate web of cultural complexities that coexist in a single country and generate movements of integration and repulsion, fusion and juxtaposition, always partial and negotiable. When the distance in time has allowed things to settle, historians will be faced with the task of deciphering and separating aspects and singularities that, in the end, distinguish and characterise the broad and often contradictory Japanese context. Nevertheless, the interest that Japanese artists show in creating a multifaceted dialogue through the instrument of rediscovered art remains central – and is ultimately the unifying factor. It is the dialogue that the artists establish with a complicit and prepared viewer, one who knows the history and culture of Japan and whose eyes are open to the world scene; rather than a single interpretive code, this dialogue requires multiple access codes in order to be fully usable. The objectives of Japanese art seem to go far beyond the threshold of political engagement or the mere pleasure of viewing: questions are raised regarding the way of looking at things, of "saying" things, or of "silencing them"; there is an urge to re-examine the temporal relationships between viewer and subject; at times there is an affirmation of an eternal instant, at times that of a majestic timelessness replete with cultured references, and at times that of a sensual delirium that is conveyed through shapes, colours, and a voluptuousness of contemplation that belongs to the artists even before it belongs to the viewer. The works selected for the exhibition *JAPAN. BODY_PERFORM_LIVE* are tied to the question of representing the self or, to put it another way, the conformation of identity through artistic production. The works revolve around the concept of the body – exhibited, flaunted, depicted, hidden, evoked, contemplated, and rejected –, given that, in any case, formulating this question means that the artist must place his or her body where it not only leaves an imprint, so that the meaning of existence conforms to it, but the imprint itself is a trace of resistance and resilience. This art is action that seeks no demiurgic shamanism, since it has no wish to objectify anything, but rather to remain outside of the morbid anecdote. It is an art that circumscribes its actions to the sculptural sphere and as such, offers these actions in the form of metaphorical abstractions, like any object. The use of the body is like an immersion technique, like cathartically touching the bottom, allowing the artists to transcend to underscore the immediacy and eternity of the collective flow of life, of memory.

1 Y. Mishima, *Sun and Steel*, Kodanslia International Ltd., New York 1970.

The representation of an artistic action is generated in that context that Jacques Derrida defined as a "place of happening, appearance or presence". [2] Here, however, it is important not to lose sight of the character of this place where the representation occurs, because it is this very place that determines it. It is a geographical and linguistic frontier which creates an obstacle to the encounter of an identity in an invariable sense, one that is already pre-established and which regulates all variations, all correspondences, all inter-expressive relationships. In this situation, the experience that the artist seeks to access is that which is achieved through the recognition of the essential; this quest, however, if it is to be emancipating, cannot imply closure, the simple delimitation of a space to which one must belong exclusively, but must constitute the experience of being rooted "beyond memory", in an elsewhere that is not just an absolute past, which has always been (and is not merely a modified form of the present, a present-past), but also the unfolding possibility of an adventure that is "about to come", a crossing of signs that is always far removed from any form of proximity or closeness, from any journey with a pre-established and certain destination. The fact that performance, by its very nature, is radically secondary and not an original action that occurs in proximity to meaning, implies that difference is constitutively grafted into its structure of signification. [3] On the other hand, it is this structure alone that opens up space for the artist's freedom, for the possibility of an operation of inscription and questioning that allows the artist to absorb the words and rely on the movement of the lines, transforming them into the person who scrutinises and investigates reality.

In modernity, as Derrida following Heidegger always reminds us, in the "age of the image of the world", [4] the representation has its place inasmuch as it is a relationship between a subject and an object, in which the latter establishes itself as such, gaining its identity precisely in relation to the subject. It is established *before* and *for* the subject, since in the relationship – which is in fact the representation – the subject once again brings back to itself that which exists, restoring it. After which the object has its proper place in the subject. Representation is therefore a "taking place" in which the subject and object are constituted as what they are: the one for/with the other. In concrete terms, the representation of a performance happens as a representational relationship in the strictest sense, configured as action, that is, capable of bringing about presence. Consequently, it is necessary to speak of a destiny of ontological reduplication that will have a bearing on the political dimension of the artists' actions and affect the subject/artist, inasmuch as it is structured for representation and therefore also a representative subject. A representative of the entity and consequently also an object. That is to say: the subject, in what we might call the political requalification of the place that belongs to him or her in the sphere of the relationship with the other, in addition to triggering representations, to deploying them, represents something (or someone). The subject addresses them before something (or someone), to the point of moving outside themselves, moving outside their own body. In this sense, representation occurs in a place of radical, extreme oscillation, and is prone to deviating, in its suspension or cancellation, through its transgression. However, we must not lose sight of the fact that the relationship that the body establishes with itself is not the relationship that binds it to an identity, but is formed within it, inasmuch as it is an *other*-body, where "other" means immeasurable, above all. In this sense, the body is considered a place of extraneous cohabitation that creates an obstacle to the representation in the strictest sense.

And it is precisely because of this immeasurable character that Kazuo Shiraga's body, for example, resists any logic that would connect it to an immutable meaning. In the repeated action of the body and through that which is constituted as such, there is no artist's identity, or rather, there is only an identity in the form of a productive fury. This fury – in

2 J. Deridda, *Psyché. Invenzioni dell'altro*, volume 1, Jaca Book, Milan 2008.

3 B. Saez Tajafuerce, *Challenging the self: to Be One's Other*, Cambridge Scholars Publishing, Cambridge 2012.

4 J. Deridda, *Dello spirito. Heidegger e la questione*, Feltrinelli, Milan 1989.

5 J. Yoshihara, *Il manifesto Gutai*, in "Geijutsu Shincho", vol. 7, no. 12, December 1956: translated and printed in *Shozo Shimamoto. Opere 1950-2011. Oriente e Occidente*, (edited by) A. Bonito Oliva, Allemandi & C., Turin 2011.

6 F. Fabbri, *Lo zen e il manga*, Bruno Mondadori, Milan 2009, p. 16.

7 K. Kawasaki, *Gutai*, in A. Bonito Oliva (edited by), *Le tribù dell'arte*, Skira, Milan 2011.

my opinion – has a name in Shiraga's actions and this name is imposition/exposition. "The Gutai exhibitions are always driven by a great vitality and by our desire to make new discoveries about the life of the material that emits roaring screams". 5 Kazuo Shiraga and Atsuko Tanaka came from the *Zero-kai* (Zero Group) experience, an avant-garde group that was formed in 1952 and broke up after only two years to join the Gutai art association at the invitation of Shozo Shimamoto. The contribution of the *Zero-kai* artists was extremely important. Their art, founded on complete originality, sought to start from "zero", in other words, from immediacy and essentiality. The first Gutai exhibition in 1955 took place at the Tokyo gallery of the ikebana master Houn Ohara, in the open-air space in front and the two interior floors of the building. One of the most innovative works was Shiraga's *Challenge for the Mud*, which focused on the artist's action and therefore was already associated with the concept of performance. Shiraga usually used his hands and feet to paint. In this case, he went even further and found some building clay which he placed next to the entrance of the gallery and then staged a sort of combat with the material: with his half-naked body, he threw punches and twisted into contortions as though imprisoned, becoming one with the clay and offering the vision of a genuinely living art. Once the clay had dried, the work was like a painting in every respect. Its surface was dense with marks that vibrated with action and even had a caption. And while Shiraga's work involved gestures and performance practices, Atsuko Tanaka concentrated on interaction with the visitor, using the movement of sound in a very original way. The work titled *Bell* consisted of numerous bells installed in a room at certain distances from one another; the visitor activated them by pressing a button, generating the sound whose trajectory gave the visitor an indirect perception of the exhibition space. At the "Second Outdoor Gutai Art Exhibition" in the autumn of 1956, the works presented were even more daring. For example, Tanaka wore the *Electric Dress*, a dress made of glowing light bulbs and neon lights, which greatly impressed the spectators. Tanaka's work was a tangle of brightly coloured, wearable cables, tubes and light bulbs. In her keenness to incorporate body and movement into the list of her artistic expressions, the artist associated a kind of second skin that foreshadowed the extent to which technology would interpenetrate the organic sphere, to the point of creating an inexorable overlap between our biological functions and industrially sourced apparatuses. From her performance outfit – or "cyberperformance" as Fabriano Fabbri 6 calls it – came a beautiful series of drawings (three of which are part of the exhibition at PAC) that look like a collection of cables, coils, metal tracks, microchips, connection lines, fuses, and that anticipate motherboards, processors and future computer hardware. On first glance, one perceives an immediacy that the artist probably derived and absorbed from abstract-geometric decorative models not far removed from a certain European neo-plasticism. But in reality, Tanaka was demonstrating the perfect coexistence of two different channels of expression in her poetics, super-flat decorativism and performance, in an impeccable dynamic balance.

Exhibiting themselves in action before an audience gave the artists the idea of performing on a stage. In May 1957, the event "Gutai Art on the Stage", a theatrical painting performance, 7 was organised at the Sankei Hall in Osaka. The artists, once on stage, began to do their painting actions, allowing their paintings to go beyond the two-dimensional canvas and expand in time and space. It was an unprecedented exhibition-performance, very similar to the future genre of the happening (which developed from 1959 onwards) and again proving Gutai's extraordinary ability to move in unprecedented directions. With Gutai, the artistic intervention is charged with a special centrifugal force that tends to resolve the object in the action, to expand the meaning and possible expressive scope of the material by presenting it in relation to the artist's body. The work should be understood not as a sublime fulfilment of aesthetic and linguistic research, but as a deeply concrete and lived testimony. Consequently, the artist occupies the uncomfortable but interesting position of the witness, the first to be surprised, to be alarmed, to be affected by all that is happening before his eyes. Gutai, and in particular, Shiraga, metabolises the confusion and violence, the rebellious gesture and the mud to roll in, and this occurs at an incomparably refined level, with a cold impagination and stylism that leaves virtually no residue. It is here, above all, that we find the difference between the great Japanese artist and his Western avant-garde colleagues. Shiraga's gesture cancels time and aestheticizes it, whereas the American and European artists are forced to invent complicated ritualistic gestures.

In Gutai art, the expression is not elicited from the material. Instead, it is the material that is expressing itself. The artist who belonged to Gutai perceived a world that had been constructed at the extreme fringes of the painting medium, too far removed from themselves, so they tried to make the material speak with its tangibility, its clarity and immediacy. This approach, which overturned the existing conviction that works of art were nothing more than the expression of the artists' thoughts and ideas, strived to bring the expressive sphere closer to nature, inasmuch as it is independent and free from the control exercised by the artists' personalities or their ideas. In this attitude, we can trace the influence of Eastern thought. It does not attribute a supreme value to the activities of the human mind, but considers them part of the transcendental whole, known as nature or the universe, in which human beings are included, and regards art as the means for becoming aware of this. This attitude was further emphasised by another artist in the exhibition, Saburo Muraoka, a contemporary of the Gutai, and later led to a very radical form of art practised (fifteen years later) by the Japanese artists of the Mono-ha movement. Saburo was ahead of his time with his radical three-dimensional works, which expressed human life and death using a combination of natural materials and substances such as iron, salt, sulphur, and similar things.

Participating in a work by Yoko Ono, in the sense of creating something together with the artist-conceiver, requires qualities and a mental disposition that are completely different from those of the participatory type found in Allan Kaprow's happenings, for example. What Ono is interested in has nothing to do with something stylistic, but an authentic compromise, of the sort that unites patient and therapist in medical or psychoanalytic treatment. [8] However, this should not blind us to the fact that a key to interpret some of her most powerful works hints at an unusually intense relational violence, as many art critics and historians have noticed. Ono, for example, explores the theme of violence with great focus and subtlety in the performance *Cut Piece*, 1964. [9] In this work, spectators came on stage one by one to cut off the artist's dress with scissors, then taking away the shreds. The action ended when Ono, left almost naked, decided to interrupt it. The artist as an expiatory figure or sacrificial animal who stays there motionless to heal, soothe and become the catalyst for the public's violence, which places the artist's body at the centre of a sadistic game. Here, violence is self-imposed with another nomenclature concerning gender, in which existentialist tautology weighs heavily on the body. And what the artist imposes on herself, she imposes repeatedly. The subsequent outburst of action is of little importance: one waits in vain for a reparatory effect from it, and even less, a restorative effect. The body imposes itself here as an imprint and becomes a tool for denouncing and resisting injustice, revealing a theatre of aggression that acts in a heavy-handed fashion in everyday life.

There is a gap between the knowledge concerning the events happening in the different regions of the planet and the knowledge of the emotional tremors that stir the human being involved in it. Between rational, descriptive knowledge, mediated by language – where there is no question of angst – and direct, sensory knowledge. The core of the suffering is intrinsically unspeakable and unrepresentable, and those who are not touched by it do not wish to hear about it. It is necessary to draw strength from one's own emotions, to look into them at length, to compare them with something one has experienced and knows, in order to be able to find the other and his or her distress within oneself. In order to contain his or her journey of suffering and not infrequently of programmed and imposed dehumanisation. Ono's is an internal encounter, not an ideological one, a departure point for understanding the scenarios of terror, hatred, revenge, but also the slowing down, if not hibernation of conceptual activity, that years of wars, daily bombardments, abuse, violence of all kinds, walls – real or symbolic, of surveillance and separation – have generated and consolidated. In order to shed light on the ambiguity, "on the coexistence of horror with the spectacle of an apparent social normality", [10] in the social organisms and help prevent new errors and horrors and find another exit other than that of catastrophe. The narrowness of human thought, especially when it manifests itself in the form of a world opinion destined to sweep over everything like

8 See N. Bourriaud, "Yoko Ono y la energía sutil", in *Yoko Ono. Dream Come True*, edited by G.B. Kvaran, A. Pérez Rubio, MALBA, Buenos Aires 2016, p. 151.

9 "When I first performed this work, in 1964, I did it with some anger and turbulence in my heart. This time I do it with love for you, for me, and for the world." Yoko Ono, 15.09.2003, Théâtre Le Ranelagh, Paris.

10 M. Viñar, M.U. Viñar, *Dal Sudamerica: Terrorismo di stato e soggettività*, in M. Flores (edited by), *Storia, verità, giustizia. I crimini del XX secolo*, Mondadori, Milan 2001.

an inexorable wave, is immensely dangerous. Yoko Ono turns her attention to the danger behind this narrowness that moves armies and tears down complex civil institutions, and that can lead to desperate acts. She focuses on behaviour seen in interaction with the historical framework and not on categories of mental pathology, although these come into play immediately – pathology is not born in a vacuum. It is not possible to isolate an individual from the social and geopolitical context where the disorder appears. She addresses the invasive presence and ideological pressure of a power that tirelessly aims to destroy social forms and relentlessly demolishes economic reference systems, ways of presenting oneself, ways of living. I wonder about the hypnotic fascination exerted by Ono's work and the models it exhibits. Inasmuch as they are proposed by an artist, these models claim to be "universal", "absolute", "civilised" and "unique", a possible and desirable existential and cultural condition. I wonder about their complex entanglements, capable of addressing the unconscious of others because they come from the artist's unconscious. I wonder about the narrative of the Other that refers to values that deviate from one's own feeling, values that aim at disintegrating the substratum of identity, at the interactive fantasies of non-recognition, at experiences of dehumanisation, humiliation, that shame and activate darkly depressive moods, at the pathological manifestations of the ideology of biological, anthropometric, eugenic modernity, the hidden, infernal face of western civilisation. I wonder about the life that is born and completes its life span in socio-cultural contexts with a high traumatic potential, where it is difficult to contain and develop everyday life events, experiences that light up the imagination and burn the spaces of elaboration and reflection. I wonder about the burden that falls on the psyche when political and military institutions shroud society under a blanket of silence and fear. In such situations, the balance between exogenous and endogenous factors is upset, the former crushing the latter only to have them rise again with a double charge of horror. The language of Ono's artistic force disturbs the complementarity between preconceptions, desires, individual-collective projects and social structure. The circularity between the areas of the psyche and the network of implied and shared values becomes disconnected. Affections, deprived of the usual expressive context, of the background of security, of the transpersonal matrix of shared representations, are silenced, while empathic and civilised behaviour becomes unbalanced, overtaken by violent, aggressive impulses, detrimental to all forms of humanity. The doubt that feeds and gives breath to a depressive position, corroded by a disquiet that daily confirms itself, gradually fades away. Reactivated in its place are behaviours shaped by defensive logics that erect barriers, that blind the vision of the Other and advance a mammoth Manichean simplification. The pages of human evolution and social behaviour turn backwards in Ono's work. Psychoanalysis teaches us that all mental phenomena – such as emotions, fantasies, desires – and behaviours that include acts of terror are meaningful, multi-determined and ultimately comprehensible, even if the understanding is incomplete and imperfect. In other actions, however, Ono's body exposes itself to violent, painful, hindering practices that involve opening up the everyday to the extraordinary, that is, the everyday that gives space to the resistance of an established order and its subversion. The "wound" that Ono often researches introduces an ulterior approach in her work: it is a sign of the body's state of extreme fragility, a sign of pain, a sign that highlights the external situation of aggression, of violence to which we are always exposed. Hence the "wound" becomes the element that denounces society, that which, in the performance, most touches the Other, the one closest, since, while the event takes place, the participation of the body of the Other is actually present. There is no emotional or spatial distance in that precise instant that the person next to the performer feels their flesh socialised. Creating an additional "opening of the body" means symbolically touching this area of the body's extreme consciousness. In short, Ono's body (the expressiveness of her gestures) is in itself a script, a system of signs that represent, translate the undefined search for the Other, her ghosts, her unconscious desires, her relations with time understood as an entity without beginning or end, which one must decipher through one's own body and not through one's own culture. The violence of Ono's works besieges and suffocates the viewer with the exuberance of her meanings and images, fogging up the fine structural or hermeneutic lenses adopted from time to time and laying bare – to the point of dismembering them – the objects that make up the raw material of her thinking. With reference to these aspects, we can define Ono's work as "liminal research", because violence constantly invades her moral and mental space. In fact, her narrative causes a metamorphosis in those who witness her actions, forcing them to take on the difficult and painful role of witness. Violence produces a specific disconnection between seeing and knowing, and not only in those who suffer it.

The burden to which I allude is not only that derived from witnessing dramatic events, or from the ethical commitment that for the artist entails the duty of remembering together with the victims, but that originating from the very nature of this direct knowledge that transforms the listener into someone who sees: as if he himself had witnessed those events. It is precisely for this reason that Ono's performances challenge the usual cognitive strategies, generating an uncanny proximity between listening, witnessing and experience. Her work frequently empowers feelings and sensations of annoyance and intolerance, with the representation of pain as the background.

Chiharu Shiota's work on her own body, on the other hand, is very different. As the artist herself stated, it is closer to Marina Abramović's performance experience: a narrative that weaves the bodily and psychological elements into a complex web of meanings. [11] The body on exhibit, also in complex situations, rituality, sexuality, memory, are elements of the same language that unites and brings the two artists closer together. Although in Shiota's work they form a different stratification. Shiota's body becomes the mediator and conceptual reference of her work. The artist works with a variety of materials to explore the regenerative qualities of identity in relation to cultural origins and universal constructs. Her performances have an abundance of willpower, but also submission to fate, which appears beneath the mask of the body. Death as a demonstration of the body's vulnerability and, at the same time, an opportunity for psychic resurrection – an opportunity to free oneself from one's own physical dimension and thus triumph over death, even if only in the imagination – are her constant preoccupations. Shiota represents the body both as death and as a living memory, as a surviving silhouette. The emergence of the imprint left behind as a residue of the body draws a violent space between experience and representation. For Shiota, the body is simultaneously substance and a timid, reluctant shadow. Mankind possesses it, but the body possesses mankind and conditions his emotions. Shiota's work is characterised by a refined inclination towards aesthetic resolution. Her compromise with place, materials and process is a way of bearing witness to a life of constant intensity that has always entailed risk, an exception to the rule, a condition of exclusion, an uncomfortable way of being in the world. We could say that her work is an existential form, or rather, existential material.

Shiota's body – even when it disappears from her installations to be replaced with objects such as clothes, shoes, beds, suitcases, etc. – is in itself a kind of script, a system of signs that represent and translate man's undefined search, his fears, his anxieties, his unconscious desires, his relationships with time, understood as an undefined entity, with no beginning or end, which it is important to know how to interpret. Through her performances and installations, Shiota recreates a kind of neo-natal situation between herself and others, where gestural language is welcomed into one's body even before words are spoken. Her characteristic "body language" emerges through a series of actions addressed to the audience, in which the artist attempts to touch the depths of being through devices of suffering, deprivation, and impenetrability. The naked body and undressed body, the present body and absent body, action and passion of art and the gaze. Beautiful body, sublime body, sick body, evoked body, extraordinary body: the gaze plays at inventing its meanings. Nestled here are the forms and symbols of seeing that inscribe geographies and geologies of representation in this undefined territory. Shiota's body appears as figure and object, object of desire, body of power, body politic. The body as geographical writing draws the planes of meaning, from the canons of art to those of its political meaning. The geological writing of the body, on the other hand, speaks of its layers, of biological and temporal depth, of the interiority of the flesh.

The "body language" of Ami Yamasaki and Fuyuki Yamakawa develops in different spheres but originates from the same

11 It was December of 1997 when Shiota met Marina Abramović in Kerguéhennec, France, where Shiota took part in a workshop held by Abramović. See: M. Kataoka, J. Putnam, *Chiharu Shiota*, Hatje Cantz Verlag, Berlin 2011.

12 K. Centonze, "Vibrations of 11 March 2011 in Japan's Performance Scene. Yamakawa Fuyuki and the Sound of Radioactivity", in *Rethinking Nature in Post-Fukushima Japan. Facing the Crisis*, (edited by) M. Mariotti, M.R. Novielli, B. Ruperti, S. Vesco, Università Ca' Foscari, Venice 2015, pp. 117-118.

13 *Op. cit.*

14 The photographs on exhibit are the same as those used in the 2019 *Human Spring* solo exhibition at the Tokyo Photographic Art Museum, where they were exhibited as a covering for symbolic empty coffins.

substance. The instruments used by Ami Yamasaki to express her musical poetics apparently seem very simple to us: the clicking of the tongue on the palate, the rapid movement of the glottis, the atypical use of frequencies that make vocal cords vibrate, and a thousand other vocal effects that we have all tried to recreate at least once in an attempt to imitate the sounds of nature. Yamasaki's work is a love letter to the world of nature and life itself, more vital than any response. She sings as she works in each location and the arrangements she creates are a direct response to the acoustic feedback she receives. She sings and listens, and little by little the space begins to make her music. All interwoven with light, space and time, Yamasaki's voice has timbral characteristics that make it unique. As limpid as spring water, her prodigious range goes from high-pitched to low-pitched sounds, acquiring a unique intensity through sudden changes in vibration, alternating transparency with dense, dark tones, and to stunning effect, bursting forth with a double emission of tones bound in harmony. Yamasaki's voice - which is the body made into sound - is an instrument she uses with unusual expressiveness. The extremes it touches, the hints of glossolalia, and the forays into lyricism are not only part of an entirely original musical syntax, but are also her very personal "body language". Fuyuki Yamakawa's performances, on the other hand, are distinguished by the extreme intensity of his singing performances based on the peculiar technique of *khoomei* (a singing method unique to the traditional music of the Republic of Tuva, Central Southern Siberia, the Altai Republic and Mongolia). His work transcends the boundaries of music and visual arts. Using technologies such as bone conduction microphones or synchronising his heartbeat with light bulbs on stage through an electronic stethoscope, he creates a deep resonance with the space and bodies in the audience. Yamakawa understands this interweaving of technology and corporeality as practices of self-extension and bodily amplification. For him, it is as though the audience enters his body. He enlarges and expands his heart activity, his signals, from inside his body to outer space, generating a totalising experience between himself and the spectators. As the artist himself often explains, he undergoes an "electrification of the body" [12] during his performances. Yamakawa sees his work in terms of inputs and outputs passing through his body, and explores the system of the body and its possible aesthetic effects while orchestrating his somatic apparatus. We could say that his body inhales, processes and then exhales things that cannot be heard or seen. Consequently, he is involved in the creation of sound and its performative execution, rather than "producing music". [13]

On an entirely different front, Lieko Shiga's work seems to strike a chord with an audience accustomed to aseptic relationships with death. The artist portrays the scene of death and destruction in Kitakama, on the north-eastern coast of Tohoku, which was hit by a devastating earthquake on 11 March 2011. The more colourful her photographs are, the crueller they reveal themselves to be. They are the site for the creation of the social sublime: the opening onto a mentally boundless visual and cultural chaos; the respectful and distant approximation of spontaneous social powers or structures far above any mechanism of apprehension; the transfiguration of modernity into aesthetic sophistication; but, despite this, Shiga's works continue to be a violent attack on the organic body of the subject (as a viewer) and, by reducing bodies to their essence, they also open a violent discussion on the body politic, since the corpse is simultaneously a thing (something) - materially present but characterised by the absolute absence of subjectivity - and a nothing, a meaning deprived of its point of reference, its master. [14] The contradiction between the materiality and the nothingness of the corpse looks towards the co-option of the body and the colonisation of postmodern subjects by neoliberalism. So, what might be perceived as "improper" violence in Shiga's poetics is not inappropriate, but found in all those who enact a form of prevarication. Violence, the reconfiguration of the meaning of death by natural cataclysms, memory and other themes crucial to new patterns of values and relationships, detonate the interest in rethinking geopolitical zones of belonging. In this way the death of the organic body also represents the death of the body politic. Her art makes this metaphor literal. After all, death represents the absolute change of state. This change of organic and political state is an "interruption in the course of the world" - as Walter Benjamin called Baudelaire's work. Benjamin argued that his violence, his impatience and his rage arose from this intention to interrupt the course of the world. There also arose from it his constantly-renewed intentions to tear the heart out of the world. Today we could say the same of Shiga's work: the violence of her images and her repeated attempts to strike at the heart of the world trigger in her a stimulating accompaniment to death: life.

The power of the image surfaces when it is taken out of its context. Images encompass a range of meanings, vast fields of possibilities. Its condition of appearing, of acquiring meanings in distinct moments, implies a manipulation of time. It refers to its paradoxical anachronistic condition, full of layered times, survivals, durations. The history of images is a history of temporarily impure, complex, overdetermined objects. In this sense, the images in the film *Mud Man* by Chikako Yamashiro cannot be analysed as mere documents of history. [15] They are also events. They acquire unforeseen meanings, anachronistic in relation to their time, historical insomuch as they are a verifiable experience in a time and place: the place where they originated is where unexpected meanings that are perceived as symptoms are actualised. Yamashiro's work can be traced back precisely to the image/symptom described by Didi-Huberman: the appearance that interrupts the normal course of the representation. [16] The symptom refers to a complexity of the second degree. It appears inconveniently, disturbing our present. Yamashiro's images are not documents of history, or configurations inscribed in a linear and unique narrative. Their coming into being is continually permeated by survival and repetition. They interrupt history, they produce it; they are vital, alive, complex. Yamashiro's work seems to state that if the narration of facts is presented as an oral narrative in a certain type of discourse, we cannot necessarily conclude that the reference to reality has been cancelled out. Instead, it is a displacement. This reference is no longer immediately provided by the narrated or reconstituted objects. It is contained in the creation of models (intended to make objects thinkable) adapted to bodily practices. Yamashiro uses flesh and earth as metaphors to personify the body politic of Okinawa. The film is hard to forget. It takes an original approach to historical memory and the stratifications contained in a territory; it deals metaphorically but also physically with the complexity of history, with a final montage that blends wartime reminiscences and beatbox rhythms. This work has distinct sediments of meaning. In turn, they return, open up, and are mixed together, assembling networks of meanings that articulate themselves as much with their historical context as with the context of those who interpret them from the present.

The works of Makoto Aida and Finger Pointing Worker/Kota Takeuchi elaborate the concept of the survival of images. They create their own status or internal logic through schemes that reflect mental states, which – in turn – are transformed into images. This question requires that the spectator be active, educated and equipped with tools and comparisons for recognition. Exercising a pliant perception, the ability to penetrate the double meaning of things involves developing the faculty for inventing metaphors, for seeing one thing through another, for fashioning a labyrinth of intricate voices. The meaning of Makoto Aida's works shows itself as an image that is a constellation of ideas, impulses, latent visions, an image that only a script capable of interpreting the world can understand and decipher. Aida often tries to use shock value in his work and is not interested in simple, predictable reactions from the audience. He does not want the audience to simply laugh or get angry. He wants to provoke a dilemma. Visitors to the exhibition have to think about whether to laugh or be angry. Aida likes producing works that make it difficult for people to decide on a particular situation. He wants to stir complicated emotions. Human beings are interesting to Aida when they show complex and unexpected reactions. It seems to me that Aida always tries – through provocation – to push the viewer that one step further, to take a fresh look at everyday life by presenting scenes that are only seemingly banal. His works reveal an underlying ambiguity originating from Japan's turbulent history during the 20th century, which includes a long list of events: Japan's modernisation during the Meiji Restoration, its military incursions into Asia and its defeat in World War II, followed by the post-war Allied occupation. Then there was the nation's "economic miracle", which created the economic bubble that burst punctually in the late 1980s, and was followed by over two decades of deep malaise characterised by a vague sense of unease and lack of direction, reflecting the nation's lack of leadership.

One interesting interpretation of the work *Finger Pointing Worker* – a project represented here by Kota Takeuchi – is that he does not reduce his images to a simple document of history. Takeuchi tells us about the Fukushima nuclear disaster of 2011. Living and working in Fukushima himself, he uses his art to explore how humans interact with their environment, whether through tactile means or technology, and how we relate to a place through its history. Although there is speculation that Takeuchi is the worker at the plant shown in the video, the artist has never admitted this, claiming that it would be very hard to confirm the truth simply from the video. In our "entertainment society", where everything and everyone is openly and continuously exposed, there are still things that remain invisible to our eyes. And this could well be applied metaphorically to a real "site" abandoned due to invisible radiation.

Kishio Suga has been making and exhibiting his work since the late 1960s as a member of the art movement Mono-ha (literally "the school of things"), which formed and evolved in Tokyo between 1969 and 1972. The only artist in the group to continue its practice and research to this day, in over forty years of work, Suga has continued to explore its basic themes and concepts. Through arrangements and combinations of natural or industrial materials, Suga calls into question their physical presence, existence and relationship with the environment, creating site-specific installations in space and time. The relationship between the individual and the material is one of the artist's central themes, and he explores it further through actions in front of an audience, defined as "activations". During these activations, Suga adds and alters new materials, revealing their new meanings and aspects. Through a process of tension, the artist creates what he calls a "situation" (*jōkyō*) specific to the exhibition, where the existential connections between the different materials in the work and the surrounding space are accentuated. In fact, in Suga's practice, the concept of interdependence between different (*mono*) objects plays a central role, a way to create a single entity. This allows the visitor, on the one hand, to observe the surrounding environment in its entirety, including the relationship with the garden outside through the glass windows, and, on the other, to perceive a non-visible space, generated by the presence of the work of art. [17] Here, rather than being a question of wanting to recognise a sort of formal statute of the Mono-ha movement, it is an inclination that best embodies this desire to problematise – starting with an *ars combinatoria* – the relationship between images and ideas, residual history and rules of control, anonymity and subjectivity: a network of meanings whose own nerve point for approaching the problems of representation lies in the objects; the works are used to observe a reality that is always fleeting, and generally leaves only value judgements, tending to reduce the ambiguity and multiplicity of the images to categories that schematise the multiple nature of their visions under binary principles: local/global, centre/periphery, reality/fiction, presence/absence. On the one hand, these concepts help us think about the tensions between the worlds located inside and outside the main centres of power (to reflect on the importance of the clashes, encounters and interchanges of this trafficking of information, materials and territories), but which oblige us to discuss differences from a perspective that accepts the existence of a broader perspective. The synthesis of this substratum emerges perfectly in Kishio Suga's art: work based on the most radical and absolute immediacy. The objects – real, often commonplace and trivial – are the things that act directly in our line of perception. Suga recounts reality and ponders the existence of intangible realities. He responds to the morphological freedom of external forms and internal structures, using various unconventional artistic mediums as auxiliary tools to express complex concepts. Suga's post-minimalism relates with a political, social and cultural conceptualism that confirms and reaffirms the desires, fears, dreams and also the contradictions of a society – the Japanese society – that is experiencing modernity and living through unresolved political situations. In this scenario, the artist juggles with enviable ease, wise intelligence and just the right dose of irony to transform the incongruities of life into a theatre full of possibilities for the often absurd and contradictory game of our living. Observing – as we know – is never a mechanical or even naive act: we are never faced with unquestionable evidence, because sight and mind are always in a "false" condition, influenced by the anticipations, prejudices, scientific and even metaphysical convictions of the observer. Clearly, it is not enough to want to see (or hear, or understand) in order to truly see; having a "true" experience of the world, without becoming confused by one's preconceptions, is difficult. The problem is one of interpreting "phenomena" understood not as events in themselves (a positively utilitarian aim of the specific sciences, at least in the intentions), but of how they appear to our consciousness. In this sense, and for this reason, the playful illusory nature of Yuko Mohri's work strives for the coexistence – in phenomenological terms – of procedures of "eidetic reduction" and 'epoché'. It is the suggestion of a sceptical

15 The film is set in Okinawa and on the Korean island of Jeju, characterised by a geopolitical context and a history of mass killings similar to those in Okinawa.

16 G. Didi-Huberman, *Davanti all'immagine. Domanda posta ai fini di una storia dell'arte*, Mimesis, Milan 2016.

17 Y. Hasegawa and V. Todolí (edited by), *Kishio Suga. Situations*, Mousse Publishing, Milan 2017.

suspension of all rational judgement in favour of that healthy creative and liberating doubt with, dare I say it, boundless possibilities. The power of Mohri's work encompasses various energies and vibrational phenomena and can be interpreted in a variety of ways. For example, it could be seen as a resonance of emotions caused by the behaviour of different objects, or something not unlike a supernatural phenomenon. It expands the senses, currently buried under the technological environment that pervades the spheres of everyday life, and engages the viewer's physicality in a new environment created by the site-specific artist using sounds, objects, inventions and previous perceptions. [18]

Instead, the bodies shown in the films by Japanese director Yasujiro Ozu seem to be the visual references for the artist Meiro Koizumi. In the sense that the representations of the inner self are reduced to a minimum, to a set of gestures within a rigid structure. Ozu's films are like puppet shows that use the bodies of real actors. Ozu never believed in conventional film language; he wanted to create his own language. And he succeeded, inventing his own highly personal style that no one could copy. On the surface, everything seems very ordinary and undramatic, but once viewers sense the layer beneath the appearances, they realise how dark and pessimistic his visions were. [19] Emptiness, absence and silence play an active role in his cinema and Zen art, and never a passive one. The sound and dialogue give meaning to the silence. The sobriety and apparent technical stillness of Ozu's films allow the characters, without any fictitious interpretation and at times expressionless, to converse mutely with the silence of the frames. Everything is condensed into a composition that looks to the most absolute meditation in search of an understanding of the essence of reality. And for some time now, Koizumi has evoked the theme of kamikaze sacrifice in his works, convinced that until people face history with the right awareness and without attempting to erase memory, images of sacrifice and death will continue to remain alive in Japanese culture. All the more so in the face of new war scenarios. [20] Many kamikaze pilots left farewell notes for their families. Koizumi read many of them and drew his own conclusion, which starts with a question: were these pilots ordered to kill themselves or did they voluntarily sacrifice their lives for the nation?
In general, for the left-wing parties, they were victims of the war who were ordered to kill themselves. For nationalists, on the other hand, they were heroic soldiers who volunteered their lives to save the nation's pride. Koizumi believes both stances are valid. Not that some were voluntary and others were forced, but in the sense that it was both an order and a voluntary act that could spring from a person's own mind. The work in the exhibition, *We Mourn the Dead of the Future*, tackles such a split subjectivity very well.
To create the work, Koizumi collaborated with Theatre Commons Tokyo and twenty young Japanese performers who were all faced with a single question: for whom did you sacrifice your life? Rain falls incessantly on a former US Army base in a gloomy and dismal setting. Several bodies are piled up on one side of the field, while others are lying face up in a neat row on the ground. During the action they could only move from one group to another after agents in white coats and masks had formally escorted them, in a dystopian ritual, one by one to a makeshift platform. There they were forced to kneel with their hands behind their backs. After that they swore allegiance to the concept of self-sacrifice or the principle of individual autonomy. After a swift and violent movement of the head – reminiscent of a primitive form of capital punishment and enhanced by very briefly speeding up the film – the performer was then dragged to one pile or the other and buried. A circle of spectators surrounded them, holding umbrellas and taking photos. Their silence is accentuated by the sound of the rain. This surprising passivity calls into question their innocence. The whole ceremony is a loop that plays forward first and then backwards, again and again. This

18 K. Kanazawa (edited by), *Yuko Mohri: Assume That There Is Friction and Resistance*, Getsuyosha Limited, Tokyo 2019. The installation at the PAC is one of the variants of *Moré Moré (Leaky)*, 2009, inspired by the emergency measures put in place by Tokyo metro staff to deal with water leaks at stations.

19 R. Keehans, S. Suzuki, *Meiro Koizumi. Stories of a Beautiful Country*, Centro de Arte, Caja De Burgos, Burgos 2013. / See: P. Schrader, *Il trascendente nel cinema. Ozu, Bresson, Dreyer*, Donzelli, Rome 2010.

20 A. Zohar, "Meiro Koizumi, The Kamikaze Projects: Towards a Definition of the Third Generation in Japan", in C. Medina, A. Labastida (edited by), *Meiro Koizumi: Portrait of a Failed Silence*, Museo Universitario Arte Contemporáneo, México City 2015, pp. 36–49.

21 Plotino, *Enneadi*, II, edited by Giuseppe Faggin, Bompiani, Milan 2010.

22 P. Schilder, *Immagine di sé e schema corporeo*, Franco Angeli Editore, Milan 1973, pp. 36–41.

23 The work on exhibit, *LOVE/SEX/DEATH/MONEY/LIFE* is a new computerised 2018 version of the films projected during the *S/N* performance created in 1994: *S/N* or Signal/Noise is about the AIDS infection of the co-founder of the group, Teiji Furuhashi. The performance challenged the thin line between theatrical fiction and reality in an unusual talk show style (where Furuhashi himself and another pair of performers disclosed that they were homosexual and HIV-positive). A long series of images, texts and drawings addressed these themes, with videos, new dance, slides, lights and sounds.

reinforces the feeling that the dichotomy of the two ethical positions expressed in the introduction simultaneously evokes the ghosts of the past and the potential "heroes" of our future. Within a painful and spectacular vision, there is rebirth. The beginning of a life following a sacrifice.

In the inventions of the Dumb Type collective, the immaterial and material systematically confront each other. The Dumb Type are the authors of works that speak to us not so much of an absolute that materialises and becomes visible, or of an epiphany, or a manifestation of some kind of absoluteness, here and now in the concreteness of the material; on the contrary, they speak to us of a trace that reveals the concealment, the ascent towards an infinite vanishing point of the material, that affirms emptiness, perhaps even nothingness. They speak of the absolutely *other* with respect to the epiphany of the absolute in the material. It is as if they were hinting at a movement that goes in the opposite direction, opposite, to the movement of the revelation of the absolute in the material medium, in the painting, in the icon; they speak not of the manifestation of the invisible in the visible, but of the rediscovery of the visible in the invisible. Therefore, nothingness and emptiness. Plotinus thought at length about these concepts, and distinguished between the nothingness that lies above and the nothingness that lies below. [21] The nothingness that lies below is the poor, miserable nothingness of annihilation, which imprisons us in a net. It is necessity. The nothingness that lies above is just the opposite. It is freedom. It is the fact of not having schemes, something that imposes itself on us and dominates us. And it is precisely the artist who gives us the possibility of this highest experience of nothingness. Facing the work, the artist questions himself. He tries to understand what he has to do. That single thing, that single gesture, that single line that rests on nothingness, and there the circle closes.

In the early 1990s, the Dumb Type found themselves caught up in the horrors of illness and death. They created their work in an uninhibited path of actions and images in which the most disparate feelings, emotions, discomfort, repulsion, unpleasantness, and even rejection coexisted. And it was here that the Dumb Type first defined and developed their body image. With the expression "human body image" [22] Paul Schilder defines the mental picture that we make of our body, in other words, the way our bodies appear to us. We receive sensations, we see parts of the surface of our body, we have tactile, thermal, painful impressions, sensations from muscular innervations and sensations of visceral origin. But beyond all this is the immediate experience of the existence of a corporeal unity, which, if it is true that it is perceived, is on the other hand something more than a perception. It is a "scheme of our body" or "body scheme". The body scheme is the three-dimensional image that each person has of himself or herself and can also be defined as "body image". This term indicates that it is more than simply a sensation or mental image, and that the body also takes on a certain appearance ("postural pattern") in reference to itself; it also implies that the image is not merely perception, although it reaches us through the senses, but involves mental patterns and representations. We know that image and perception are based on the same somatic processes, but there are also intellectual processes, thought processes, and illusory elements concerning the body to be considered. Dumb Type's work on the body, the way it uses the body as an instrument for measurement or experience, for fragmentary decoration, its tracing, its valorisation as the centre of desire and pain, its narcissistic or sacrificial fulfilment, its eroticisation, the identification of its extraneousness, its role in transgression, its mechanical functioning, are all experimental practises that form the artistic launchpad, defined according to terms chosen exclusively by the person responsible for the work's creation, with no external conditioning.

Following the violent encounter with AIDS that struck the group's co-founder, Furuhashi Teiji, the central theme in S/N focused strongly on the disease and the related social issue. [23] Living and working together as group members in a community, which obviously included Furuhashi, and sharing both work and life, Dumb Type quickly transcended the role of being just another performance group on the cultural scene. Not only did the shared experience remain within the group, but it also acted as a catalyst to transcend the group's aesthetics by bringing questions of identity politics into the public sphere. The group confronted this experience and began to cultivate its own trajectory, accepting the facts and consequences of the illness, engaging with the situation as much as possible and seeking the notions of its own truth, which did not necessarily follow the norms, classification or process constructed and justified by the systems of science and social institutions. Understanding all the social issues that surrounded the stigma of AIDS, the Dumb Type turned into a group of activists who used their works to tackle issues such as gender, sex and notions of life in general. Dumb Type perceived those types of social interaction emerging and reacted accordingly by giving them a specific form, precisely as in the 1994 S/N project.

From a metaphysical perspective, S/N represented the notion of subjectivity as in the meaning of the term developed by Felix Guattari and Suely Rolnik, "situated not in the individual field but in every process of social and materialised production". [24] Subjectivity was to be understood as a battlefield, the centre of a capitalist economy, a form of life that reduces the world to commodities and (self-) destructive psychosis. The re-appropriation of the creative impulse and vital power that live in all of us is the obligatory condition required to begin rethinking our daily existence micropolitically as a sphere within which to imagine, desire and experience concatenations that differ from the current ones. It is from the desirous re-appropriation, individual and collective (Rolnik writes), from the ethical purpose of the drive for life, in short, from its ontological re-appropriation, that a collective change in its utilisation can emerge, in favour of an ethics of existence. While it is true that subjugation and subjectivation mutually produce their own sustainability, it is necessary to resist in one's own political sphere of production of subjectivity and the dominant desire in the contemporary version of the regime, to resist the dominant regime in ourselves. While the action of the colonial-capitalist regime turns its attention to the body and the innumerable forms of expression that emanate from its life force, exploiting them (according to the aforementioned prostitutional logic) in a constant striving to make subjectivity nothing more than an experience as an identifying subject, micropolitical practice, says Paul B. Preciado in his introduction to Rolnik's text, must necessarily start again with the re-appropriation of the knowledge of the body, sexuality, affections, language, imagination and desire. The real factory is the unconscious and, consequently, the most intense and crucial battle is micropolitical. To start again, therefore, from a cartography of languages, popular culture (despite the ambiguity that comes with this definition), daily fugue practices, "techniques" to preserve and valorise one's own life, which allow us to grasp subjectivities in the multidirectional relationship that situates the subject in the space-time dimension in which he acts. To begin with humility and without preconceptions from this epistemological and cartographic reconstruction of subjects, to subvert the asphyxiated grammatical signified/signifying relationship applied to terms such as solidarity, mutualism, wellbeing, desire, struggle, life, ecology, relationship, enjoyment, pleasure, time, freedom, migrant, foreigner, and to restore them to the polyphony of expressive instruments that belongs to them.

The work of art is the synthesis of the intensities, the passions, the inner life of its creator; of the same form, to speak of art is to construct a discourse that is converted into a place of resonances where both the affections of the artist and those of the speaker are combined. The work of art is the reflection of a soul's state, the materialisation of a vision of reality that reawakens feelings yet to be expressed, those that can be encountered in the womb of a lost time, an image of eternity. The work of art is the perfect harmony of itself and the most intimate essence of its creator. The artist's personal experience, full of meaning, lightens or intensifies the greatness of his creative work; but to what extent? Life and creation in art are two realities inextricably bound by a force that at some point surpasses them, and the work then emerges with a life of its own. Submerged in this environment where the problem of art often seems bleak, where artistic creation often finds itself in a dead-end street, there emerges the work of a woman whose aim has always been to go much farther than herself. In order to grasp the intimate relationship that exists between Mari Katayama's art and her life, we are confronted with fascinating and numerous oppositions; an odd mixture of energy and fragility, exalted enthusiasm and pain. But what relationship does the woman have on the inside of the process of artistic creation? How does she tackle the problem of art? What language does she use and what are her mediums? In most cases, there is no denying that women's thinking is determined by the structure of their bodies: day after day, a mirror confronts them with themselves, a current of existence that is the indisputable and miraculous proof of life itself. The body is a space of continuous coming into being where its being manifests itself. In the terrain of art, the woman's body, a receptacle of life, constantly nourishes and articulates her conception and work as an artist. It is not my intention, however, to extol the role of women in art through Katayama's work, nor to polarise her specificity as a woman in artistic creation. I am merely pointing out how the language of the woman artist starts from a specific and concrete reality: the image of the body. A language that becomes anatomy, that becomes the body and, for this reason, is *other* and *different*.

These aspects actually underpin a more complex discipline, made up of constant and critical work in relation to identity and society. Insisting on this path, I had the opportunity to read Didier Anzieu's research on the production of the work at the hands of its creator and how the artist projects the image of his own body into his work. [25] Although Anzieu's work is limited to the study of literature (except the last part of his book *Le corps de l'oeuvre* where he refers to Francis Bacon's work), I have taken some of his ideas to explain Katayama's relationship with her art and the form in which her works tackle the body, starting with the intensity and power in how the artist represents herself in the world. The image of the body is one of the cornerstones of a woman artist's thinking. This manifests itself through an intimate and internalising way of learning about things, which she expresses in a language of metaphors, silences, discontinuities, opposing feelings, an extraordinarily ambivalent and secret language, close to poetry. In this way, Katayama resorts to the image of the body, real or translated, as a privileged place of reference at her disposal towards the outside world: in other words, through it, phenomena coming from outside – including the phenomenon of art – resonate both in the body's internal structure and in its anatomy and also in its thinking. Through her art, Katayama conveys a painfully fascinating world of emotions and sensations from her life as a woman. As Katayama's work is highly autobiographical, the artist reveals in her compositions desires and obsessions that stress an inclination toward illness and physical disability, themes that take hold of her and appear as recurring images in her work. Her individual experience shines through so powerfully and authentically that it transcends its purely personal character to become more universal; for this reason, Katayama has approached her creations as a flow of intensity, as a movement of energies expressed in elegant and refined self-portraits, true power lines on which she has built her art. Hence the importance accorded to the image of the body in this universe, an image from which the language of forms is woven to construct a work that does not allow for decomposition into structures, but where the body seems to incorporate and contaminate the photograph, infusing it with a biological rhythm that makes it eminently alive. Silent, motionless, paralysed and captive bodies. In Katayama's works we encounter the image of the body functioning as the centre and master of space, from which everything seems to enter into a disturbing dialectic of the Ego and the Other. From the most naïve representations – if this artist's compositions could ever be defined as naïve – to the most elaborate and constructed ones, for her the body is a setting where anything can happen, a setting in which something is liberated, the setting of being. It is thanks to the body that the existence of the world and things is revealed to us as something "already given", that "is just there", prior to any reflection and all scientific knowledge. There is also a spontaneous relationship between the world and the body expressed by the desire to grasp things from their origin, to find a simple and naive contact with the world, to discover things in the very relationship in which they look towards any corporeal individuality; in a word, by the desire to discover the act of feeling. In short, this is the object of phenomenology in Mari Katayama. In this close relationship is an interchange between the I (body) and the You (world), which means that there is a reversibility. In Merleau-Ponty's thinking, this reversibility or "chiasmus", as he calls it, is the passage that allows us to exist in this magical flow from us to the world and from the world to us. But why expose the problem of phenomenology here and compare it with the conception of an artist for whom the act of self-reverberation lies in a delicate boundary of the experience of the body and the exterior world? Perhaps because Katayama establishes a language through this long inner journey of the body, trying to learn and project what happens in it. I also believe that the relationships, effects and changes between man and the world take on greater shape – among the various creative or transformative activities of reality – precisely in the act of photographing. So, in this artist's universe, the identification and coexistence between her body and the world are subject to a constant process of imbrication; her image has an intimate and close relationship to the outside world, and her work is her best witness. In almost all of her pieces, Katayama's body, real or symbolic, is present, even if we do not see it

24 Y. Miya, "Amateurism. Inside Dumb Type", in *The Dumb Type Reader*, (edited by P. Eckersall, E. Scheer, F. Shintar), Museum Tusculanum Press, Copenhagen 2007. See F. Guattari and S. Rolnik, *Molecular Revolution in Brazil*, MIT Press Ltd, Los Angeles 2007; S. Rolnik, *Esferas de la insurrección*, Tinta Límon, Buenos Aires 2019; S. Rota in www.associazionetransglobal.jimdofree.com

25 Catherine Chabert, *Didier Anzieu*, Armando, Rome 2000.

represented. It weaves a web of provocative figures and situations that at times awaken in the viewer confusion and at other times states of obvious anguish. It is here, in this close relationship between bodily experience and the creation of forms and characters, that her work develops and where the structure of the "chiasmus" should be sought. Given the artist's profound awareness of her body, it becomes the only vehicle of her being through the world, so it will be at the centre of what is visible, including when she replaces it with the Watarase River contaminated by the upgrading of the copper mine in Ashio. Her body is the unperceivable term towards which all things look. It is the support in her universe. Most of the time, it is placed in a strategic situation where the body unites her directly with the other elements of representation. The body prevails absolutely and serves as a background to the relative prevalence of the forms that surround her. The transcendence of the body is in fact what characterises her works. Narcissism? Probably. However, is there not a basic narcissism underlying everything? Since it is the body that shapes things and, conversely and simultaneously, things shape the body. It projects itself into the world and the world is reflected in it. Therefore, the image of the body, the centre of figuration, becomes the receptacle of all visibility. It is the beginning and the end of her universe. Through its image Katayama shapes all her creations as something that is part of her own definition, as an annex of herself, as an extension of her being. Returning to our investigation, we can conclude by thinking about how the autobiographical traces in Katayama's work help us penetrate a world of pain and anguish, where the artist deals with physical torment and her relentless battle against existential loneliness. [26] In this regard, Jean Guillaumin offers the hypothesis suggesting that corporeal experience constantly articulates and nourishes creation, and that it is thanks to this that we can discern the laws or great rhythms that bind the body of the work to the real and present body of the author. [27]

The same is true of Yui Usui's work. The narrative path of her works originates from real, everyday, sometimes even trivial events. Her creations do not spring from nothing, but need the stimulus of a scene, an object or real event to set them in motion. The world around her is her theatre of action, the book from which she draws her inspiration. The large acrylic frames hanging from PAC gallery ceiling look like large laboratory test tubes, just like those used for in vitro fertilisation. The title of the work, *in vitro*, refers to what happens outside the body under artificial conditions. With the progress of science, the mystery surrounding the birth of life has gradually been unravelled and clarified. At the same time, it is also necessary to advance our ethical value judgements in response to new areas of research that have not been considered before. The delicate organza in the frame has been embroidered by the artist and casts a shadow on the floor. Usui's work focuses on the role of women and those jobs considered to be exclusively for women and to which women are relegated in Japanese society (and not only in Japan). Her pregnancy undoubtedly influenced her development of the theme. Most of the embroidered motifs are associated with children and families and are symmetrically in pairs according to chromosome structure.

The question of the body, in the same vein as that of the phenomenon, lives on the wave of the opposition between a body (*Körper*) confined within the dimension of mere extension, spatiality, materiality, and a body (*Leib*) understood as psycho-physical unity, and thanks to a self-reflexive ability, capable of "feeling" itself, of identifying the sensations felt as "one's own". [28] However, whether one speaks of the "body-object" or examines the body as the site of individual experience, looming on the horizon is always the idea of a unity, an univocity, and ownership of the body, and the need for a "subjective" organisation of one's relationship with the world. While in the final analysis, the phenomenological approaches of Husserl and Merleau-Ponty can certainly be

26 S. Baker, *Mari Katayama. Gift*, United Vagabonds, Tokyo 2019.

27 Jean Guillaumin, "Lettres et Psychanalyse, entre pesanteur et sublimation", in *Corps Création*, Presses Universitaires Lyon, Lyon 1980, pp. 7-9.

28 See G. Bornino, *Il pesa-nervi*, Mimesis, Milan, 2016. In the *Meditazioni cartesiane* of 1931, the German philosopher Edmund Husserl theorises the term "body": the *Körper* (= body-object / representation) it is what one has, that which occupies a space, that which can be measured in certain quantities, such as weight and height; the *Leib* can instead be defined as an entity that responds specifically to experience. The first is something common to everyone, while the other determines possession and uniqueness in what Husserl defines as "the perceptual act". Here one is both the subject that perceives and the object that is perceived: he knows through experience and is a body that has lived, but that is always on the point of objectification. The French philosopher Merleau-Ponty translated *Leib* with the French *chair*, "living flesh", which inhabits bodies so differently that it can be defined as peculiar: experience is the result of flesh inhabited by a specific chemistry for each being, which exerts pressure and directs choices, where the physical organ is subordinate to the exercising of a reasoning on that organ.

credited with having emancipated the body from the ungenerous interpretation of experimental psychology, with having criticised a rationalist idea of perception, and with having succeeded in relocating the self on the world stage, Leib's definition is still not enough to account for all the potential inherent in corporeality. In this contribution of mine, which is bound in concept to that philosophical tradition (from Gilles Deleuze to Jean-Luc Nancy, Paul Ricouer and Michel Henry) that has questioned the organic nature of the body, pointing out, rather, its infinite subtractability, I have attempted through a specific interpretation of contemporary Japanese art, to bring out the "body" in its eminently "pathic" character, highlighting not so much its intentional, organisational capacity as its fragmentary nature, its fragility, arising from its constitutive openness towards the outside, the foreign, the unknown. The theme of the body, rather than being a theme of specific interest, given that by its very nature it cannot be grasped except in its occurrences, is the *leitmotif* of this entire text, according to a series of different declinations. The general aim was to re-evaluate the sphere of *aisthesis*, of materiality, but not in order to restore the atavistic body-spirit contraposition. Instead, from a radically a-dualist perspective, it was in order to follow the development of consciousness along the ridge of all its evolutions, starting from its purely physiological dimension.

The choice to open the exhibition with works by the Gutai and Yoko Ono was not a casual one. Shiraga shows that he has introjected and made independent use of Nietzsche's "tragic" thinking, which does not aim to preserve the dual opposition. On the contrary, he intends to dismantle it, in order to restore to existence its primitive ambiguity and ambivalence, where pain and pleasure, sickness and health, degeneration and palingenesis coexist non-harmoniously. For her part, on the other hand, in the "power" of Nietzschean will, Yoko Ono sees the glimmer of a life free from all moral, political, religious, or aesthetic conditioning, an open life moving towards infinite possibilities. The body, in this sense, far from being identified as a mere surface for contact, a place where primordial needs are fulfilled, the "property" of an intentional consciousness, more simply embodies a view with a perspective, a different way of thinking, a form of alternative rationality. So, rather than "body", we should start talking about "thoughts of the body".

OPERE / WORKS

Nelle pagine seguenti
/ On the following pages

Installation view della mostra *JAPAN. BODY_PERFORM _LIVE*, PAC Padiglione d'Arte Contemporanea, Milano, 2022 / Installation views of *JAPAN. BODY_PERFORM _LIVE*, at PAC Padiglione d'Arte Contemporanea, Milan, 2022
Photo Lorenzo Palmieri

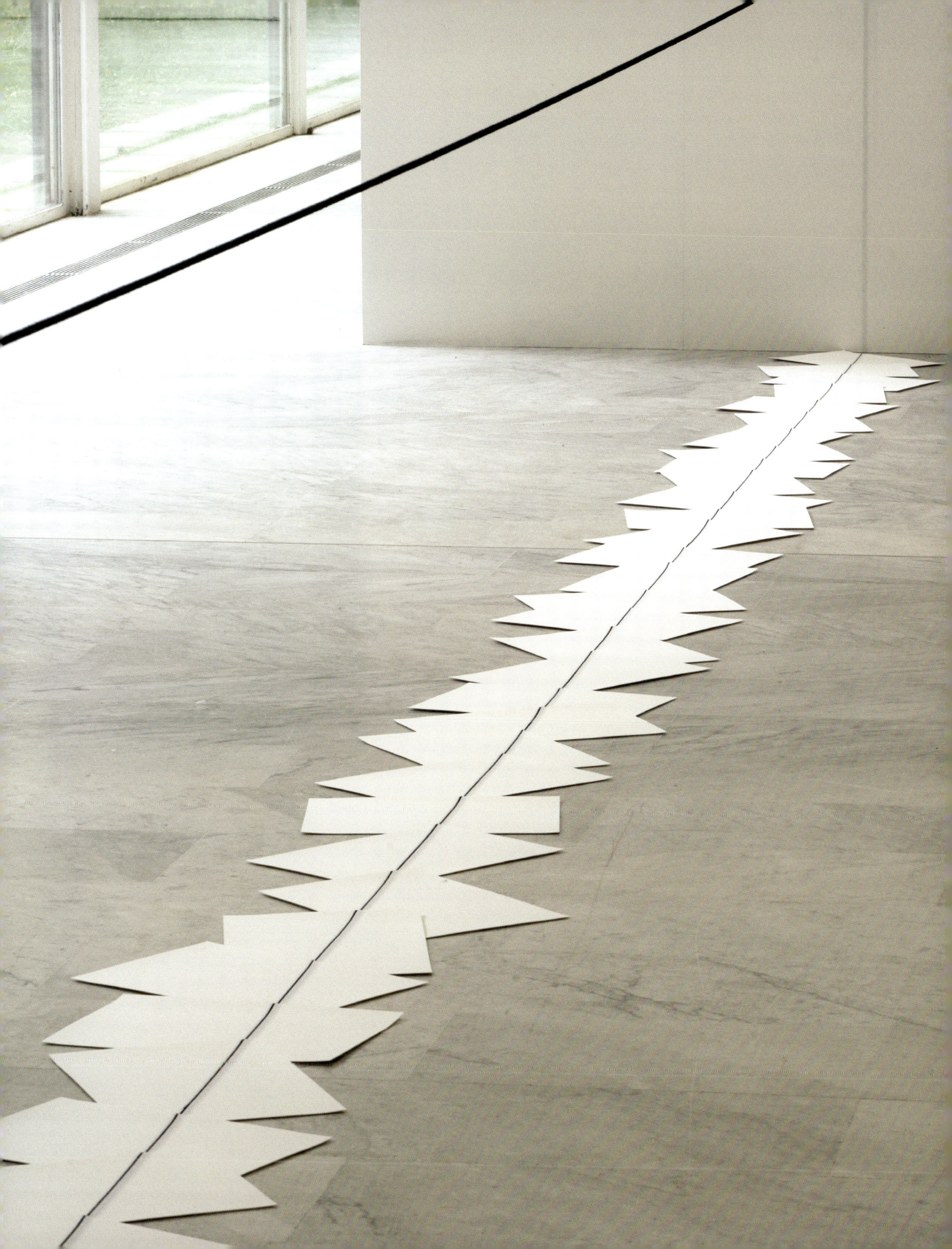

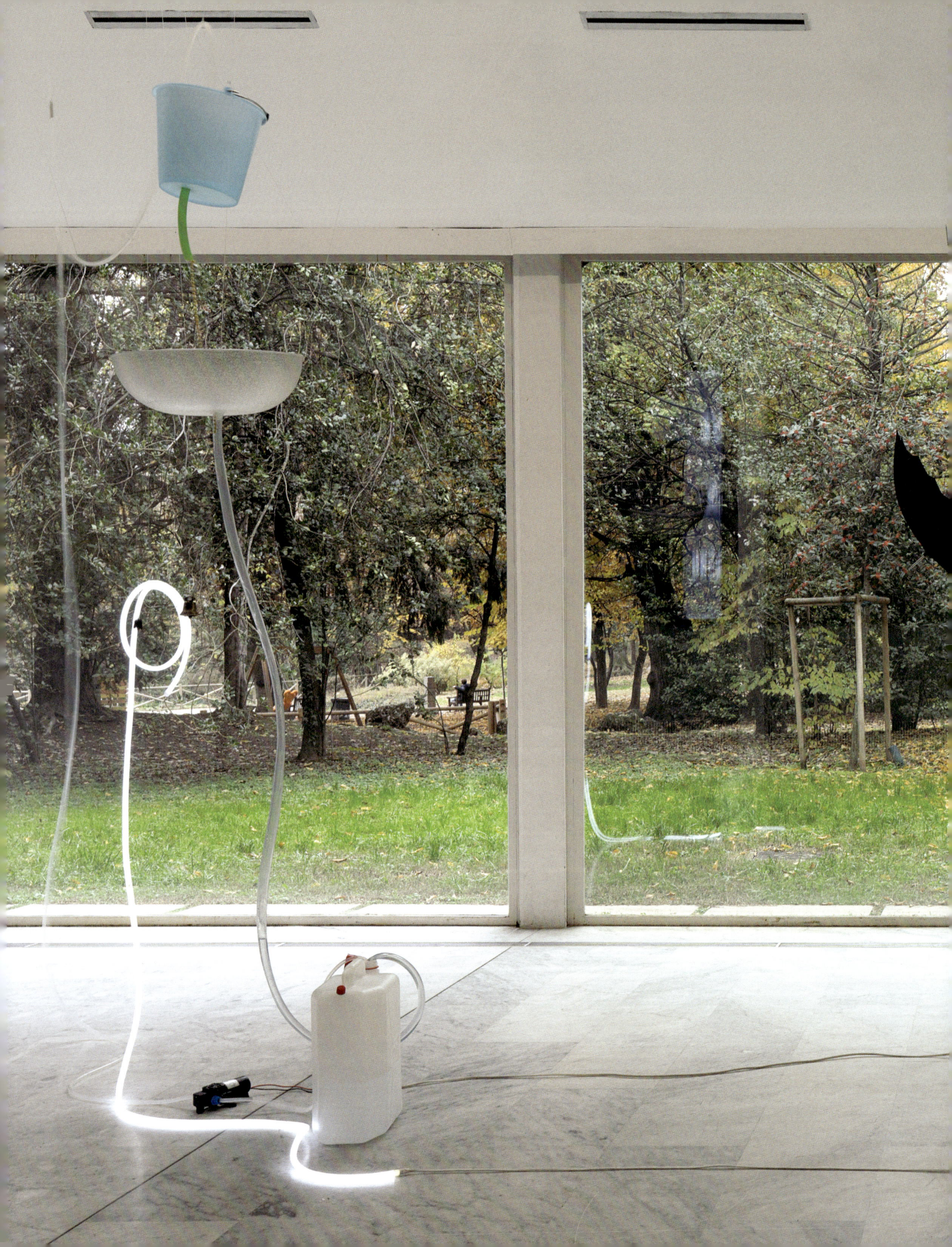

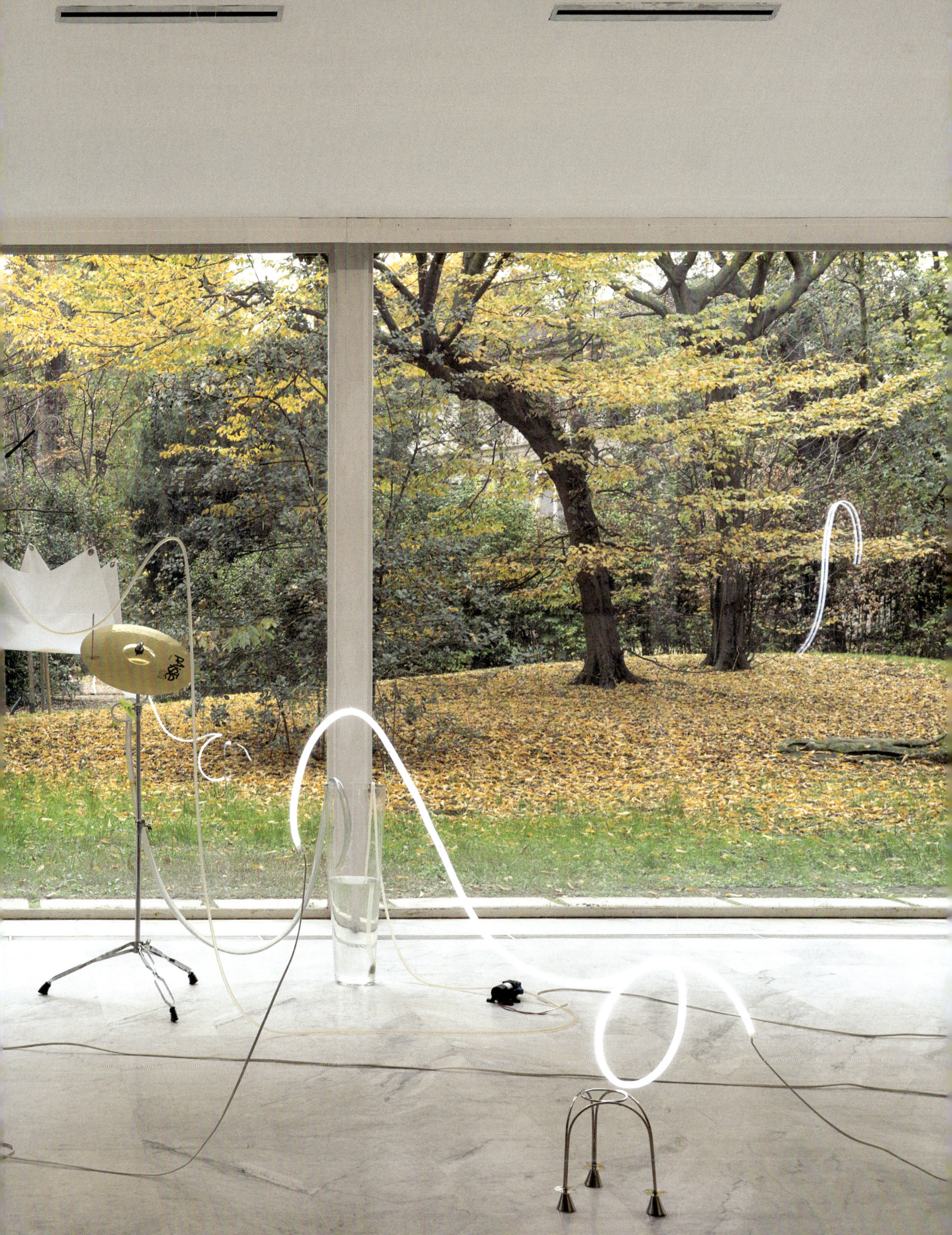

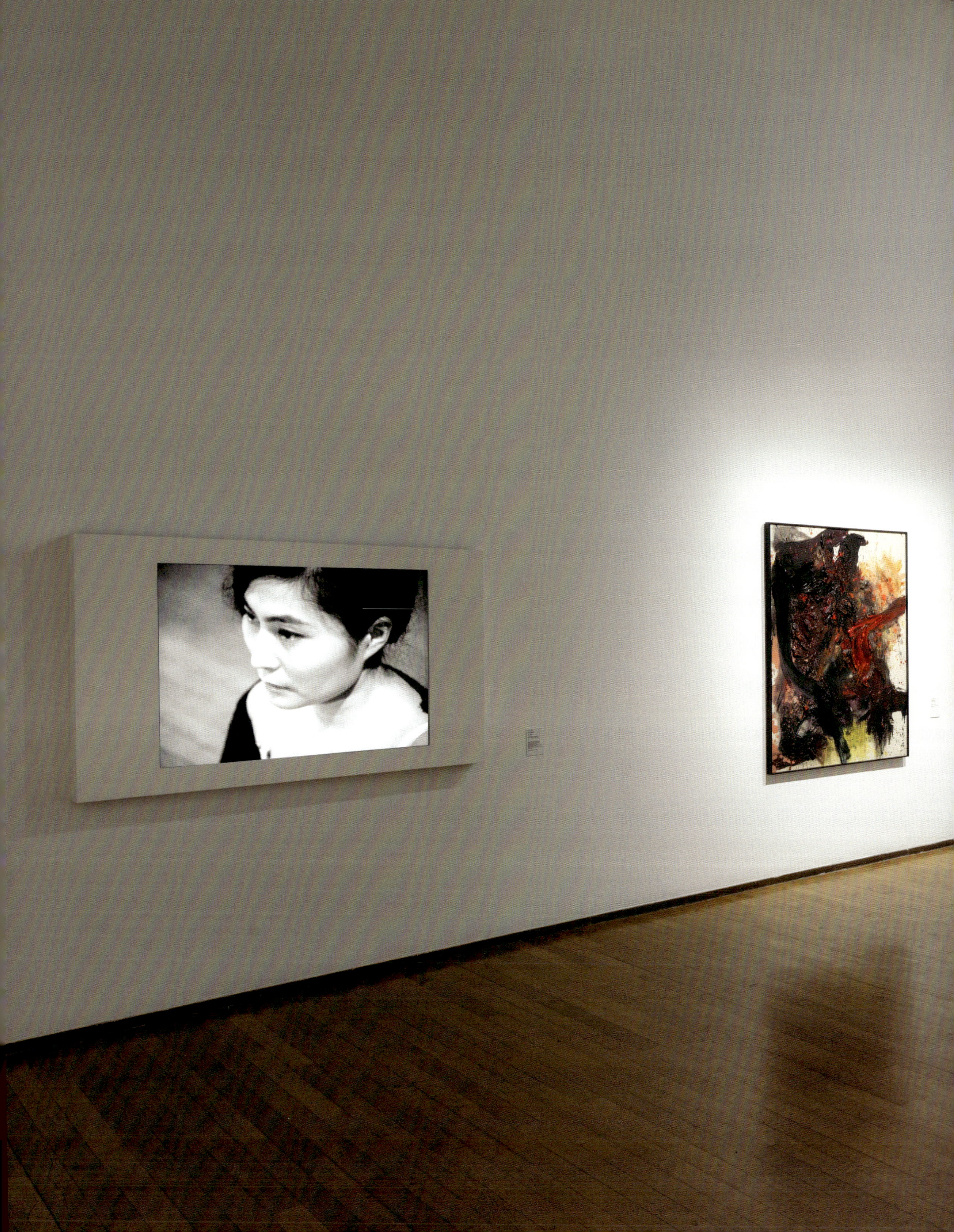

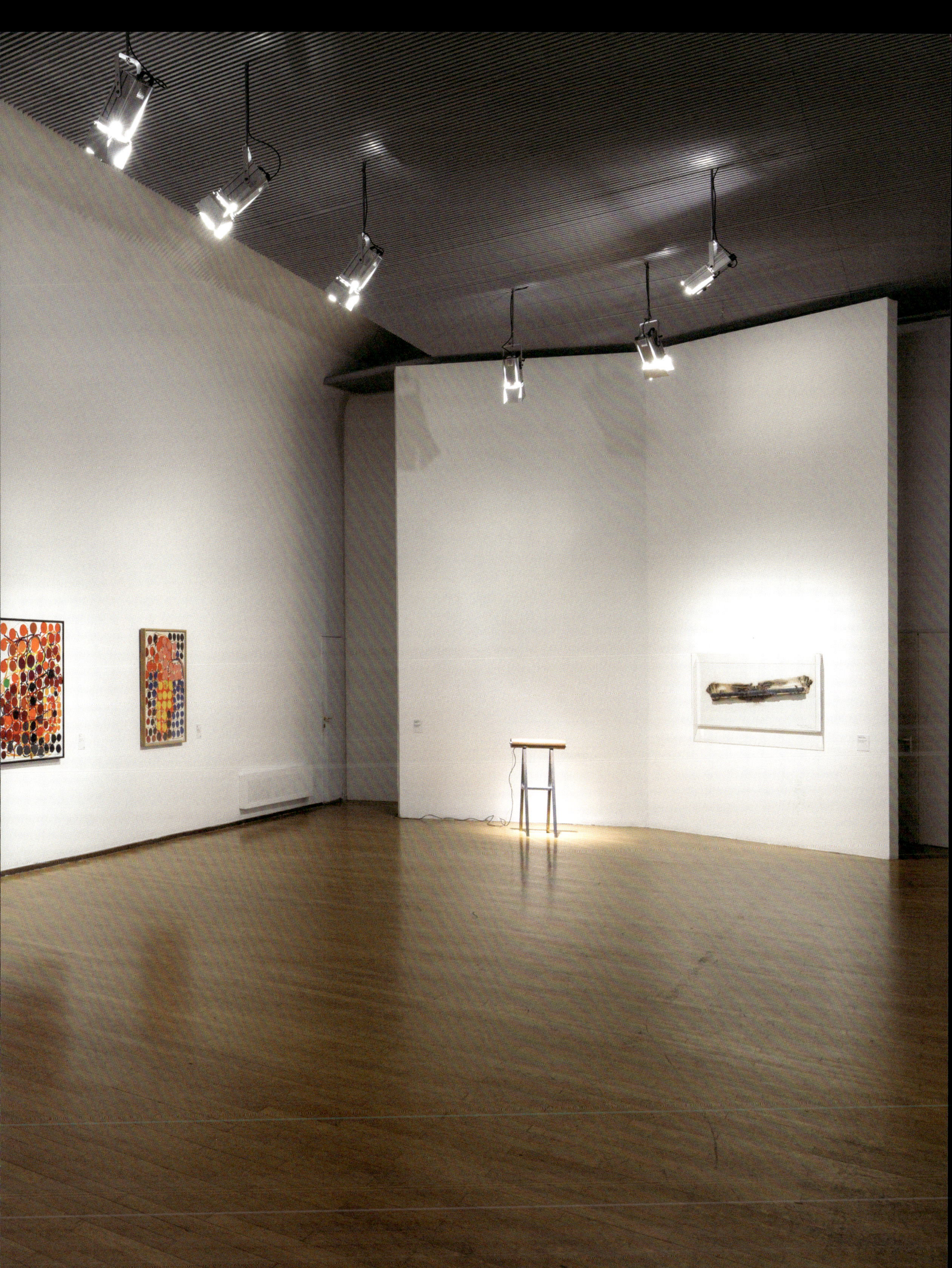

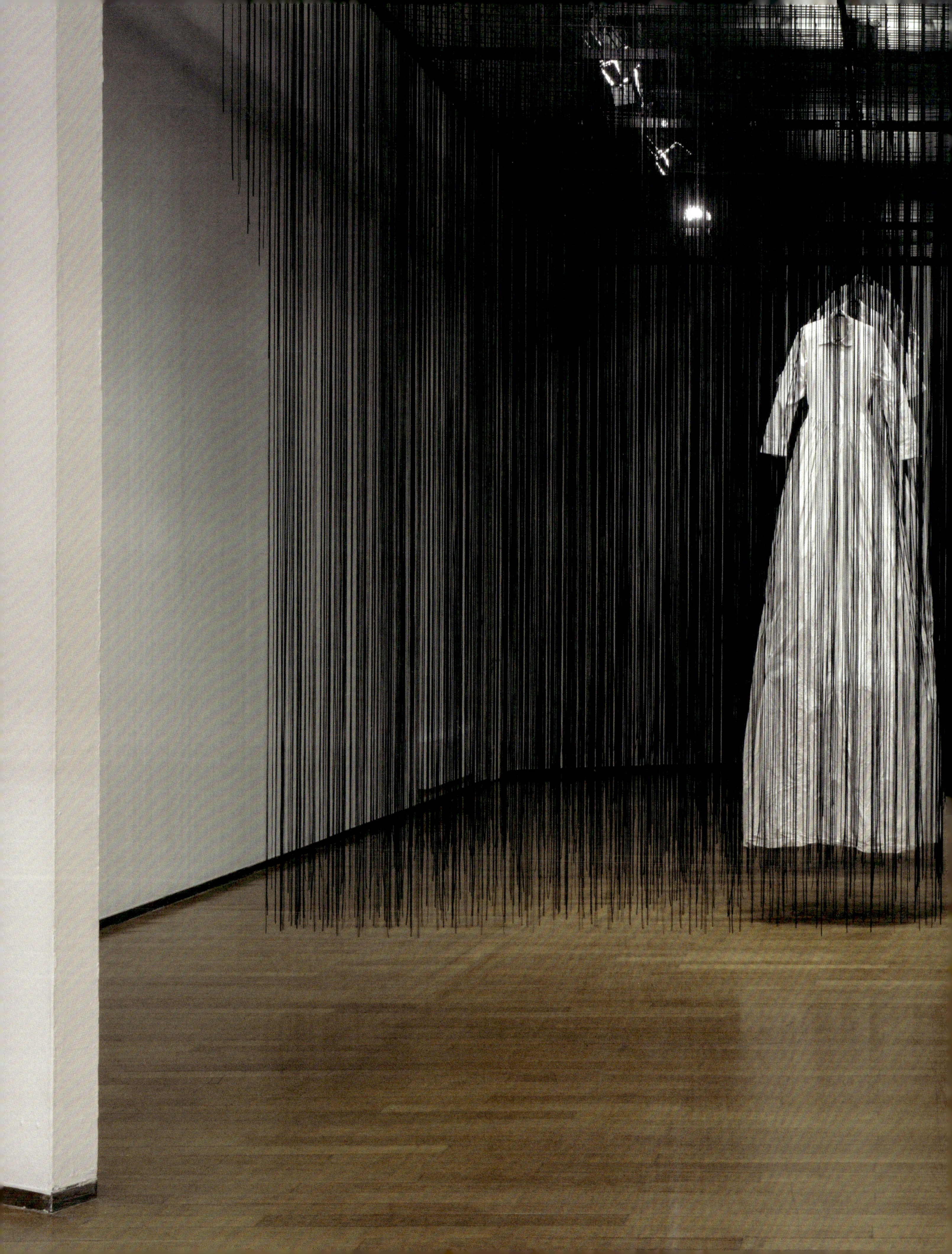

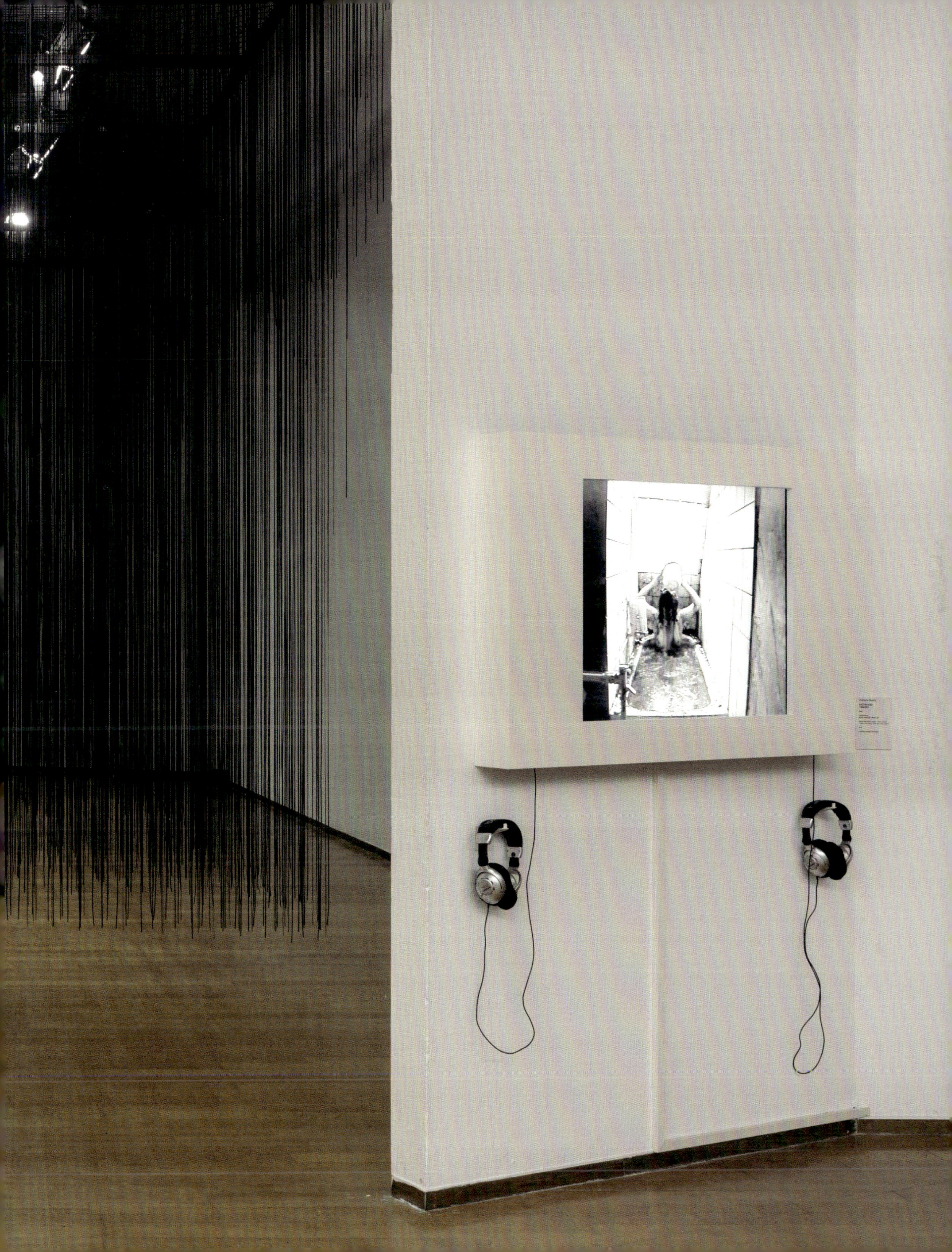

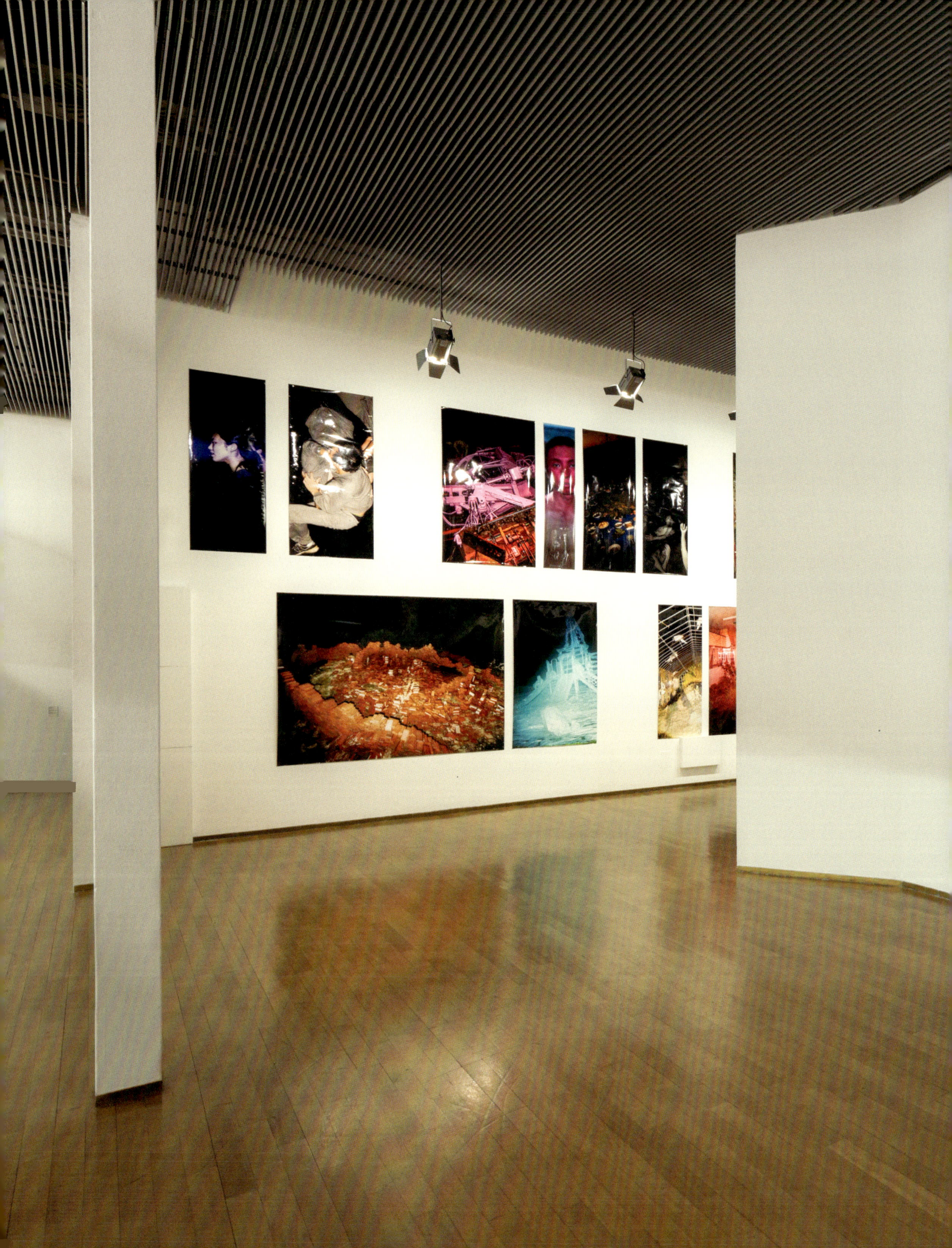

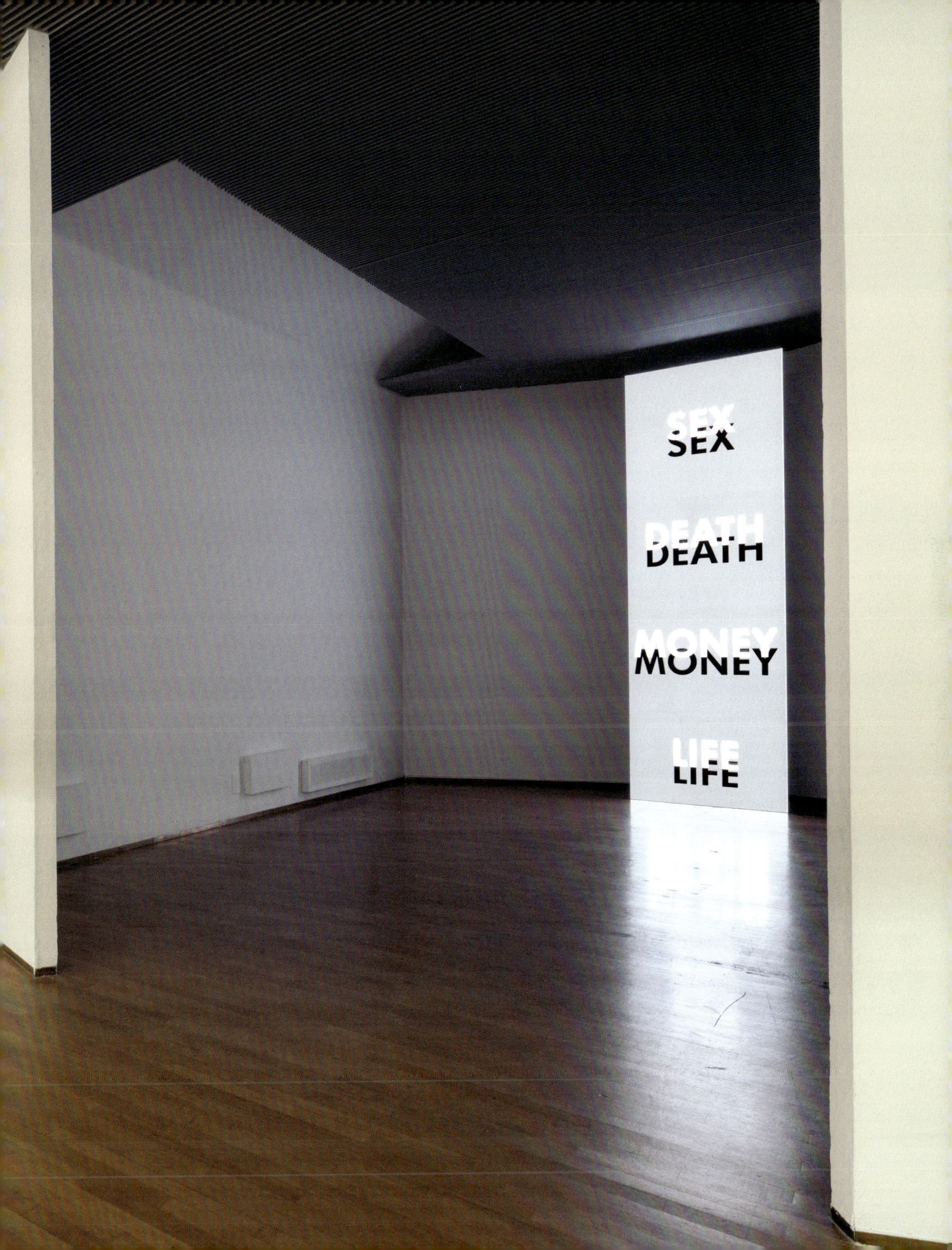

SEX

DEATH

MONEY

LIFE

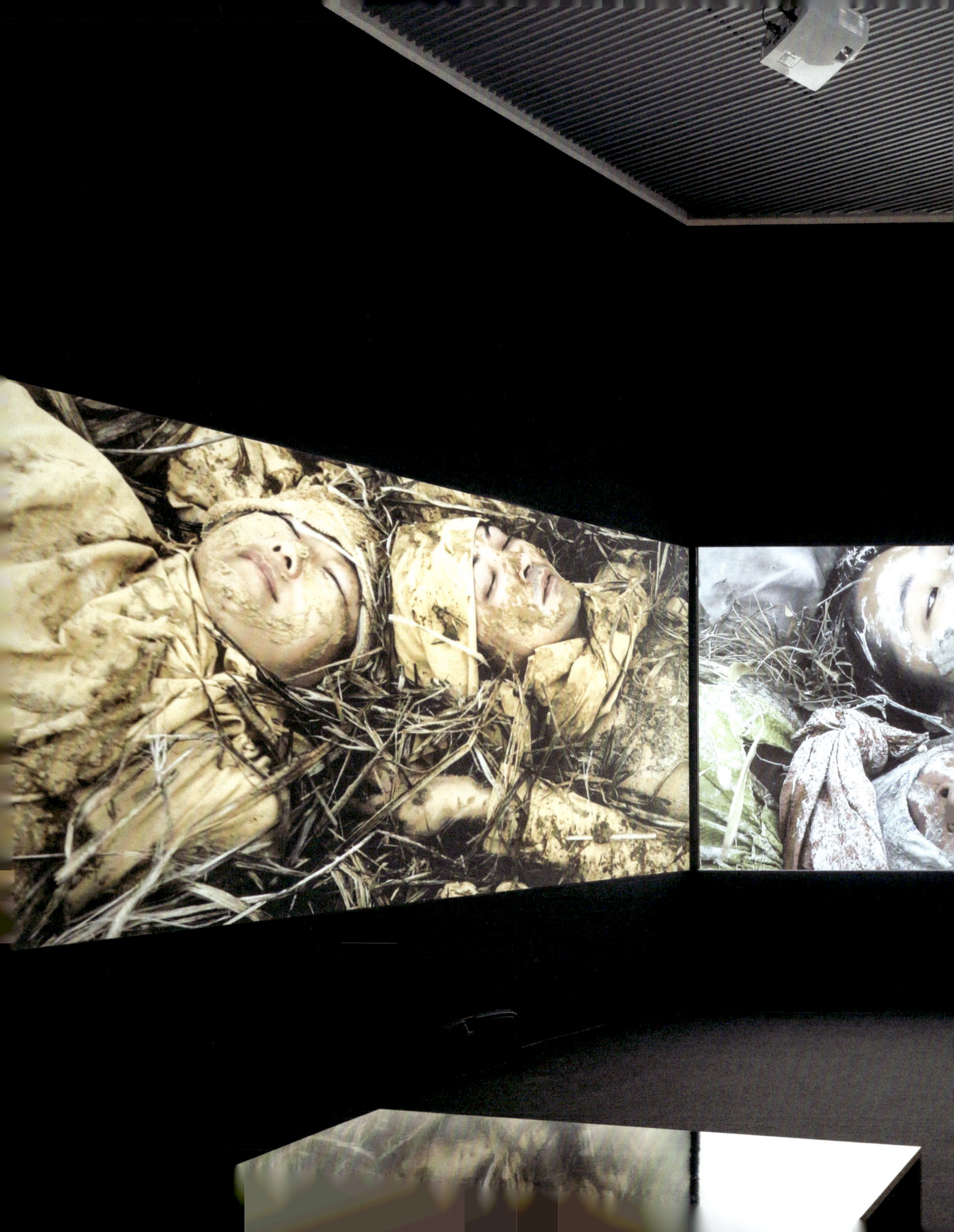

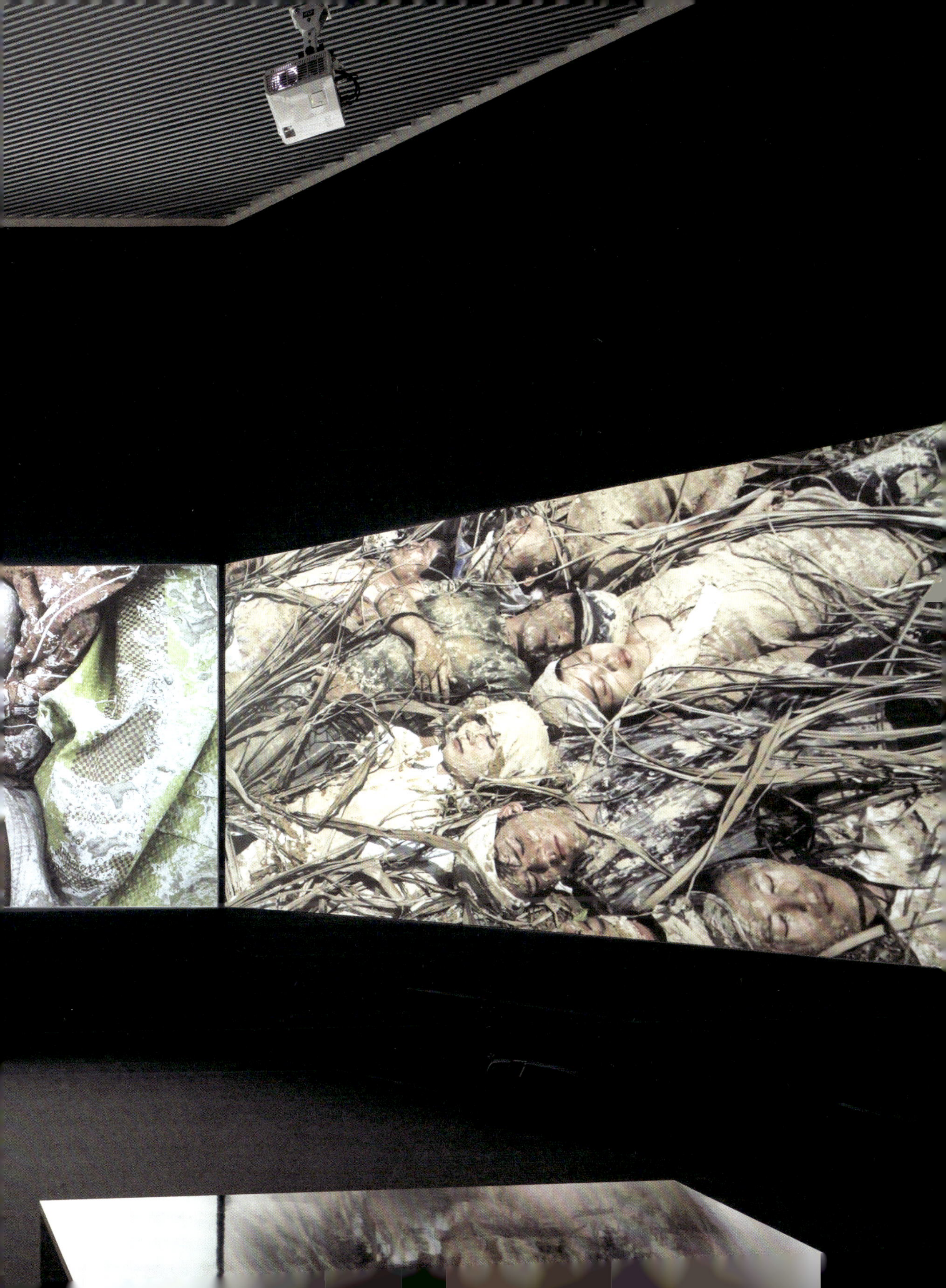

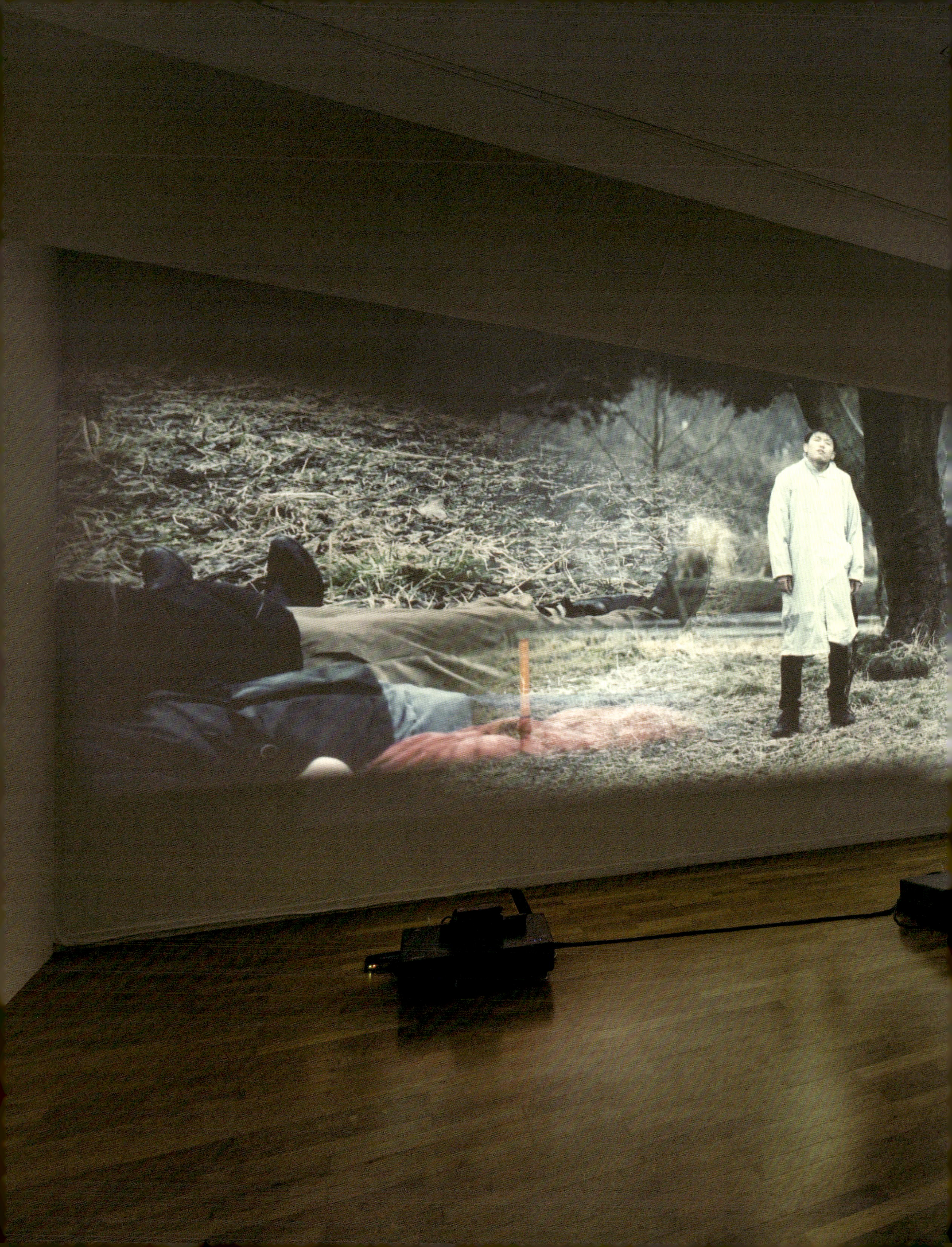

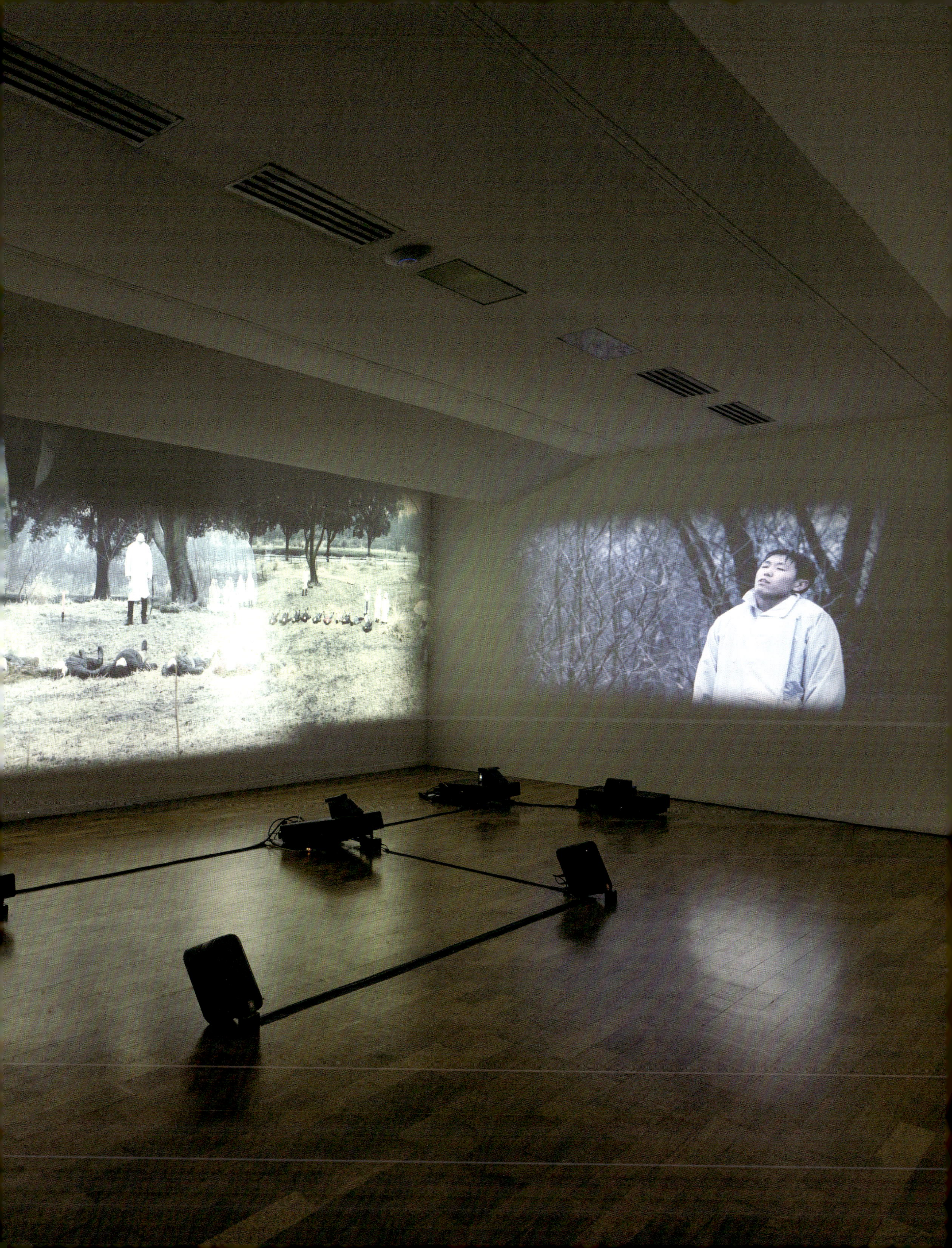

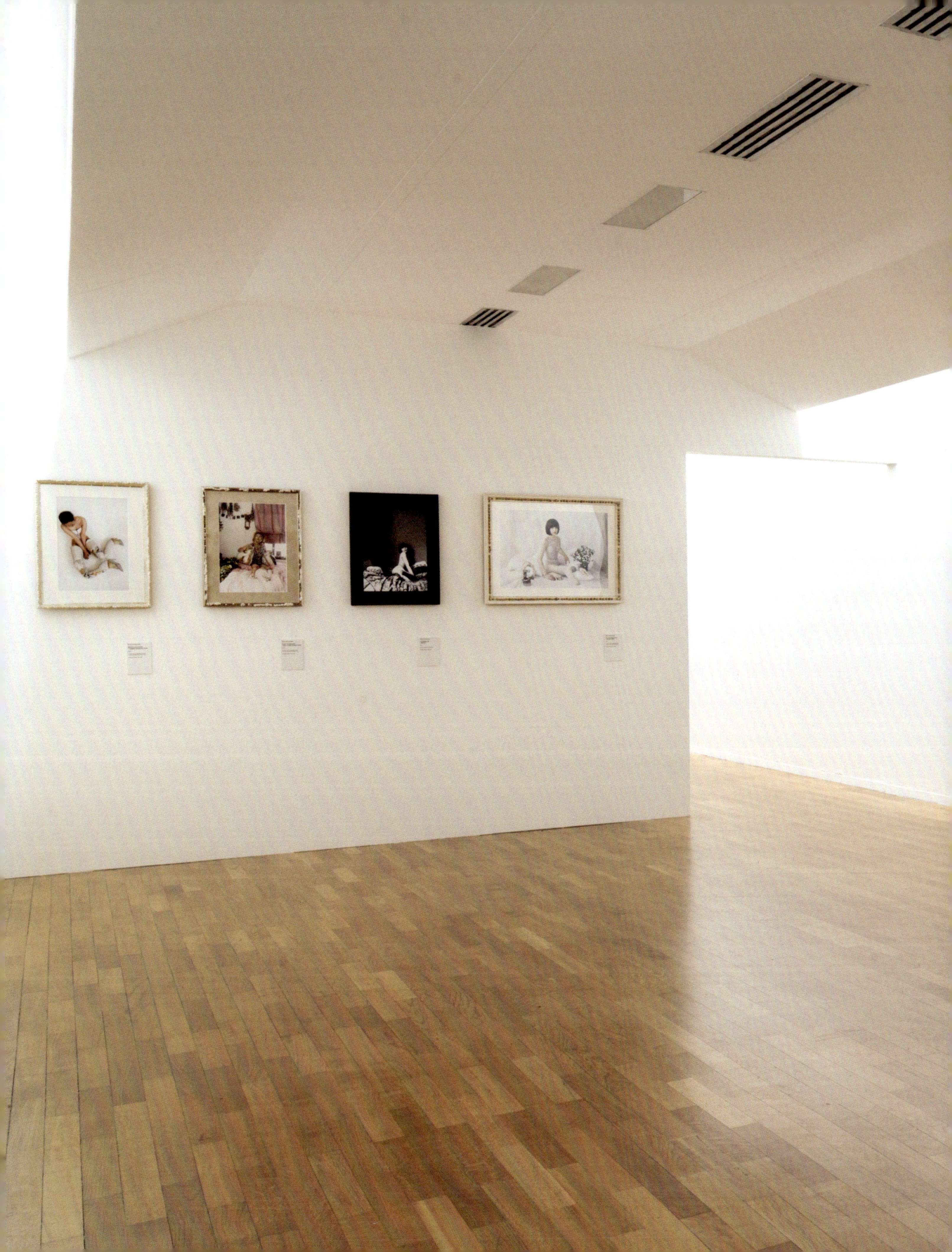

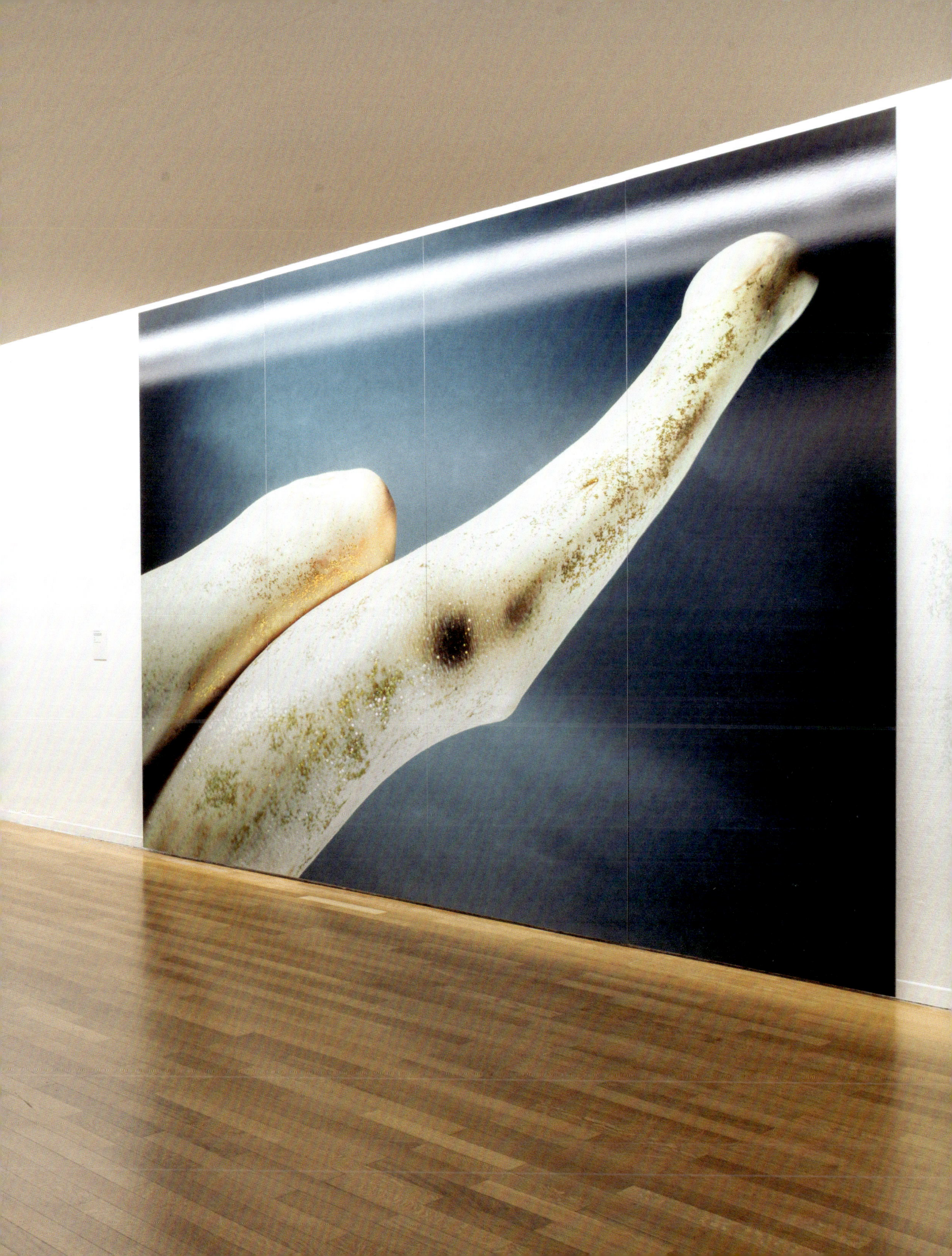

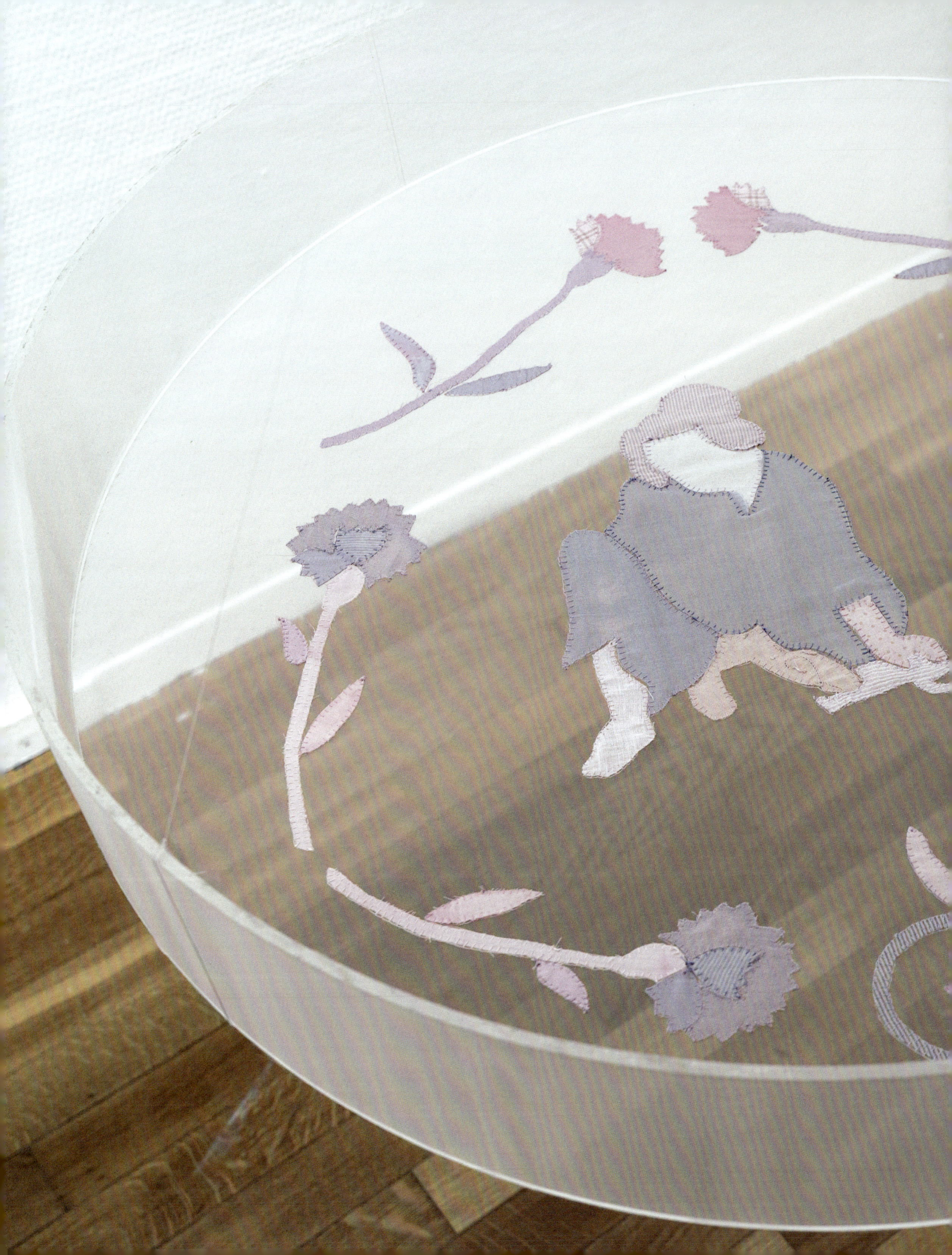

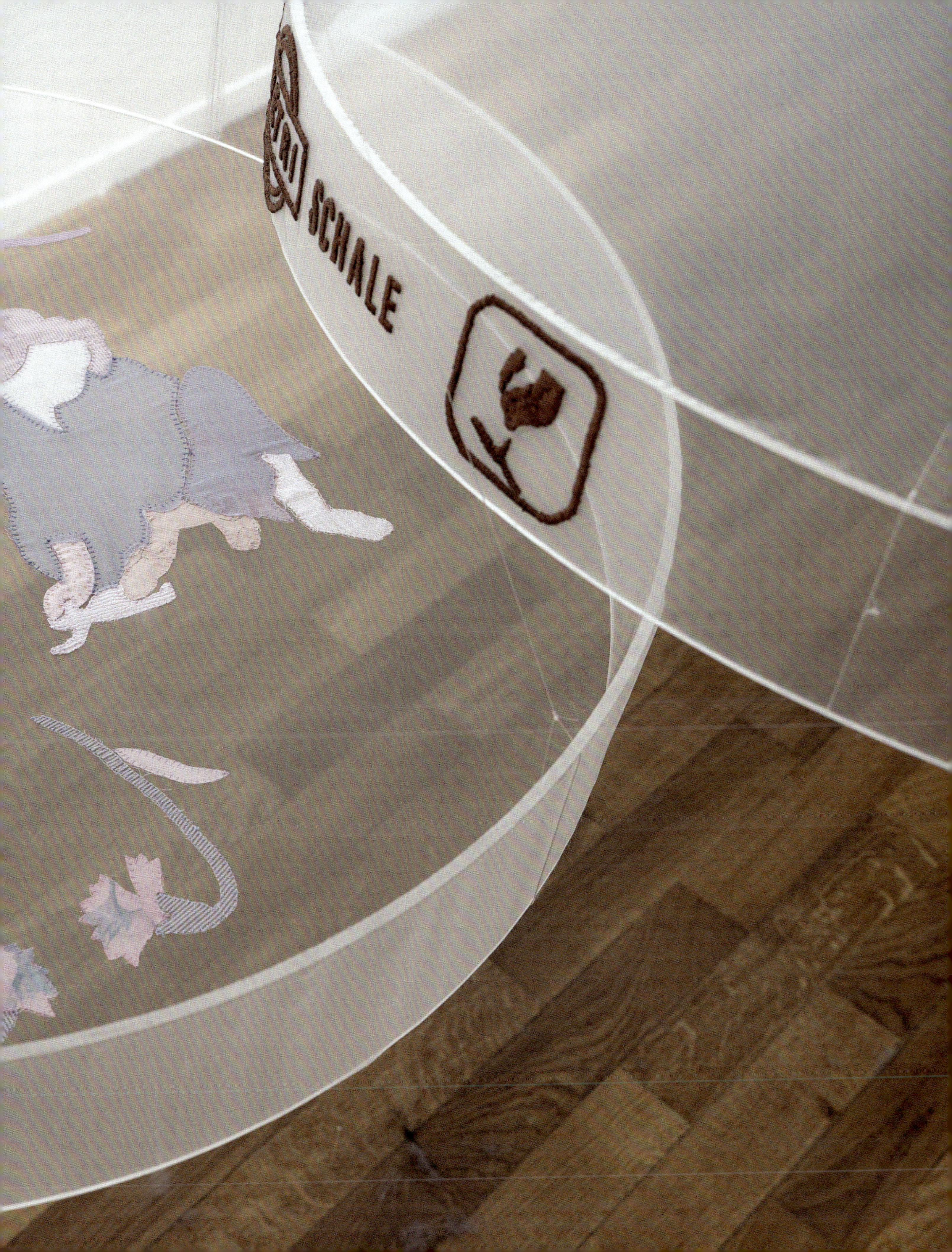
SCHALE

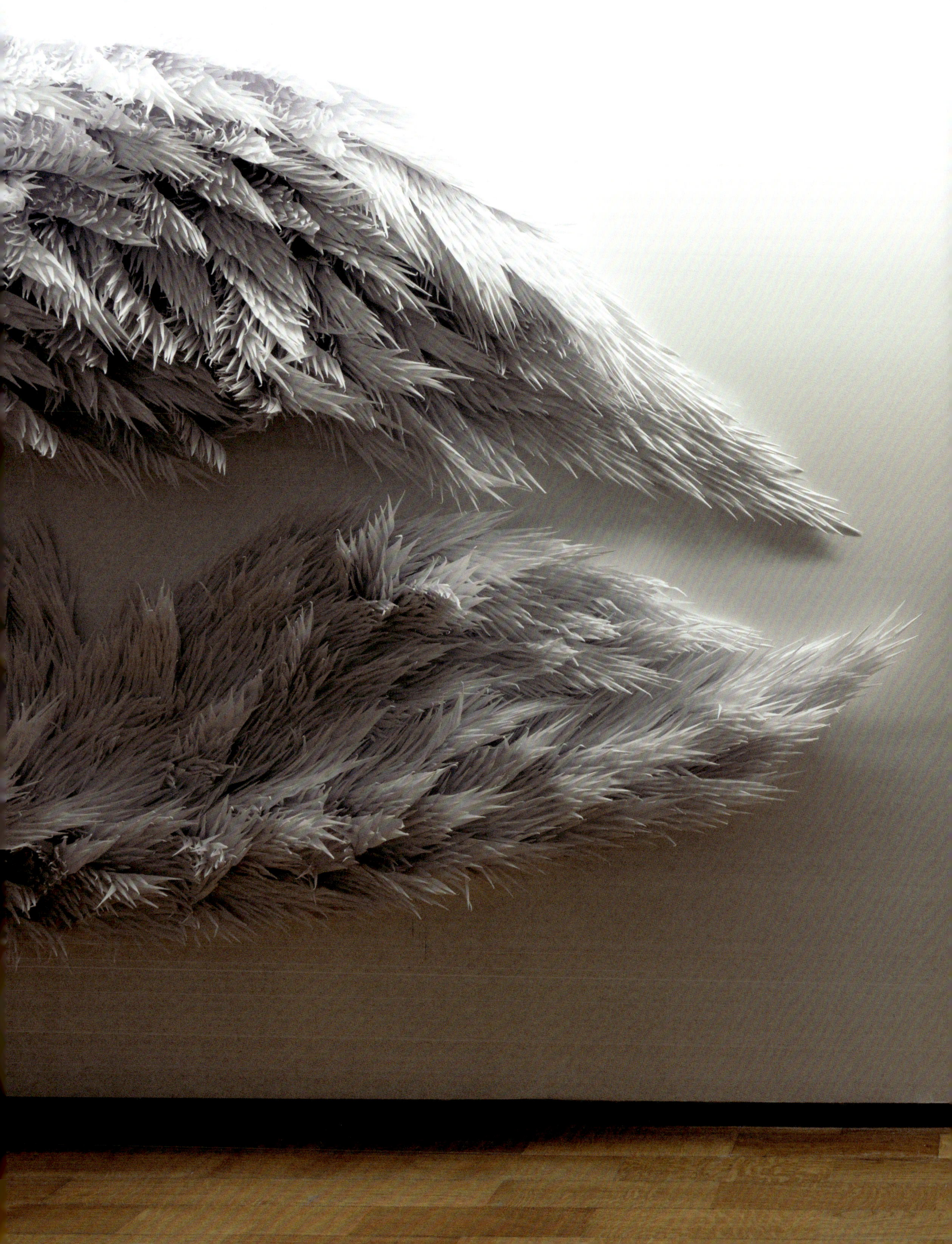

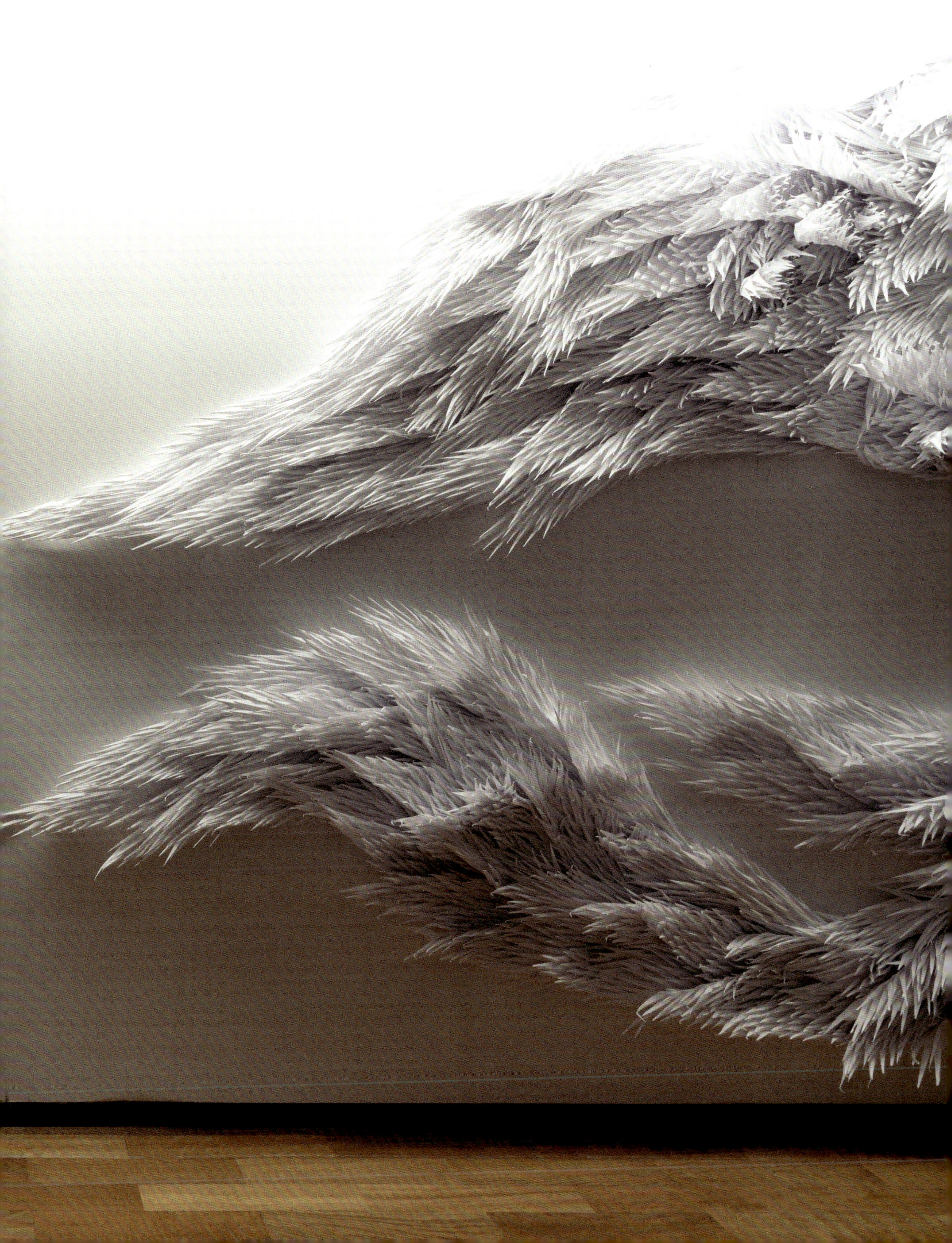

Makoto Aida

Testo / Text by Naoko Horiuchi
Traduzione / Translation by
Jaime Humphreys

Pur muovendosi agilmente in una gamma diversificata di approcci artistici, Aida ha finora espresso la sua pungente ironia nei confronti della società giapponese con dipinti, installazioni, performance e opere video, oltre che con romanzi e progetti urbanistici.

Fra le sue opere, molte evocano la storia e l'attualità, come *War Picture Returns* (1995-1999), una serie di dipinti che attingono alla storia dell'arte giapponese, al rapporto fra Giappone, Asia e Stati Uniti, e al Memoriale della pace di Hiroshima, e *MONUMENT FOR NOTHING IV* (2012), in cui un gran numero di tweet postati subito dopo il disastro nucleare di Fukushima sono incollati a una parete. C'è poi *Il video di un uomo che si autodefinisce il primo ministro del Giappone e tiene un discorso a un'assise internazionale* (2014), opera video presente in questa mostra in cui lo stesso Aida interpreta un primo ministro giapponese fittizio. Ma Aida sublima senza ritegno questi temi e argomenti politici tanto delicati che tendono al politicamente corretto in satira e umorismo attraverso gesti subculturali e in stile manga e, di tanto in tanto, attraverso performance composte da vari membri che includono famiglie diverse dalla sua. Grotteschi e sensazionali a volte, i gesti di Aida suscitano critiche e polemiche, ma generano anche un fertile terreno di dibattito che sfida i valori e l'etica convenzionali dello spettatore. Aida è al tempo stesso il saggio e il sabotatore che, come un imbroglione, disturba l'ordine sociale, mettendo in risalto i molteplici desideri che giacciono nascosti nella società.

While lightly traversing a diverse range of artistic approaches, Aida has thus far expressed his biting irony towards Japanese society in paintings, installations, performances, and video works, as well as in novels and urban planning to date.

Among works in his oeuvre, many evoke history and current affairs, as in *War Picture Returns* (1995-1999), a series of paintings that draw on Japanese art history, the relationship between Japan, Asia and the US, and the Atomic Bomb Dome, and *MONUMENT FOR NOTHING IV* (2012), in which a large number of tweets posted immediately after the nuclear disaster in Fukushima are pasted onto a wall. Then there is also *The video of a man calling himself Japan's Prime Minister making a speech at an international assembly* (2014), a video work featured in this exhibition in which Aida himself plays a fictitious Japanese Prime Minister. However, Aida unabashedly sublimates such sensitive political themes and subjects that tend toward political correctness into satire and humor through subcultural and manga-style expressions, and, occasionally, through performances composed of diverse members that include families other than his own.

Grotesque and sensational at times, Aida's expressions sometimes garner criticism and arouse controversy, yet they also generate a fertile ground for debate that challenges the viewer's conventional values and ethics. Aida is both the sage and the saboteur who, like a trickster, disturbs the social order, casting into relief manifold desires that lie hidden in society.

Makoto Aida
The video of a man calling himself Bin Laden staying in Japan / Il video di un uomo che si fa chiamare Bin Laden mentre soggiorna in Giappone
2005
Video 4:3, colore, sonoro / Video 4:3, colour, sound, 8'14"
Courtesy Mizuma Art Gallery

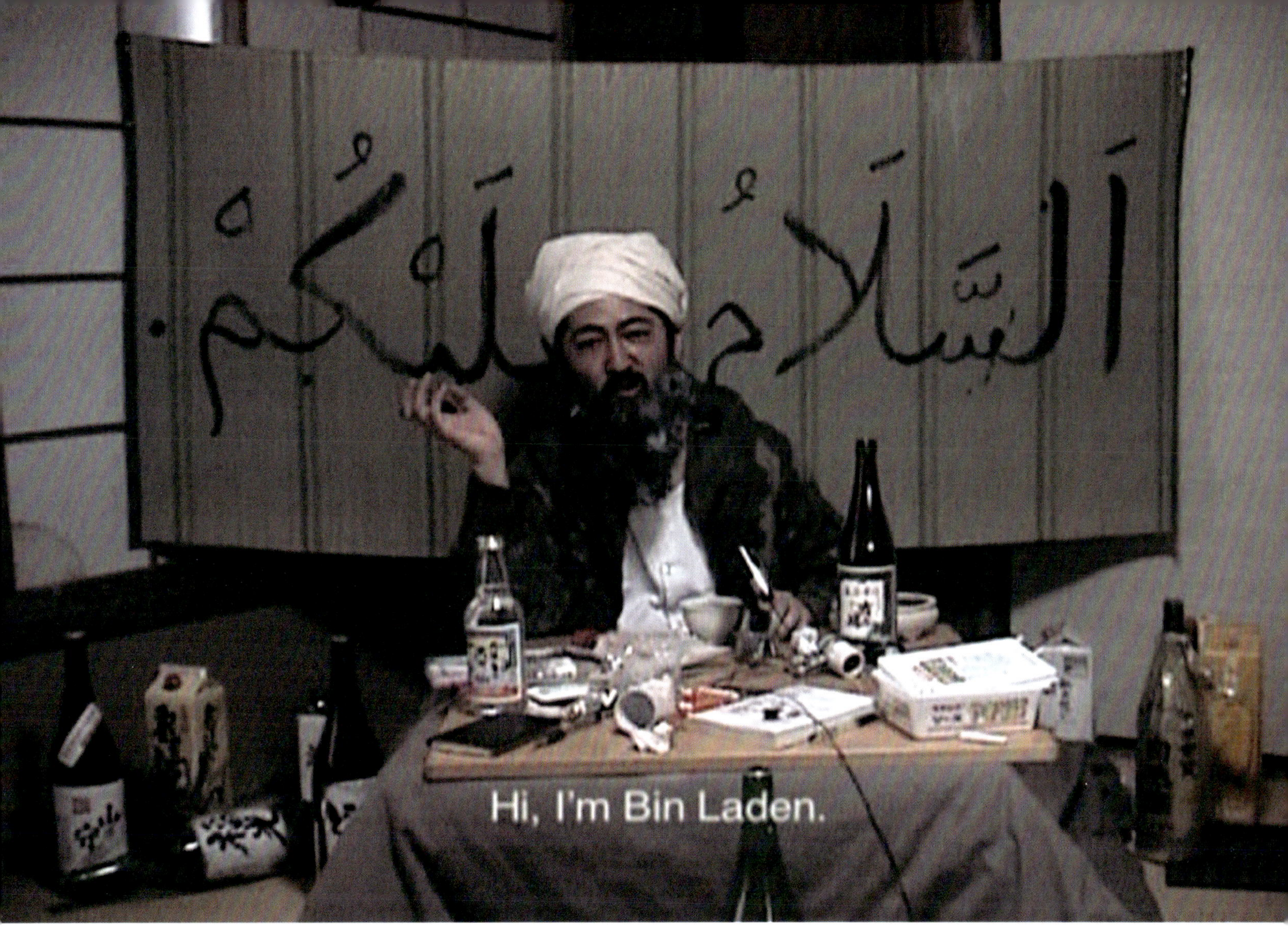
Hi, I'm Bin Laden.

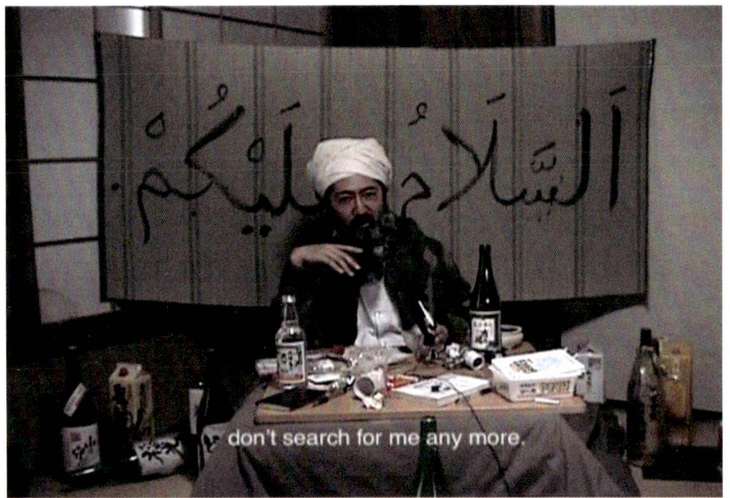

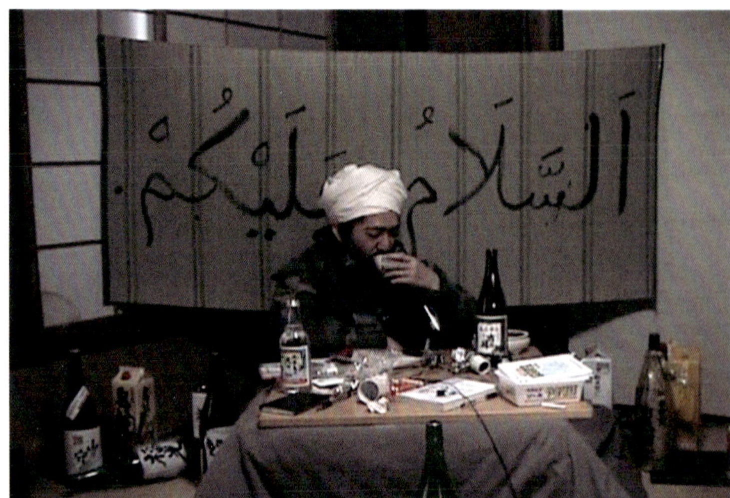

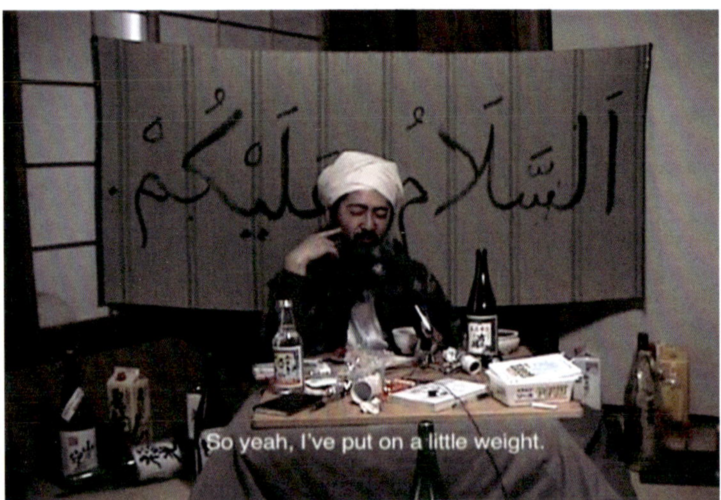

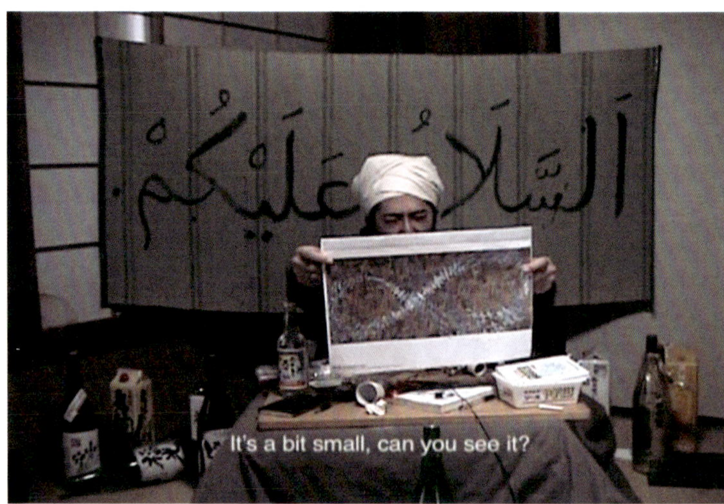

Makoto Aida
The video of a man calling himself Bin Laden staying in Japan / Il video di un uomo che si fa chiamare Bin Laden mentre soggiorna in Giappone
2005
Video 4:3, colore, sonoro
/ Video 4:3, colour, sound, 8'14"
Courtesy Mizuma Art Gallery

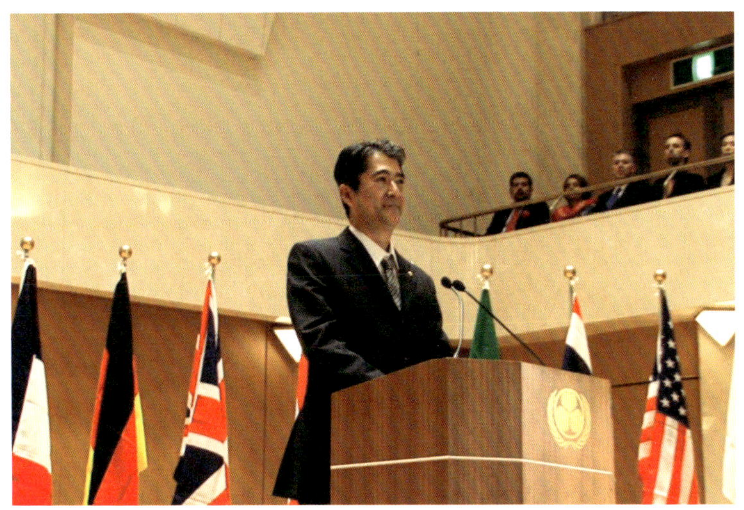

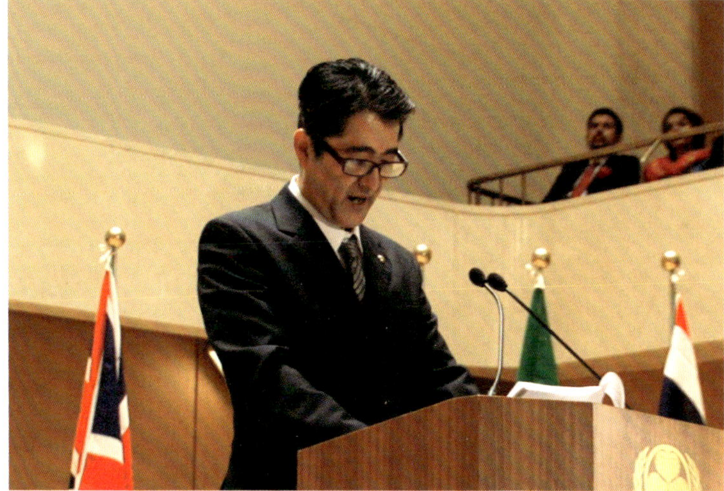

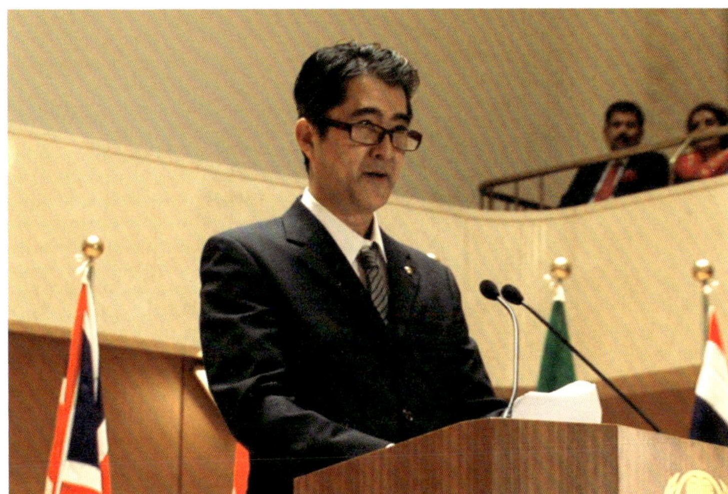

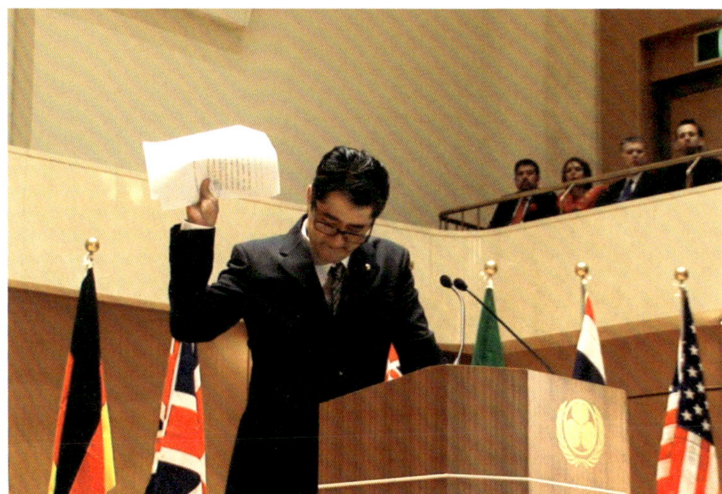

Makoto Aida
The video of a man calling himself Japan's Prime Minister making a speech at an international assembly / Il video di un uomo che si fa chiamare Primo Ministro del Giappone mentre tiene un discorso a un'assemblea internazionale
2014
Video 16:9, colore, sonoro, fogli di carta corretti a mano / Video 16:9, colour, sound, hand-corrected sheets of paper, 26'07"
Courtesy Mizuma Art Gallery

pp. 112–113
Makoto Aida
Tokyo Castle / Il castello di Tokyo
2021
Installation views at Tokyo FESTIVAL 13, PAVILION TOKYO, 2021
Photo ToLoLo studio

Courtesy Mizuma Art Gallery

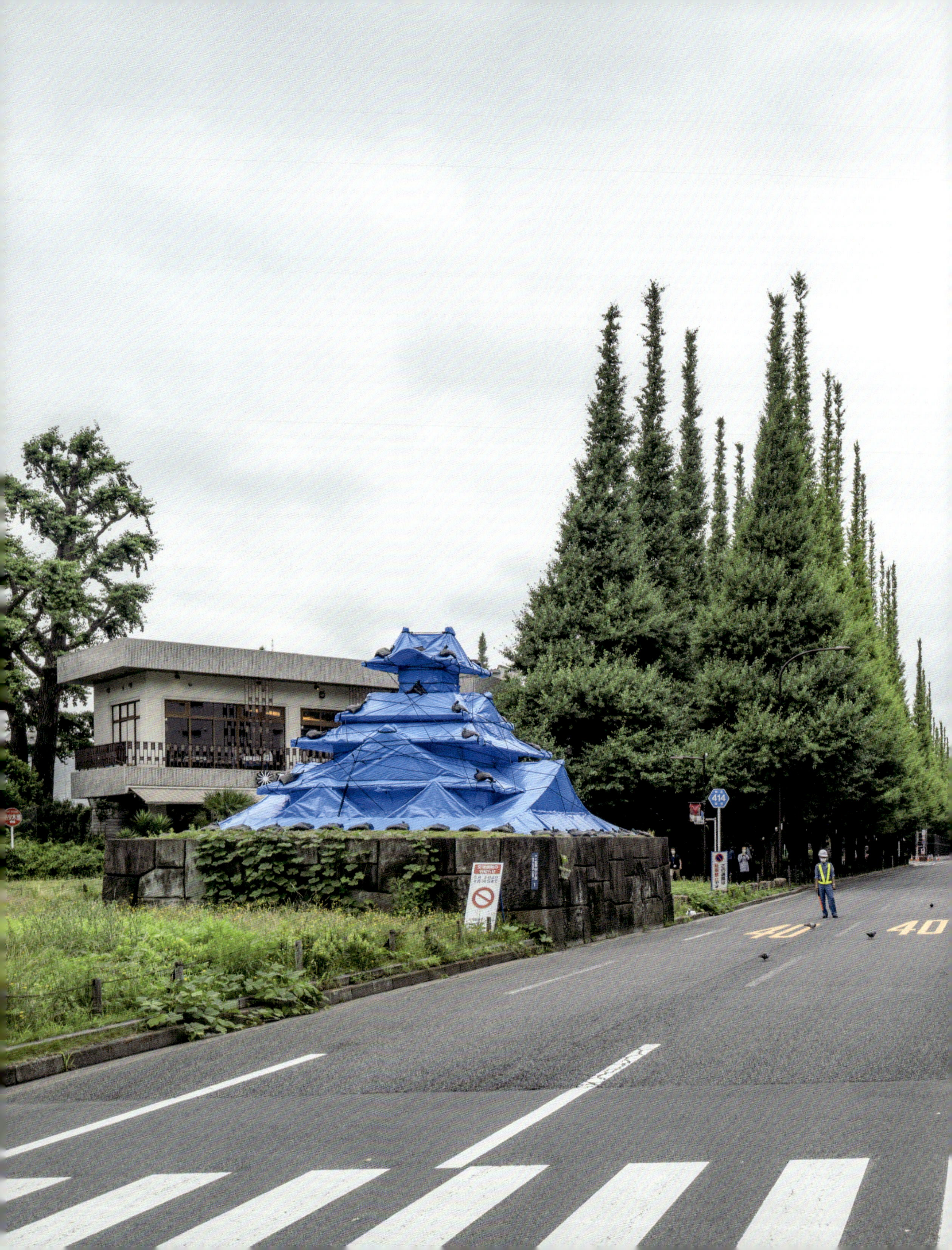
414
40
40

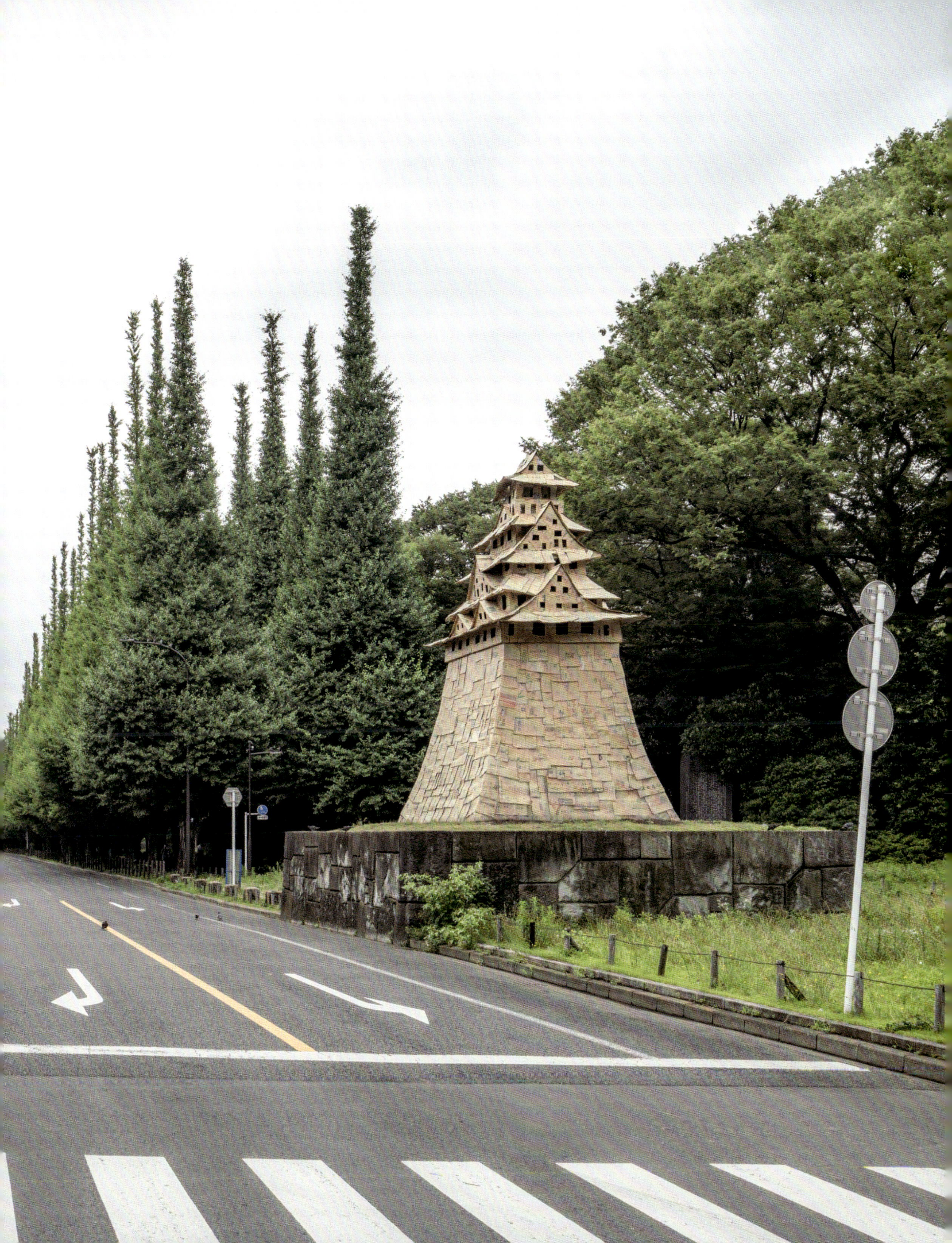

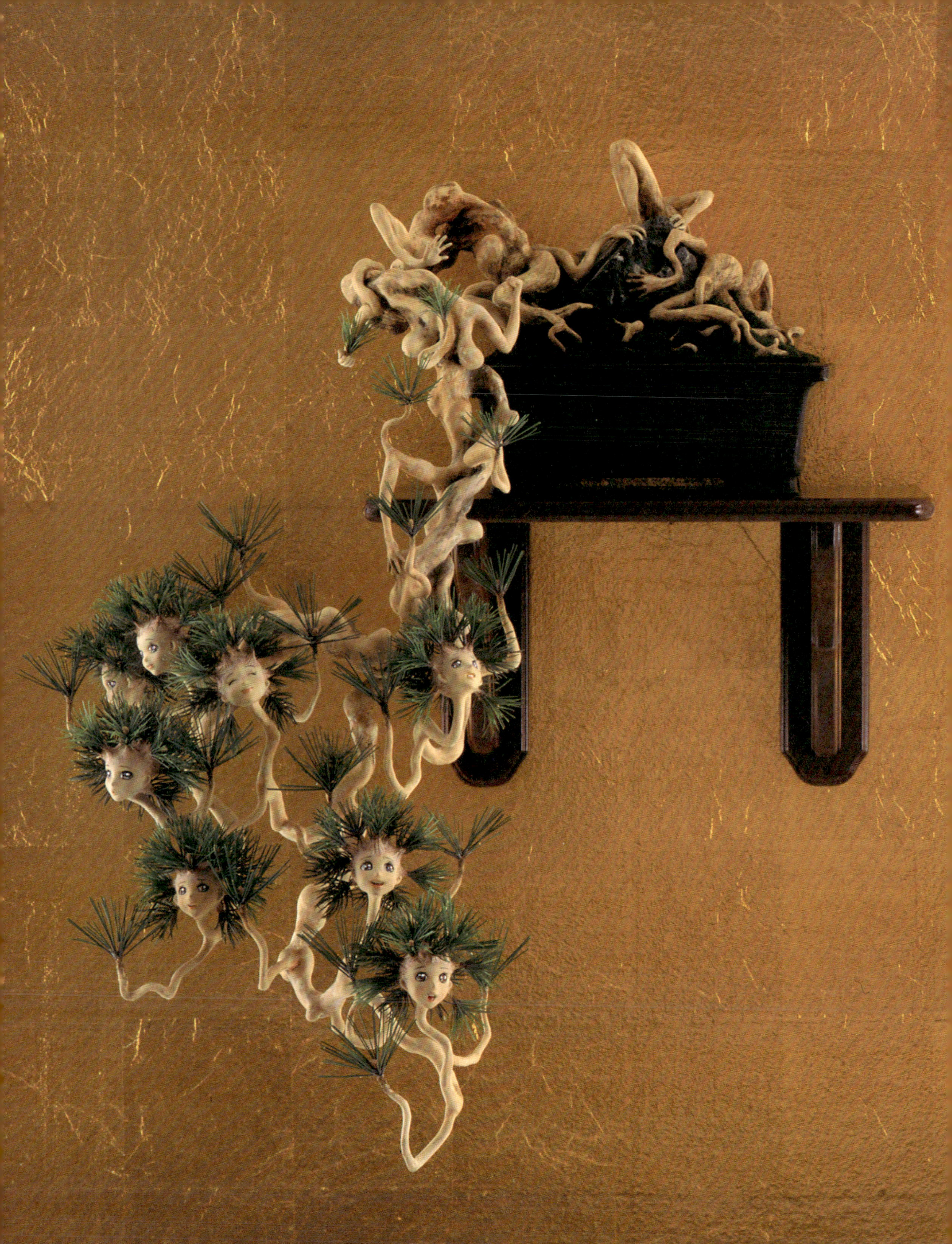

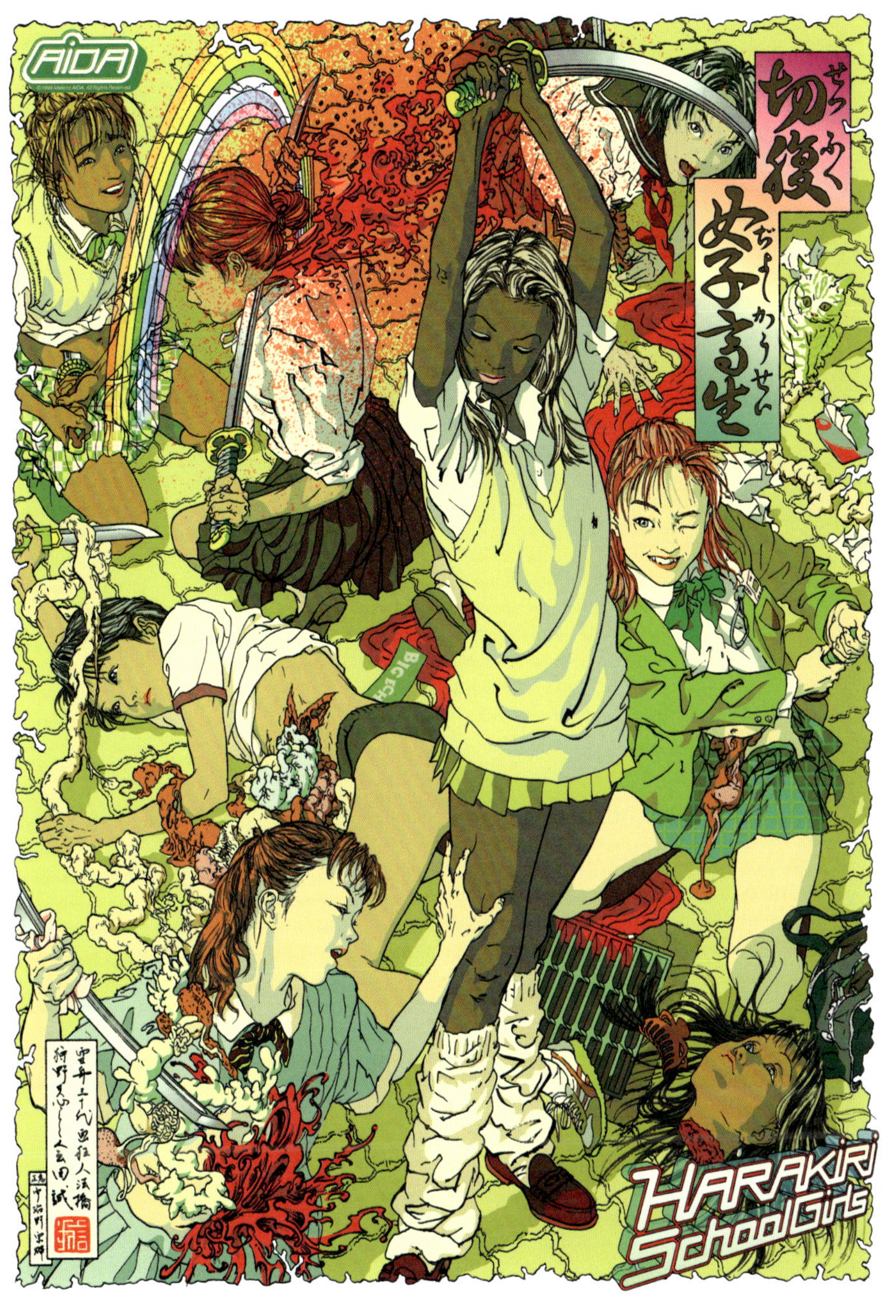

Makoto Aida
Ai-chan BONSAI / Pine / Pino
2005
Tecnica mista / Mixed media
74,5×49,3×54,1 cm
Collection Ohara Museum of Art, Okayama, Japan
Photo MIYAJIMA Kei
©AIDA Makoto
Courtesy Mizuma Art Gallery

Makoto Aida
Harakiri School Girls / Ragazze alla scuola di harakiri
1999–
©AIDA Makoto
Courtesy Mizuma Art Gallery

Dumb Type

Testo / Text by Sachiko Namba
Traduzione / Translation by
Brian Amstutz Communications

Dumb Type è stato fondato nel 1984 da Teiji Furuhashi insieme a dei compagni di corso che esploravano l'uso crossdisciplinare dei media come specializzandi in progettazione concettuale presso la Kyoto City University of Arts e studenti che provenivano da settori diversi come arti visive, scultura e design. Le pratiche di Dumb Type sono disparate, e vanno da installazioni, performance e concerti a CD e materiale stampato. Fin dagli esordi, hanno realizzato opere con lo stesso titolo sia come performance sia come installazioni, hanno modificato le loro opere per ogni presentazione e spesso le hanno messe in scena in versioni aggiornate. Mentre i membri principali rimangono gli stessi, i nuovi membri vanno e vengono con ogni nuova produzione. Dumb Type è essenzialmente un collettivo non gerarchico di artisti che lavorano in collaborazione.

La video installazione *LOVE/SEX/DEATH/ MONEY/LIFE* è stata in un primo momento creata per l'esibizione "Of the Human Condition: Hope and Despair at the End of the Century" [Sulla condizione umana: speranza e disperazione alla fine del secolo] tenutasi a Tokyo nel 1994. I video venivano mostrati su tre piccoli monitor giustapposti, installati in un ascensore accessibile sia agli spettatori della mostra sia ai non spettatori. I video sono stati proiettati anche sul palco della performance S/N, presentata per la prima volta lo stesso anno. Questa volta viene esposta una ricreazione di quell'opera video, prodotta nel 2018 utilizzando la grafica computerizzata. Le parole "LOVE", "SEX", "DEATH", "MONEY" e "LIFE" scorrono in bianco e nero su una parete di LED, spesso coincidendo mentre si spostano. *S/N* è stato il coming out di Furuhashi come persona affetta da HIV. È stato anche un progetto artistico che ha affrontato le questioni critiche della società contemporanea: HIV, genere, sessualità, nazionalità e identità, il tutto in una forma estremamente radicale.

Dopo la morte di Furuhashi, avvenuta nel 1995, Dumb Type si è spostato verso performance e installazioni che gestiscono il video e il suono attraverso le tecnologie più recenti, oltre che verso l'espressione corporea. Tuttavia, lo spirito con cui il collettivo affronta coraggiosamente le questioni sociali con un acuto senso della realtà non è cambiato. Dumb Type continua ad assorbire nuovi membri e a rinnovarsi senza timore.

Dumb Type was founded in 1984 by Teiji Furuhashi along with fellow classmates exploring cross-disciplinary uses of media as conceptual planning majors at Kyoto City University of Arts and students from such fields as visual art, sculpture, and design. Dumb Type's practices are diverse, ranging from installations, performances, and concerts to CDs and print materials. From the start, they have produced works under the same title as both performances and installations, modified their works for each presentation, and frequently staged them in updated versions. While core members remain constant, new members come and go with each new production. Dumb Type is essentially a non-hierarchical collective of artists working collaboratively.

The video installation *LOVE/SEX/DEATH/ MONEY/LIFE* was originally created for the exhibition, "Of the Human Condition: Hope and Despair at the End of the Century," held in Tokyo in 1994. Videos were displayed on three small juxtaposing monitors installed in a venue elevator accessible to both exhibition viewers and non-viewers. The videos were also projected on the stage of their performance *S/N*, which premiered in the same year. Exhibited this time is a recreation of that video work, produced in 2018 using computer graphics. The words "LOVE", "SEX", "DEATH", "MONEY," and "LIFE" stream in black and white text on an LED wall, often coinciding as they move. *S/N* was Furuhashi's coming out as an HIV-infected person. It was also an art project dealing with critical issues confronting contemporary society—HIV, gender, sexuality, nationality, and identity—in an intensely radical form.

After Furuhashi's death in 1995, Dumb Type shifted to performances and installations commanding video and sound via the latest technology, in addition to bodily expression. Yet, their spirit of boldly tackling social issues with a keen sense of reality is unchanging. Dumb Type continues to absorb new members and fearlessly update itself.

Dumb Type
LOVE/SEX/DEATH/MONEY/LIFE / AMORE/SESSO/MORTE/ DENARO/VITA
2018
Installazione grafica generata al computer / Computer generated graphic installation
Dimensioni variabili / Variable dimensions
Installation view PAC Padiglione d'Arte Contemporanea, Milano, 2022
Photo Lorenzo Palmieri

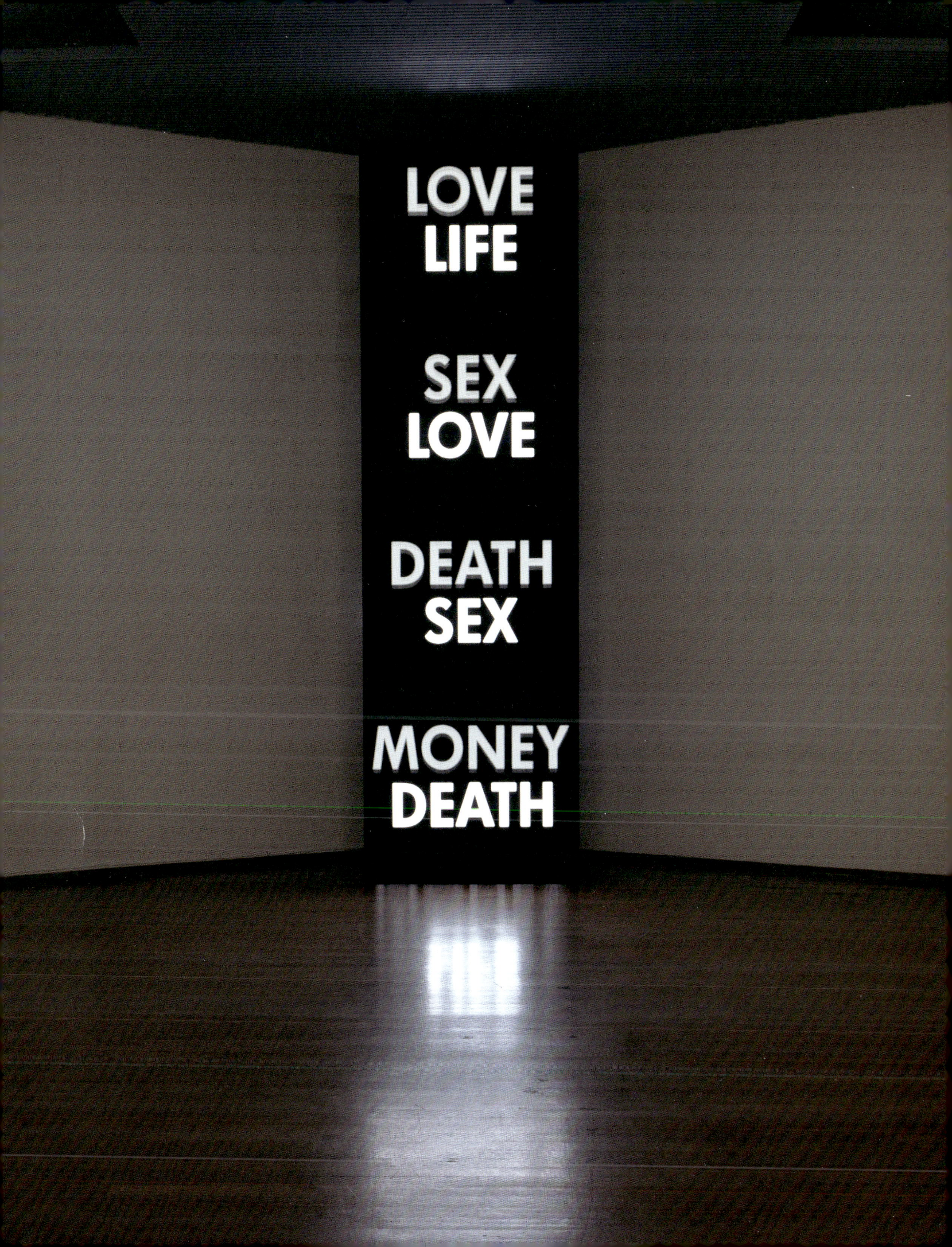

LOVE
LIFE

SEX
LOVE

DEATH
SEX

MONEY
DEATH

LOVE
LOVE
SEX
SEX
DEATH
DEATH
MONEY

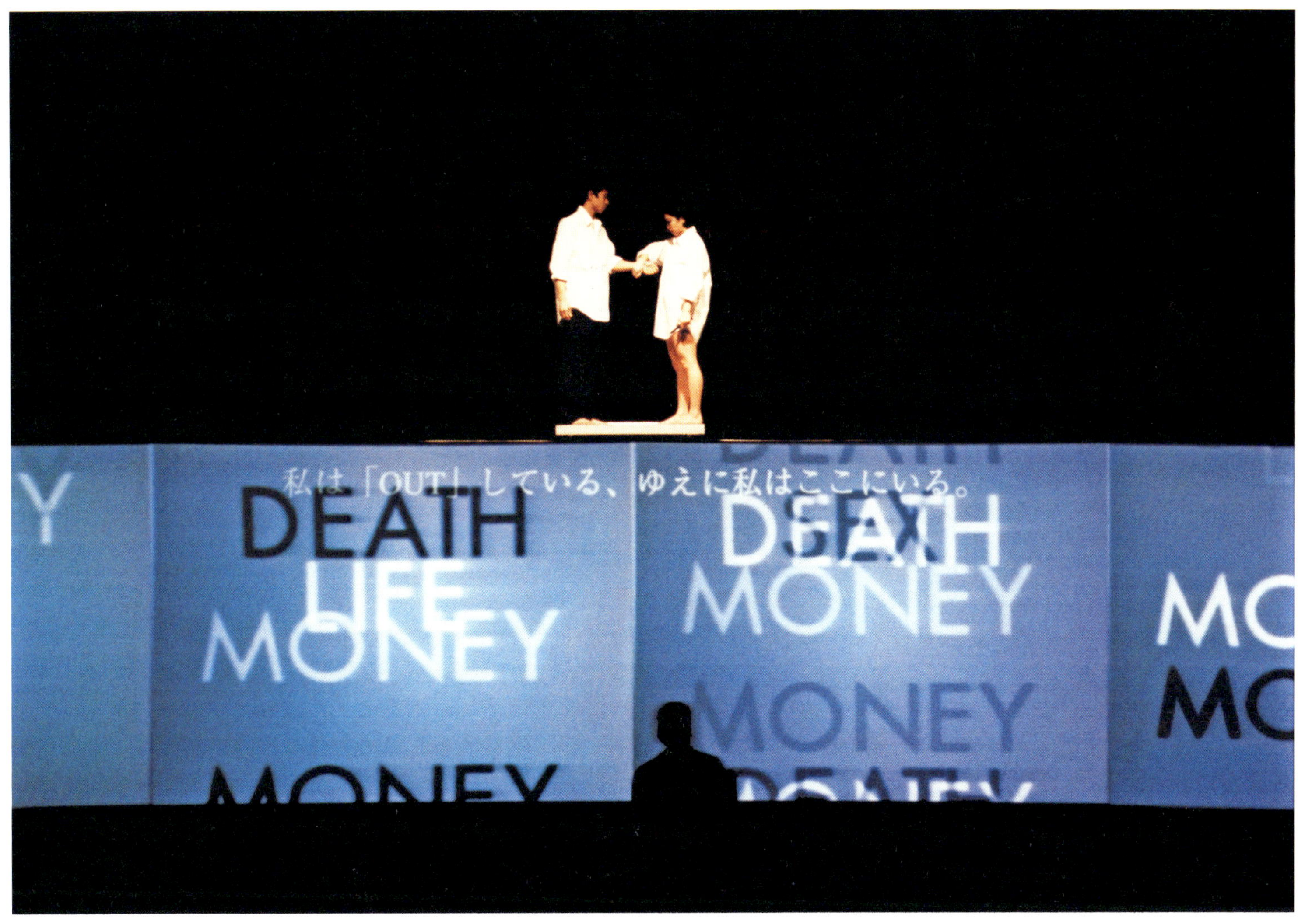

Dumb Type
LOVE/SEX/DEATH/MONEY/LIFE / AMORE/SESSO/MORTE/ DENARO/VITA
2018
Installazione grafica generata al computer / Computer generated graphic installation
Dimensioni variabili / Variable dimensions
Courtesy l'artista / the artist
© Centre Pompidou-Metz, 2018
Exposition Dumb Type
Photo Jacqueline Trichard

Dumb Type
S/N
1994
Performance teatrale / Theatre performance
Courtesy l'artista / the artist
Photo Kazuo Fukunaga

pp. 120-121
Dumb Type
2020
2020
Performance teatrale / Theatre performance
Courtesy l'artista / the artist
Photo Yoshikazu Inoue

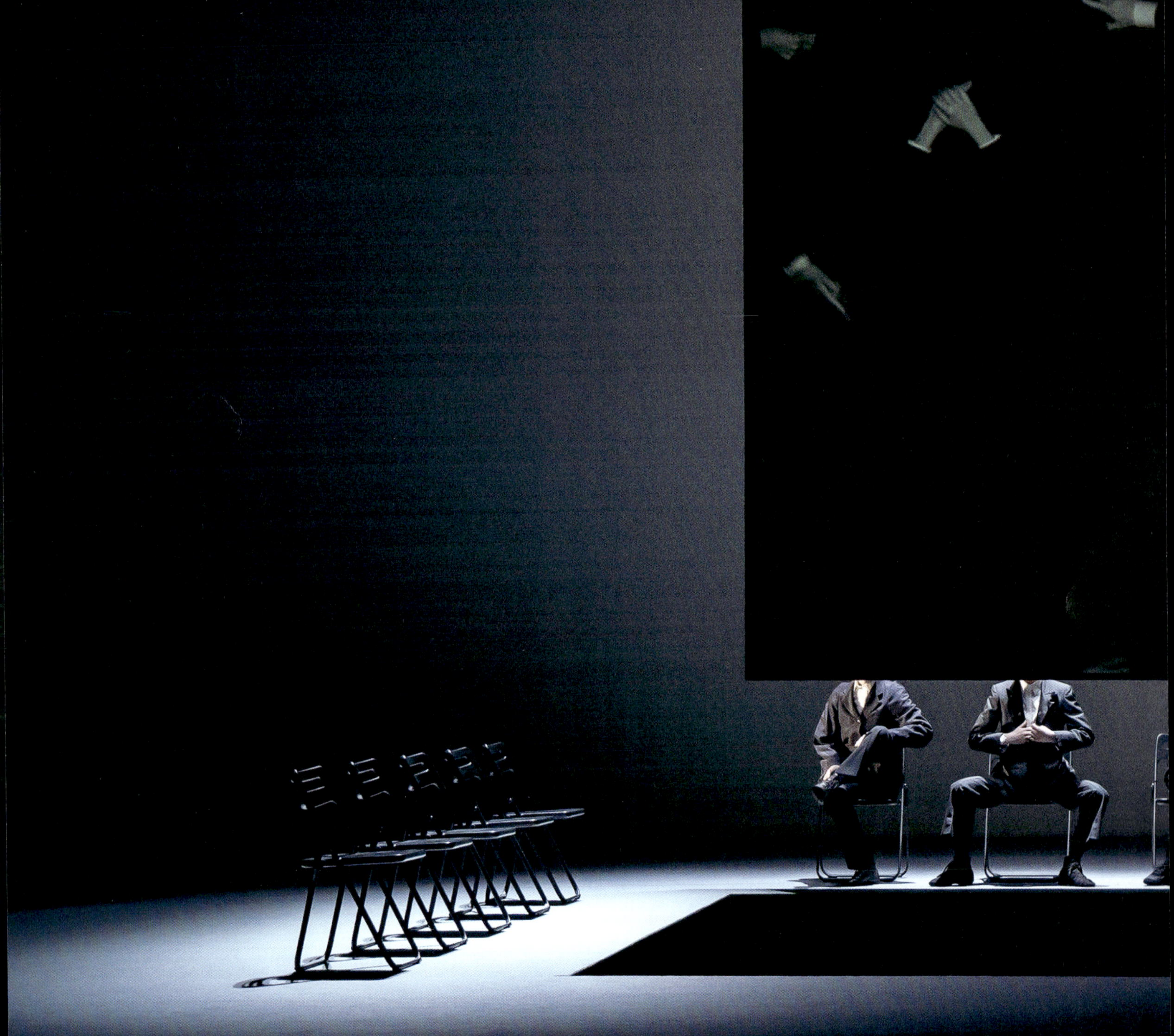

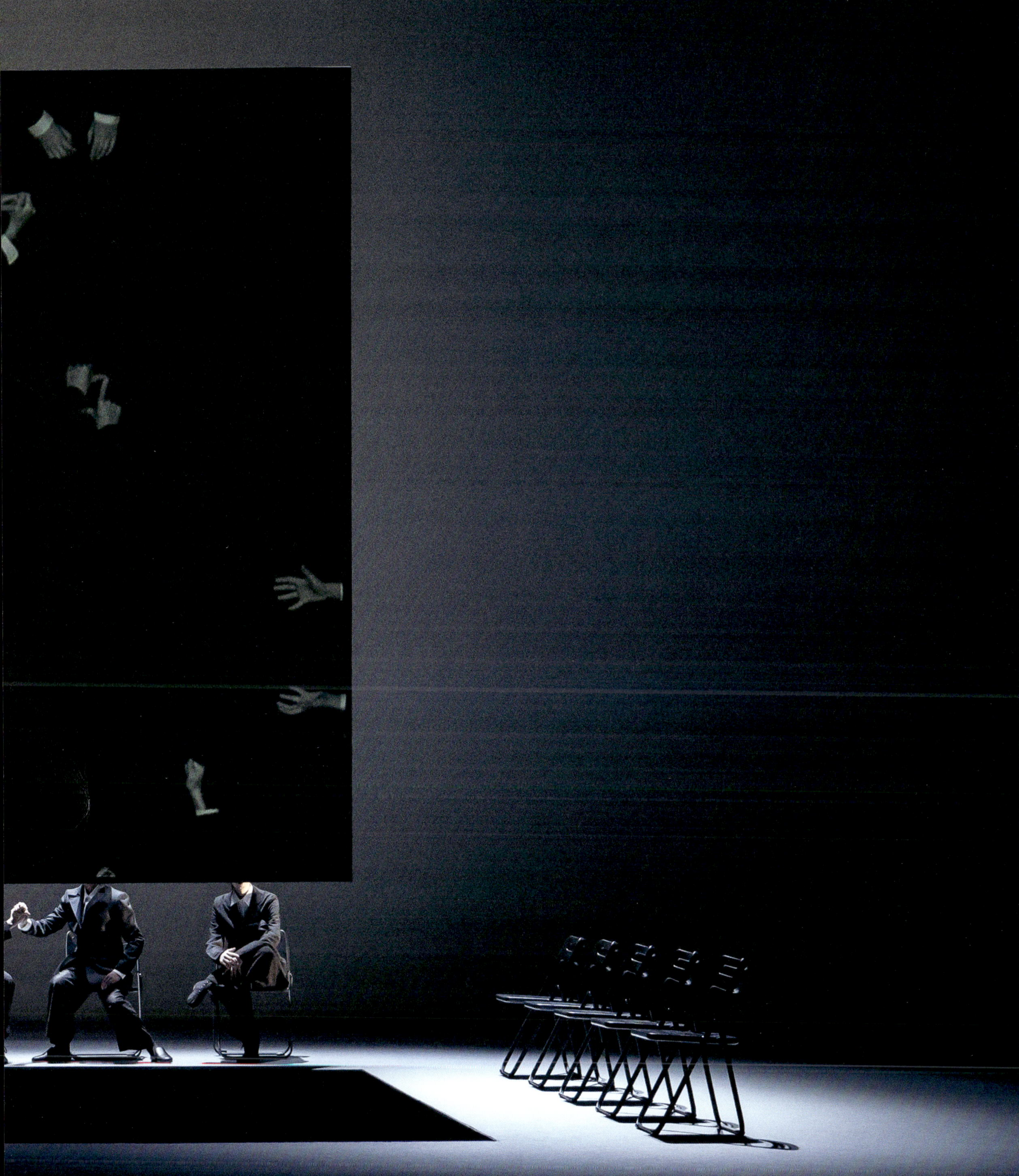

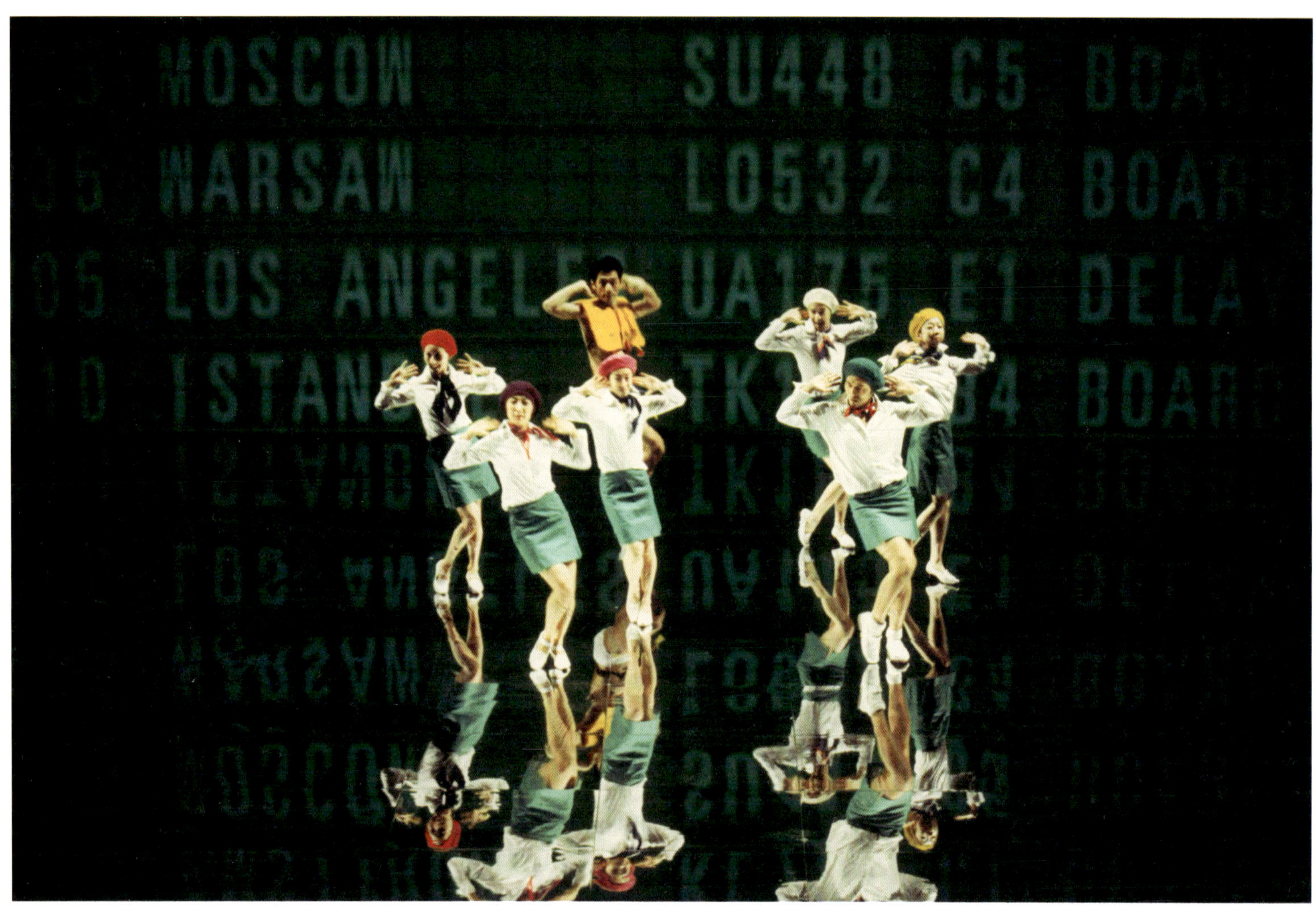

Dumb Type
Voyage / Viaggio
2002
Performance teatrale
/ Theatre performance
Courtesy l'artista / the artist
Photo Kazuo Fukunaga

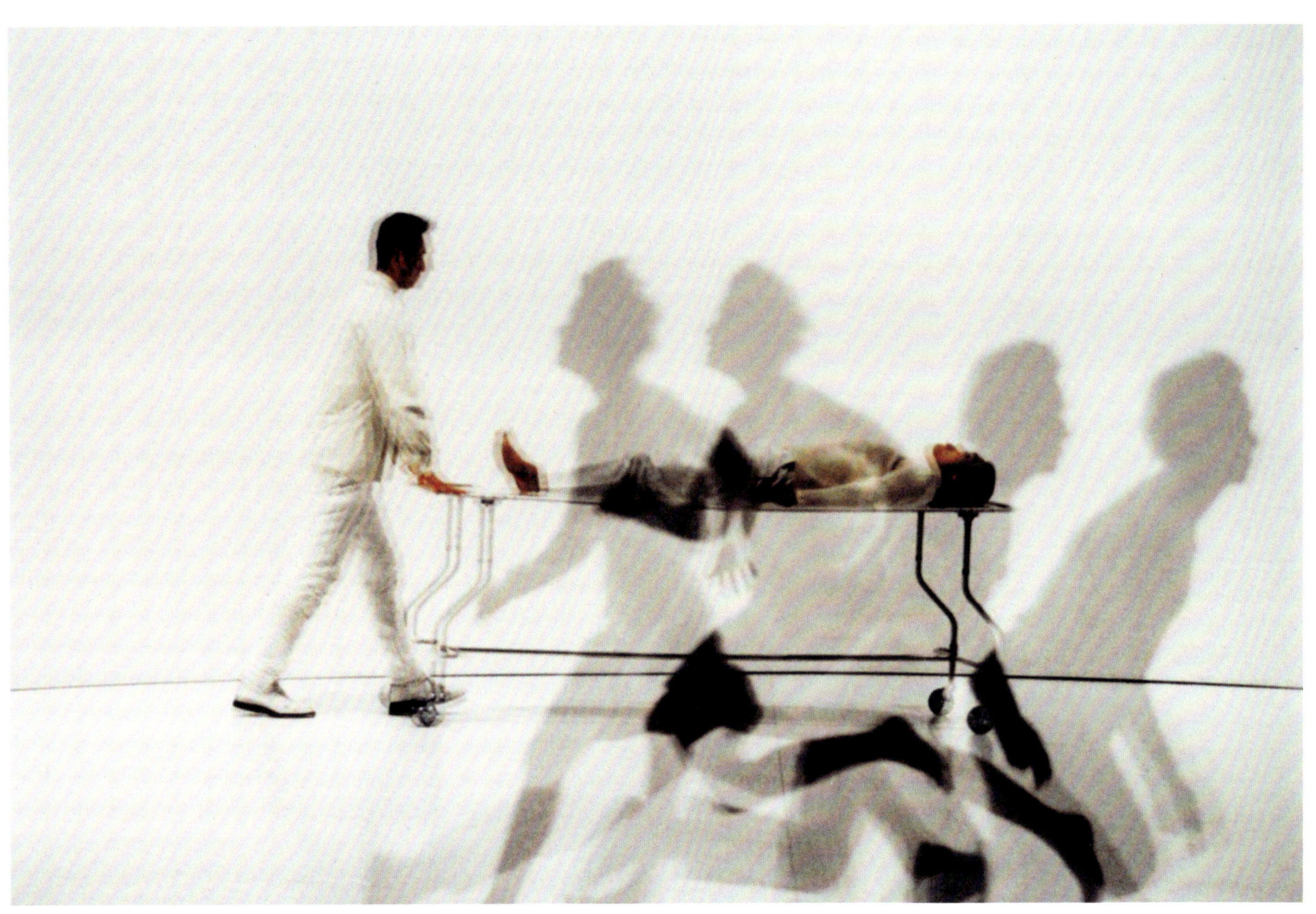

Dumb Type
OR
1997
Performance teatrale
/ Theatre performance
Courtesy l'artista / the artist
Photo Arno Declair

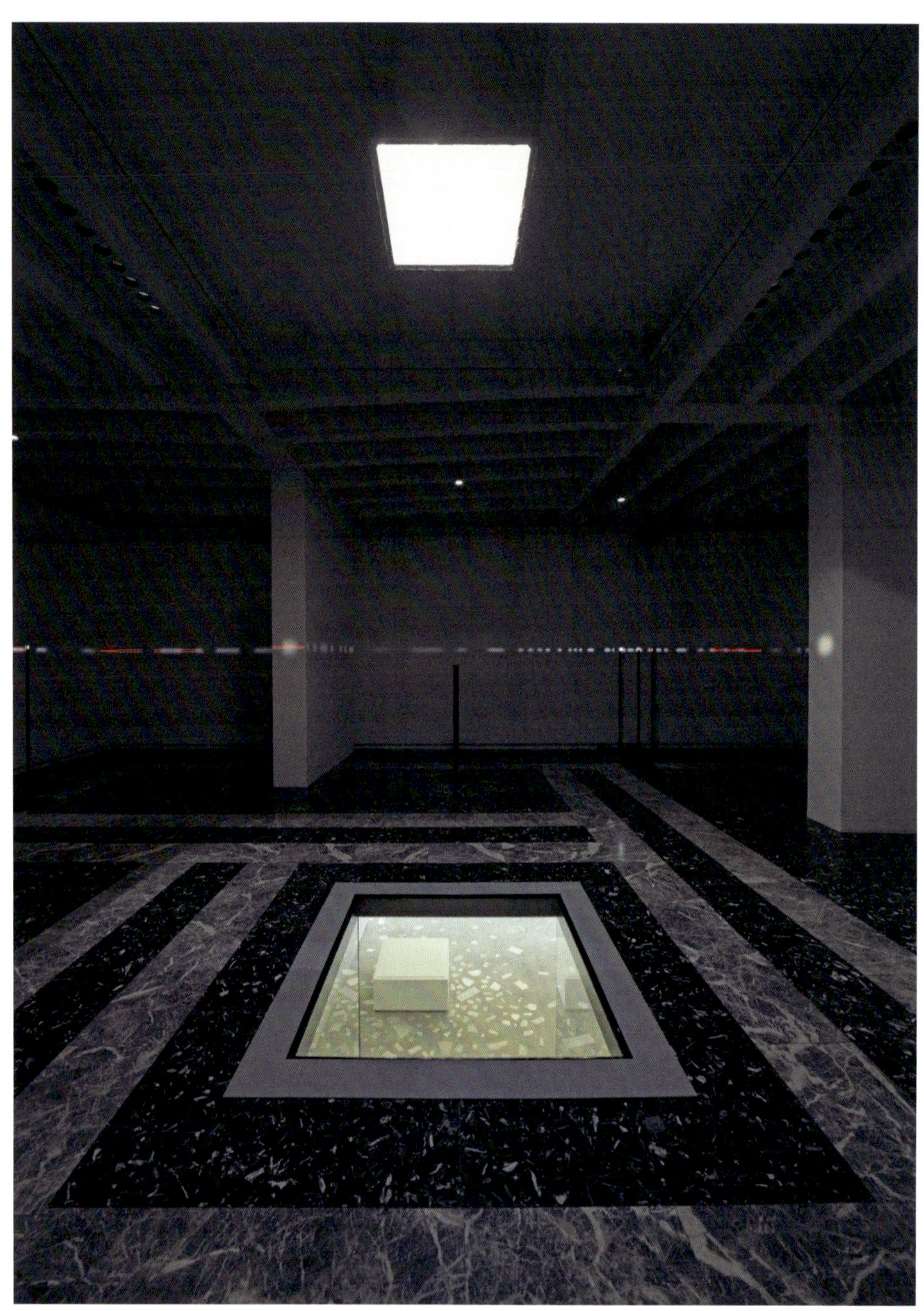

Dumb Type
2022
2022
Installation views, Padiglione Giappone alla 59a Biennale Arte di Venezia / Japan Pavilion at the 59th International Art Exhibition – Biennale Arte, Venice
©Dumb Type
Photo Shiro Takatani

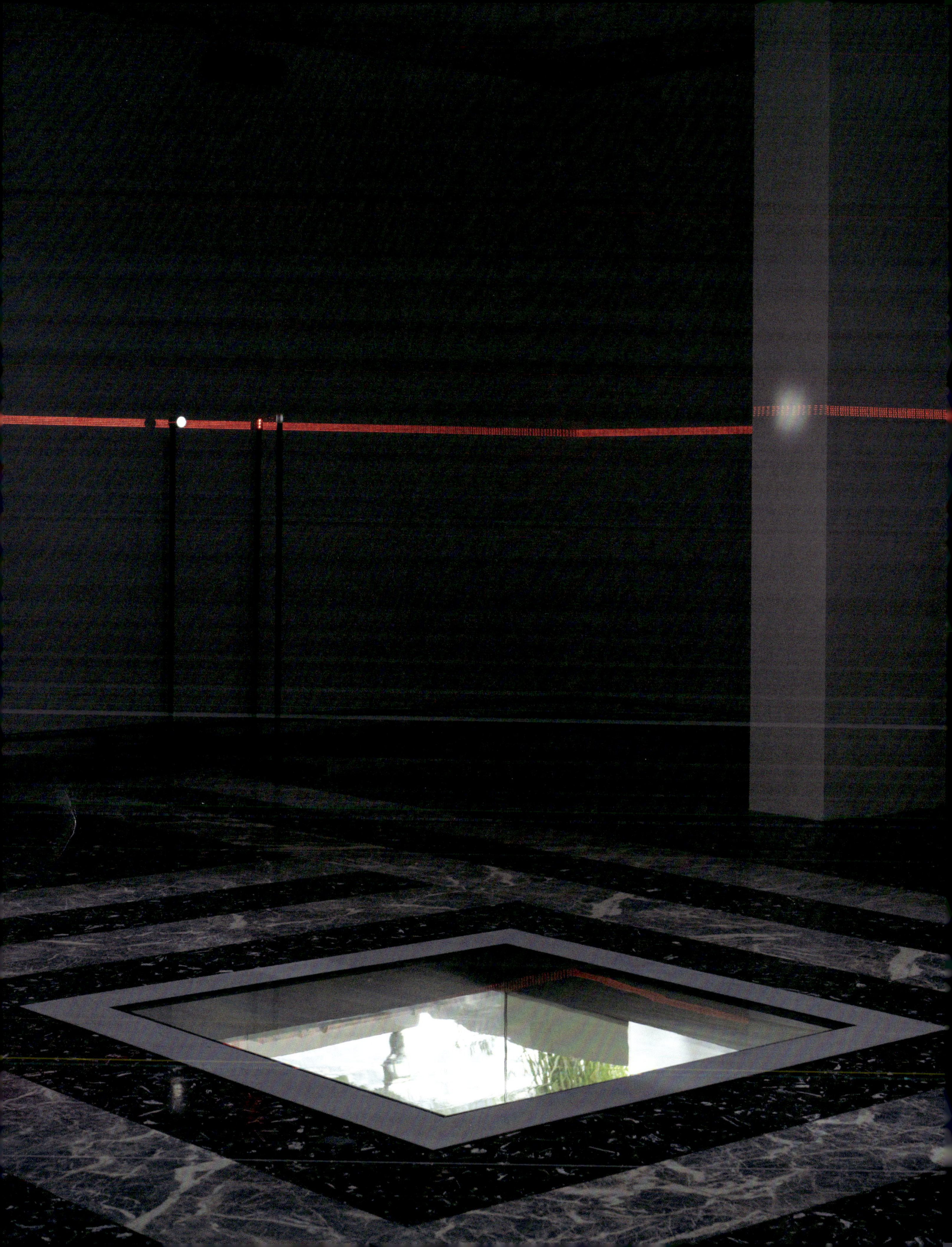

Finger Pointing Worker / Kota Takeuchi

Testo / Text by Sachiko Namba
Traduzione / Translation by
Brian Amstutz Communications

Un operaio con indosso una tuta protettiva bianca è apparso davanti a una telecamera a punto fisso installata presso la centrale nucleare di Fukushima Daiichi puntando il dito contro la telecamera. Il video si è rapidamente diffuso su Internet. Non molto tempo dopo, una persona che si è identificata come l'operaio del video ha reso note le sue intenzioni su un sito web. Oltre a spiegare le sue azioni, ha anche parlato delle condizioni di lavoro degli operai assunti per gestire le conseguenze dell'incidente nucleare.

L'uomo ha chiarito che il suo gesto faceva riferimento a un'opera video di Vito Acconci, *Centers* (1971), e che, puntando il dito contro l'"osservatore", intendeva invertire i ruoli fra osservatore e osservato. Postandosi su Internet, inoltre, ha cercato di rendersi il soggetto di una chiara accusa contro il sistema.

L'artista Kota Takeuchi agisce come agente dell'"Operaio che punta il dito contro". Lo stesso Takeuchi ha lavorato come operaio presso l'impianto e, mentre era lì, ha raccontato i dettagli delle condizioni di lavoro in un blog e ha fatto domande ai rappresentanti della compagnia elettrica di Tokyo durante una conferenza stampa. Mantiene tuttavia una cauta distanza dall'"Operaio che punta il dito contro".

L'opera di Takeuchi *Blind Bombing* (2020) utilizza fotografie e video per indagare l'uso che l'esercito giapponese ha fatto dei palloni-bomba per colpire gli Stati Uniti durante la Seconda Guerra Mondiale. Circa 9.300 bombe, attaccate a palloni aerostatici, furono inviate in direzione della costa occidentale americana. Molte di esse raggiunsero destinazione, provocando alla fine sei morti. Mentre stava indagando su questa assurda manovra bellica, Takeuchi ha compiuto una ricerca nella prefettura di Fukushima, da dove lui proviene e da dove sono partiti molti dei palloni-bomba, e nelle località raggiunte dalle bombe negli Stati Uniti. Ha anche fatto volare dei droni per ripercorrere gli ultimi movimenti di un pallone-bomba negli Stati Uniti attaccandovi una telecamera che ricreasse la prospettiva (immaginaria) della bomba come fosse quella di un pipistrello che usa l'eco per volare al buio. Questa analogia, secondo Takeuchi, esprime "l'immagine del Giappone che si precipita alla cieca in guerra con la sua ossessione per la tecnologia".

Invertendo il ruolo fra osservatore e osservato, e documentando il disagio che questo provoca, l'"Operaio che punta il dito contro", mantenendo l'anonimato, mostra l'incertezza che affligge la società contemporanea. Il gesto sconcertante dell'uomo si sovrappone in modo inquietante all'opera di Takeuchi, che evoca questioni sociali mostrando la violenza invisibile dei palloni-bomba.

A worker clad in a white protective suit appeared before a fixed-point camera installed at Fukushima Daiichi Nuclear Power Plant and pointed a finger directly at the camera. The video quickly spread on the Internet. Not long after, a person identifying himself as the worker made his intentions known on a website. Besides explaining his actions, he also discussed conditions faced by workers hired to respond to the nuclear incident.

The finger pointer's explanation made clear that his act referenced a video work by Vito Acconci, *Centers* (1971), and that, by pointing a finger at the "observer," he intended to reverse the roles of observer and observed. By posting himself on the Internet, moreover, the finger pointer sought to make himself the subject of accusatory finger pointing.

Artist Kota Takeuchi is acting as agent for the "Finger Pointing Worker." Takeuchi himself was employed as a worker at the plant and, while there, recorded details of the working conditions in a blog and questioned Tokyo Electric Power Company representatives at a press conference. He yet maintains a cautious distance from the "Finger Pointing Worker."

Takeuchi's *Blind Bombing* (2020) uses photographs and video to examine the Japanese army's use of balloon bombs to target the U.S. in World War II. Some 9,300 of the bombs, attached to balloons, were sent aloft on a course for the American West Coast. Many of them reached their destination, ultimately causing six deaths.

Investigating this preposterous war maneuver, Takeuchi undertook research in his own prefecture of Fukushima, where many of the balloon bombs were launched, and at locations reached by the bombs in the U.S. He also flew drones to retrace the final movements of a balloon bomb in the U.S. by attaching a camera that would recreate the bomb's (imagined) perspective as that of a bat using echoes to fly in the darkness. This analogy, according to Takeuchi, expresses "the figure of Japan rushing blindly into war in its obsession with technology."

While reversing the roles of observer and the observed, and demonstrating the uneasiness this provokes, the "Finger Pointing Worker," by maintaining anonymity, shows the uncertainty that troubles contemporary society. The finger pointer's uncanny action overlaps in a disturbing way with Takeuchi's work, which evokes social issues by visualizing the unseen violence of the balloon bombs.

Finger Pointing Worker
/ Kota Takeuchi
Pointing at Fukuichi Live Cam
/ Indicando la live cam di Fukuichi
2011
Video, colore, sonoro
/ Video, colour, sound, 24'40"
Installation view PAC Padiglione d'Arte Contemporanea, Milano, 2022
Courtesy l'artista / the artist
Photo Lorenzo Palmieri

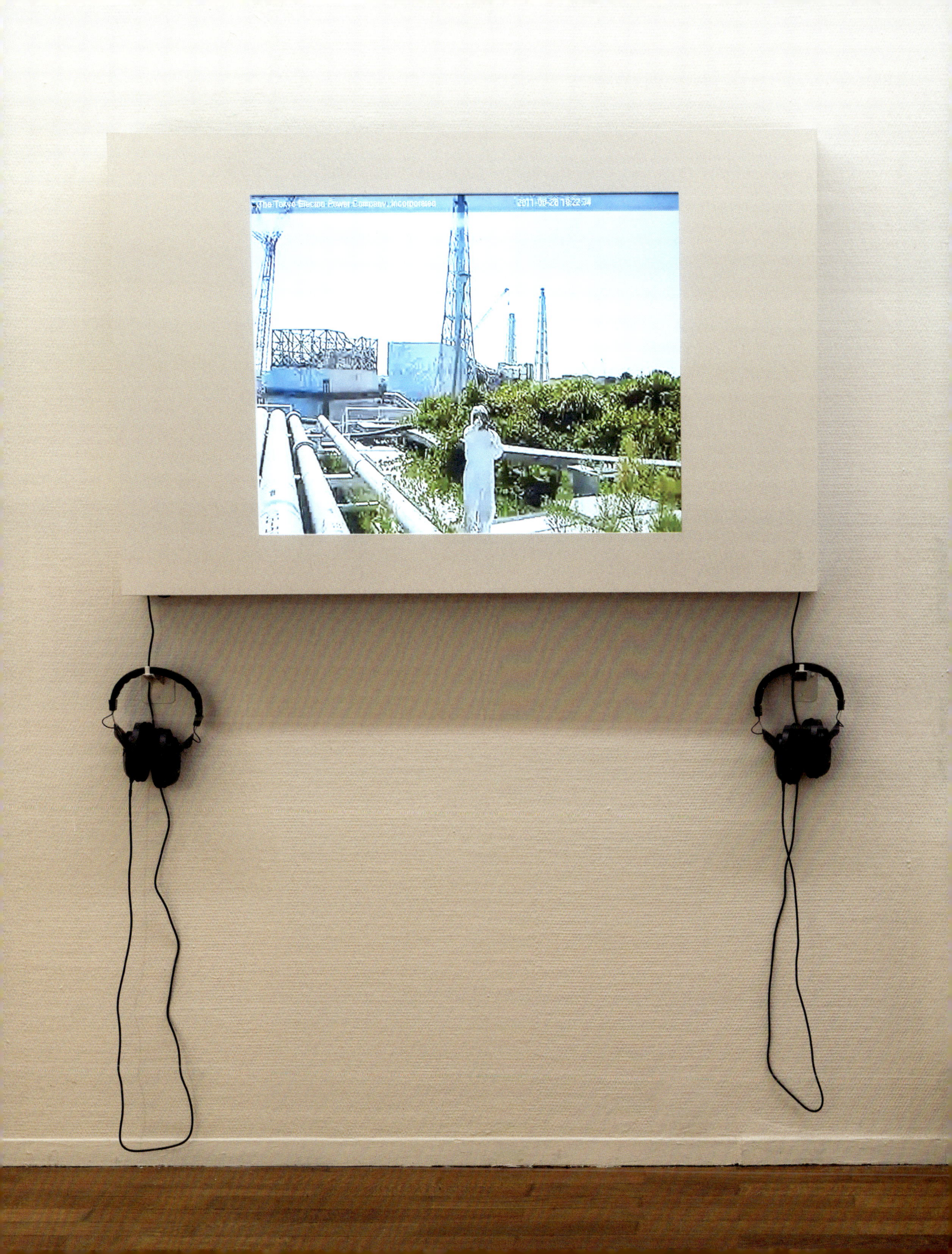

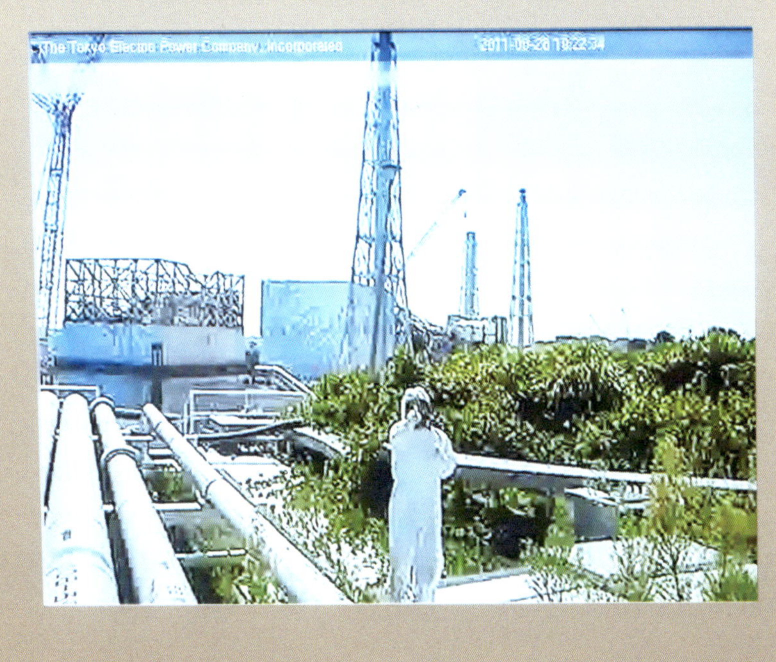

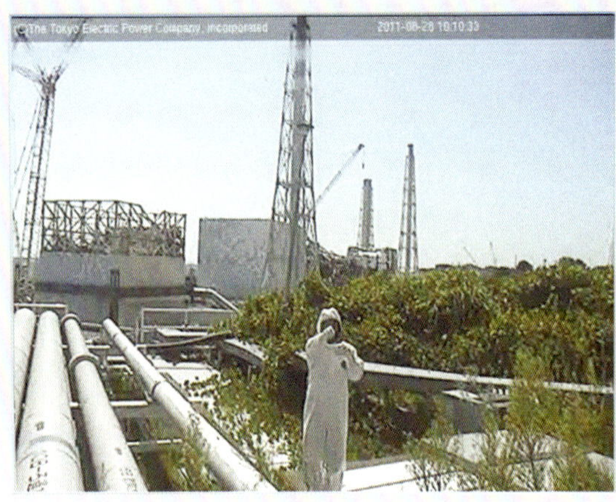

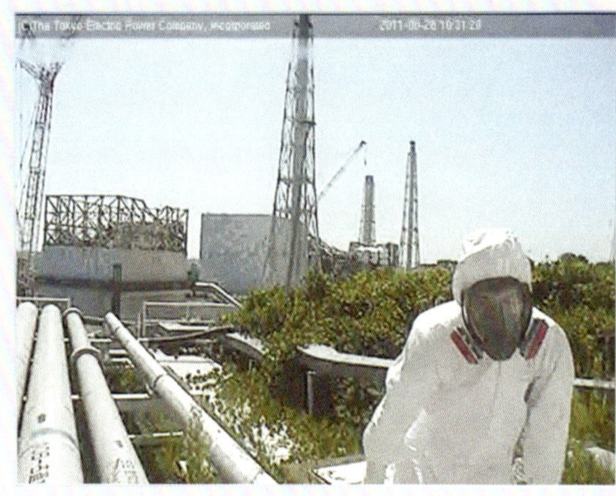

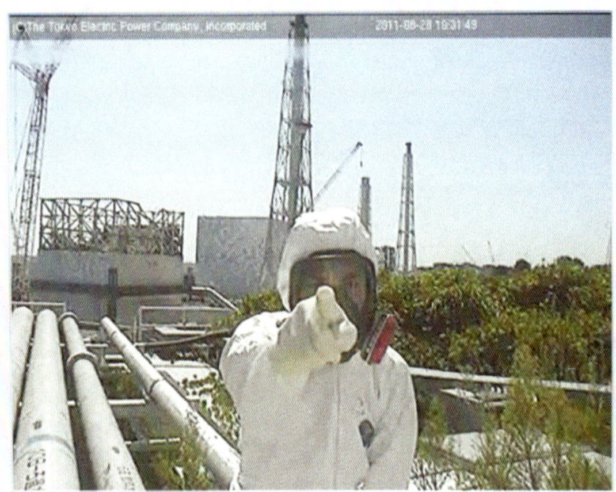

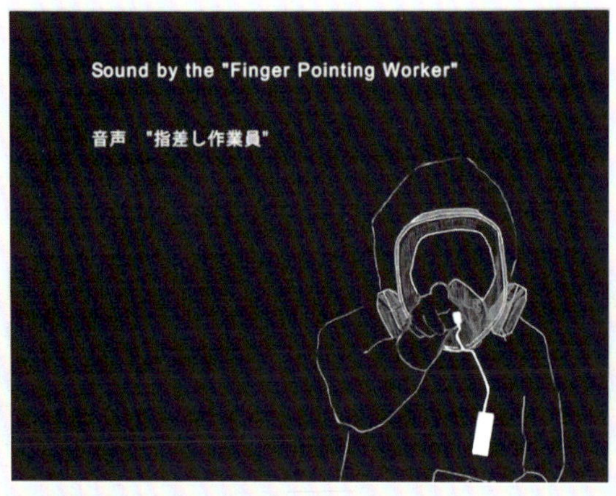

Finger Pointing Worker
/ Kota Takeuchi
Pointing at Fukuichi Live Cam
/ Indicando la live cam di Fukuichi
2011
Video, colore, sonoro
/ Video, colour, sound, 24'40"
Installation views PAC Padiglione
d'Arte Contemporanea, Milano, 2022
Courtesy l'artista / the artist
Photo Lorenzo Palmieri

Kota Takeuchi
Evidens
202o
C-print
Document 2: Aliens / Documento 2: Alieni
2020
Installazione: stampa laser su carta
/ Installation: laser print
on paper
Courtesy l'artista / the artist
Photo Kota Takeuchi

Kota Takeuchi
Document 1: Corona and Body
/ Documento 1: Corona e Corpo
2020
Installazione: stampa laser su carta
/ Installation: laser print
on paper
Courtesy l'artista / the artist
Photo Kota Takeuchi

pp. 130-131
Kota Takeuchi
Aa from *Evidens* series
/ *Aa* dalla serie *Evidens*
2020
C-print
Courtesy l'artista / the artist

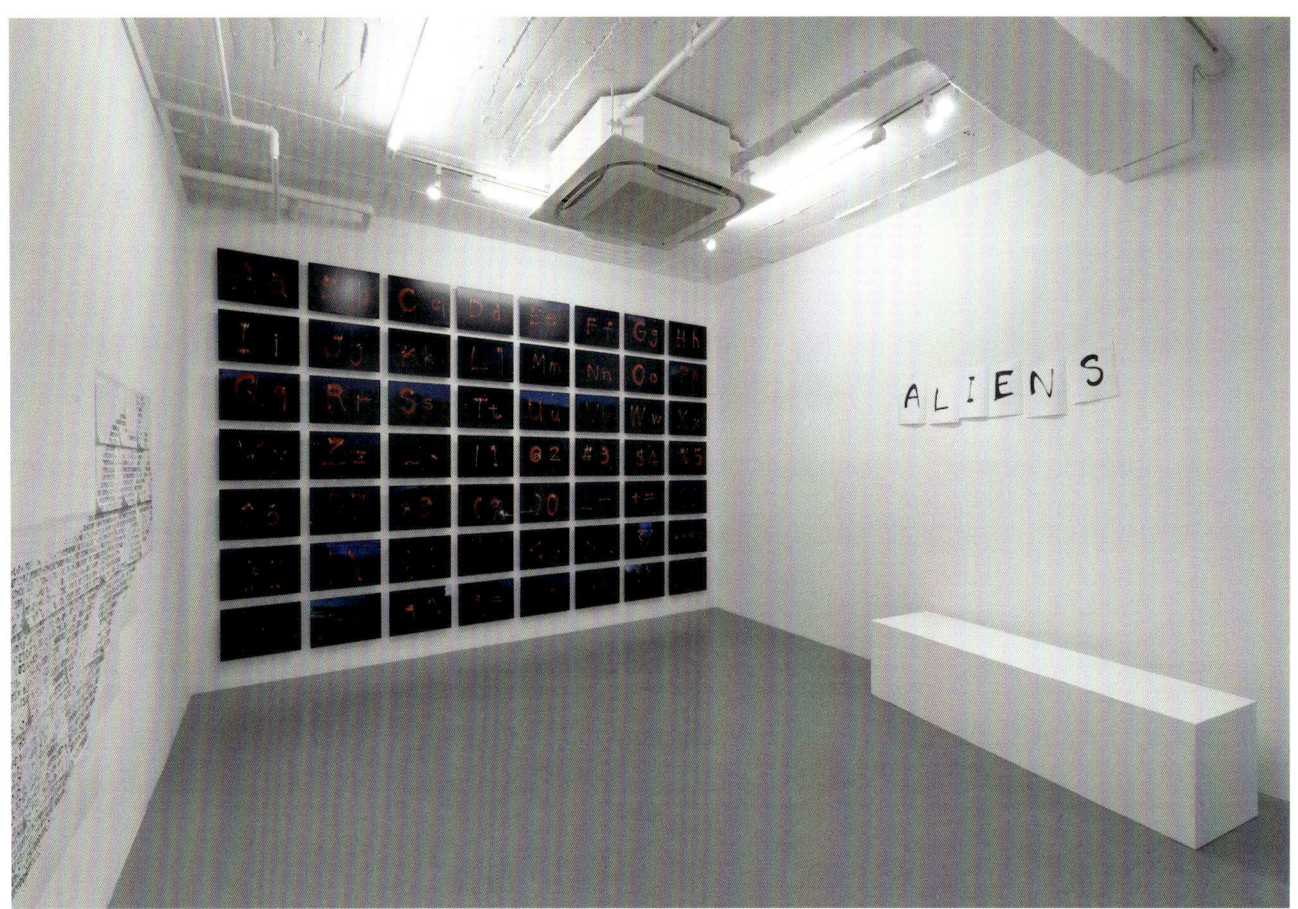
ALIENS

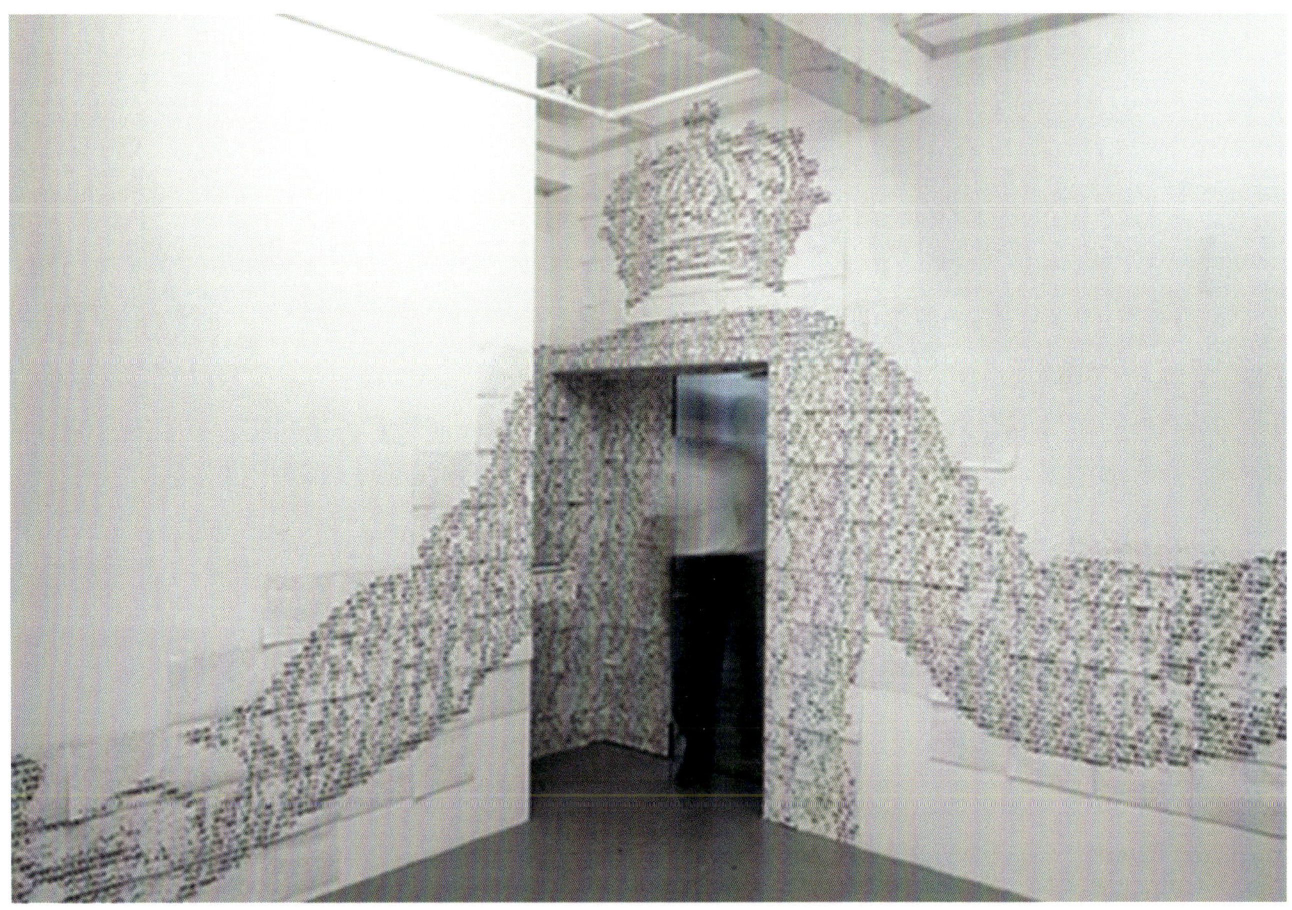

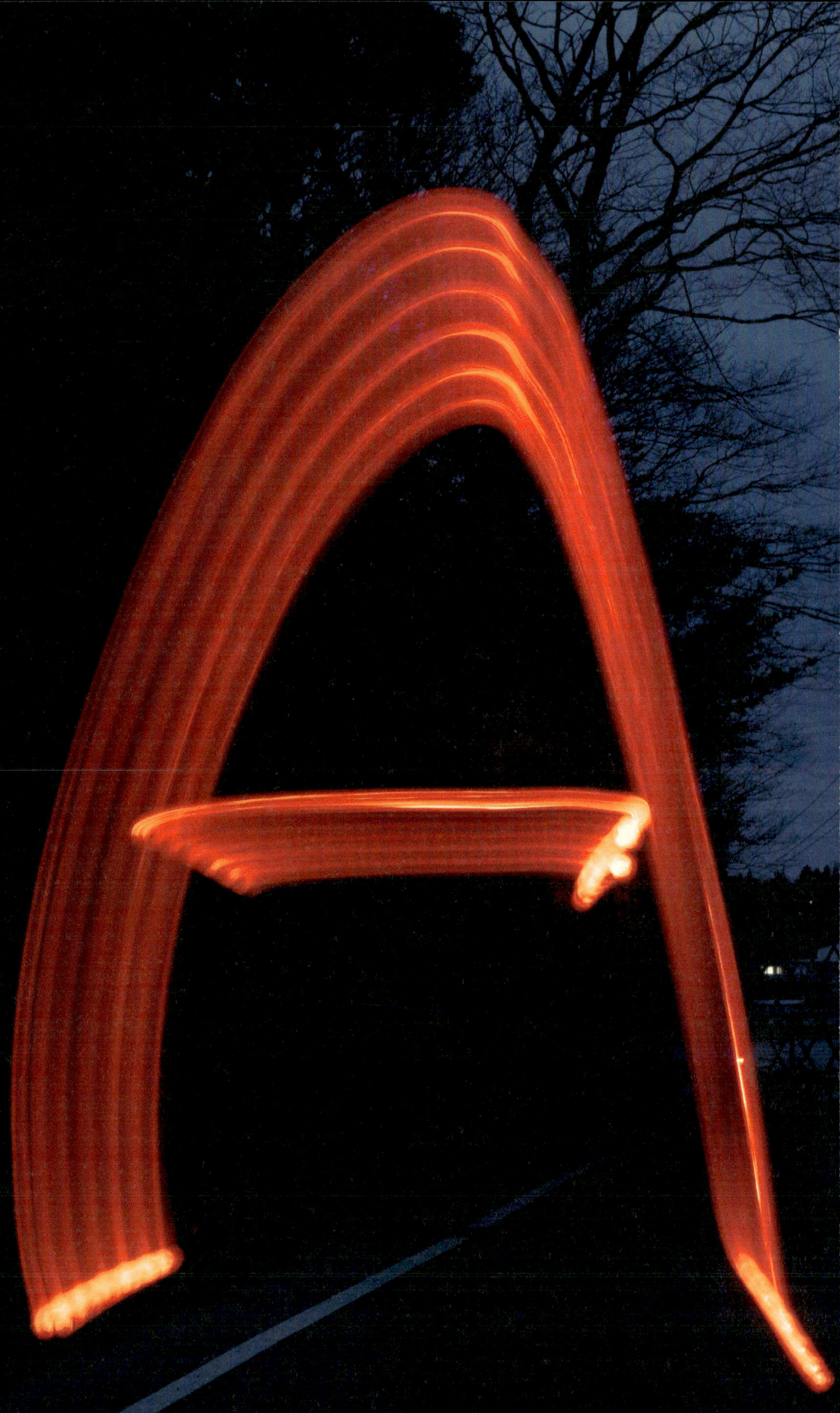

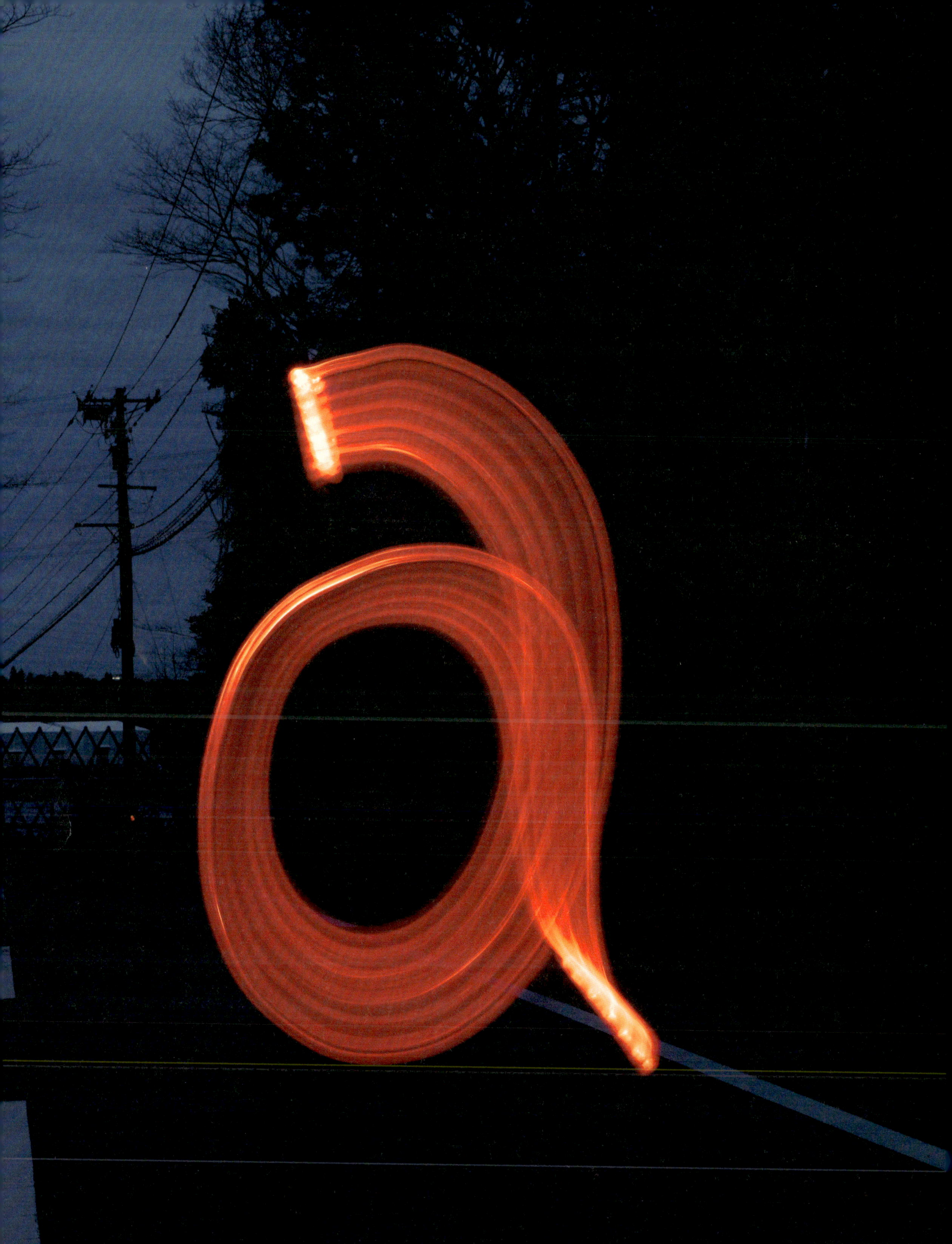

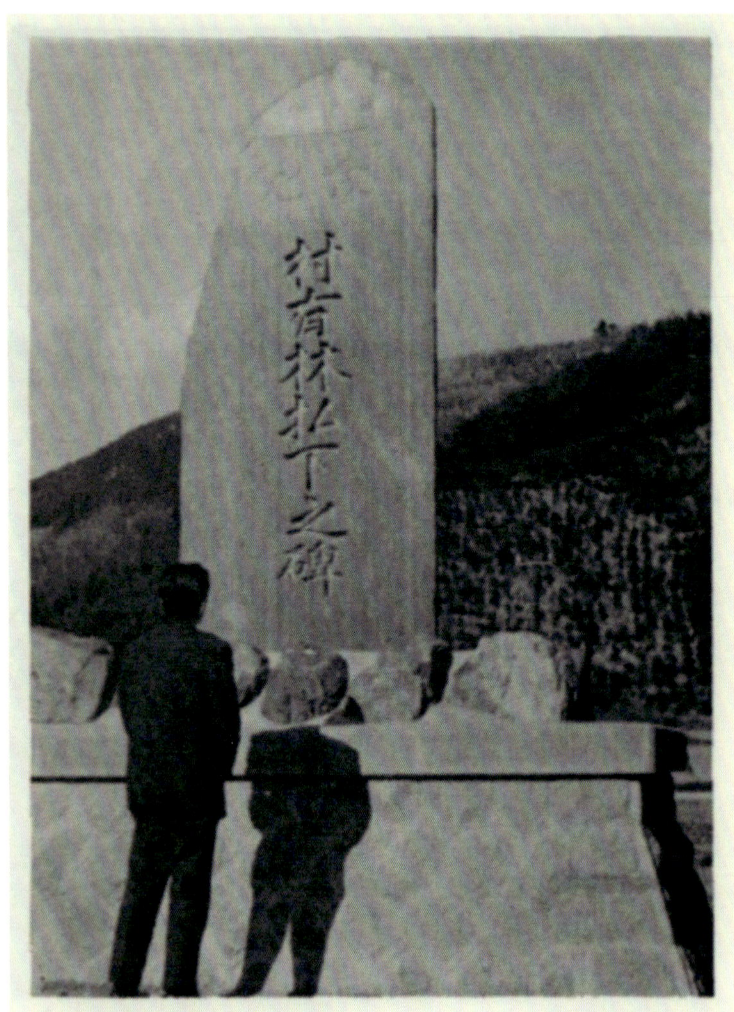

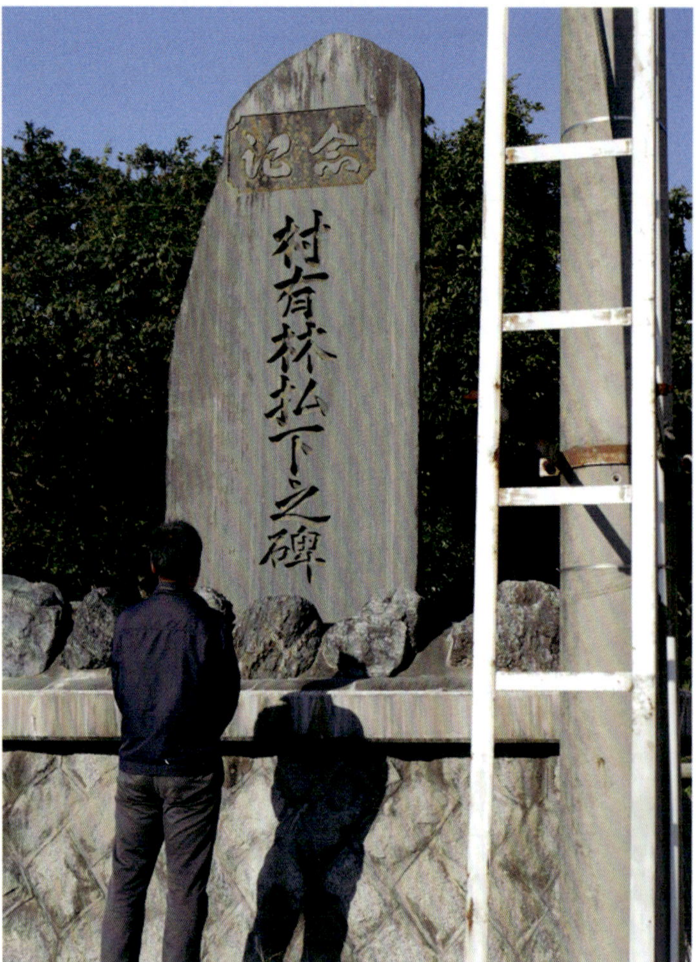

Kota Takeuchi
Monument for the Village Forest / Monumento per la foresta del villaggio
from the series / dalla serie
Take Stone Monuments Twice
2013-2016
Fotografia / Photograph
Courtesy l'artista / the artist
Photo Kota Takeuchi

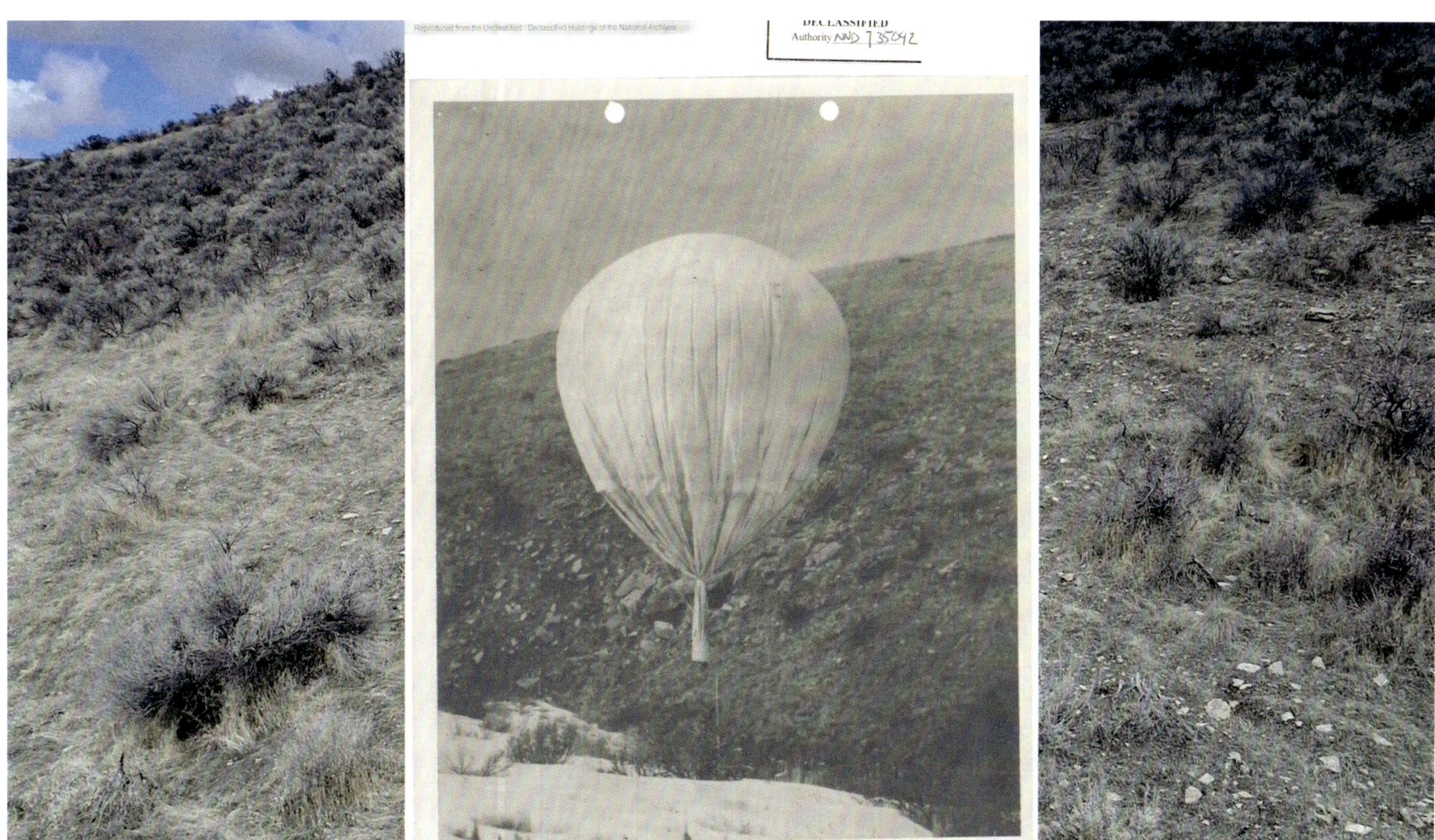

Kota Takeuchi
Blind Bombing, Filmed by a Bat
/ Bombardamento alla cieca,
filmato da un pipistrello
2020
Video, colore sonoro
/ Video, colour, sound, 32min
Courtesy l'artista / the artist
Photo Kota Takeuchi

Mari Katayama

Testo / Text by Sachiko Namba
Traduzione / Translation by
Brian Amstutz Communications

In una composizione meticolosamente calcolata, Mari Katayama dispone oggetti cuciti a mano impreziositi da merletti, perline e fronzoli, poi, mettendosi in posa, fa scattare l'otturatore. Gli autoritratti di Katayama, sempre magistralmente creati e orchestrati, catturano simbolicamente le fasi della sua vita.

Venuta al mondo con una deficienza congenita agli arti, a nove anni Katayama ha deciso di farsi amputare le gambe. Poi ha continuato a camminare, facendosi costruire nuove protesi via via che cresceva. Realizzando a mano le sue creazioni grazie alle abilità di cucito acquisite nell'infanzia, decorava la sua stanza con questi oggetti, li fotografava con se stessa nel ruolo di modella e poi caricava le foto su Internet. Per il suo "High Heel Project", iniziato mentre frequentava ancora il master, Katayama si è messa delle protesi speciali che le consentivano di indossare i tacchi alti, poi si è pavoneggiata in giro per la città e si è esibita mentre si scattava gli autoritratti.

Nel 2015 si è trasferita di nuovo nella sua regione di origine, vicino al fiume Watarase, nella prefettura di Gunma. Il bacino del fiume Watarase è stato teatro dell'incidente della miniera di rame di Ashio, il primo grande disastro ambientale del Giappone in cui le attività minerarie hanno provocato un grave inquinamento dell'acqua e del terreno. Katayama si è messa a fotografare le rovine della miniera di rame, dove cresce ovunque una specie di falsa acacia non autoctona, adesso detestata, piantata per tenere a freno l'erosione in corso. Dopo aver partorito una bambina nel 2016, Katayama ha realizzato opere fotografiche che tracciano il collegamento tra passato, presente e futuro sul fiume Watarase, dove scorre la storia geografica e dove convergono i sentimenti della gente.

Nella sua ultima serie di opere, *in the water*, l'artista ha fotografato le proprie gambe coperte da un eritema e da dei brillantini, rappresentandole come se stessero andando alla deriva sott'acqua. L'eruzione cutanea sulle gambe, dice Katayama, è provocata dagli anticorpi che il suo corpo produce e che attaccano il suo stesso corpo. Le opere fotografiche di Katayama, che indagano il modo in cui la natura abbracci la vita ma anche il veleno – come si vede nel suo stesso corpo, nella miniera di Ashio e nel fiume Watarase – e il modo in cui le conseguenze di questo veleno si estendano per generazioni, riflettono senza sosta sul fatto che è "naturale". Esse si fondono in un autoritratto della sua continua sete di vita e di bellezza universale.

In a meticulously calculated composition, Mari Katayama arranges hand-sewn objects embellished with lace, beads, and baubles, then, posing as the subject, snaps her shutter. Katayama's self-portraits, always masterfully created and orchestrated, symbolically capture phases of her life.

Born with congenital limb deficiency, Katayama at nine resolved to have her legs amputated. She thereafter carried on walking, continually having new protheses made as she grew. Hand-stitching objects using sewing skills acquired in childhood, she decorated her room with them, photographed them with her in the role of mannequin, and uploaded the photos on the Internet. For her "High Heel Project," begun while still in her master's course, Katayama put on special protheses for wearing high heels, then strutted around town and performed on stage while taking self-portraits.

In 2015, she relocated her base to her home region near the Watarase River in Gunma prefecture. The Watarase River basin was the setting for the Ashio Copper Mine Mineral Pollution Incident, Japan's first major pollution disaster, in which mining activities led to severe water and soil pollution. Katayama set out to photograph the ruins of the copper mine, where a non-native, now-hated species of false acacia planted for erosion control grows everywhere. On bearing a daughter in 2016, she produced photographic works drawing connection among past, present, and future at the Watarase River, where geographic history flows and people's sentiments gather.

In the artist's recent series, *in the water*, she has photographed her legs covered with red rash and glitter, staging them to appear as if drifting underwater. The rash on her legs, she says, is caused by antibodies her body produces that attack her own body. Katayama's photographic works, which examine how nature embraces life but also poison—as seen in her body and the Ashio mine and Watarase River—and how the consequences of that poison span generations, ceaselessly ponder the fact that is "natural." They coalesce in a self-portrait of her thirsting continually for life and universal beauty.

Mari Katayama
caterpillar / bruco
2012
C-print, cornice / C-print, frame
54,5×42,4 cm
Courtesy l'artista / the artist

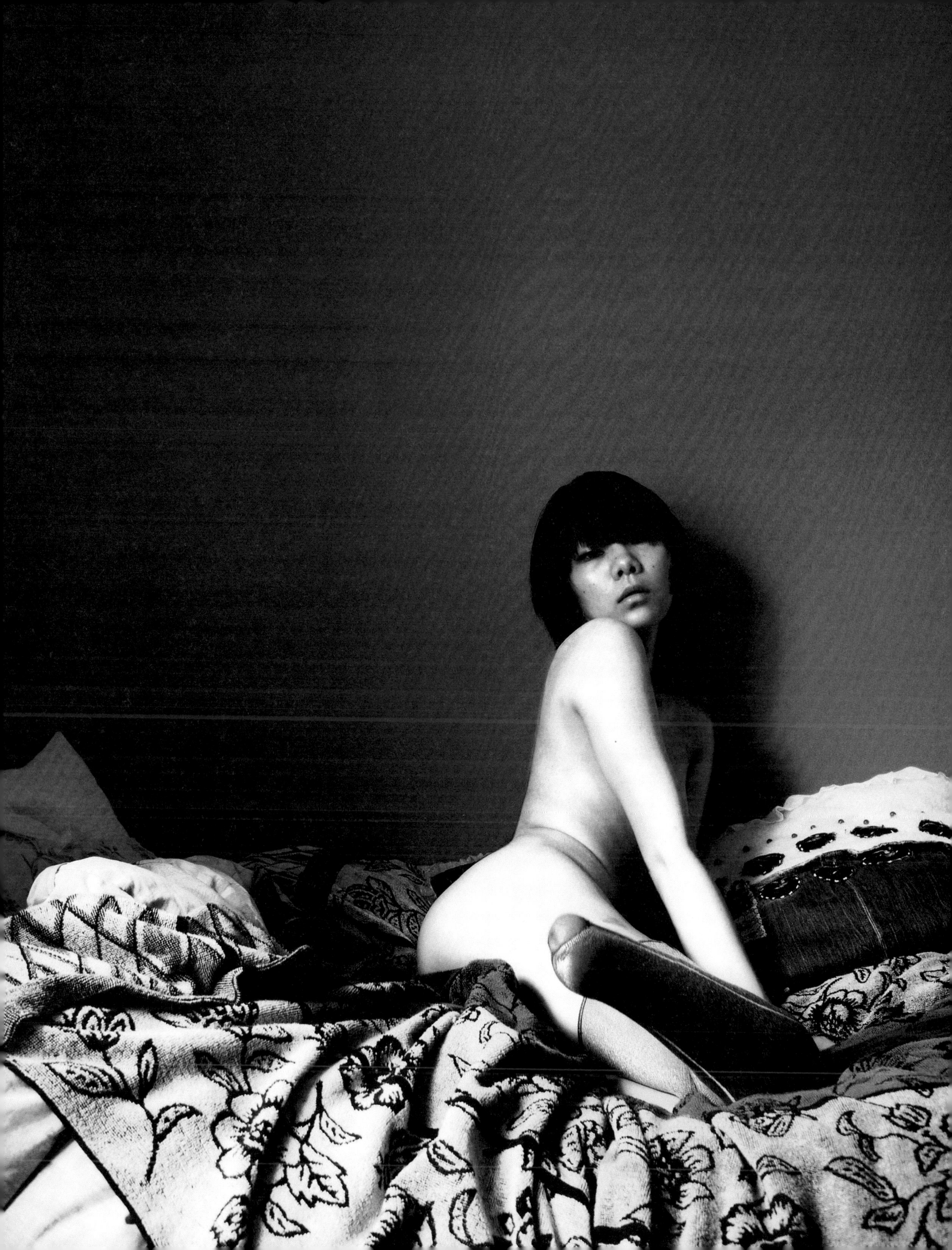

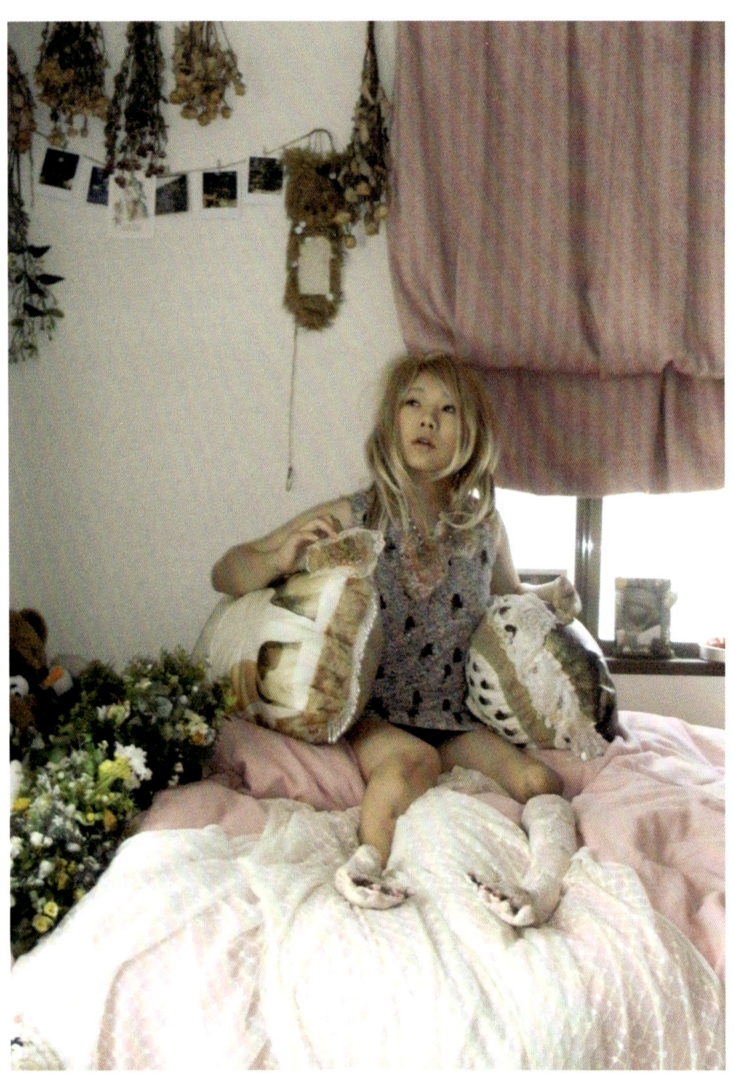

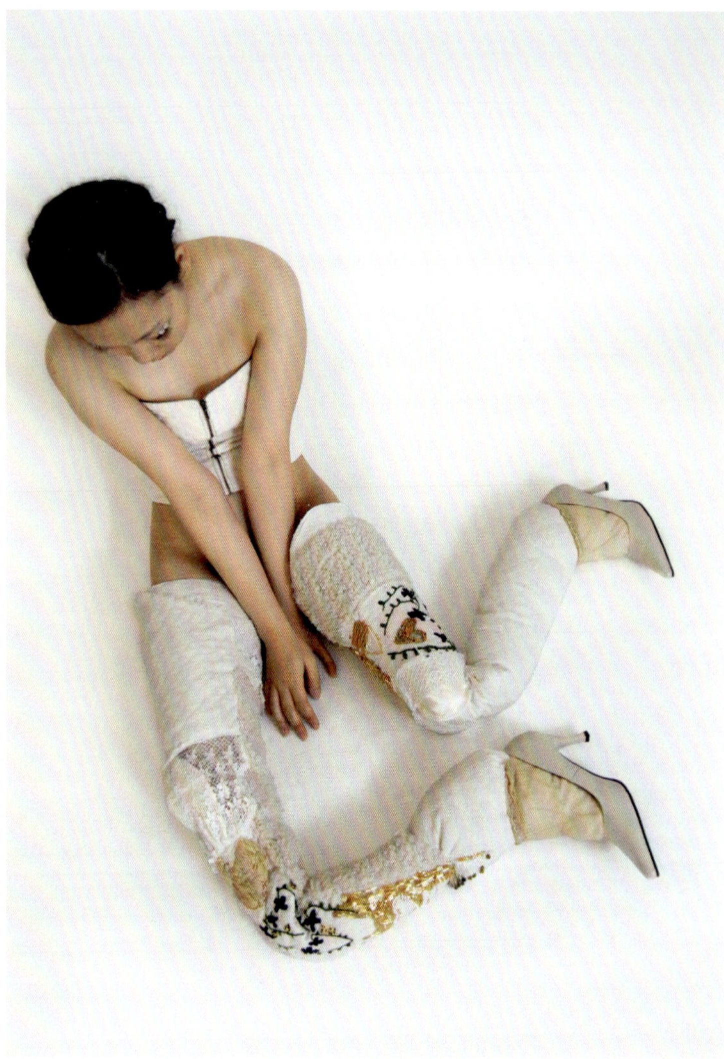

Mari Katayama
in my room #001
/ nella mia stanza #001
2009
C-print, cornice originale decorata
/ C-print, uniquely decorated frame
57,3×45,1×3,5 cm
Courtesy l'artista / the artist

Mari Katayama
white legs #001
/ gambe bianche #001
2009
C-print, cornice originale decorata
/ C-print, uniquely decorated frame
58,5×46 cm
Courtesy l'artista / the artist

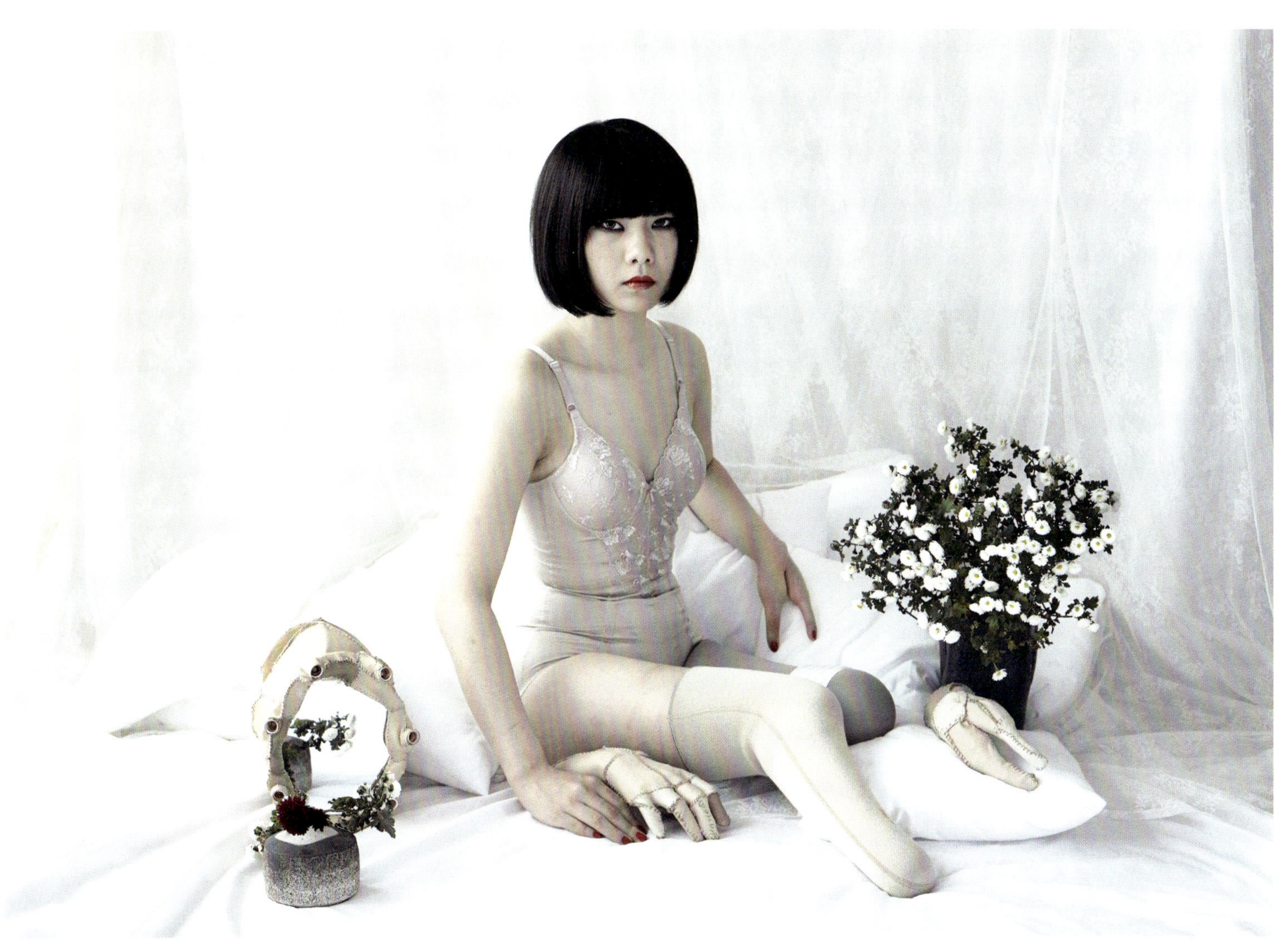

Mari Katayama
you're mine #002
/ sei mio #002
2014
C-print, cornice originale decorata
/ C-print, uniquely decorated frame
55,7×74,9×5,5 cm
Courtesy l'artista / the artist

pp. 138-139
Mari Katayama
in the water #001
/ nell'acqua #001
2019
C-print
255×353 cm
Courtesy l'artista / the artist

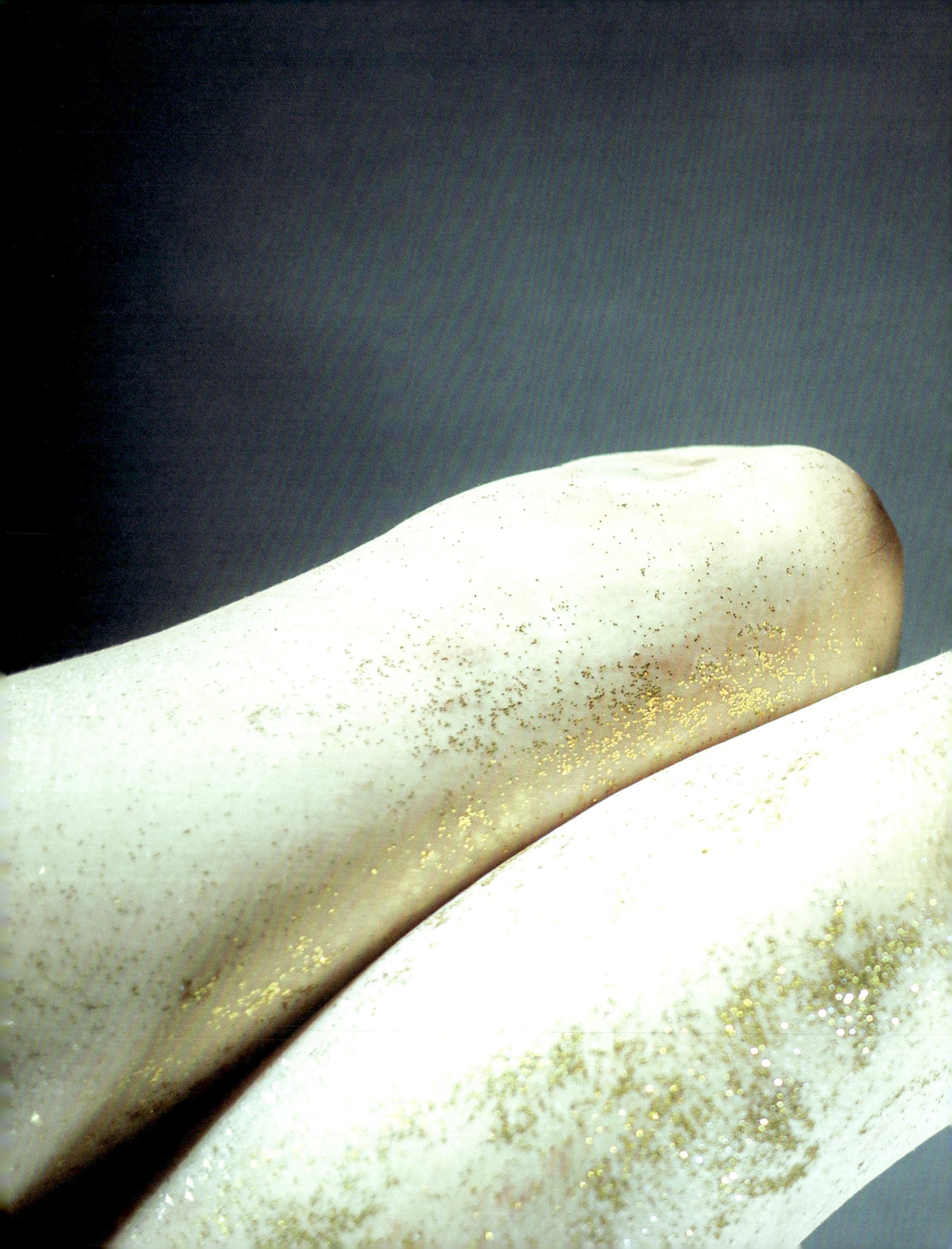

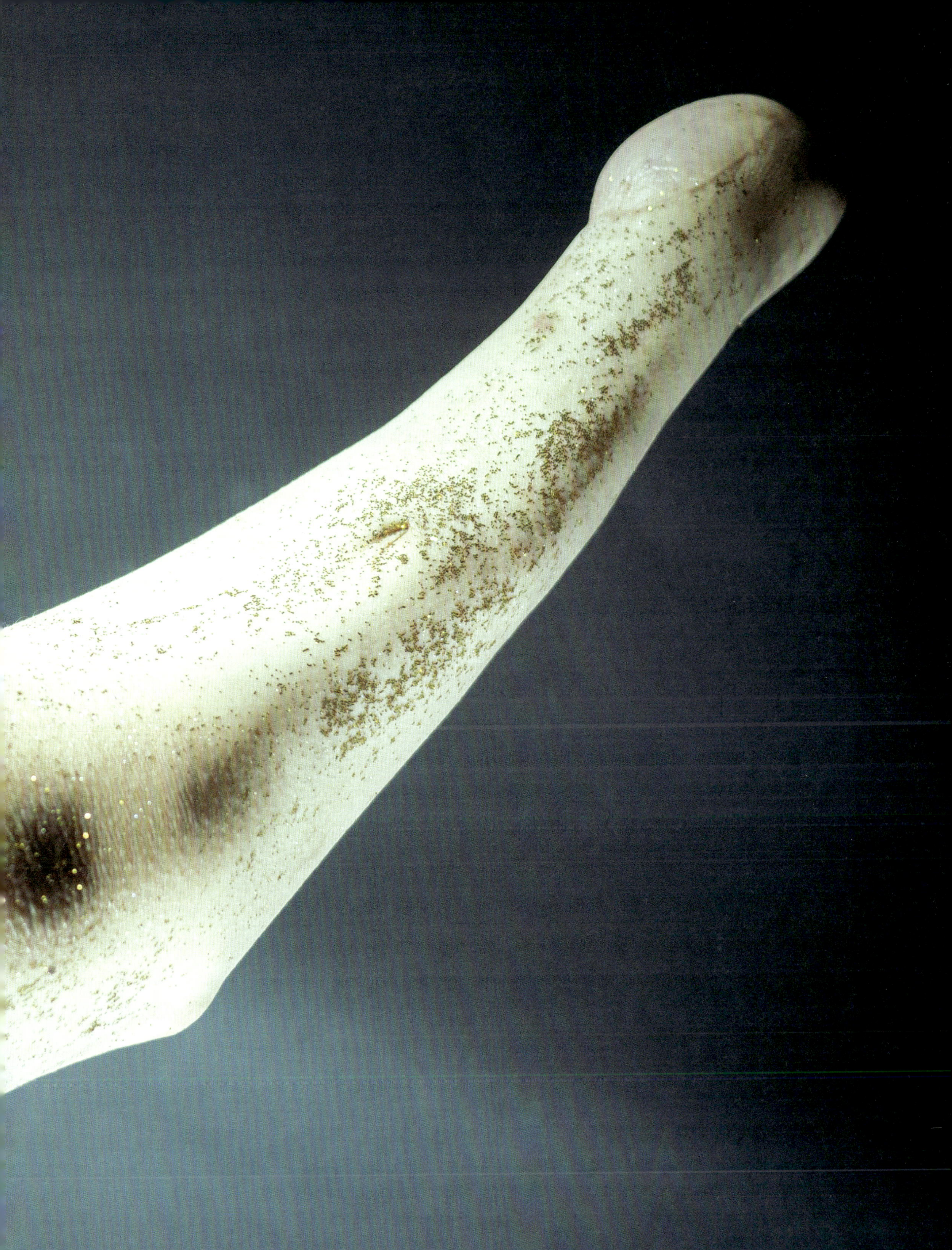

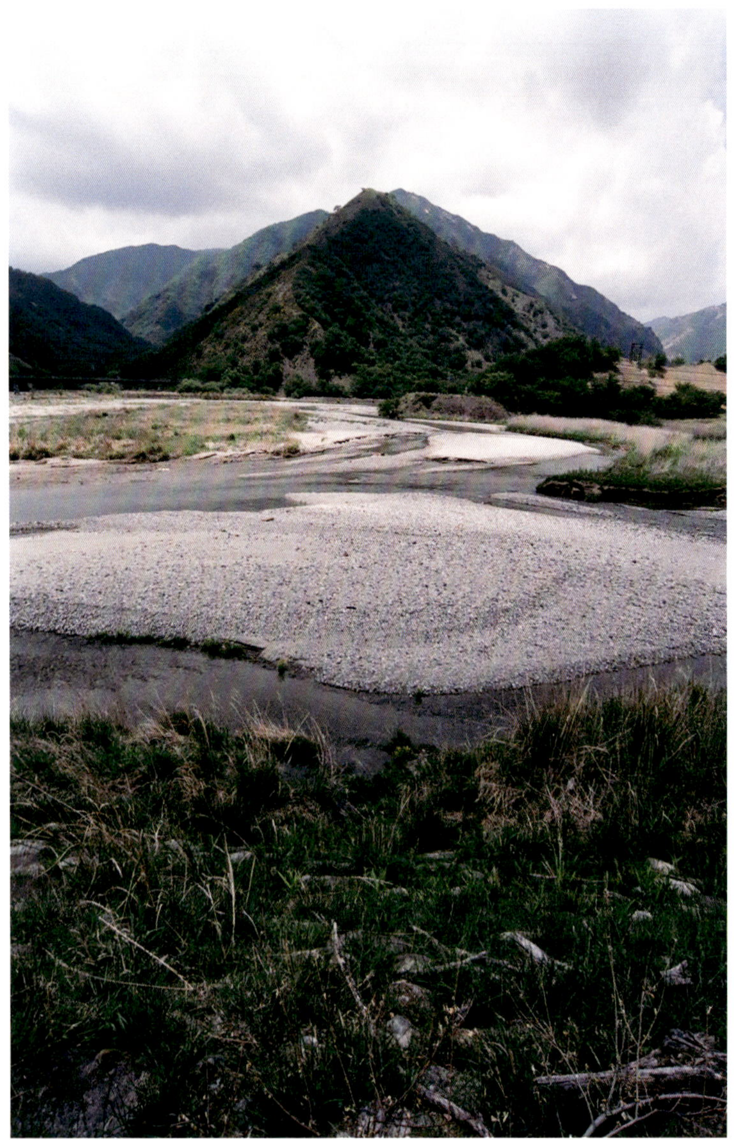

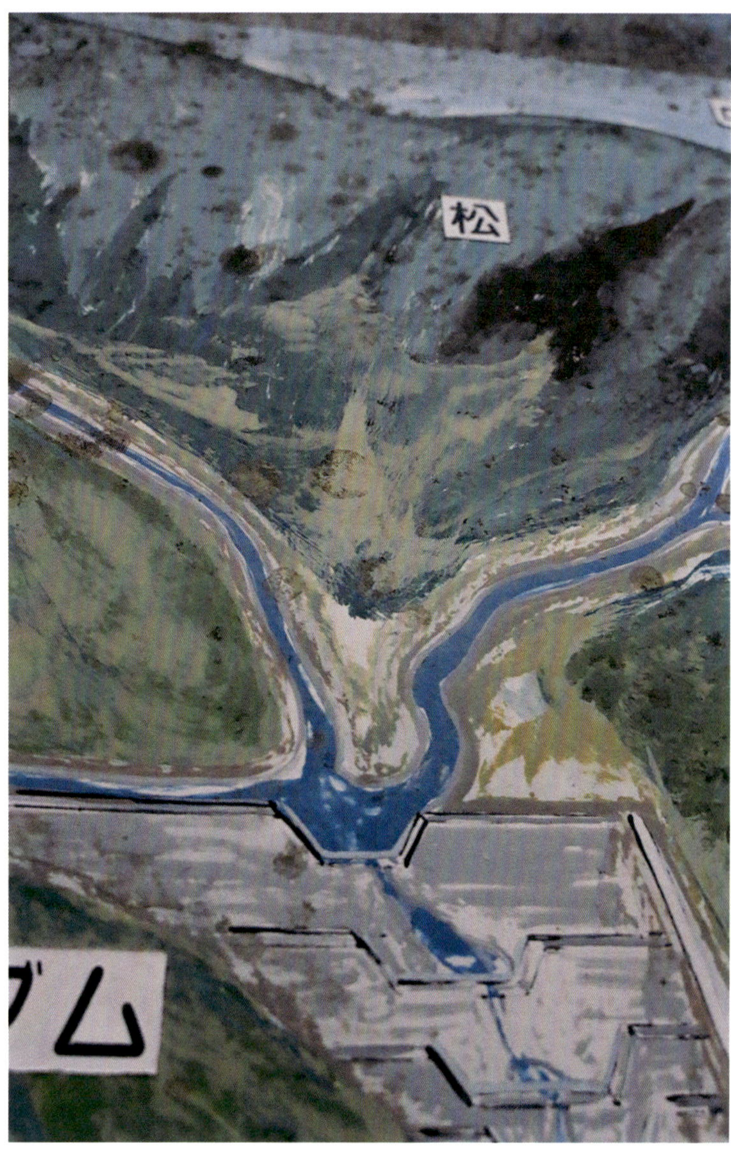

Mari Katayama
ashio copper mine #002
/ miniera di rame di ashio #002
2018
C-print
150×112,6 cm
Courtesy l'artista / the artist

Mari Katayama
ashio copper mine #004
/ miniera di rame di ashio #004
2018
C-print
150×112,6 cm
Courtesy l'artista / the artist

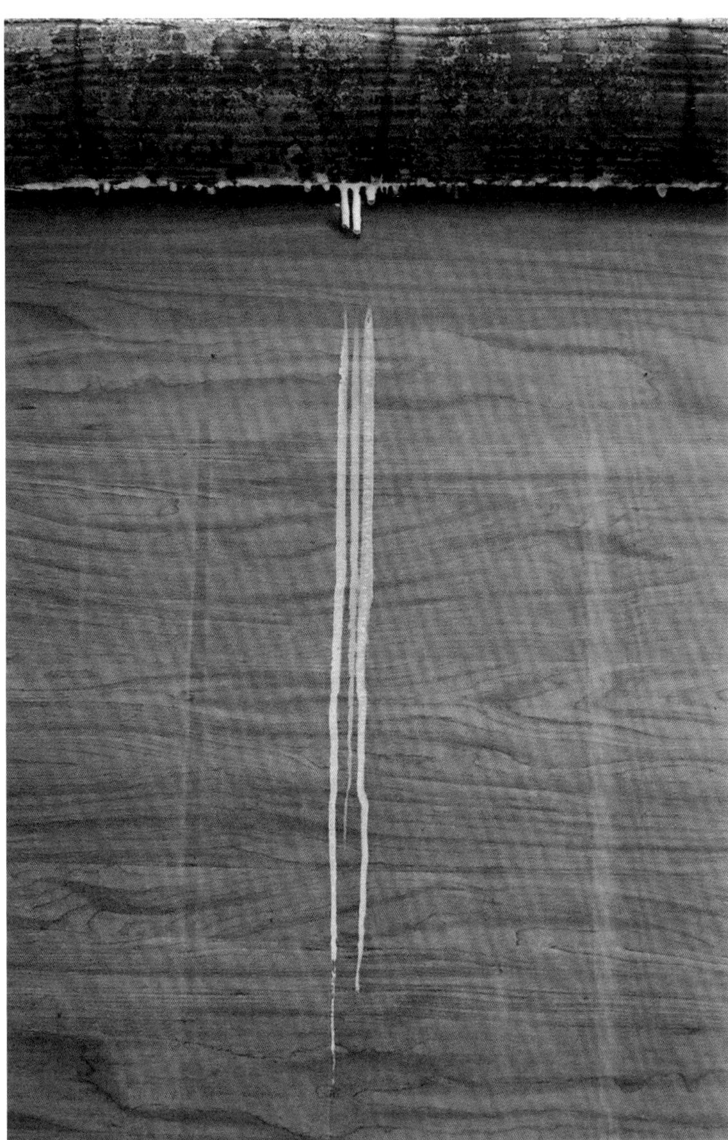

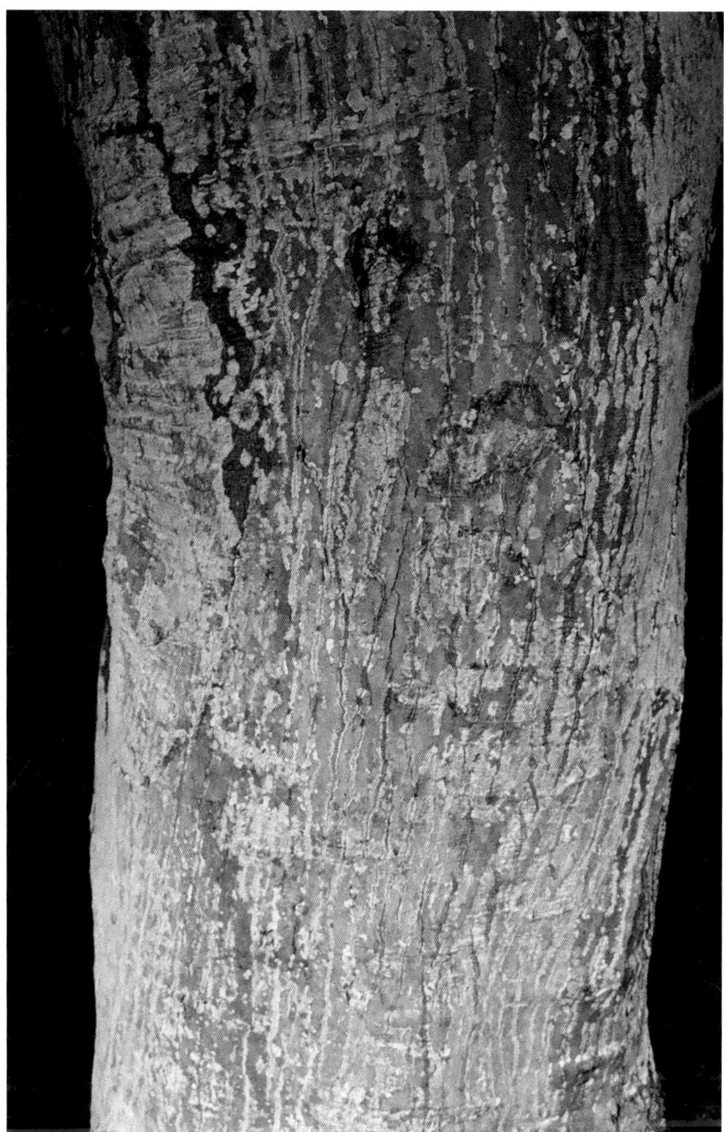

Mari Katayama
ashio copper mine #003
/ miniera di rame di ashio #003
2018
C-print
150×112,6 cm
Courtesy l'artista / the artist

Mari Katayama
ashio copper mine #008
/ miniera di rame di ashio #008
2018
C-print
150×112,6 cm
Courtesy l'artista / the artist

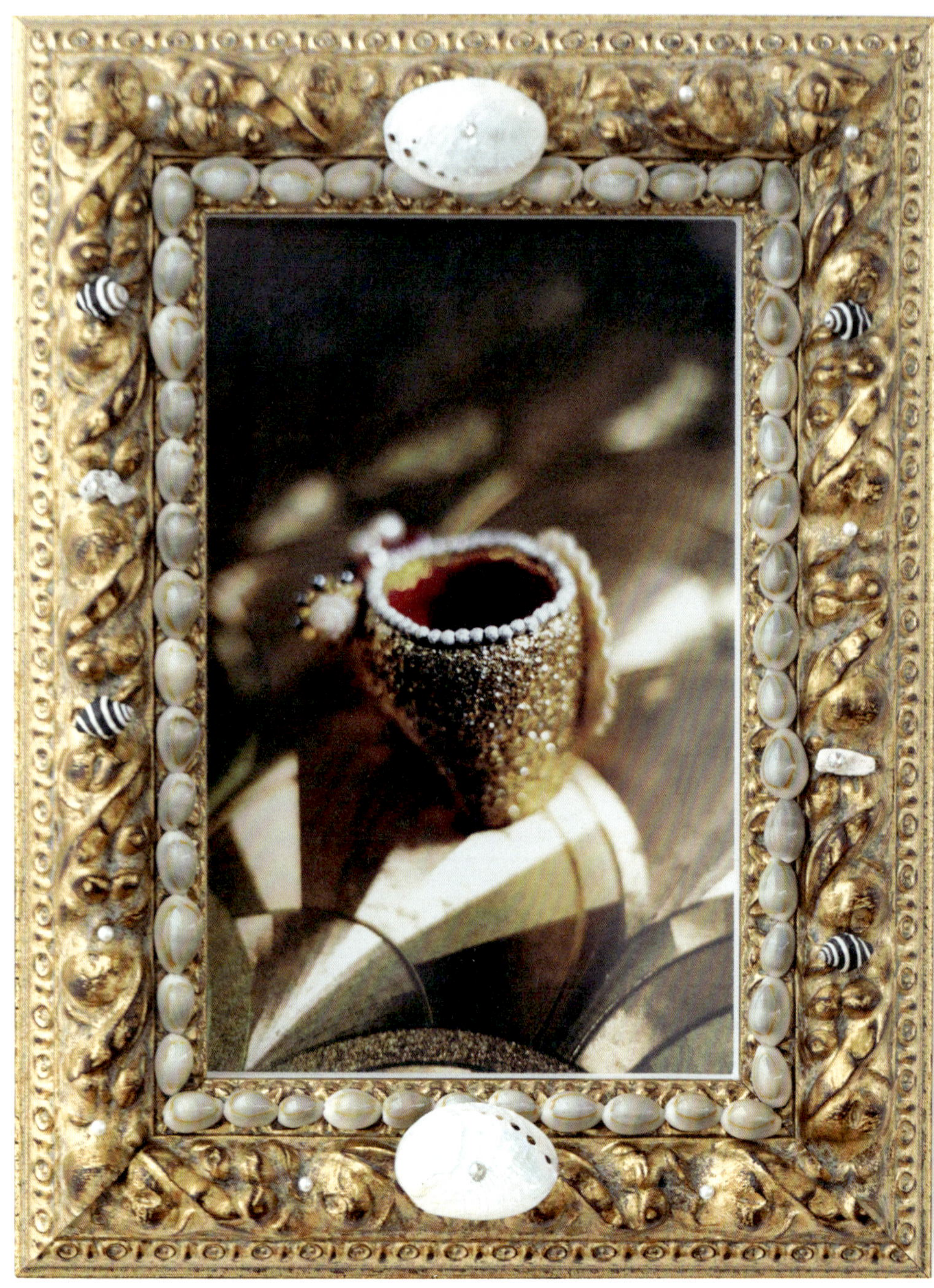

Mari Katayama
objects #001 – little high heel / oggetti #001 – tacco poco alto
2018
C-print, cornice originale decorata / C-print, uniquely decorated frame
31,5×24 cm
Courtesy l'artista / the artist

Mari Katayama
Thus I exist #001 / Quindi esisto #001
2015
C-print, cornice / C-print, frame
20,5×15,5 cm
Courtesy l'artista / the artist

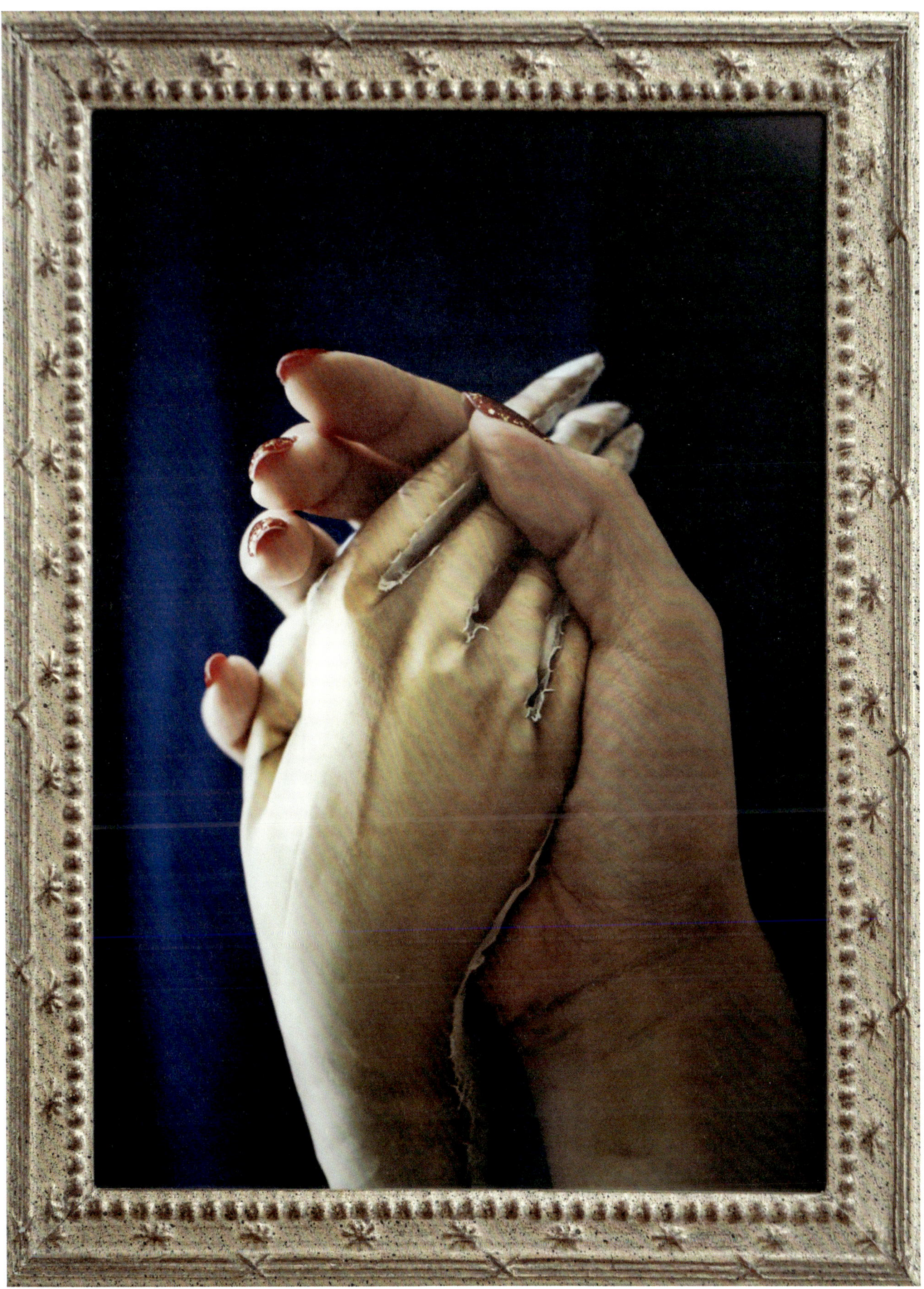

Meiro Koizumi

Testo / Text by Naoko Horiuchi
Traduzione / Translation by
Jaime Humphreys

In che modo il nazionalismo e l'ideologia sono impressi nel nostro comportamento e nel nostro subconscio, e in che modo sono collegati all'anti-forestierismo, alla pressione dei pari e alla violenza nella nostra vita quotidiana? Meiro Koizumi ha costantemente affrontato questi temi usando tecniche teatrali, esaminandoli attraverso performance e installazioni video che esplorano i ricordi della guerra e della violenza, la complessità della psiche umana e il trauma. Sebbene questi temi si possano vedere anche in *We Mourn the Dead of the Future* (2019), presentato in questa mostra, essi sono anche profondamente legati a questioni attuali come la disuguaglianza sociale, il controllo e la censura da parte dello Stato e l'oppressione degli svantaggiati, che sono diventate più evidenti a causa delle pandemie e dei conflitti recenti.

Koizumi ha studiato al Chelsea College of Art and Design nel Regno Unito e, dopo aver frequentato la Rijksakademie nei Paesi Bassi, è tornato in Giappone per realizzare uno dei suoi primi lavori, *Portrait of a Young Samurai* (2009). In quest'opera, Koizumi, il regista, chiede incessantemente all'attore che interpreta un pilota kamikaze in missione suicida di "esprimere lo spirito del samurai". Man mano che la storia va avanti, la pressione di Koizumi sull'attore in quanto regista e figura autorevole si intensifica e la compostezza professionale dell'attore finisce per crollare, lasciando il posto a un'ondata di emozioni da pilota kamikaze. Attraverso questo incrocio fra finzione e realtà, Koizumi espone e mette il pubblico di fronte alla brutalità e alla fragilità insite nella psicologia di gruppo e nella natura umana.

Negli ultimi anni, Koizumi ha creato opere immersive incorporando tecniche di teatro esperienziale. In *Sacrifice* (2018), lo spettatore indossa degli occhiali VR e sperimenta l'opera attraverso lo sguardo di un giovane iracheno che ha perso la famiglia in guerra. Attraverso questa ambientazione restrittiva, lo spettatore è costretto a rivivere la sofferenza e le emozioni dell'altro e a rendersi così conto che chiunque può passare dalla posizione di spettatore a quella di oppressore o oppresso.

How are nationalism and ideology imprinted on our behavior and subconscious, and how are they linked to antiforeignism, peer pressure, and violence in our daily lives? Meiro Koizumi has consistently confronted such themes using theatrical techniques, examining them through performance and video installations that explore memories of war and violence, the complexity of the human psyche, and trauma. While these themes can also be seen in *We Mourn the Dead of the Future* (2019), which features in this exhibition, they are also deeply connected to ongoing issues such as social inequality, state control and censorship, and oppression of the disadvantaged, which have become more apparent due to recent pandemics and conflicts.

Koizumi studied at Chelsea College of Art and Design in the UK, and after attending the Rijksakademie in the Netherlands, he returned to Japan to produce one of his early works, *Portrait of a Young Samurai* (2009). In this work, Koizumi, the director, relentlessly asks an actor playing a Kamikaze pilot on a suicide mission to "express the samurai spirit." As the story progresses, Koizumi's pressure on the actor as a director and authority figure escalates and the actor's professional composure eventually collapses, giving way to a surge of emotions as a Kamikaze pilot. Through this intersection of fiction and reality, Koizumi exposes and confronts the audience with the brutality and fragility inherent in group psychology and human nature.

In recent years, Koizumi has been creating immersive works by incorporating experiential theater techniques. In *Sacrifice* (2018), the viewer wears VR goggles and experiences the work through the gaze of a young Iraqi man who lost his family to war. Through this restrictive setting, the viewer is compelled to relive the suffering and emotions of the other, leading them to the realization that anyone can shift from being an onlooker to become the oppressor or the oppressed.

Meiro Koizumi
We Mourn the Dead of the Future
/ Piangiamo i morti del futuro
2019
Video 4K a 5 canali, colore, sonoro / 5 channel video 4K installation, colour, sound, 49'48"
Courtesy l'artista / the artist e / and Annet Gelink Gallery, Amsterdam & MUJIN-TO Production, Tokyo

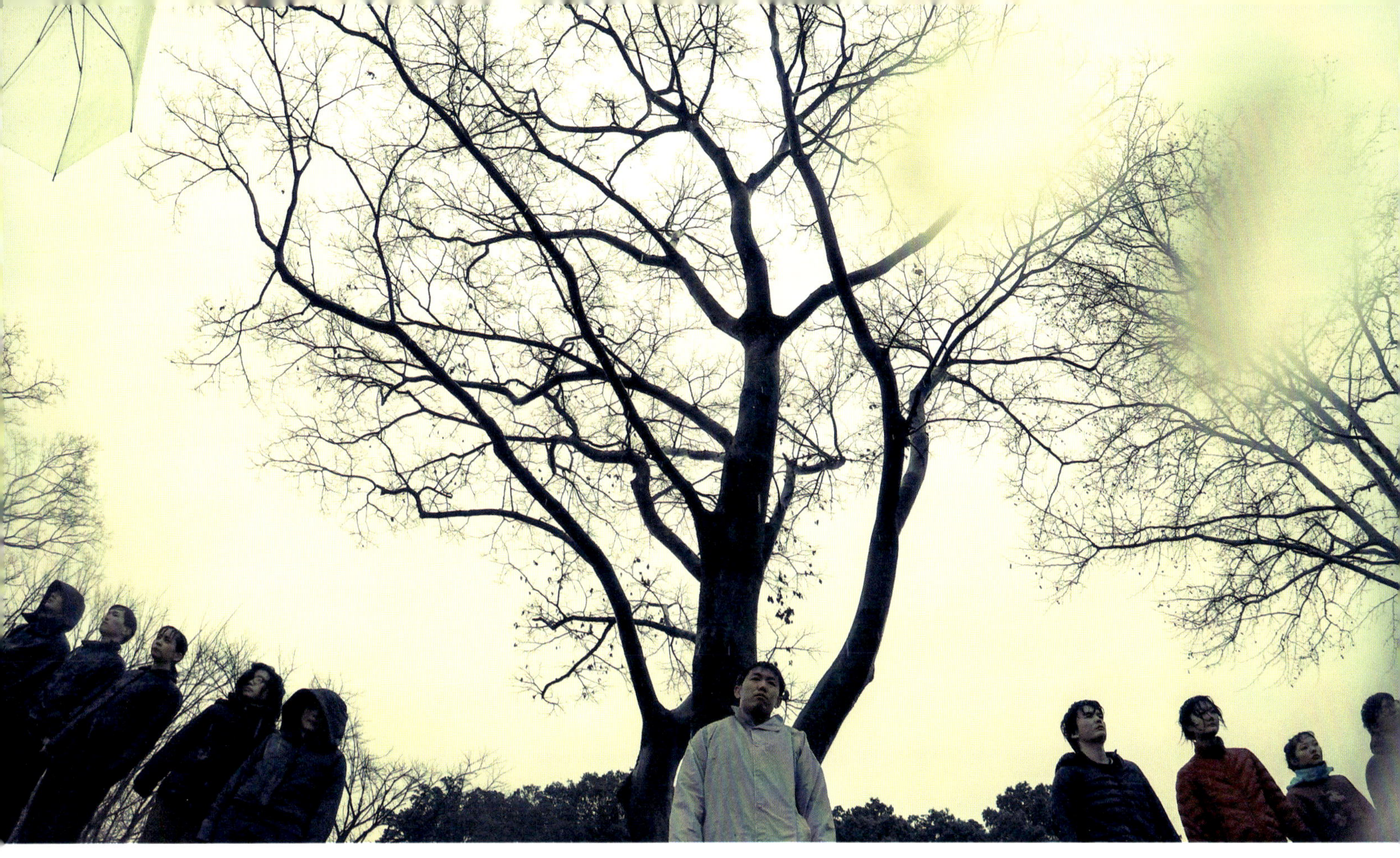

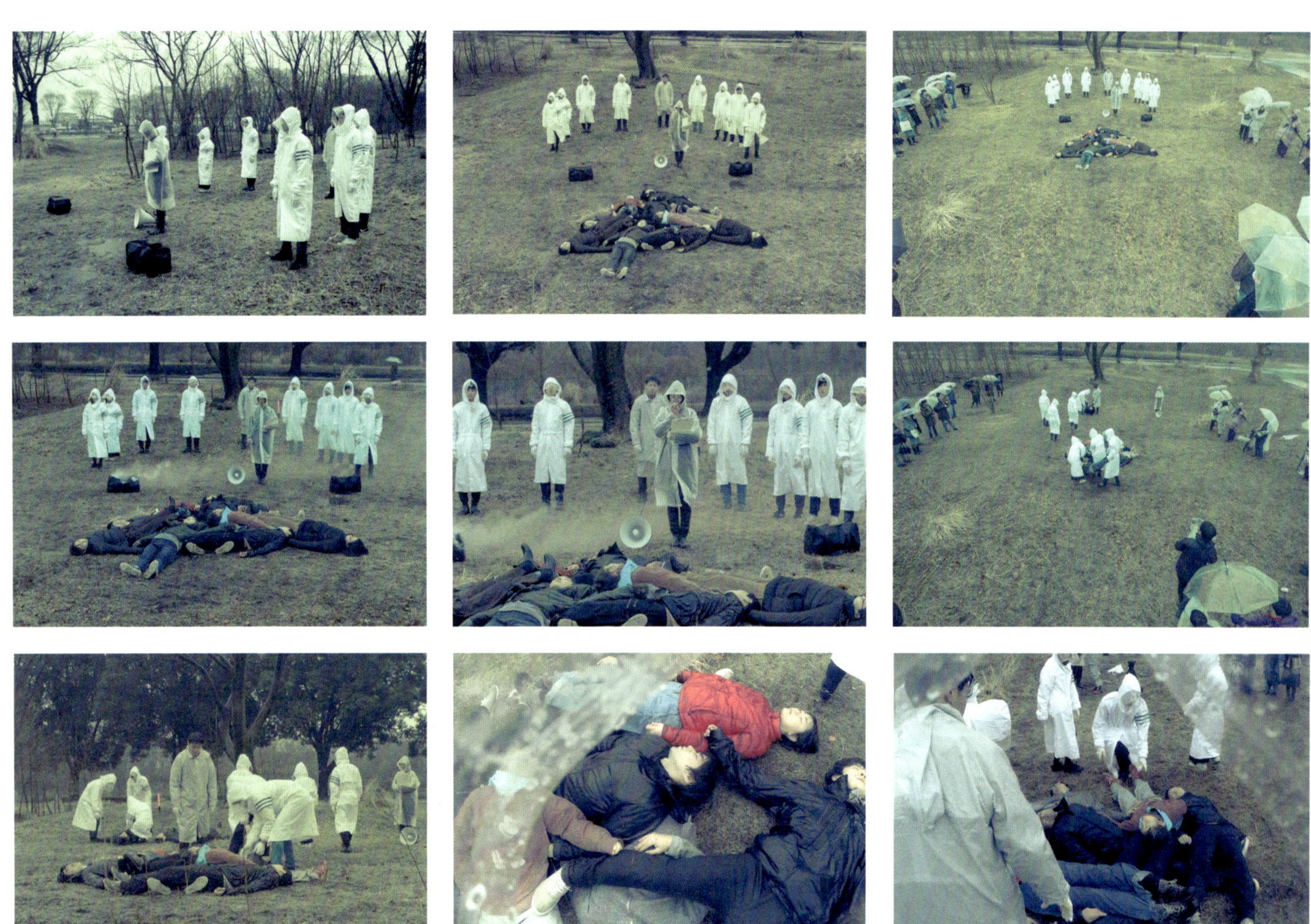

Meiro Koizumi
We Mourn the Dead of the Future
/ Piangiamo i morti del futuro
2019
Video 4K a 5 canali, colore, sonoro
/ 5 channel video 4K installation,
colour, sound, 49'48"
Courtesy l'artista / the artist e / and
Annet Gelink Gallery, Amsterdam
& MUJIN-TO Production, Tokyo

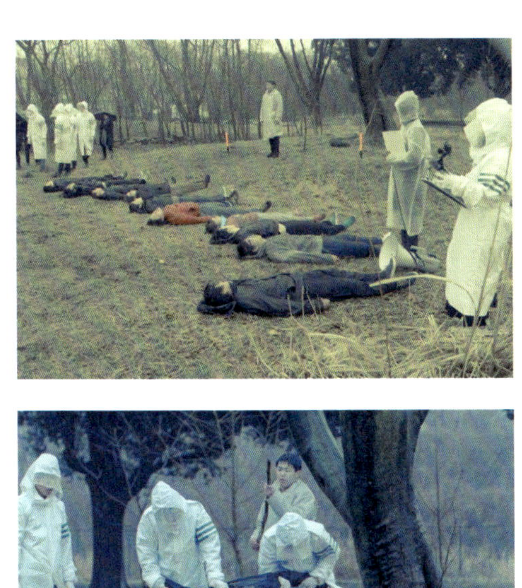
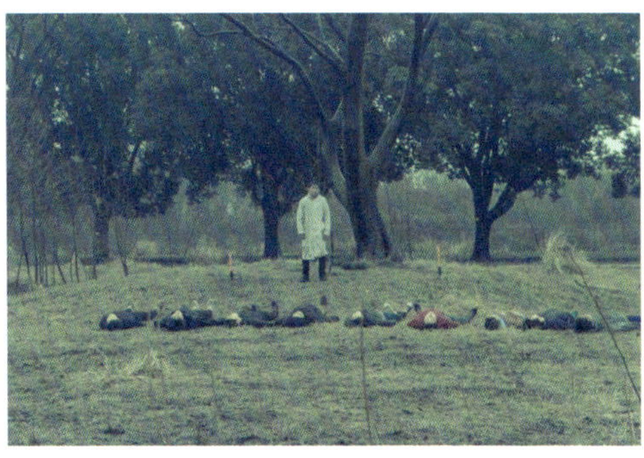
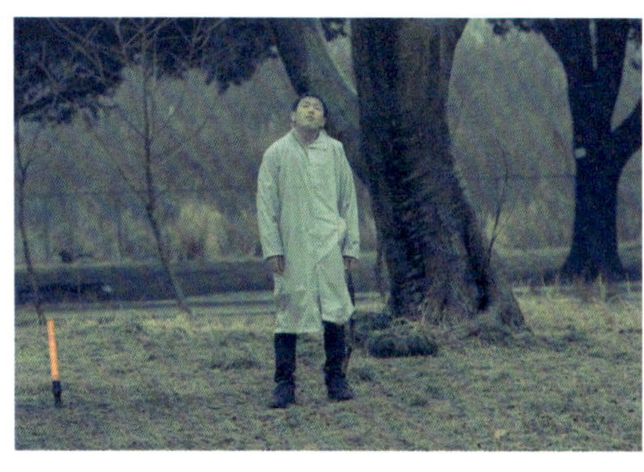
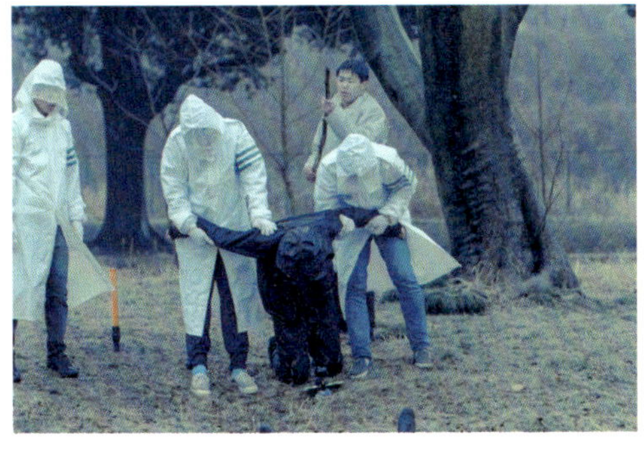
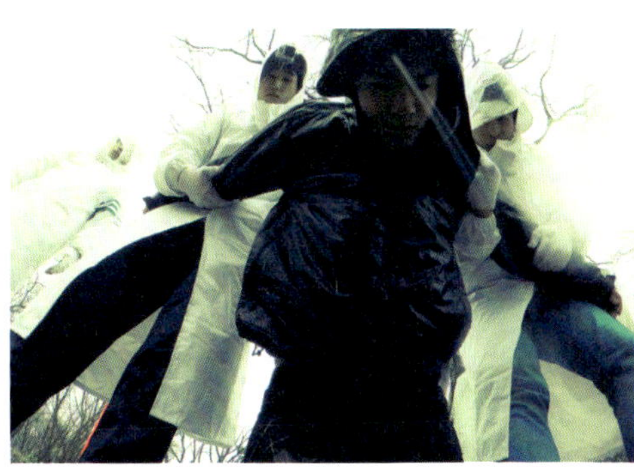
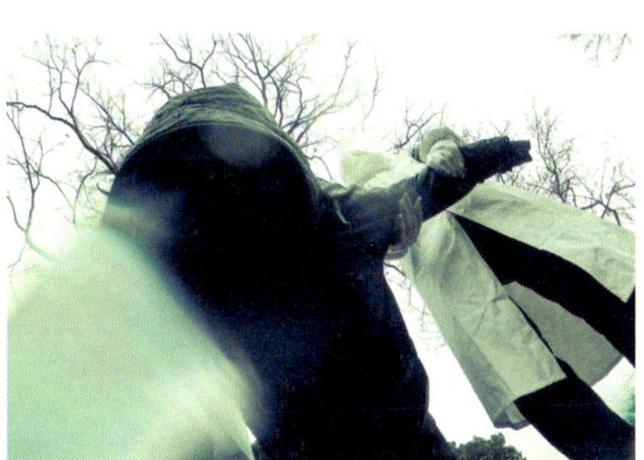
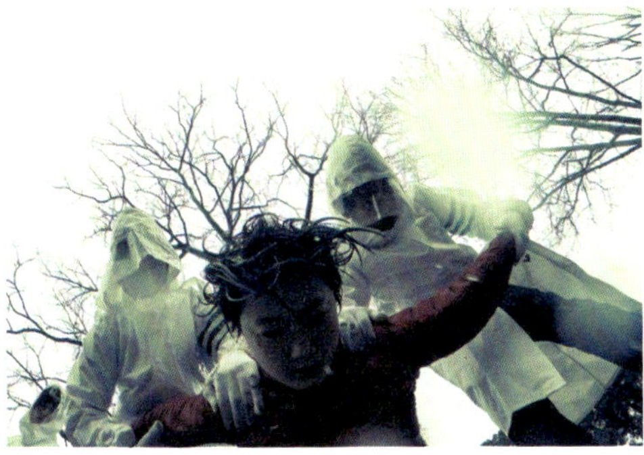
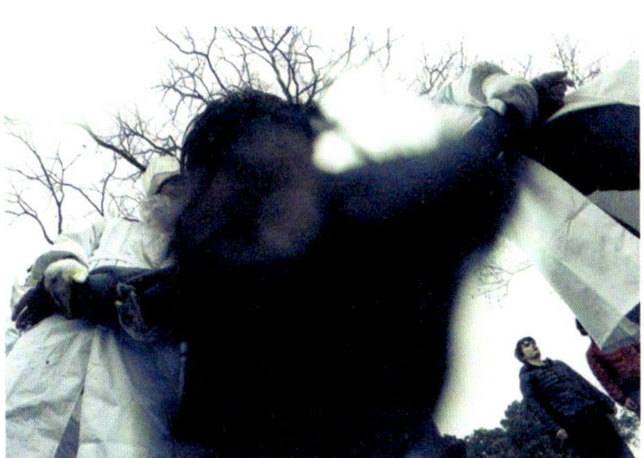
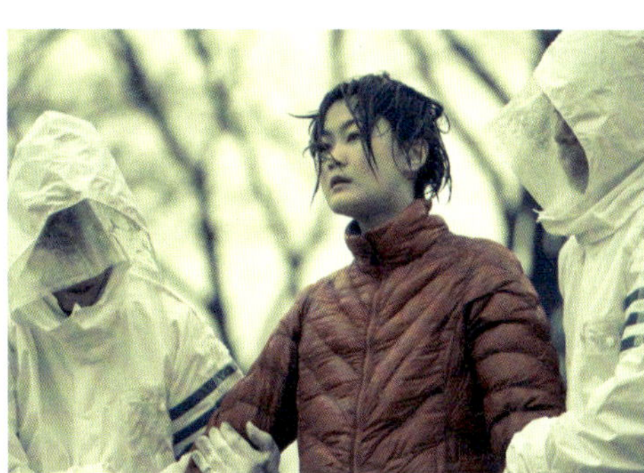

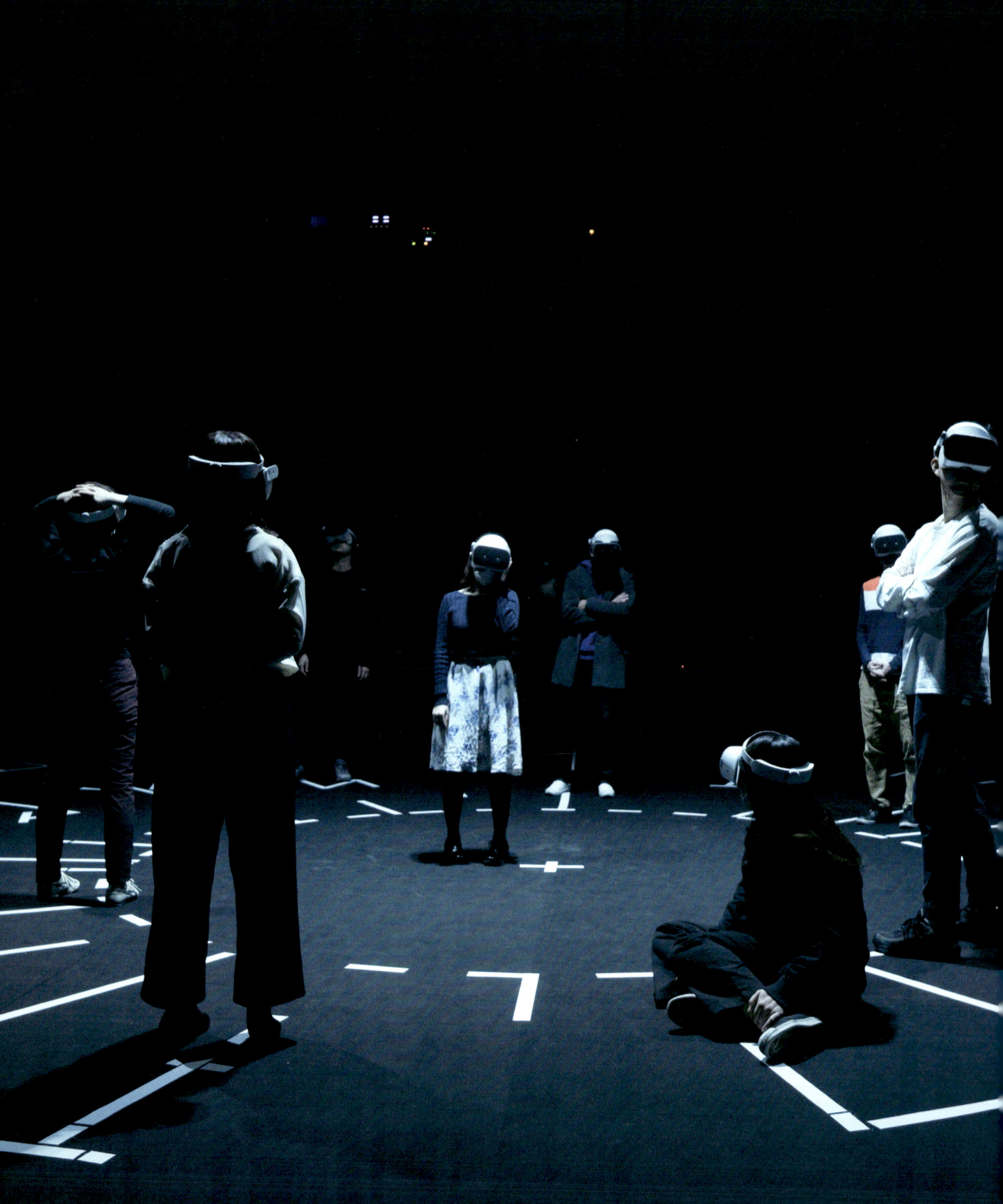

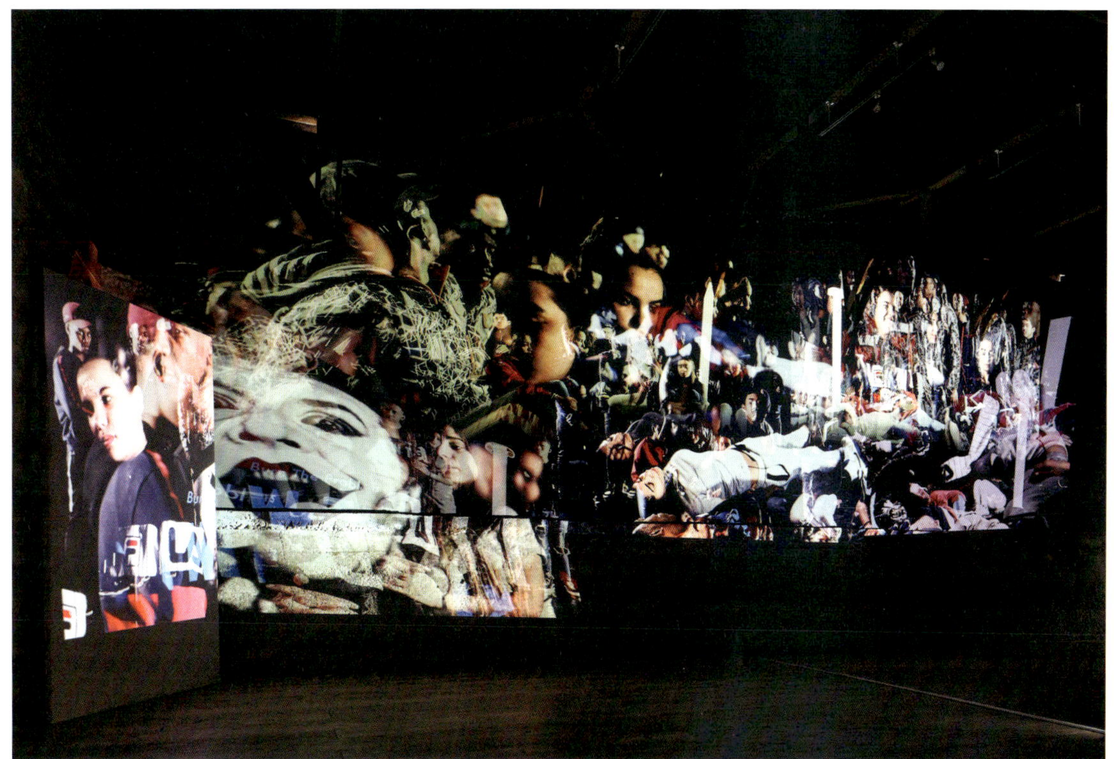

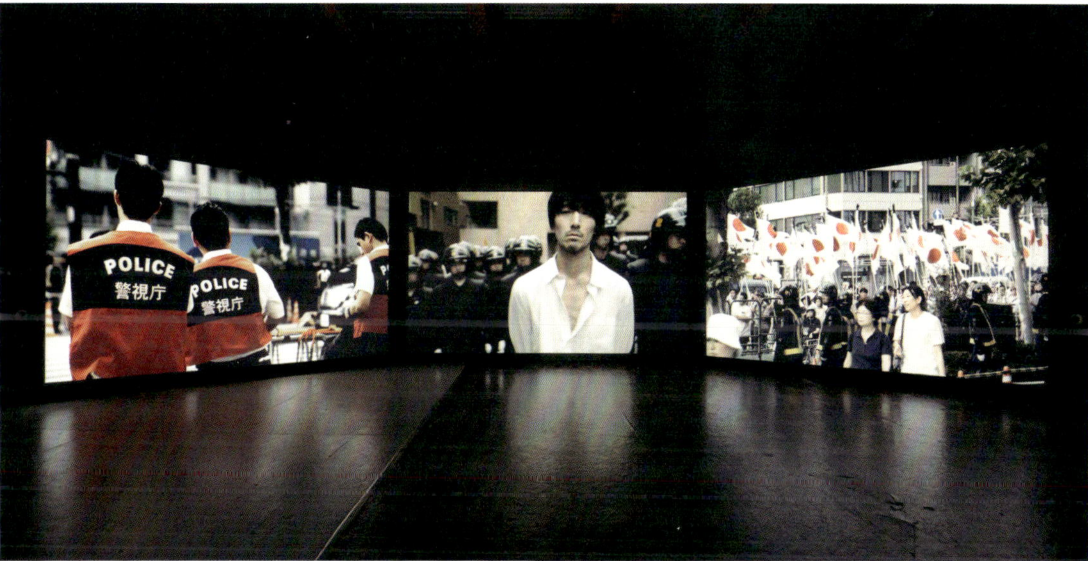

Meiro Koizumi
Prometheus Bound
/ Prometeo incatenato
2019
Teatro virtuale, 1 ora (30' di esperienza in realtà virtuale + 30' di video) / VR theater, 1 hour (30' of VR experience + 30' of video)
Courtesy l'artista / the artist e / and Annet Gelink Gallery, Amsterdam & MUJIN-TO Production, Tokyo

Meiro Koizumi
New Breath Just After the Tempest
/ Un nuovo respiro subito dopo la tempesta
2019
Installazione video / Video installation
Courtesy l'artista / the artist e / and Annet Gelink Gallery, Amsterdam & MUJIN-TO Production, Tokyo

Meiro Koizumi
Rite for a Dream (*Today My Empire Sings*) / *Rito per un sogno* (*Oggi il mio impero canta*)
2016
Installazione video / Video installation
Photo Shizune Shiigi

Yuko Mohri

Testo / Text by Naoko Horiuchi
Traduzione / Translation by
Jaime Humphreys

Yuko Mohri
Moré Moré (*Leaky*): *Variations / Variazioni*
2022
Installazione site-specific, tecnica mista / Site-specific installation, mixed media
Installation view PAC Padiglione d'Arte Contemporanea, Milano, 2022
Courtesy l'artista / the artist
Photo Lorenzo Palmieri

Combinando tecnologie come motori, sensori di luce e circuiti elettronici con oggetti quotidiani come tubi di gomma, bottiglie di plastica e ombrelli, strumenti musicali come fisarmoniche, percussioni, pianoforti e giocattoli, Yuko Mohri realizza installazioni e sculture incentrate su "eventi" che cambiano in base all'ambiente e a diverse altre condizioni. L'interesse di Mohri per i fenomeni che derivano dalla connessione /disconnessione fra gli oggetti si sposta di tanto in tanto sull'espressività e l'ingegnosità creativa degli oggetti quotidiani utilizzati da persone anonime che non si identificano come artisti. In passato Yuko Mohri ha scoperto soluzioni improvvisate tipo bricolage che il personale della metropolitana di Tokyo ha escogitato per far fronte alle perdite d'acqua nelle stazioni dove lavoravano, e ha raccolto esempi dei luoghi e dei metodi utilizzati nella serie fotografica *Moré Moré Tokyo (Leaky Tokyo)—fieldwork* (2009-). Questo progetto si è in seguito sviluppato in *Moré Moré (Leaky): The Falling Water Given #1-3* (2015), in cui l'artista ha deliberatamente creato delle perdite d'acqua nella propria opera e ha disposto degli oggetti in modo tale da porvi rimedio. Il modo in cui Mohri si avvicina a questi ready-made può essere visto anche come un omaggio a Marcel Duchamp. 1

Mohri ha inoltre ampliato la sua pratica all'estero, presentando nel 2018 una mostra personale presso il Camden Arts Centre di Londra dove ha riconfigurato un organo a canne Yamaha del 1934 trovato a Tokyo, cucchiaini rotanti a motore, del vetro, una cisterna, specchi e altri oggetti per produrre un'installazione sonora che reagiva ai rapporti fra forze magnetiche e luce nello spazio. 2 Invitando attivamente altre persone a collaborare all'opera con le loro performance, inclusi il musicista Ryuichi Sakamoto e l'artista del suono Akio Suzuki, Mohri ha aggiunto nuove funzioni e usi alla serie di oggetti impiegati, rivelando così un paesaggio stratificato.

By combining technology such as motors, light sensors and electronic circuits with everyday objects like hoses, plastic bottles and umbrellas, and musical instruments such as accordions, drums, pianos, and toys, Yuko Mohri produces installations and sculptures centered on "events" that change according to the environment and various other conditions. Mohri's interest in phenomena that result from the connection/ disconnection between objects occasionally turns to the expression and creative ingenuity of everyday objects used by anonymous people who do not identify themselves as artists. In the past, she discovered makeshift, bricolage-like solutions devised by station staff to deal with leaks in Tokyo subway stations, and compiled examples of the sites and methods used in the photographic series *Moré Moré Tokyo (Leaky Tokyo)—fieldwork* (2009-). This later developed into *Moré Moré (Leaky): The Falling Water Given #1-3* (2015), in which she deliberately created leaks in her own work and arranged objects in a way that resolved them. The manner in which she approaches such readymades can also be seen as an homage to Marcel Duchamp. 1

Mohri has also actively expanded her practice overseas, presenting a solo exhibition at Camden Arts Centre in London in 2018 in which she reconfigured a 1934 Yamaha reed organ found in Tokyo, motor-driven kinetic spoons, glass, a water tank, mirrors, and other objects to produce a sound-making installation that reacted to the relations between magnetic forces and light in the space. 2 By actively inviting collaborators to perform in the work, including performances with musician Ryuichi Sakamoto and sound artist Akio Suzuki, she added new functions and uses to the array of objects to reveal a multi-layered landscape.

1 Sito web di Yuko Mohri, *Moré Moré (Perde acqua): La cascata d'acqua data #1-3* (2015), ultimo accesso 27 luglio 2022 / Yuko Mohri website, *Moré Moré (Leaky): The Falling Water Given*, accessed July 27, 2022, mohrizm.net/ja/works/ more-more-leaky-the-waterfall-given/

2 Sito web del Camden Arts Centre / Camden Arts Centre's website, *Yuko Mohri: Voluta*, 2018 camdenartcentre.org/whats-on/voluta

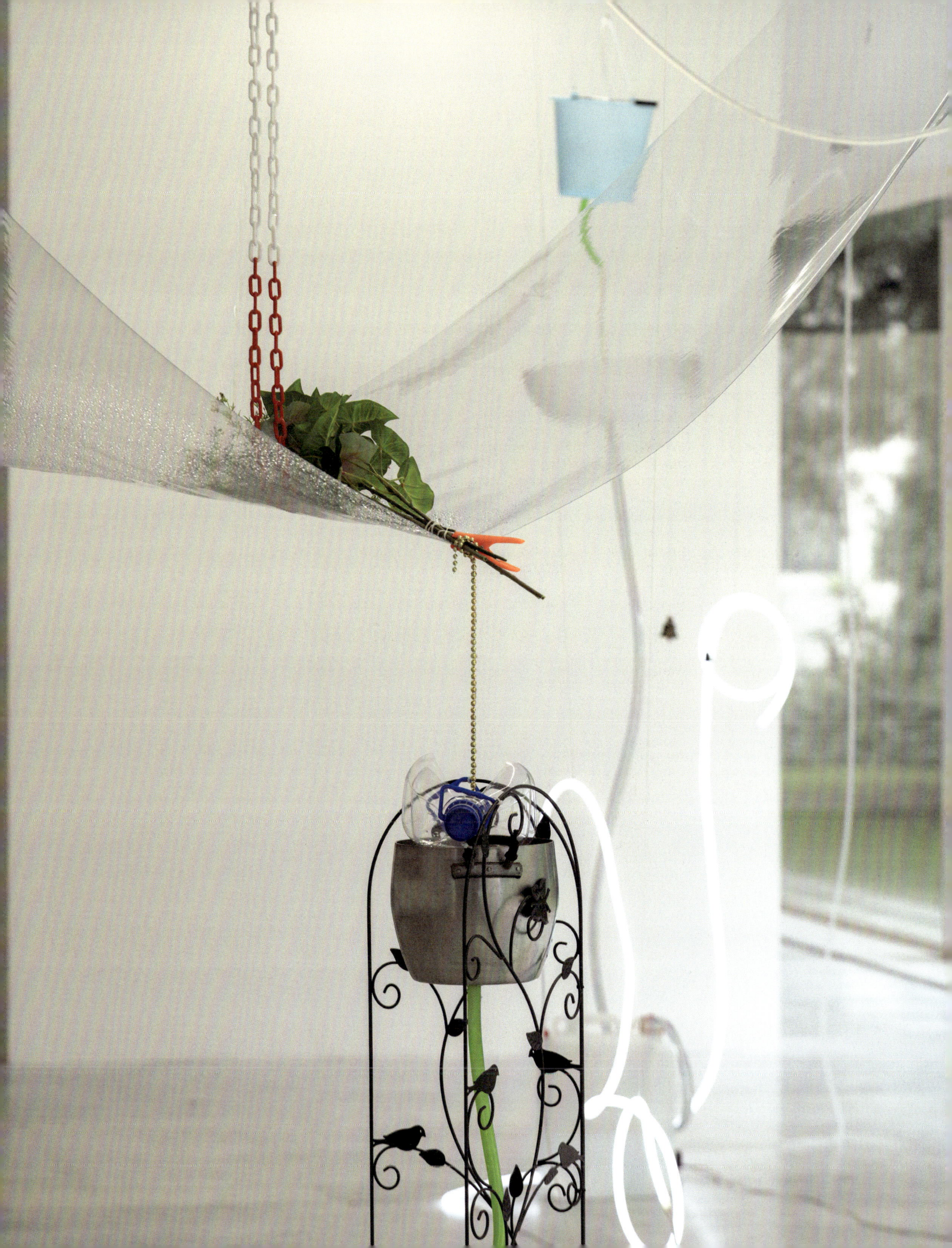

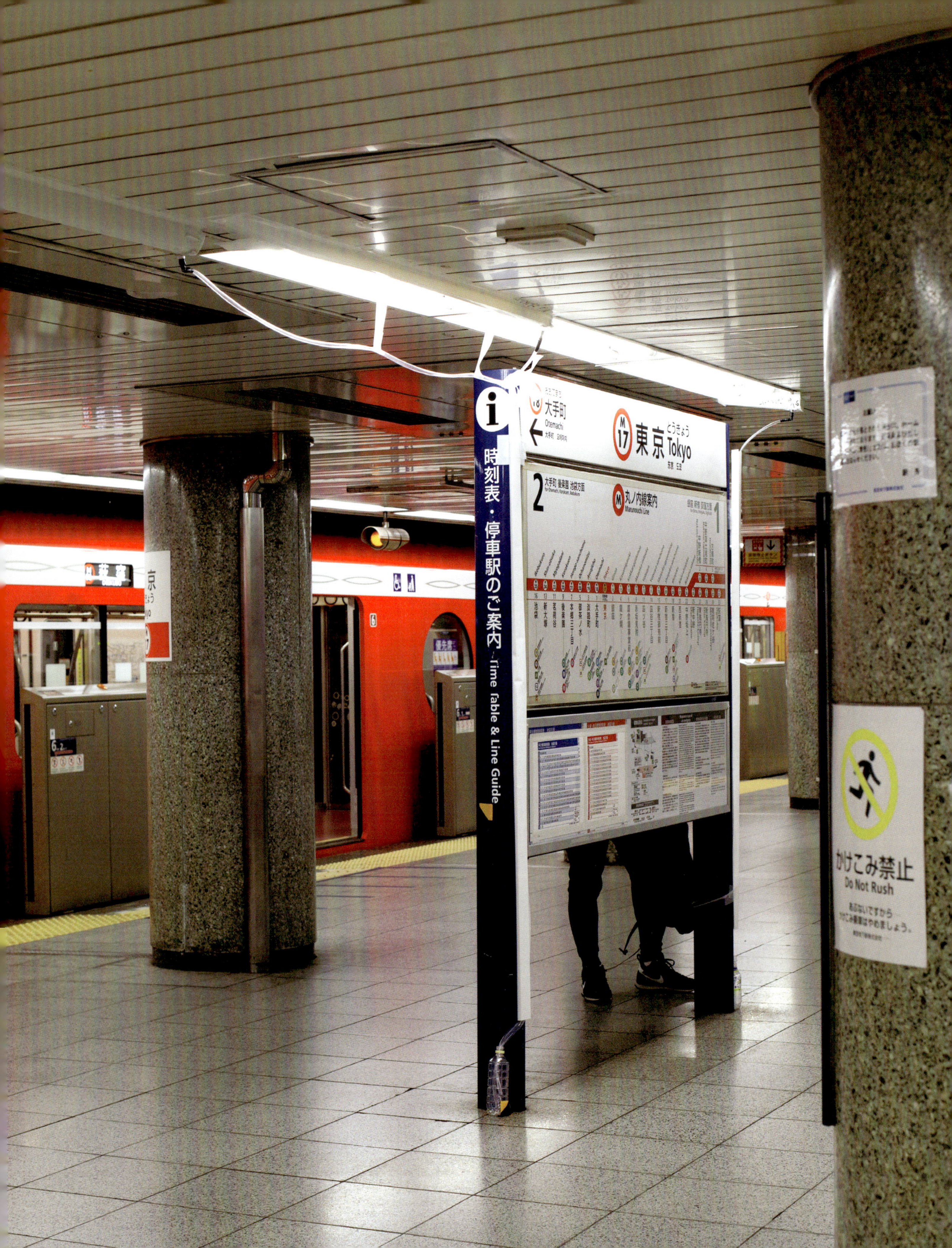

大手町
Otemachi
M 17
東京
とうきょう
Tokyo
2
大手町 後楽園 池袋方面
丸ノ内線案内
Marunouchi Line
1
時刻表・停車駅のご案内
Time Table & Line Guide
かけこみ禁止
Do Not Rush

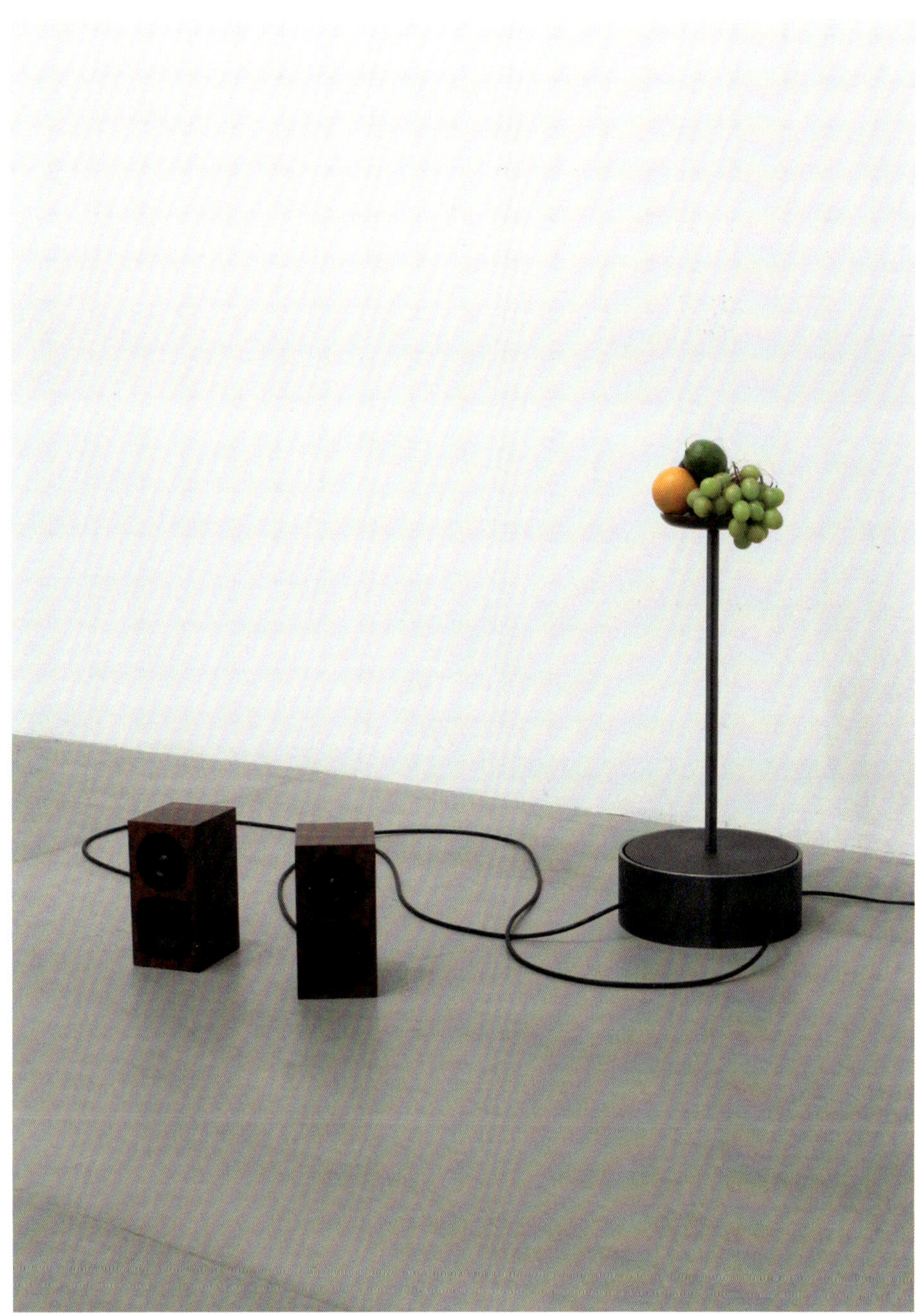

Yuko Mohri
Moré Moré Tokyo (Leaky Tokyo)
2009–2021
C-print
Courtesy l'artista / the artist,
Akio Nagasawa, Tokyo & Mother's
Tankstation Ltd., Dublin/London
© Yuko Mohri

Yuko Mohri
Decomposition
/ Decomposizione
2021
Scultura / Sculpture
Courtesy l'artista / the artist, Project
Fulfill Art Space, Taipei, Mother's
Tankstation Ltd., Dublin/London,
& Yutaka Kikutake Gallery, Tokyo
© Yuko Mohri & Project Fulfill
Art Space

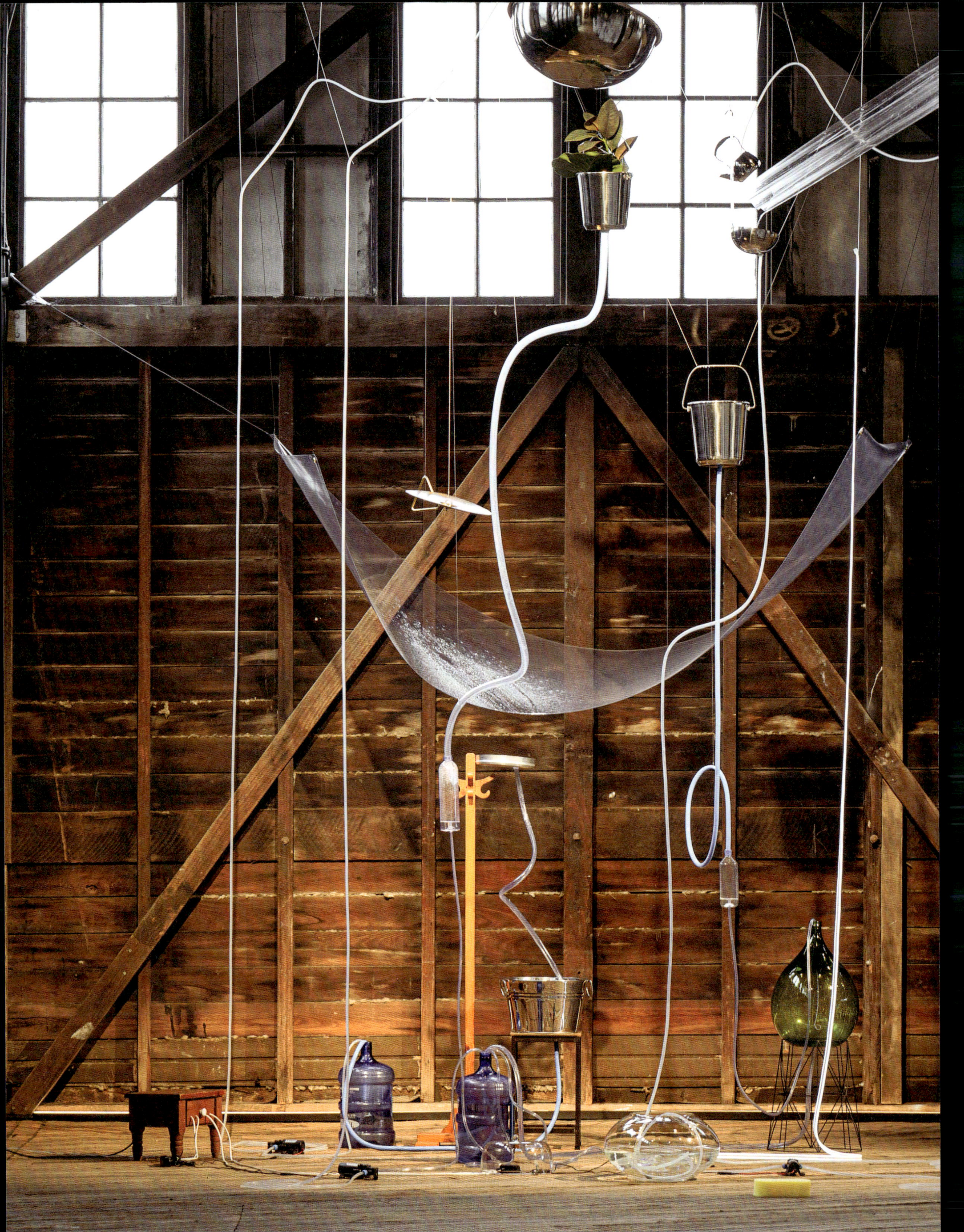

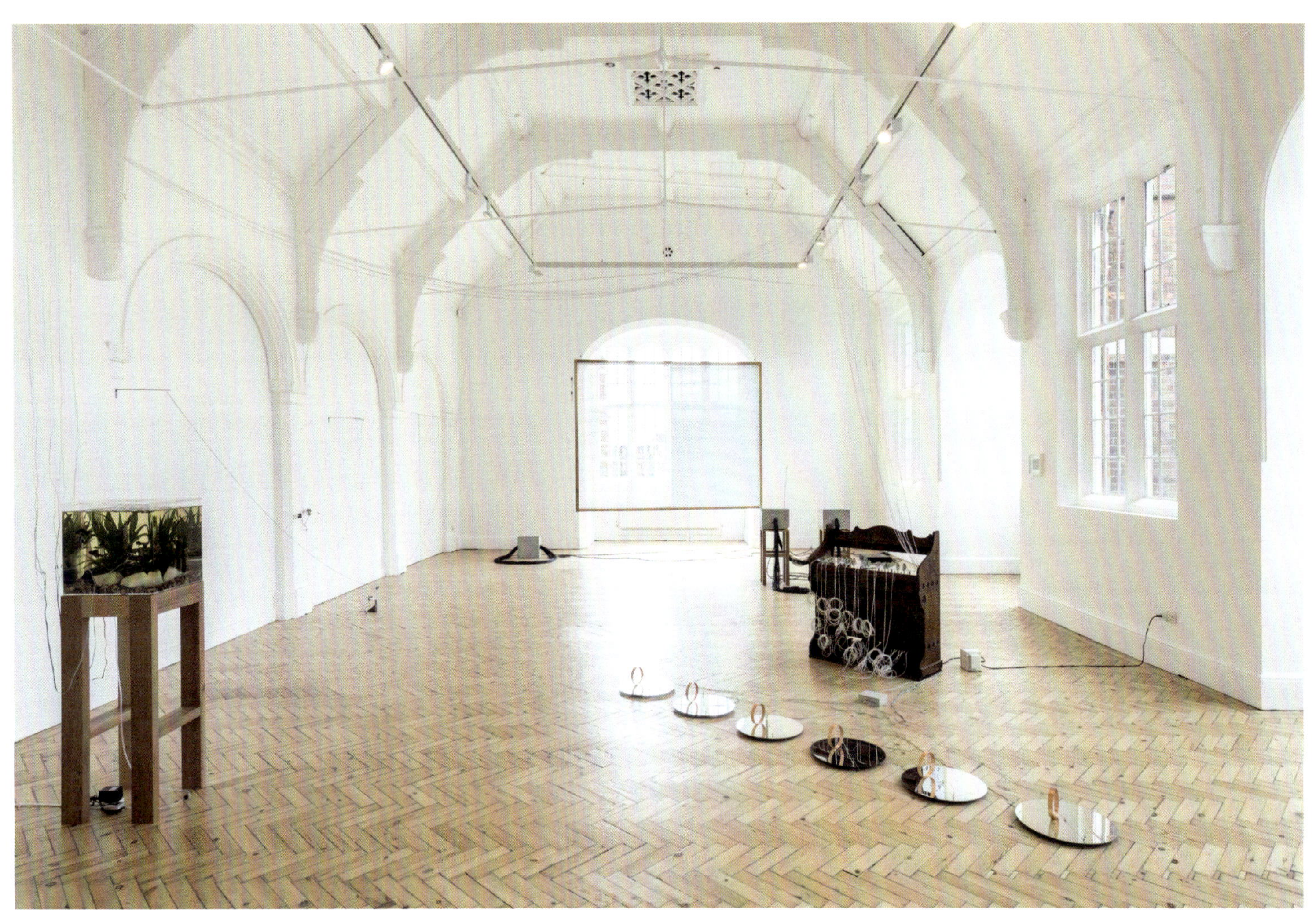

Yuko Mohri
Moré Moré (*Leaky*): *Variations / Variazioni*
2022
Installazione, tecnica mista / Installation, mixed media
Courtesy l'artista / the artist, Project Fulfill Art Space, Taipei & Mother's Tankstation Ltd., Dublin/London
© Yuko Mohri & Biennale of Sydney

Yuko Mohri
Flutter / Fremito
2018
Installazione, tecnica mista / Installation, mixed media
Courtesy l'artista / the artist, Project Fulfill Art Space, Taipei & Mother's Tankstation Ltd., Dublin/London
Photo Damian Griffiths

Saburo Muraoka

Testo / Text by Sachiko Namba
Traduzione / Translation by
Brian Amstutz Communications

Utilizzando materiali come acciaio, sale, zolfo e ossigeno, Saburo Muraoka creava sculture e installazioni che esploravano fenomeni fisici come la gravità, il calore, le vibrazioni e l'energia cinetica. Affascinato dall'astronomia fin da bambino, rimase profondamente colpito dall'osservazione dei crateri della luna con un telescopio costruito da lui. Questa esperienza lo indusse a studiare da vicino la natura attraverso la tecnologia scientifica. Dopo aver prestato servizio nella Seconda guerra mondiale, alla fine del conflitto scelse la carriera artistica.

La scultura in ferro creata da Muraoka nel 1954 è stata una delle prime sculture saldate in Giappone. Negli anni Settanta ampliò la sua pratica artistica ad altri mezzi, tra cui la fotografia, il video, le installazioni concettuali e le relative performance utilizzando il proprio battito cardiaco e il proprio corpo. A metà degli anni Ottanta iniziò a creare opere utilizzando bombole di ossigeno. Visitando il deserto del Taklamakan e altre zone della Cina occidentale nel 1985 e nel 1991 scoprì il salgemma e in seguito realizzò numerose opere con il sale.

Il calore è un motivo che compare presto nelle opere di Muraoka. Il suo *Thermal Cutting 1380°C × 6000* del 1983 consisteva nel tagliare un lato di una barra d'acciaio di 6 cm di diametro, a partire da un'estremità, fondendola con un bruciatore a elevata temperatura. Nel tagliare con una fiamma calda, si percepiva solo la pressione del gas senza alcun contatto diretto con l'acciaio: un combattimento intenso con l'acciaio attraverso il solo calore. In *Transmitted Heat (Body Temperature)* (1997), durante la mostra, la temperatura corporea di Muraoka veniva trasmessa ogni giorno tramite una linea telefonica a un cilindro di rame contenente un radiatore, collocato davanti a una parete d'acciaio all'interno di una galleria. La temperatura corporea in un determinato giorno di una persona che non era presente nella galleria veniva percepita come un fenomeno termico con elementi minimi: un cilindro di rame accompagnato da una parete di acciaio inorganico.
Le opere di Muraoka, che rendono percepibili fenomeni invisibili come il calore e le vibrazioni attraverso la mediazione del suo corpo, evocano negli spettatori la condizione della natura, della vita, del corpo e del cosmo. In questa mostra, la temperatura corporea di un artista non più vivo, misurata in un particolare giorno del 2010, trascende il tempo e lo spazio per materializzarsi davanti a noi.

Using materials such as steel, salt, sulfur, and oxygen, Saburo Muraoka created sculptures and installations exploring physical phenomena such as gravity, heat, vibration, and kinetic energy. Fascinated by astronomy as a child, he felt profoundly awed when viewing the craters of the moon with a self-made telescope. That experience set him on a course of closely examining nature by means of scientific technology. Having served in the Second World War, he chose a career in art after the war.

The iron sculpture Muraoka created in 1954 was one of the first welded sculptures in Japan. In the 1970s, he expanded his artistic practice into other media, including photography, video, and conceptual installation works and related performances using his own heartbeat and body. In the mid-1980s, he began creating works using oxygen cylinders. During visits to the Taklamakan Desert and other parts of western China in 1985 and 1991, he encountered rock salt and thereafter produced numerous works using salt.

Heat is a motif appearing early in Muraoka's works. His 1983 *Thermal Cutting 1380°C × 6000* involved shaving off one side of a 6cm-diameter steel bar, starting from one end, by melting it with a high-temperature burner. Thermal Cutting involved an act of cutting with a hot flame, feeling only the pressure of the gas with no direct contact with the steel—a tense engagement with steel through heat alone. In *Transmitted Heat (Body Temperature)* (1997), Muraoka's own body temperature was transmitted by telephone line each day, during the exhibition, to a copper cylinder containing a heater, placed before a steel wall in a gallery. The body temperature on a particular day of someone absent from the gallery was perceived as a thermal phenomenon having minimal elements: a copper cylinder backed by an inorganic steel wall. Muraoka's works, which give perceptibility to invisible phenomena such as heat and vibration through the mediation of his body, evoke for viewers the state of nature, life, the body, and the cosmos. In this exhibition, the body temperature of an artist no longer living, measured on a particular day in 2010, transcends time and place to materialize before us.

Saburo Muraoka
Body Temperature
/ Temperatura corporea
2010
Rame, calore (temperatura corporea), regolatore di temperatura, acciaio / Copper, heat (body temperature), temperature controller, steel
99 × 41 × 31 cm
(rame / copper: 8 × 40 × 8 cm; acciaio / steel: 92,5 × 41 × 31 cm)
Courtesy Kenji Taki Gallery

p. 158
Installation view PAC Padigliore d'Arte Contemporanea, Milano, 2022
Courtesy Kenji Taki Gallery
Photo Lorenzo Palmieri

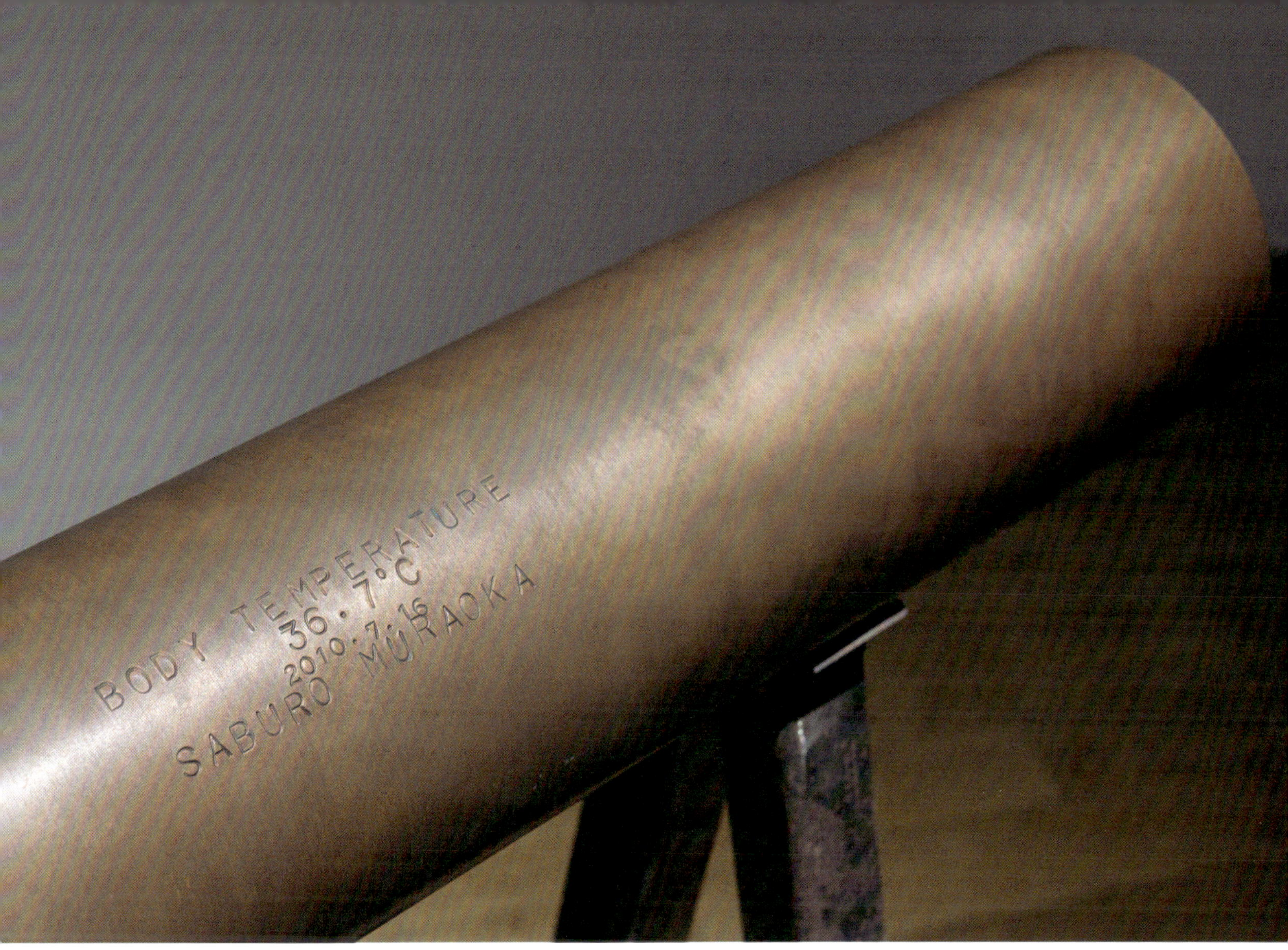
BODY TEMPERATURE
36.7°C
2010.7.16
SABURO MURAOKA

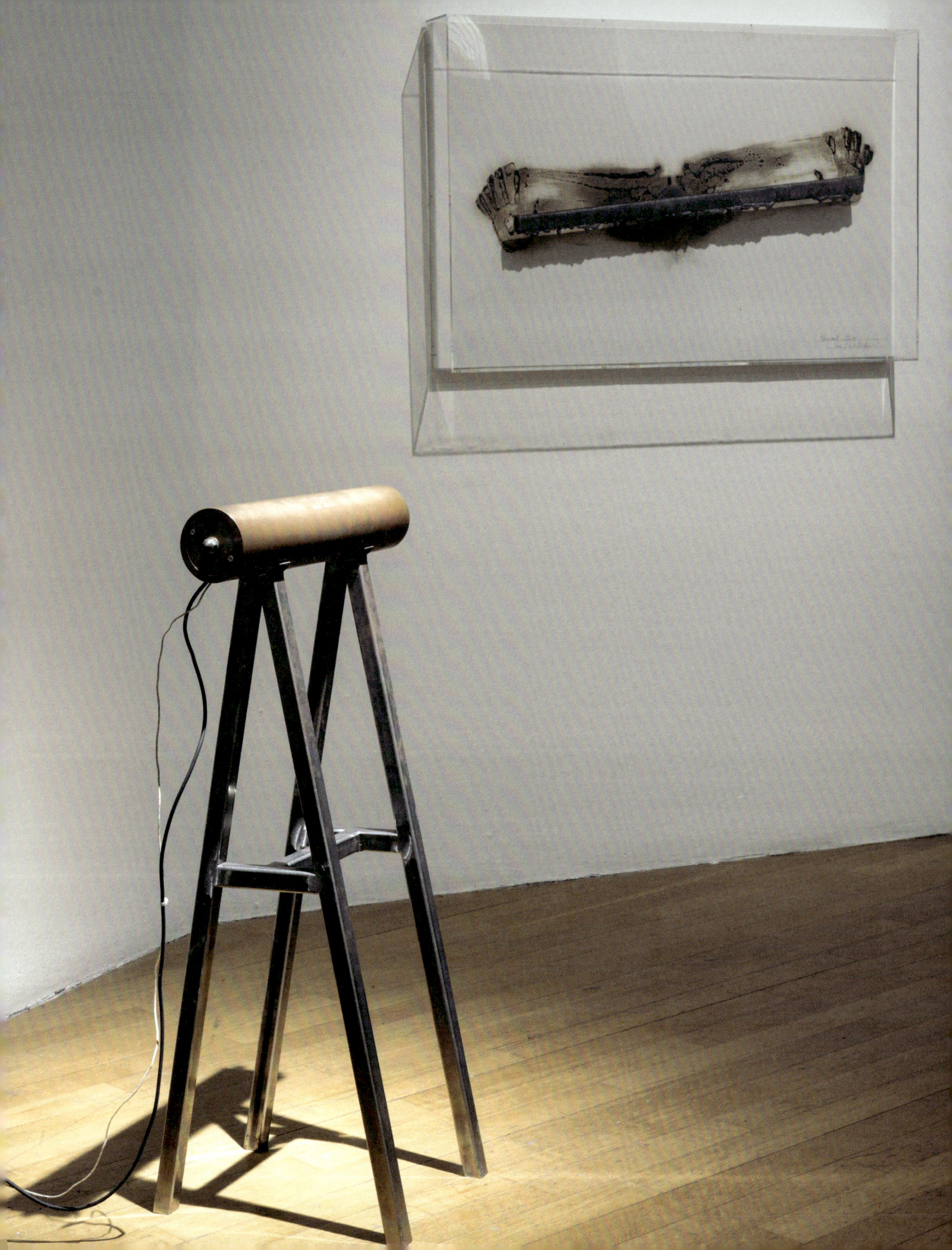

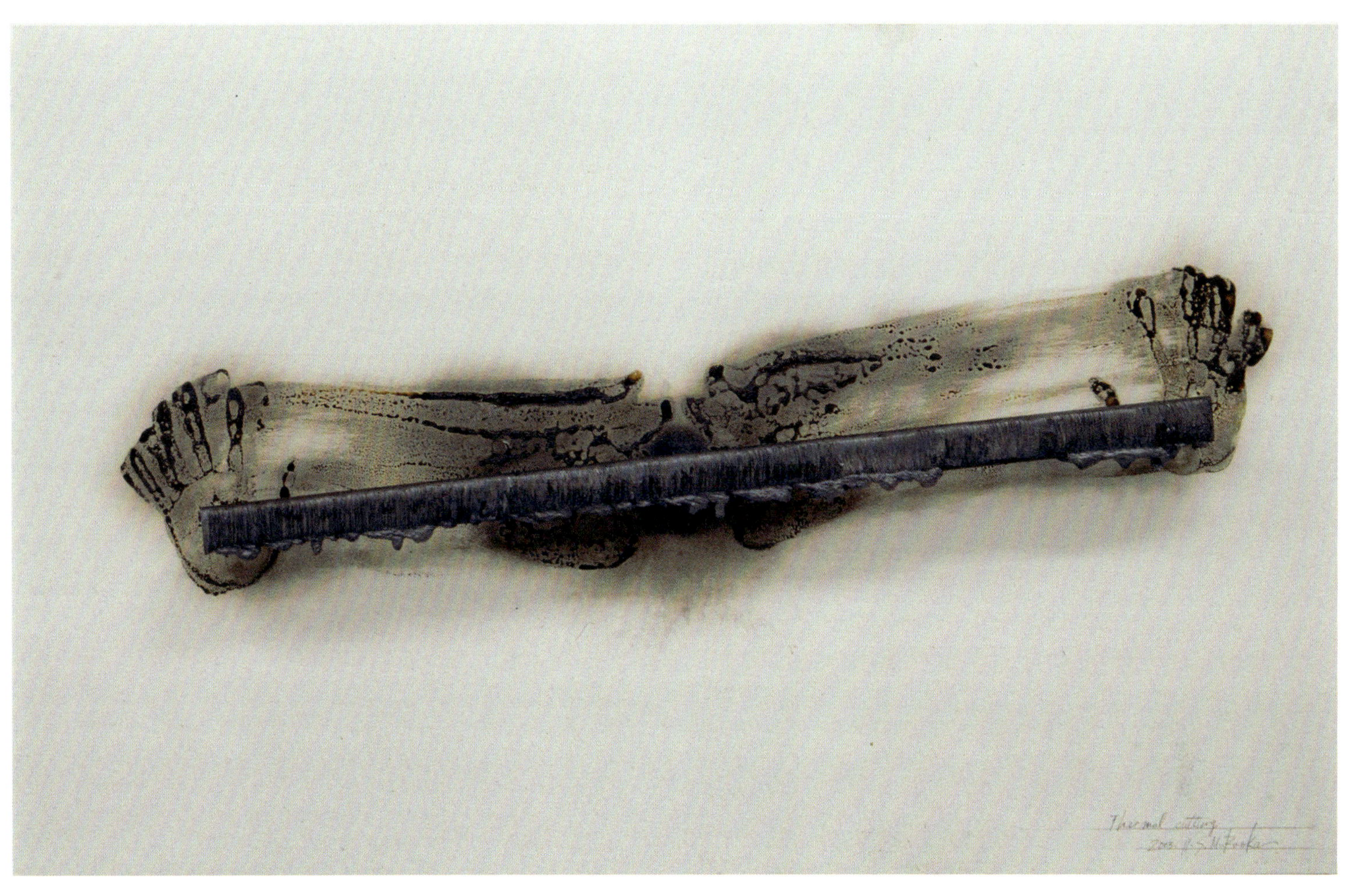

Saburo Muraoka
Thermal Cutting
/ Incisione termica
2003
Ferro, miele, calore, acrilico, pannello
/ Iron, honey, heat, acryl, panel
75×120×11 cm
Courtesy Kenji Taki Gallery
Photo Tetsuo Ito

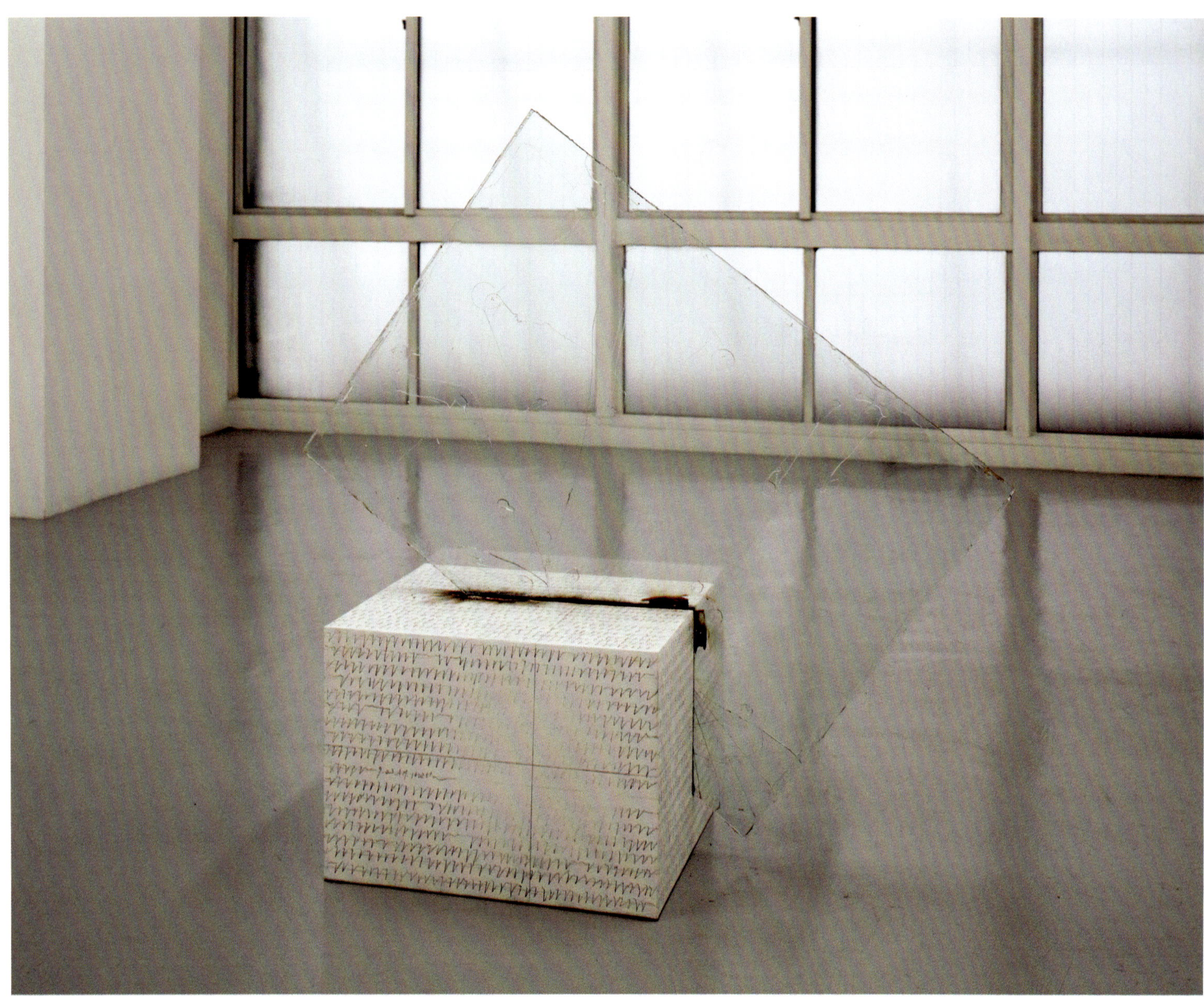

Saburo Muraoka
Negative (*Minus*) *Quantity of Heat – Sealed Heat / Quantità di calore negativa* (*meno*) *– Calore sigillato*
2006
Acciaio, calore, disegno dell'arteria carotidea, vetro, pittura acrilica / Steel, heat, carotid artery drawing, glass, acrylic paint
110×112×41 cm
Courtesy Kenji Taki Gallery
Photo Tetsuo Ito

Saburo Muraoka
Simple Substance – Salt/Paraffin – Breath / Sostanza semplice – Sale/Paraffina – Respiro
1999
Acciaio, sale, paraffina, respiro, fotografia a raggi X / Steel, salt, paraffin, breath, x-ray photograph
Sale, salt / Paraffina, paraffin
90×150×110 cm cad. / each
Fotografia a raggi X / X-ray photograph 35,4×35,4 cm
Installation view Toyota Municipal Museum of Art, Japan, 2014
Courtesy Kenji Taki Gallery
Photo Tetsuo Ito

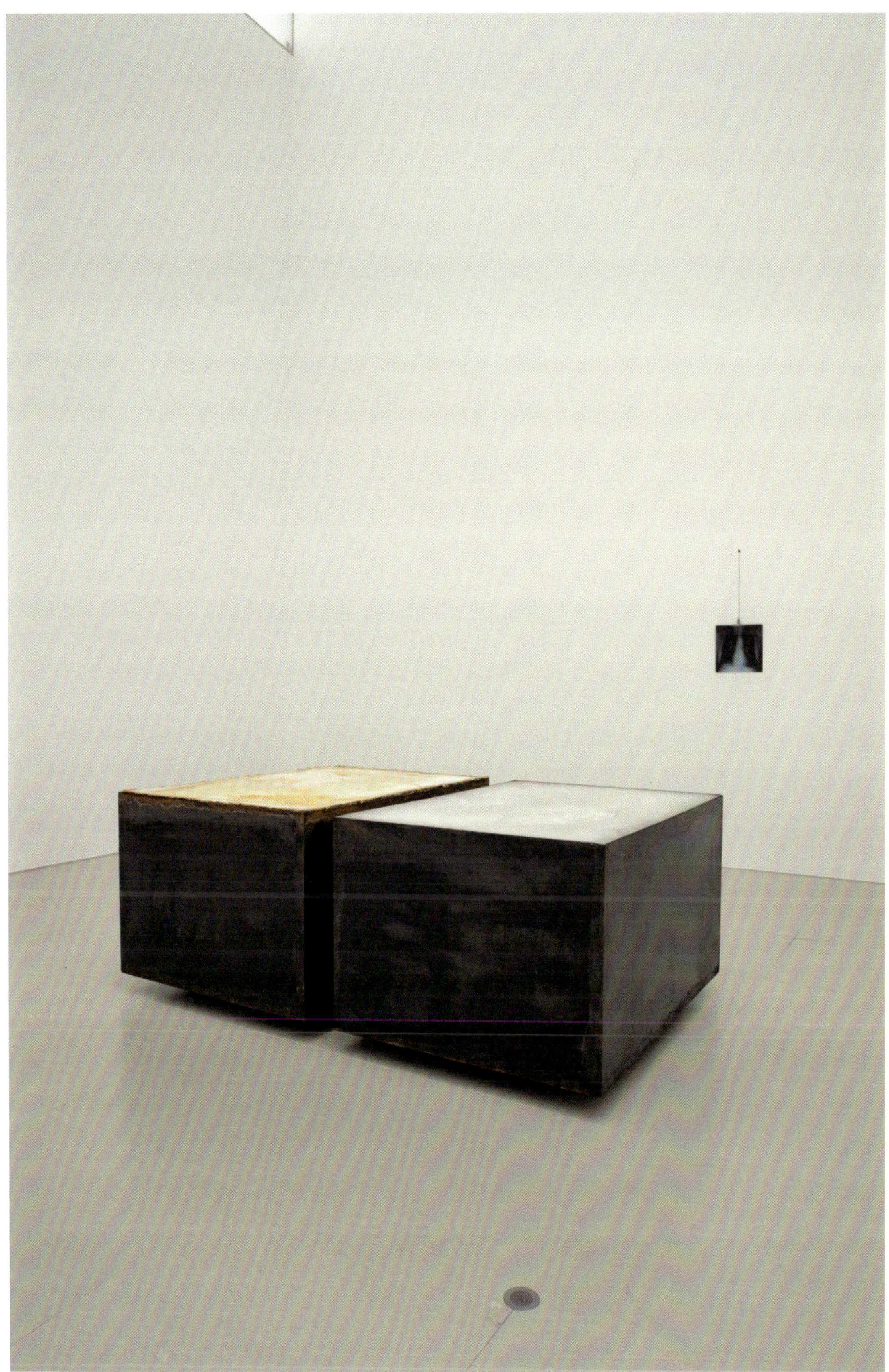

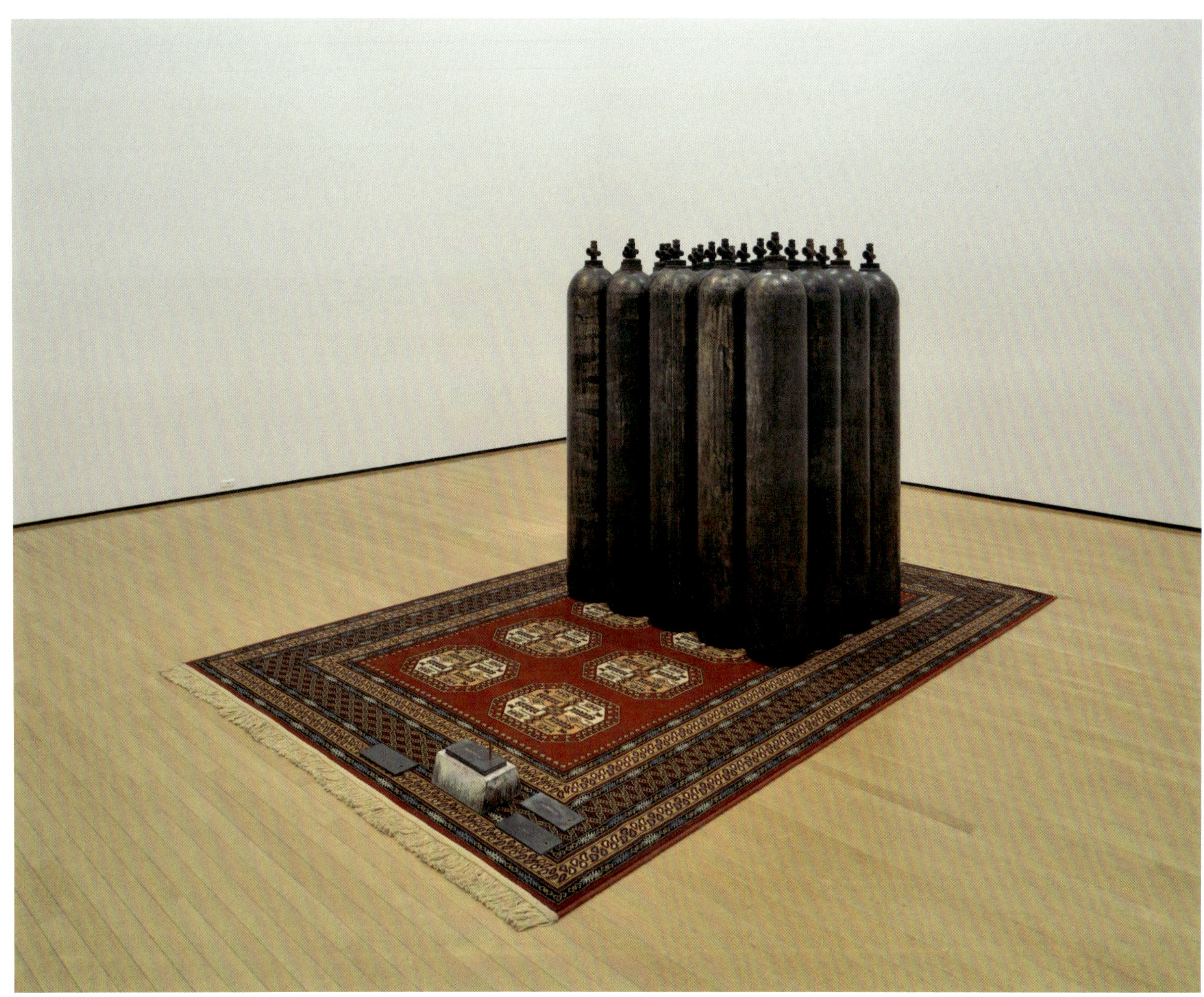

Saburo Muraoka
Twenty Oxygen Cylinders and Twenty Lead Plates / Venti bombole di ossigeno e venti piastre di piombo
1991
Bombola di ossigeno, tappeto pakistano, piombo, acciaio, calcio / Oxygen cylinder, Pakistani carpet, lead, steel, calcium
Tappeto / Carpet 190×313 cm, bombola d'ossigeno / oxygen cylinder h 150 cm
Installation view Toyota Municipal Museum of Art, Japan, 2014
Courtesy Kenji Taki Gallery
Photo Tetsuo Ito

Saburo Muraoka
Thermal cutting–17.500 mm×1.380 °C / Incisione termica–17.500 mm×1.380 °C
1995
Acciaio, calore, mattone / Steel, heat, brick
23×1765×92 cm
Installation view Toyota Municipal Museum of Art, Japan, 2014
Courtesy Kenji Taki Gallery
Photo Tetsuo Ito
Collection of Toyota Municipal Museum of Art, Japan

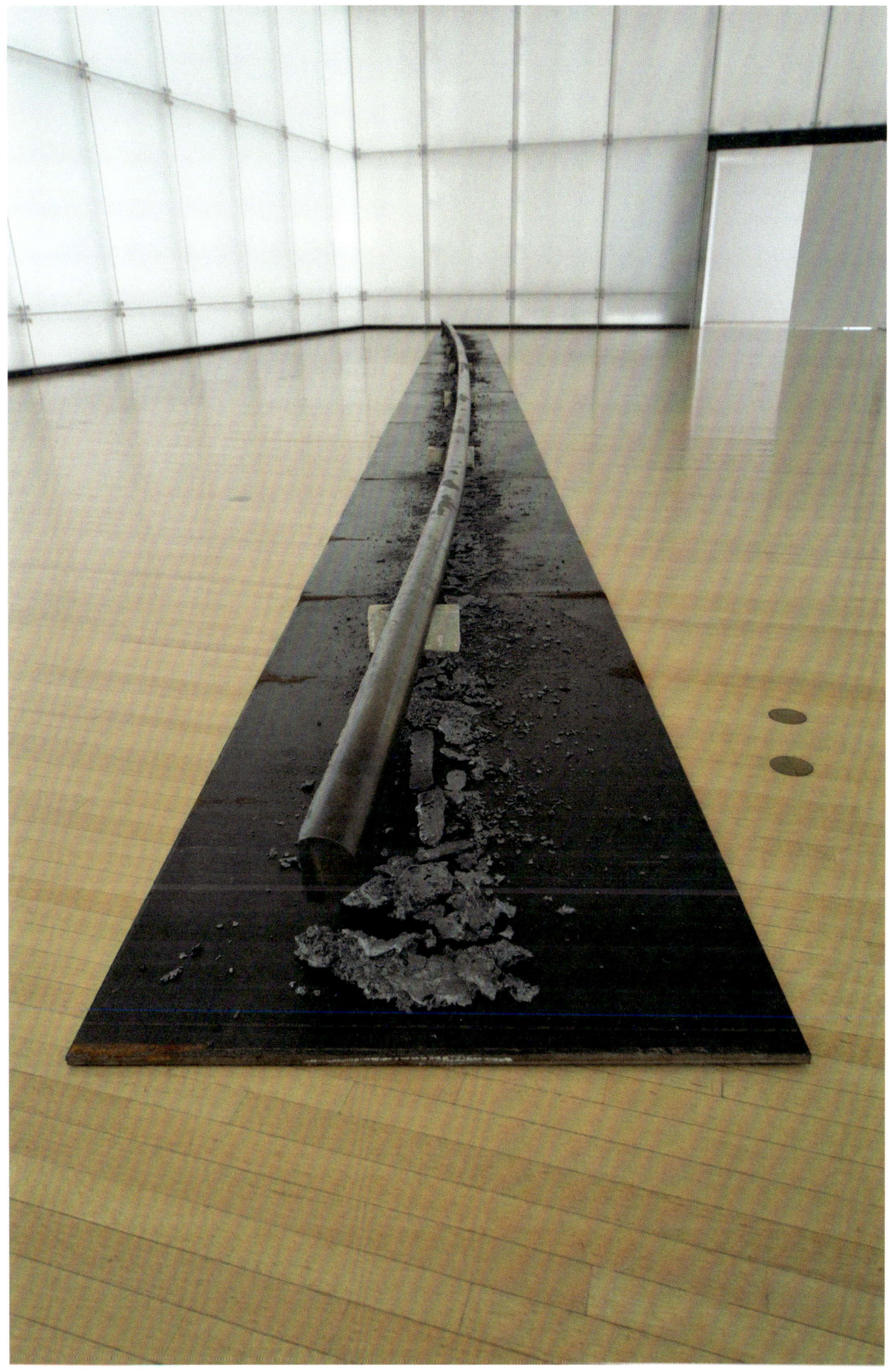

Yoko Ono

Testo / Text by Sachiko Namba
Traduzione / Translation by
Brian Amstutz Communications

La musica ha sempre accompagnato Yoko Ono in tutta la sua eclettica attività artistica.
Da bambina ha studiato alla Jiyu Gakuen, una scuola speciale nota per il suo ambiente di apprendimento avanzato, dove è entrata in contatto con un insegnamento musicale che non faceva alcuna distinzione tra la musica eseguita e i suoni uditi naturalmente durante il giorno. Ono si recò negli Stati Uniti con la sua famiglia nei primi anni Cinquanta. Qui studiò poesia e composizione musicale al Sarah Lawrence College dopo avere studiato filosofia all'Università Gakushuin di Tokyo. Nel 1956 si sposò con il pianista e compositore giapponese Toshi Ichiyanagi, si trasferì a Manhattan e iniziò a dedicarsi alla sua vita d'artista.

Yoko Ono ha fatto parte fin dagli esordi del movimento Fluxus e ha sviluppato la propria espressione artistica cross-disciplinare mentre costruiva rapporti di amicizia con artisti come La Monte Young, John Cage e successivamente Nam June Paik. A partire dal 1961 ha iniziato a esporre opere concettualistiche pionieristiche, in particolare la serie di dipinti di instruction pieces creati seguendo istruzioni scritte e concepite ed esposti in *Paintings and Drawings by Yoko Ono* (1961, AG Gallery, New York) e in *Instructions for Paintings* (1962, Sogetsu Art Center, Tokyo). Le istruzioni, scritte a mano da Toshi Ichiyanagi, sono state poi pubblicate in *Grapefruit* (1964). Le "istruzioni" di Yoko Ono sono una sorta di partitura scritta con un linguaggio poetico. Le istruzioni stimolano la mente delle persone e le incitano a compiere gesti artistici utilizzando la propria creatività. Dopo le difficili esperienze della guerra, Ono si è sentita attratta dall'esistenzialismo e dal pacifismo del dopoguerra. Come corollario di queste esperienze, le sue istruzioni propongono indicazioni concrete, eppure sono espresse con parole animate da una estrosa creatività e sostenute da un atteggiamento estremamente positivo nei confronti della vita. Nella sua opera performativa seminale, *Cut Piece* (1964), i membri del pubblico si avvicinavano uno a uno a lei per tagliare con delle forbici pezzi dei suoi indumenti, mentre lei si inginocchiava priva di espressione sul palco. Le istruzioni di Yoko Ono a volte comportano atti apparentemente distruttivi, ma da esse emana un fervente appello all'unità sociale e alla rinuncia alla violenza.

Music has always been with Yoko Ono throughout her wide-ranging artistic activities.
As a child, she studied at Jiyu Gakuen, a special school known for its progressive learning environment, where she had contact with musical learning that drew no distinction between music that was performed and sounds heard naturally during the day. Ono traveled to the US with her family in the early 1950s and studied poetry and music composition at Sarah Lawrence College after studying philosophy at Gakushuin University in Tokyo. In 1956, she married Japanese pianist and composer Toshi Ichiyanagi, moved to Manhattan, and began to pursue her life as an artist.

Ono was involved in the early period of the Fluxus movement and developed her own cross-disciplinary art expression while building friendships with artists such as La Monte Young and John Cage and later with Nam June Paik. From 1961 she began exhibiting pioneering works of conceptualist practice, notably her instruction piece series of paintings created by following written and imagined instructions, in *Paintings and Drawings by Yoko Ono* (1961, AG Gallery, New York) and with *Instructions for Paintings* (1962, Sogetsu Art Center, Tokyo), hand-written by Toshi Ichiyanagi, which she later published in *Grapefruit* (1964). Ono's "instructions" are a kind of score written using poetic language. The score's instructions stimulate people's minds and urge them to artistic actions using their own creativity. After harsh experiences of the war, Ono felt drawn to postwar existentialism and pacifism. As a corollary of those experiences, her instructions present concrete directions, yet they are expressed in words animated by whimsical creativity and backed by her overwhelmingly positive attitude towards life.

In her seminal performance work, *Cut Piece* (1964), audience members approached one by one and cut pieces of her clothing off with scissors as she knelt expressionless on the stage. Ono's instructions sometimes involve seemingly destructive acts, but emanating from them is a prayerful plea for social unity and the renunciation of violence.

Yoko Ono
Cut Piece
1964/1965
16mm film riversato su DVD, bianco e nero, sonoro / 16mm film transferred to DVD, black and white, sound, 8'27"
Eseguito dall'artista nell'ambito di / Performed by the artist in *New Works of Yoko Ono*, Carnegie Recital Hall, New York City, Marzo / March 21, 1965
Filmed by David and Albert Maysles
© Yoko Ono
Courtesy l'artista / the artist

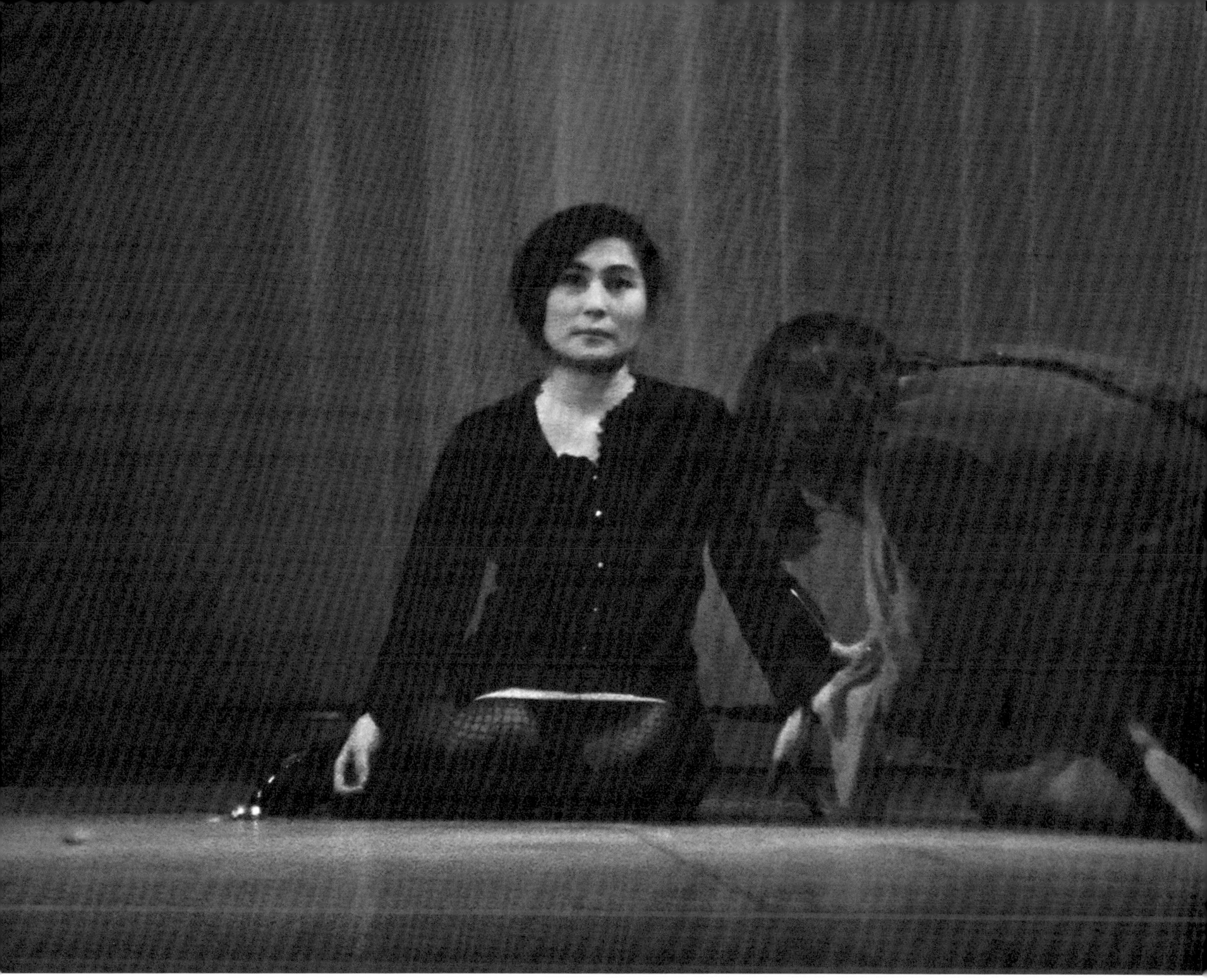

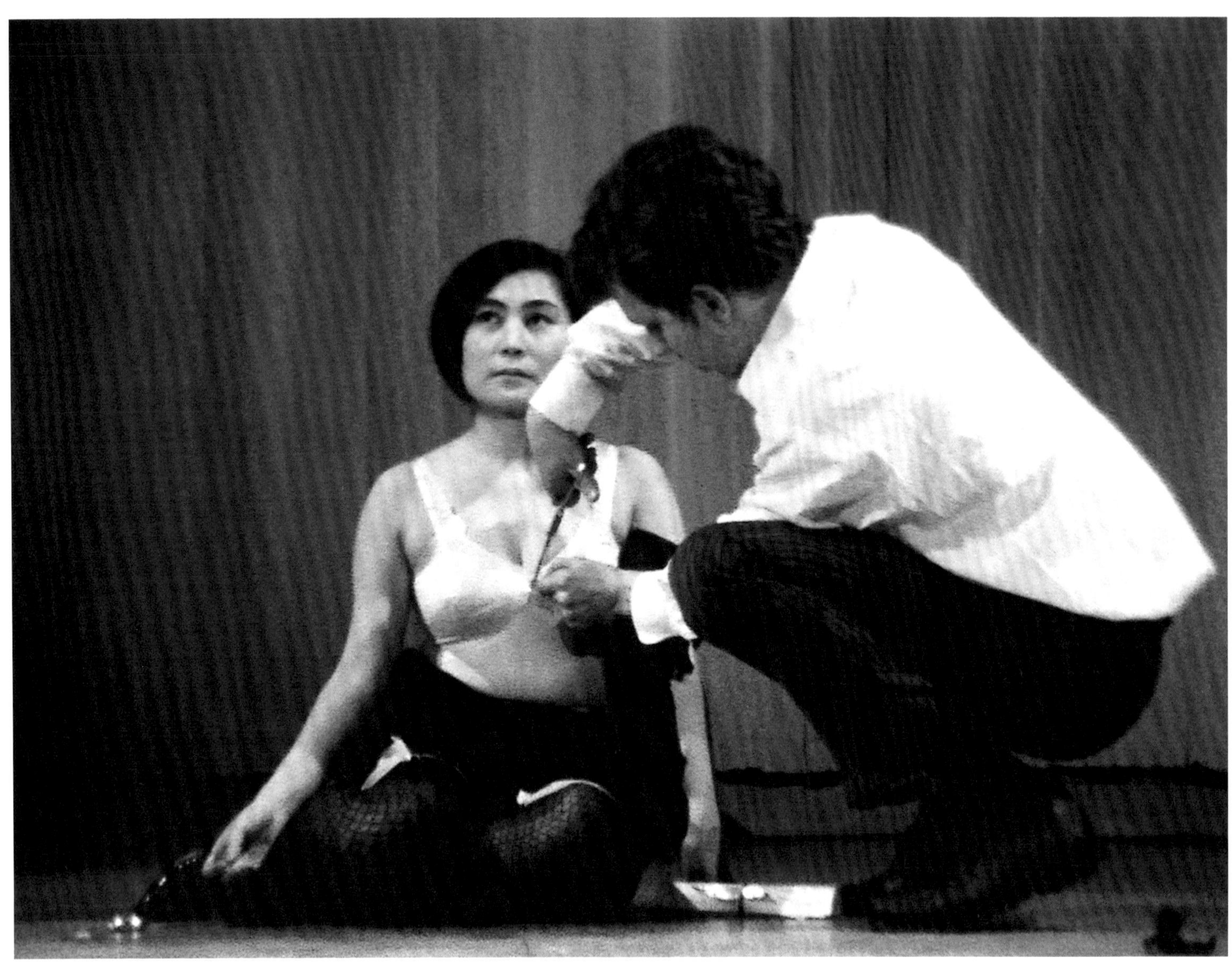

Yoko Ono
Cut Piece
1964/1965
16mm film riversato su DVD, bianco e nero, sonoro / 16mm film transferred to DVD, black and white, sound, 8'27"
Eseguito dall'artista nell'ambito di / Performed by the artist in *New Works of Yoko Ono*, Carnegie Recital Hall, New York City, Marzo / March 21, 1965
Filmed by David and Albert Maysles
© Yoko Ono
Courtesy l'artista / the artist

Yoko Ono
Cut Piece
1964/1965
Eseguito dall'artista nell'ambito di / Performed by the artist in *New Works of Yoko Ono*, Carnegie Recital Hall, New York City, Marzo / March 21, 1965
Photo Minoru Niizuma
© Yoko Ono

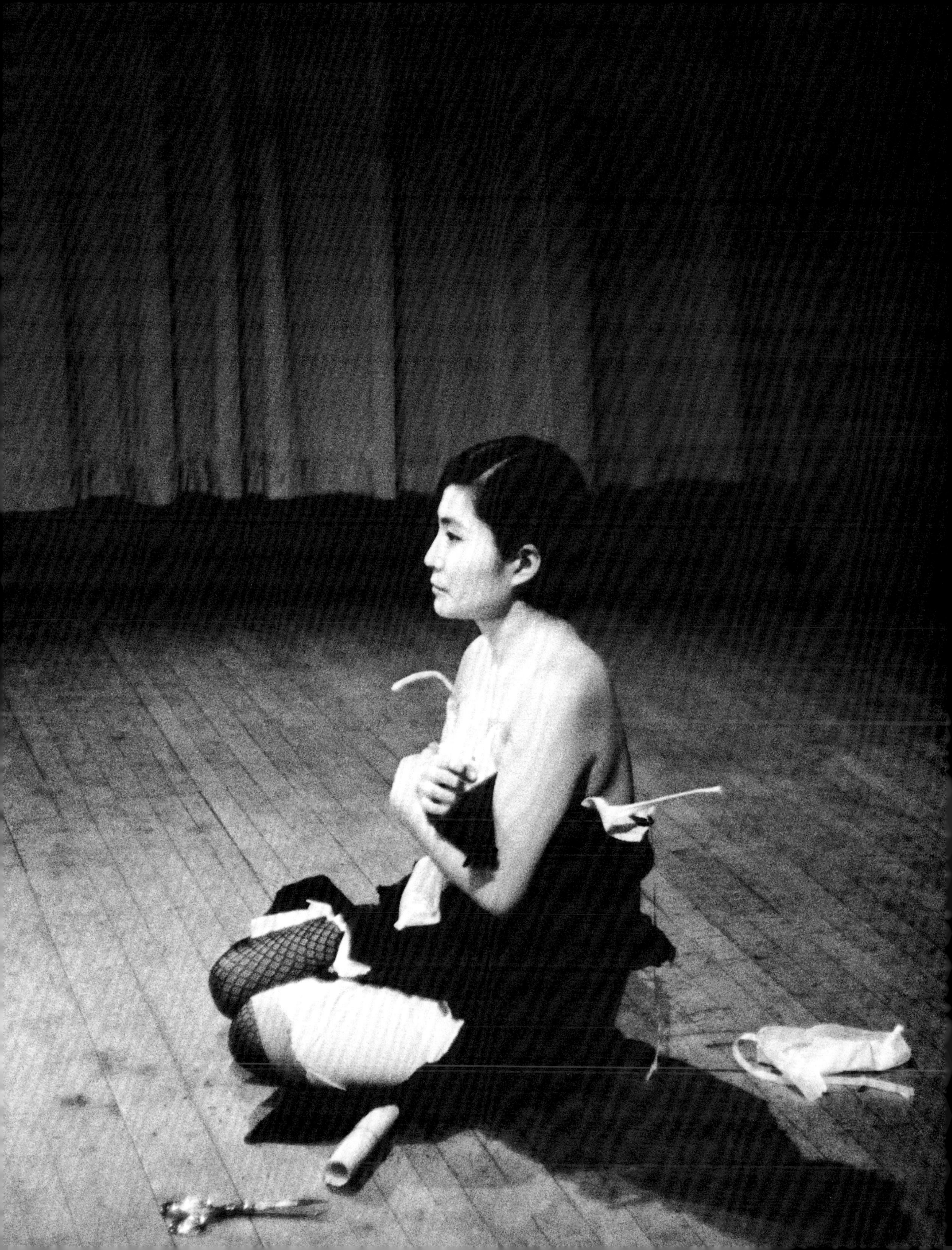

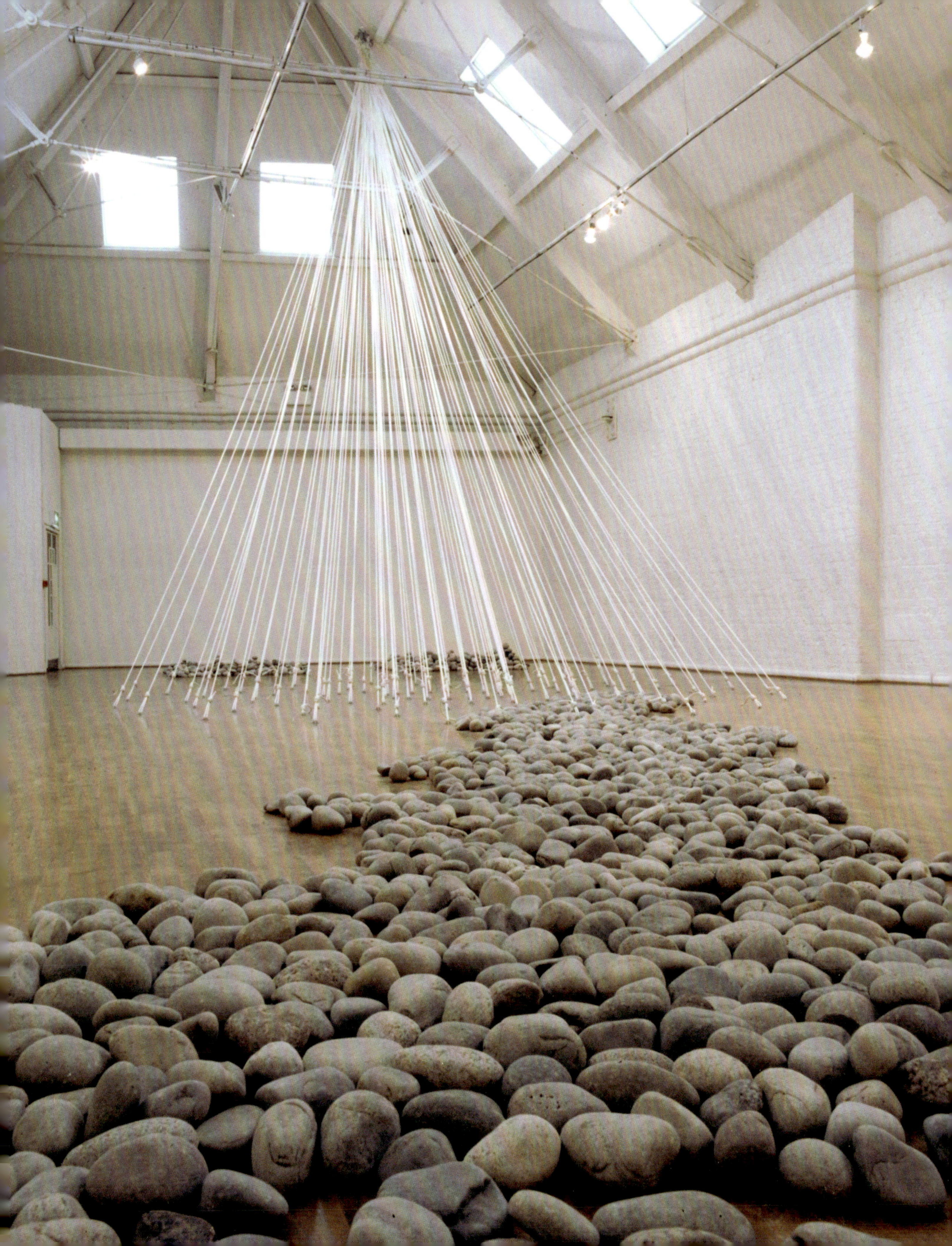

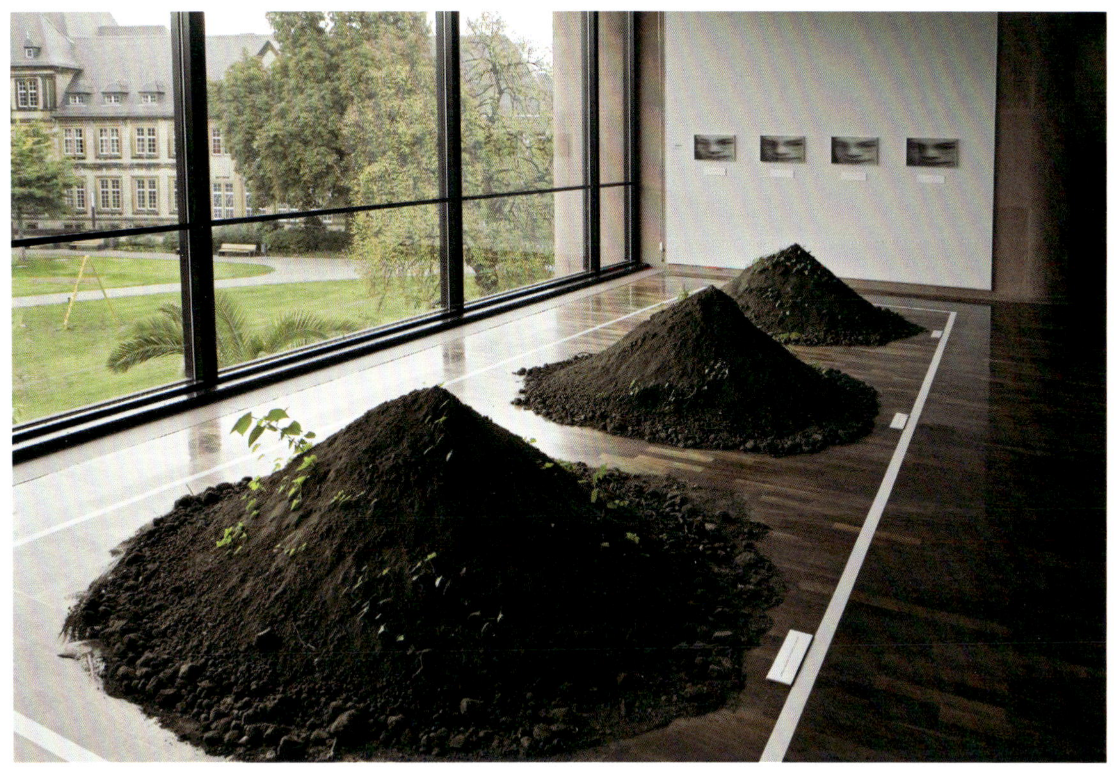

Yoko Ono
Morning Beams / Raggi mattutini
1997
Installation view (with Riverbed),
Modern Art Oxford, Oxford,
Inghilterra / England, 1997
Photo Norman McBeath
© Yoko Ono

Yoko Ono
Three Mounds / Tre cumuli
1999/2008
Installation view, Kunsthalle Bielefeld,
Bielefeld, Germania / Germany, 2008
Photo Phillip Ottendorfer
© Yoko Ono

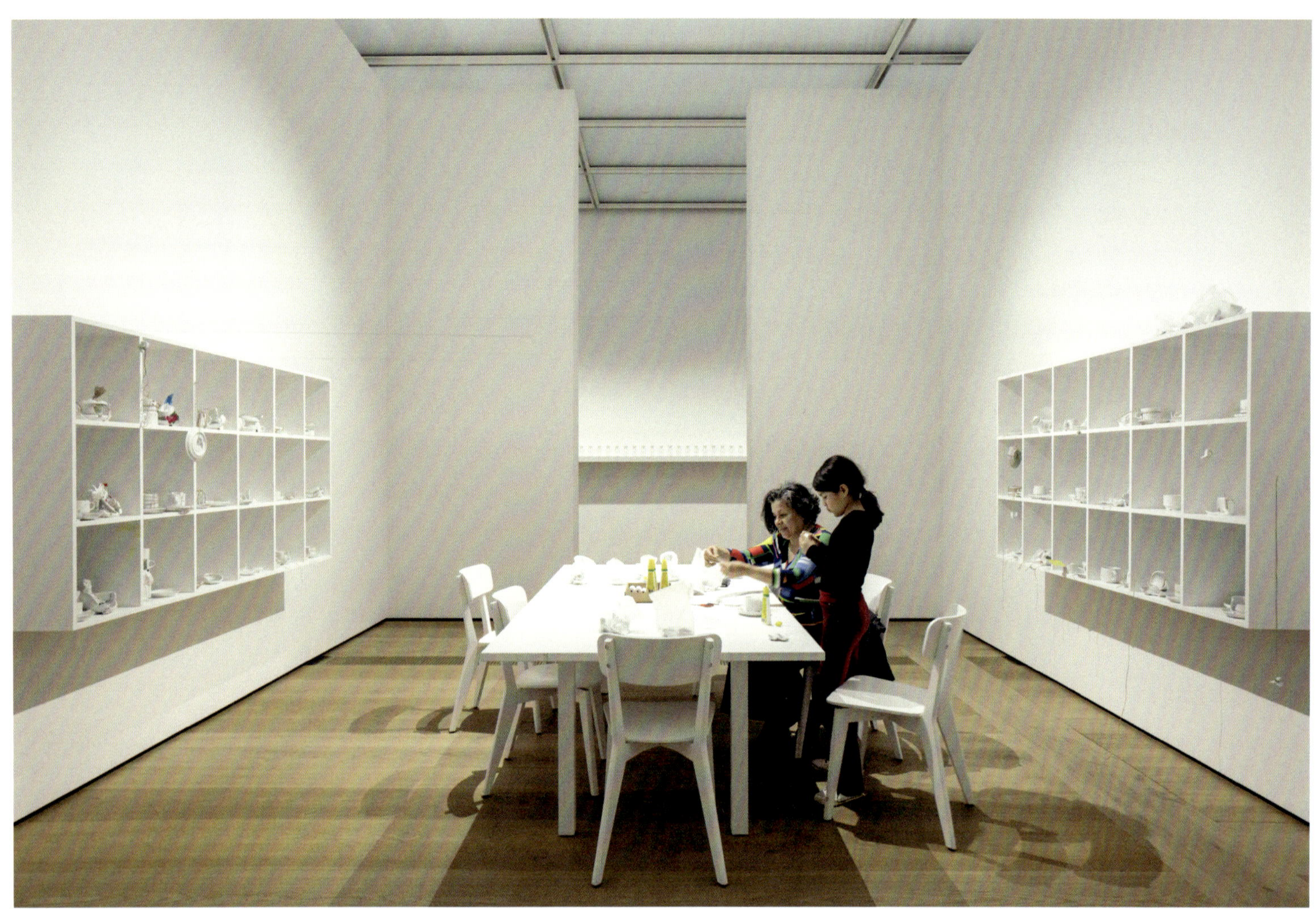

Yoko Ono
Mend Piece / Riparare un oggetto
1966/2022
Installation view, Kunsthaus Zürich,
Zürich, Svizzera / Switzerland, 2022
Photo Franca Candrian
Courtesy of Kunsthaus Zürich

Yoko Ono
Ex It
1997
Yoko Ono con / with *Ex It*,
Almodí de València, València,
Spagna / Spain, 1997
Photo Miguel Angel Valero
Courtesy of Yoko Ono

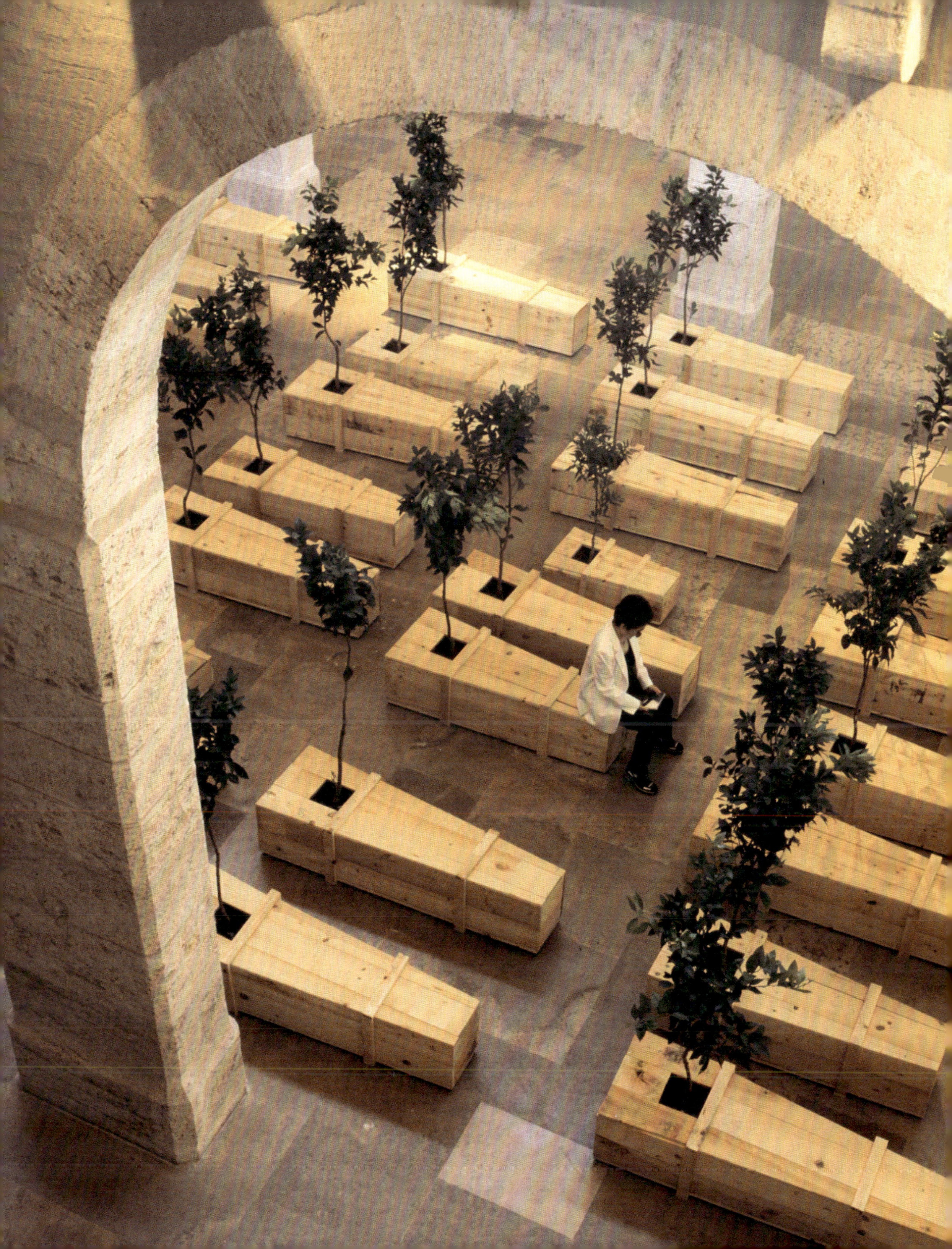

Lieko Shiga

Testo / Text by Sachiko Namba
Traduzione / Translation by
Brian Amstutz Communications

Lieko Shiga ha realizzato costantemente opere installative utilizzando la fotografia costruita per rivelare tracce della terra e della sua gente e creare una nuova narrazione. Nel 2006, Shiga ha soggiornato per un breve periodo nella regione settentrionale del Tohoku in Giappone. L'incanto di quell'esperienza le è rimasto impresso e nel 2008, al ritorno da Londra, dove era andata a studiare, si è trasferita a Kitakama, un villaggio di trecentocinquanta abitanti sulla costa di Miyagi, nel Tohoku. Lì ha documentato i residenti e gli eventi locali come fotografa per un'associazione del paese e ha iniziato a realizzare opere d'arte creando al contempo una storia orale di Kitakama. Nel 2011, però, uno tsunami scatenato dal grande terremoto del Giappone orientale ha devastato il paese. Mentre l'artista si trovava faccia a faccia con la morte, ha fotografato senza sosta le scene della zona colpita. Inoltre, ha pulito e ritoccato le fotografie trovate tra le macerie e ha creato ritratti commemorativi dei defunti a partire dalle istantanee. I quattro anni trascorsi a Kitakama a osservare con attenzione la vita e la morte attraverso la fotografia, giorno dopo giorno, sono stati presentati in *Rasen Kaigan* (Spiaggia a spirale: Sendai Mediatheque, 2012-2013), una mostra di circa duecentoquaranta fotografie disposte a mo' di labirinto in una galleria. Continuando a vivere e lavorare nel Tohoku, Shiga ha tenuto una mostra personale sulle forze incontrollabili negli esseri umani: *Human Spring – Primavera umana* (Museo d'Arte Fotografica di Tokyo, 2019). Creando un'installazione di fotografie disposte su più scatole di altezza superiore a quella umana, Shiga ha sovrapposto l'immagine che una fotografia rappresenta – la vita oscurata dalla "morte" e dall'"assenza del corpo" – con la parola francese "représentation" nel suo senso arcaico, "una bara vuota coperta da un sudario nero", [1] in un'indagine fondamentale su ciò che rappresenta il mezzo della fotografia. In questa mostra, l'artista smantella e ricostruisce con audacia quelle fotografie. Stando nell'intervallo tra perdita, rigenerazione e i meccanismi della natura e del cosmo da un lato, e le distorsioni create in quell'attività economica sociale nota come "ricostruzione" dall'altro, Shiga ci rivolge con forza domande sincere come artista che vive con la fotografia come mezzo di espressione.

Lieko Shiga has uniformly produced installation works using constructed photography to reveal traces of the land and its people and create a new narrative. In 2006, Shiga resided briefly in Japan's northern Tohoku region. The fascination of that experience remained with her, and on returning from her studies in London in 2008, she moved to Kitakama, a village of 350 people on the coast of Miyagi in Tohoku. There, she documented residents and local events as a photographer for the neighborhood association and began producing artworks while creating an oral history of Kitakama. But in 2011, a tsunami triggered by the Great East Japan Earthquake devastated the village. While closely confronting death, she relentlessly photographed scenes of the affected area. On the side, she cleaned and retouched photographs found among the tsunami debris, and created memorial portraits of the deceased from snapshots. Her four years in Kitakama spent looking squarely at life and death through photography, day after day, she portrayed in *Rasen Kaigan* (Spiral Shore: Sendai Mediatheque, 2012-2013), an exhibition of some 240 photographs standing maze-like in a gallery. Continuing to live and work in Tohoku, Shiga held a solo exhibition on the theme of the uncon – trollable forces in human beings – *Human Spring* (Tokyo Photographic Art Museum, 2019). By composing an installation of photographs spread on multiple boxes taller than human height, Shiga overlaid the image that a photograph represents – life shadowed by "death" and "absence of the body" – with the French word "représentation" in its archaic sense, "an empty coffin covered in a black mourning shroud," [1] in a fundamental inquiry of what the medium of photography represents. In the current exhibition, she boldly dismantles and reconstructs those photographs. Standing in the interval between loss, regeneration, and the workings of nature and the cosmos, on one hand, and the distortions created in that social economic activity known as "reconstruction" on the other, she thrusts sincere inquiries at us as an artist living with photography as means of expression.

Lieko Shiga
Human Spring / Primavera umana
2018-2019
Installation view PAC Padiglione d'Arte Contemporanea, Milano, 2022
Courtesy the artist
Photo Lorenzo Palmieri

pp. 174-175
Lieko Shiga
Lost for songs from *Human Spring* series / *Persi per le canzoni* dalla serie *Primavera umana*
2017
C-print
120×180 cm
Courtesy l'artista / the artist

1 Lieko Shiga, *Shiga Lieko: Human Spring*, Tokyo, Photographic Art Museum, Tokyo Metropolitan Foundation for History and Culture, 2019, pp. 133-134.

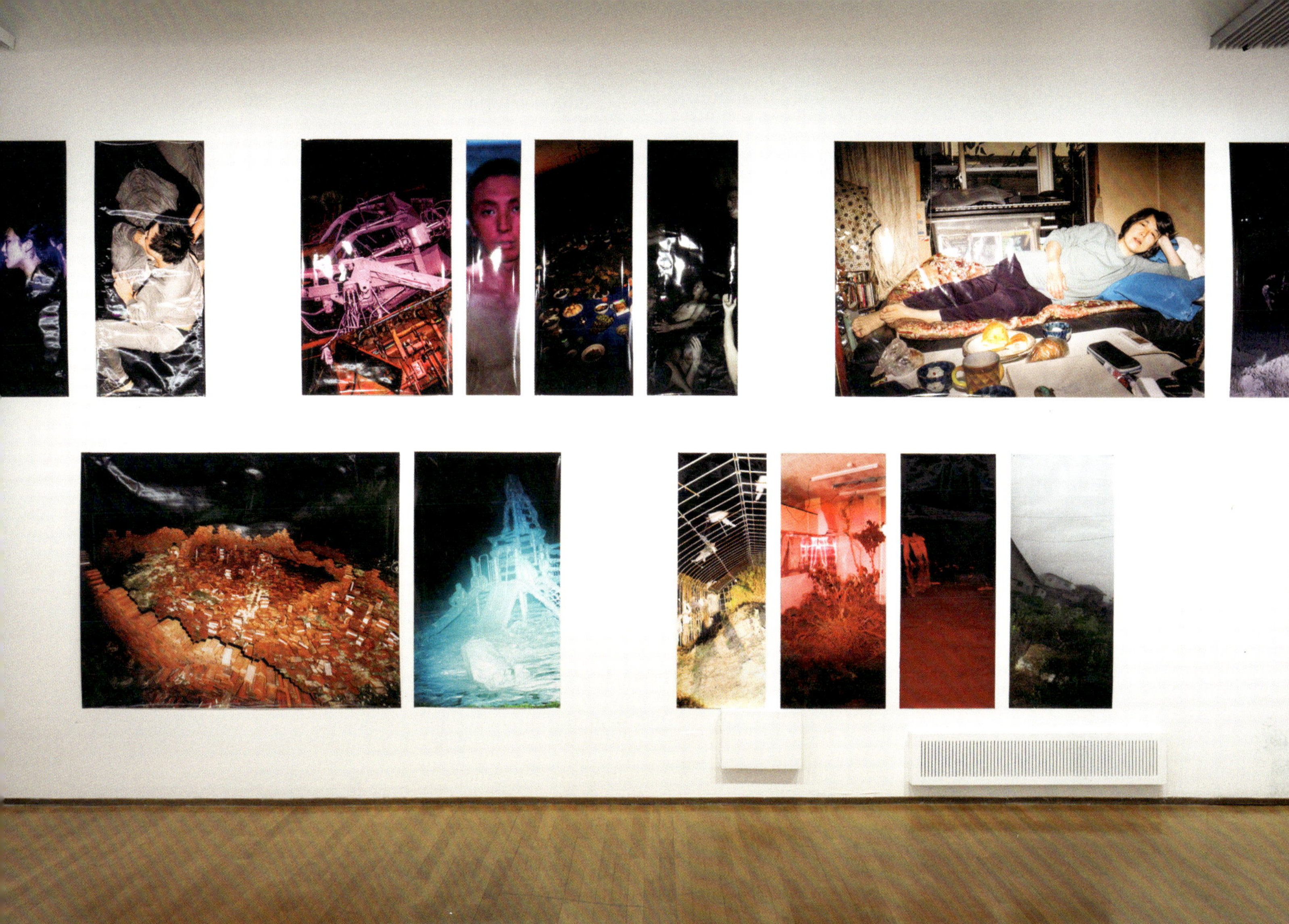

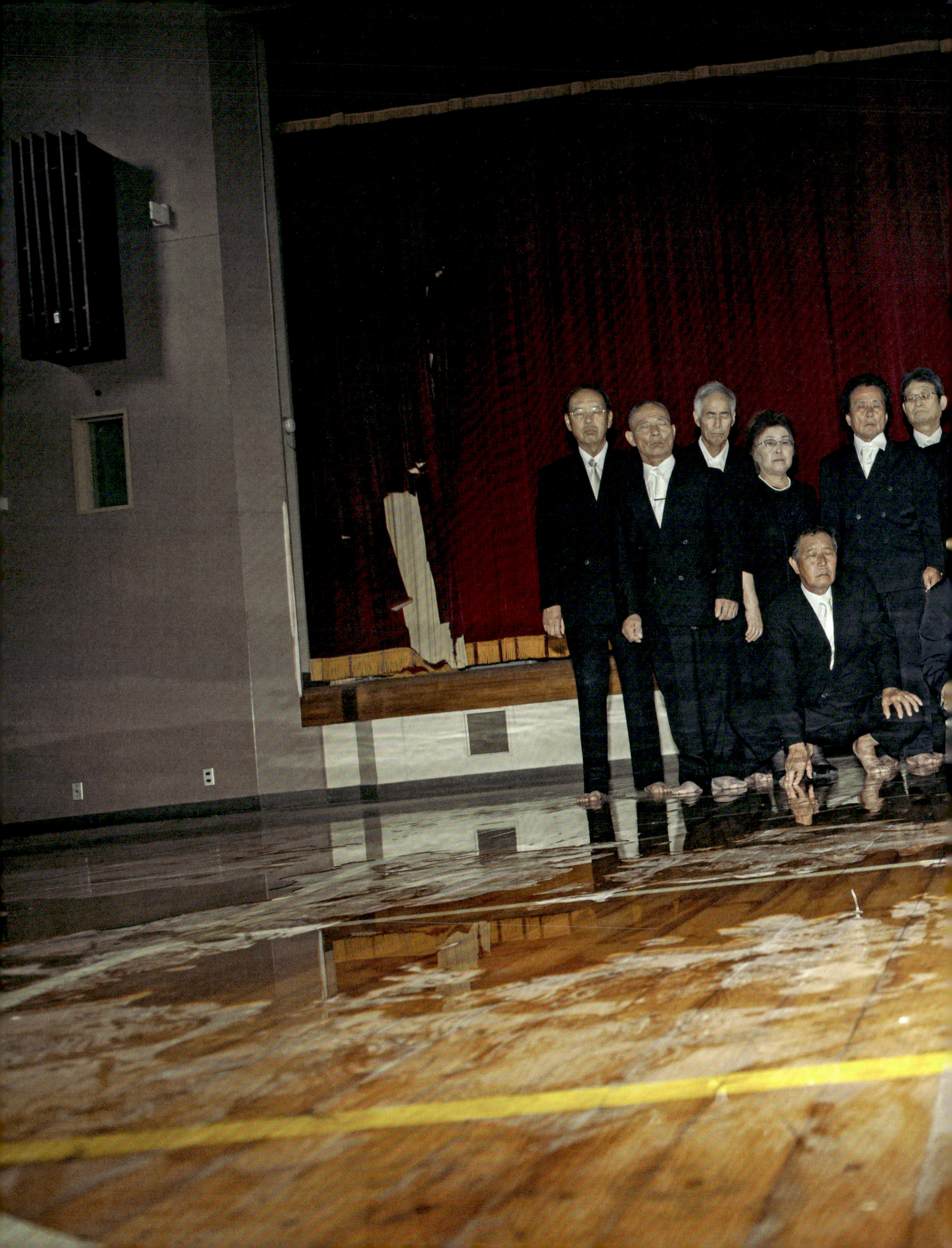

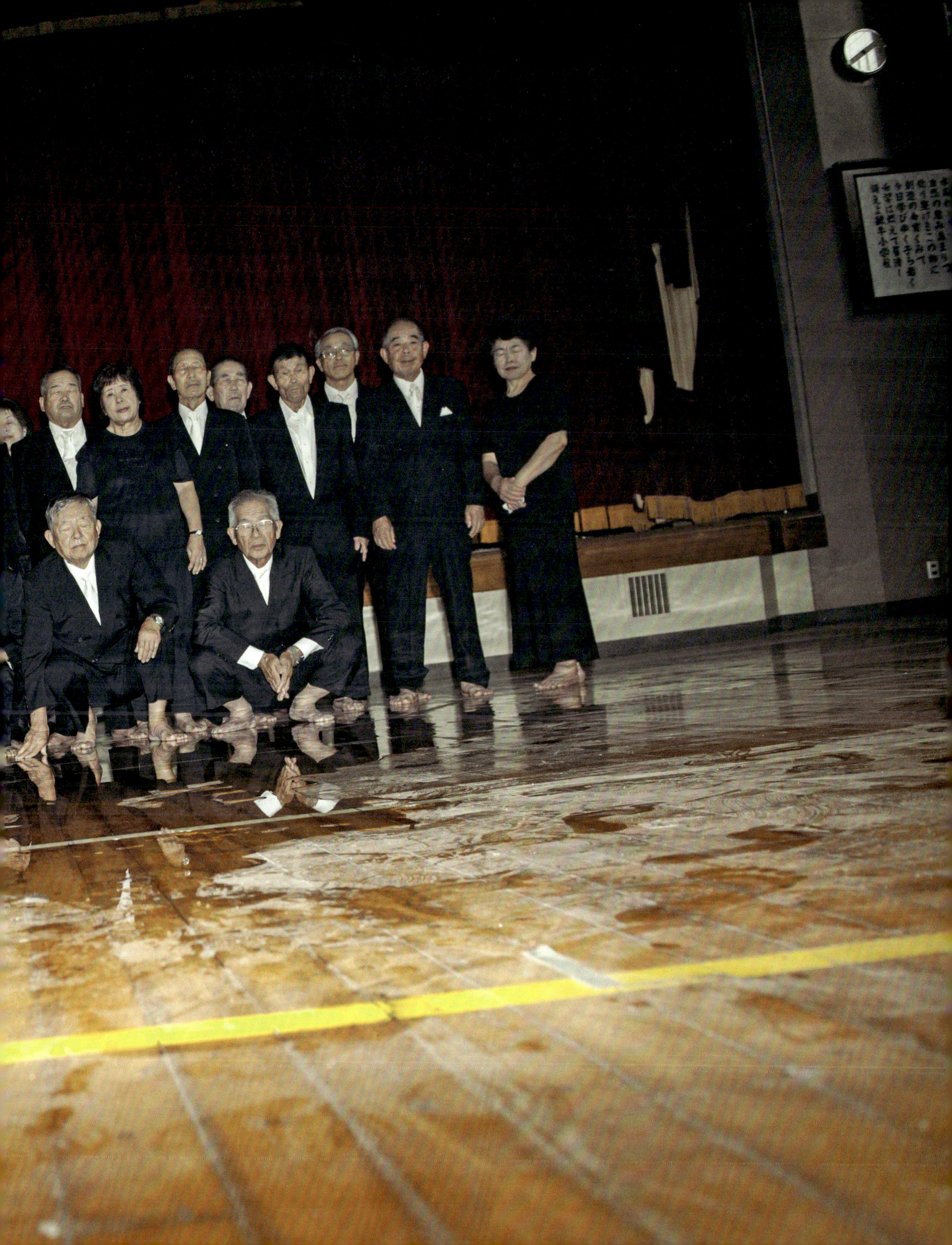

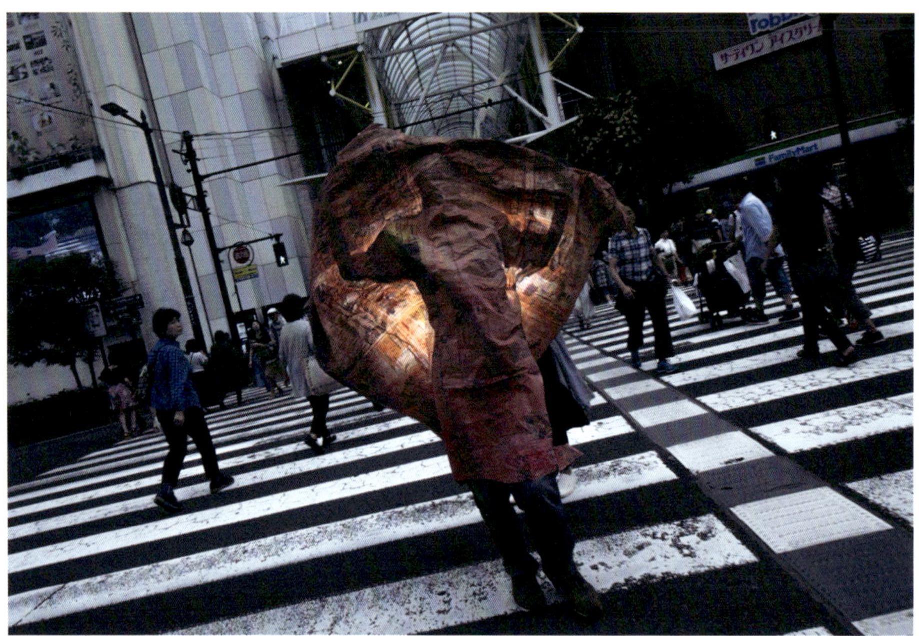

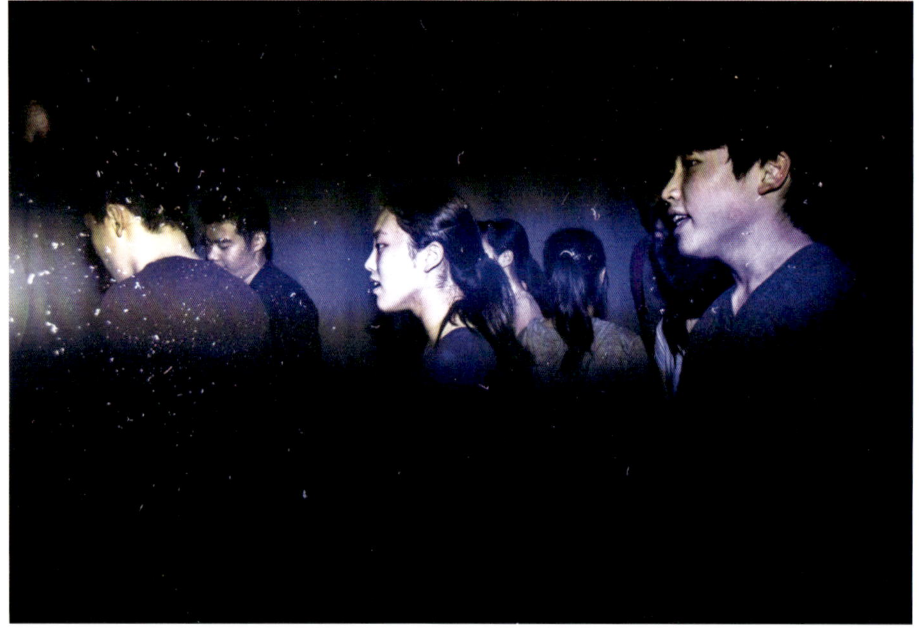

Lieko Shiga
Today is the same as yesterday tomorrow will be the same as today
from *Human Spring* series / *Oggi è uguale a ieri domani sarà uguale a oggi* dalla serie *Primavera umana*
2018
C-print
120×180 cm
Courtesy l'artista / the artist

Lieko Shiga
Everyone sings a different song
from *Human Spring* series
/ *Ognuno canta una canzone diversa*
dalla serie *Primavera umana*
2016
C-print
120×180 cm
Courtesy l'artista / the artist

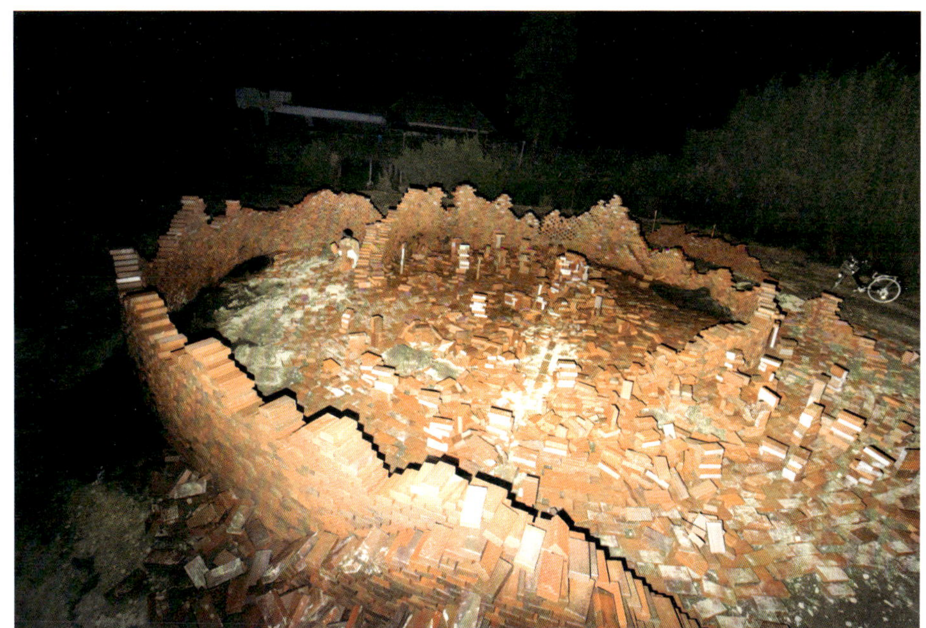

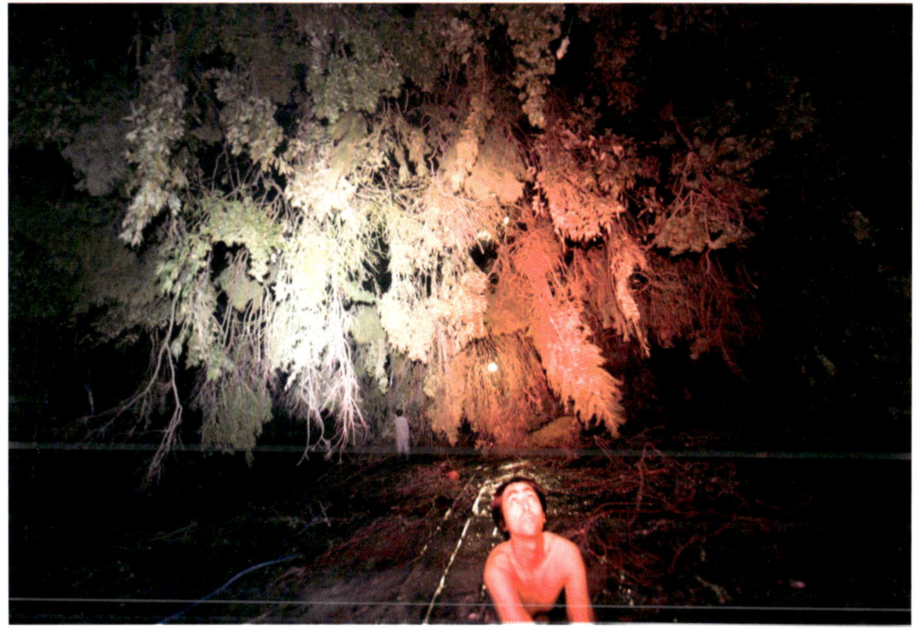

Lieko Shiga
Breaking down from the inside from *Human Spring* series / *La distruzione dall'interno* dalla serie *Primavera umana*
2018
C-print
120×180 cm
Courtesy l'artista / the artist

Lieko Shiga
I can see it in him from *Human Spring* series / *Lo vedo in lui* dalla serie *Primavera umana*
2016
C-print
120×180 cm
Courtesy l'artista / the artist

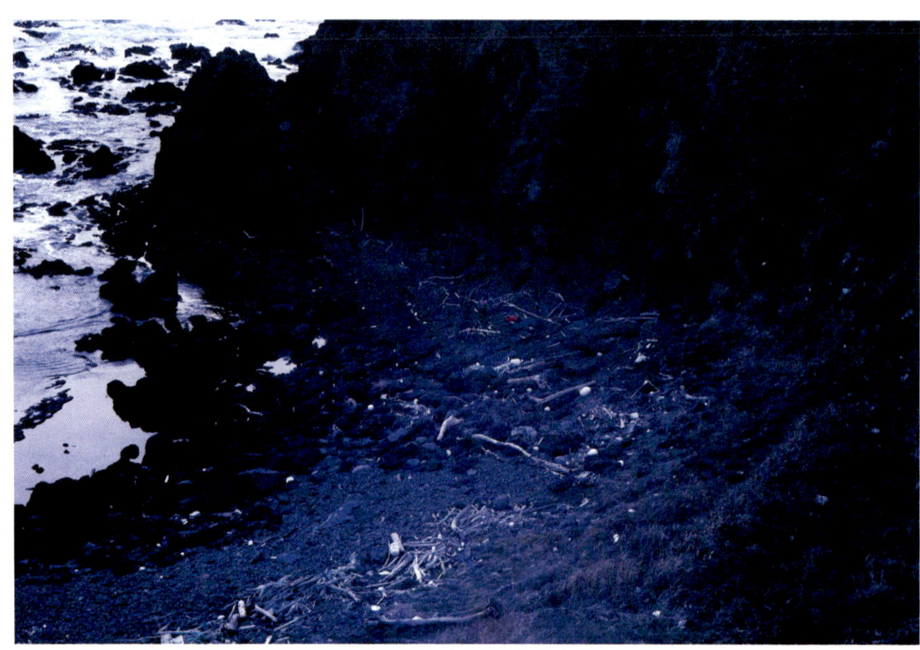

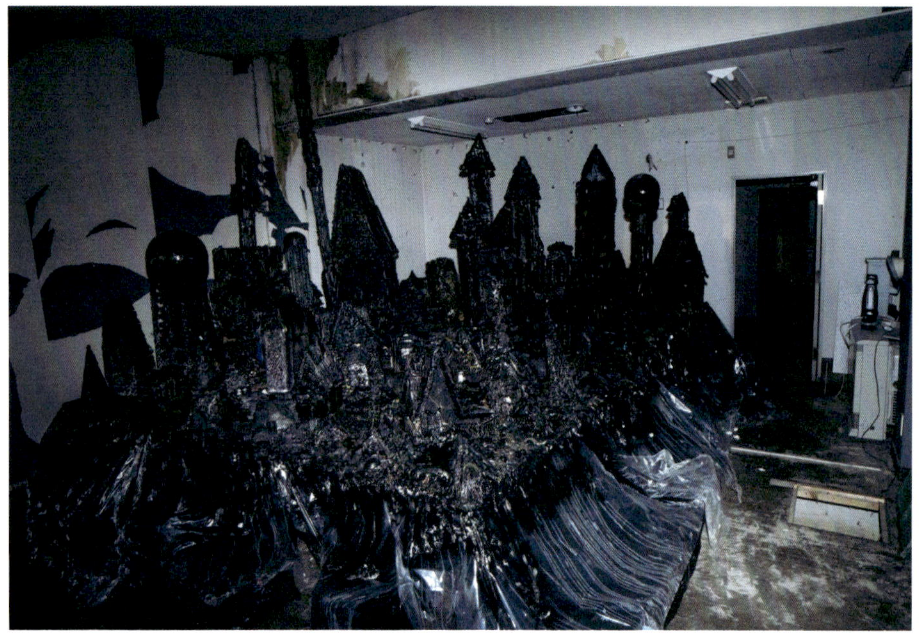

Lieko Shiga
The Food Chain from *Human Spring* series / *La catena alimentare* dalla serie *Primavera umana*
2016
C-print
120×180 cm
Courtesy l'artista / the artist

Lieko Shiga
Catatonia from *Human Spring* series / *Catatonia* dalla serie *Primavera umana*
2018
C-print
120×180 cm
Courtesy l'artista / the artist

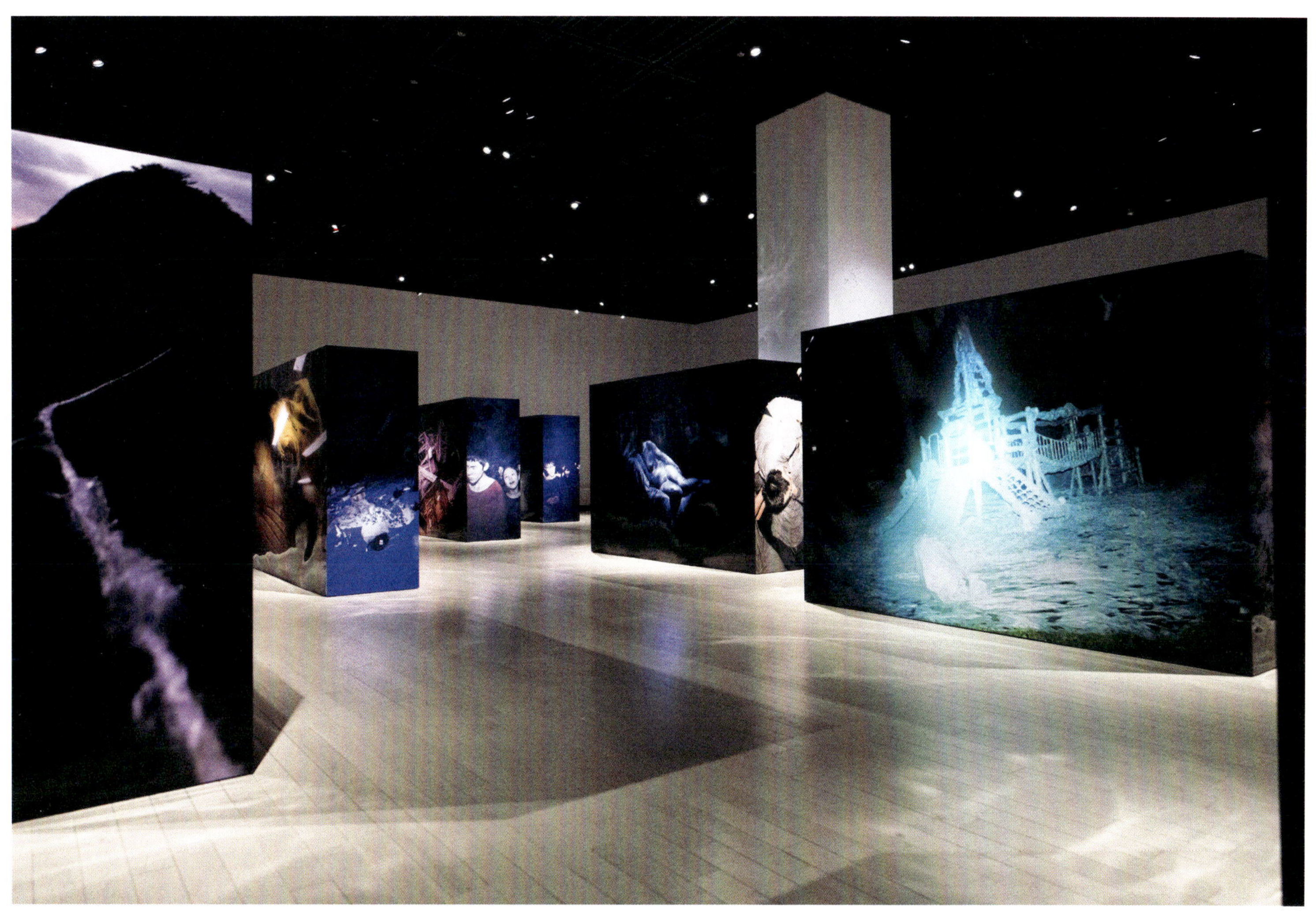

Lieko Shiga
Installation view da / from
Human Spring / Primavera umana,
2019
Tokyo Photographic Art Museum
Courtesy l'artista / the artist

Chiharu Shiota

Testo / Text by Sachiko Namba
Traduzione / Translation by
Brian Amstutz Communications

Sia che si tratti di filato rosso o nero monocromi tesi a mo' di ragnatela in uno spazio intero o di video performance in cui impiega il proprio corpo, le opere di Chiharu Shiota avvolgono lo spettatore.

Spesso nate dalle difficili esperienze personali dell'aborto o della lotta contro la malattia, le sue opere trascendono tuttavia la sua esistenza individuale per comunicare in modo intuitivo l'esistenza fisica, la presenza e l'assenza, la vita e la morte.

Il filato nero di Shiota, intessuto come se stesse disegnando nello spazio, richiama l'oscurità della lacca nera o l'universo. Il filato rosso evoca il sangue e la circolazione sanguigna. Quando i fili si intrecciano, formano un piano e costruiscono uno spazio così denso che non li percepiamo più come fili singoli, un'opera è completa per la prima volta. In quel momento, dice l'artista: "Sento che una verità diviene visibile nello spazio". [1]

Nel 1996 Shiota si è trasferita in Germania, e da allora ha esposto opere ambiziose in mostre in tutto il mondo. Ha costantemente analizzato la propria identità per poi rifletterla nei suoi lavori. Nella sua opera performativa *Bathroom* (1999), in cui si versa ripetutamente del fango in testa stando nella vasca da bagno di casa sua, cercava di esprimere la memoria impressa nel proprio corpo – la "memoria della propria pelle, che non si può cancellare del tutto neanche dopo essersi lavati". [2]

Dalla fine degli anni Novanta, Shiota ha inoltre creato opere impiegando vestiti, che appaiono simbolicamente come "una seconda pelle". [3] Un abito senza chi lo indossa evoca l'assenza della persona e l'assenza di un corpo fisico. Ma come la memoria impressa sulla pelle, la memoria che macchia il vestito non può essere lavata via. In *Empty Body*, la sua nuova opera presentata in questa esposizione, un abito bianco è sospeso in uno spazio sommerso di filato nero. Questa è la diversa dimensione dello spazio secondo Shiota, dove la vita e la morte sono sempre a confronto. Attirando gli spettatori, l'artista evoca ricordi e sogni, cercando di richiamare l'anima dai recessi più profondi dell'installazione.

Whether installations of monochrome red or black yarn strung web-like in an entire space or performance videos employing her own body, the works of Chiharu Shiota engulf viewers.

Often arising from harsh personal experiences of miscarriage or struggling with disease, her works yet transcend her individual existence to intuitively communicate physical existence, presence and absence, and life and death.

Shiota's black yarn, woven as if she were drawing in space, calls to mind the darkness of black lacquer or the universe. Her red yarn evokes blood and blood circulation. When the threads crisscross, form a plane, and construct a space so dense we are no longer conscious of them as individual strands, a work is complete for the first time. At that moment, she says, "I sense that a truth becomes visible in the space." [1]

In 1996 Shiota moved to Germany and has since shown ambitious works in exhibitions in all parts of the world. She has continually examined her identity and reflected it in her artworks. In the performance work *Bathroom* (1999), in which she repeatedly pours mud over her head, in her bathtub at home, she sought to express the memory etched into her body—the "memory of one'sown skin, which cannot be entirely wiped away even after washing." [2]

Since the late 1990s, Shiota has also created works employing dresses, which appear symbolically as "a second skin." [3] A dress without its wearer evokes that person's absence and the absence of a physical body. But like memory etched in the skin, the memory staining the dress cannot be washed away. In *Empty Body*, her new work featured in this exhibition, a white dress hangs suspended in a space flooded with black yarn. This is Shiota's different dimension of space, where life and death are always in confrontation. Drawing viewers in, she conjures up memories and dreams, endeavoring to call the soul from beyond the installation's deep recesses.

Chiharu Shiota
Empty Body / Corpo vuoto
2022
Installazione / Installation
Abiti, pittura, filo nero
/ Dresses, paint, black thread
Courtesy l'artista / the artist
Installation view PAC Padiglione d'Arte Contemporanea, Milano, 2022
Courtesy l'artista / the artist
© Chiharu Shiota, by SIAE 2022
Photo Lorenzo Palmieri

pp. 182-183
Chiharu Shiota
Bathroom / Bagno
1999
Performance
Super VHS video, bianco e nero, sonoro, 3:4 / Super VHS video, black/white, sound, 3:4, 5'10''
Berlino, Germania / Berlin, Germany
Courtesy l'artista / the artist
© CHIHARU SHIOTA, by SIAE 2022

p. 184
Chiharu Shiota
The Key in the Hand
/ La chiave nella mano
2015
Installazione / Installation
Vecchie chiavi, barche di legno, lana rossa / Old keys, wooden boats, red wool
Padiglione del Giappone alla 56a Biennale d'Arte di Venezia / Japan Pavilion at 56th Venice Biennale, Venice, Italy
Photo Sunhi Mang
© CHIHARU SHIOTA, by SIAE 2022

1 "An Interview with Chiharu Shiota by Andrea Jahn", catalogo della mostra / exhibition catalogue for *Chiharu Shiota: The Soul Trembles*, p. 227, Mori Art Museum, 2019.

2 Ibid, p. 300.

3 Ibid, p. 227.

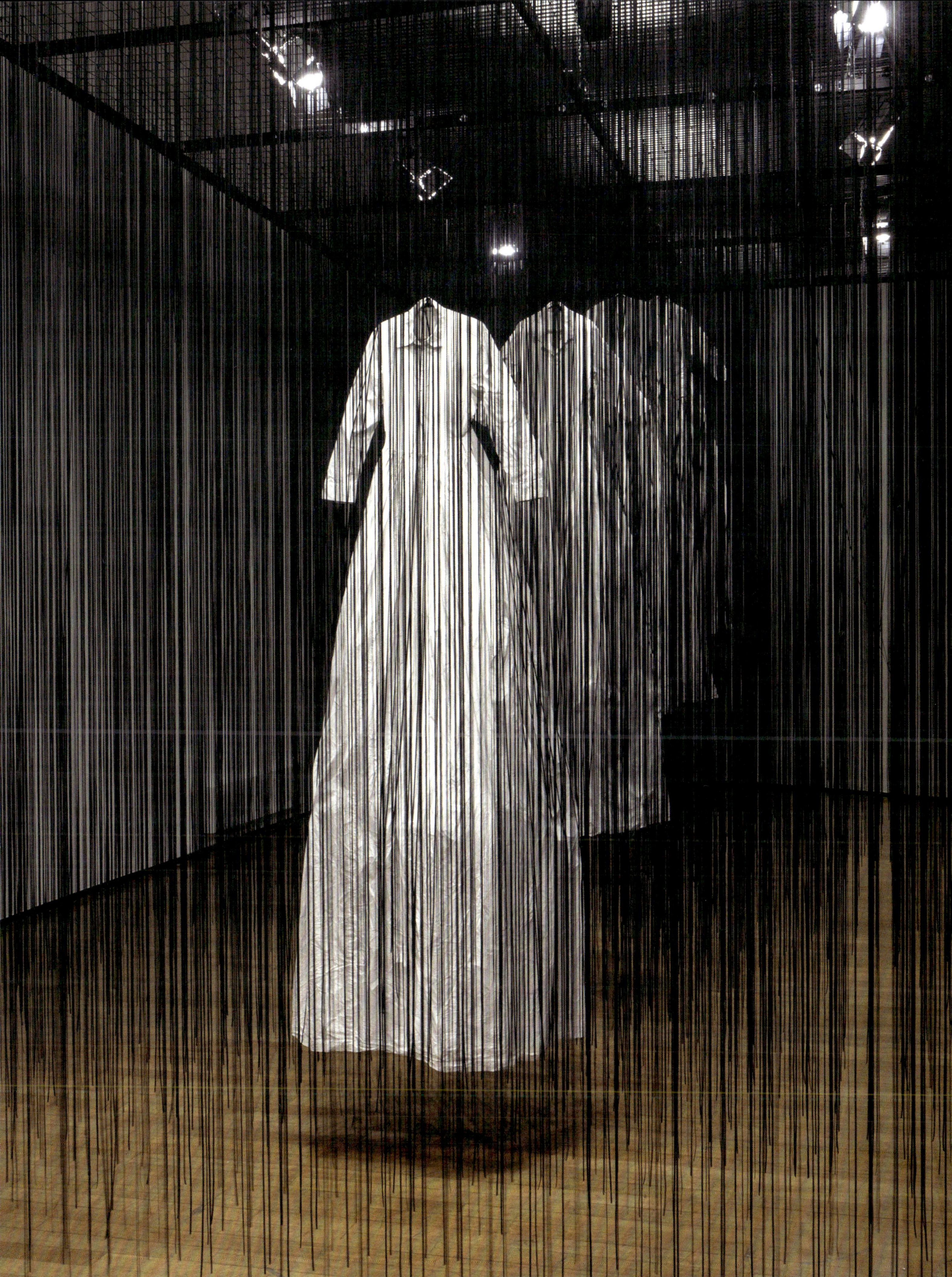

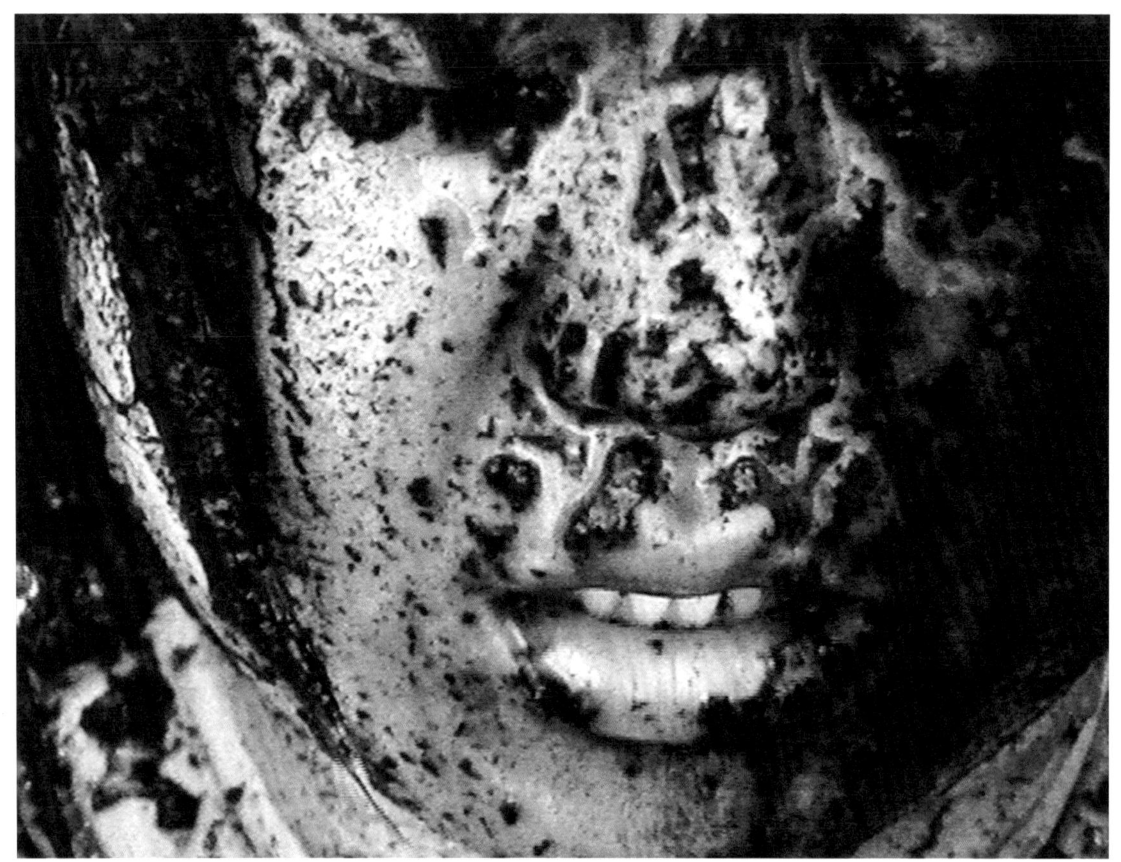

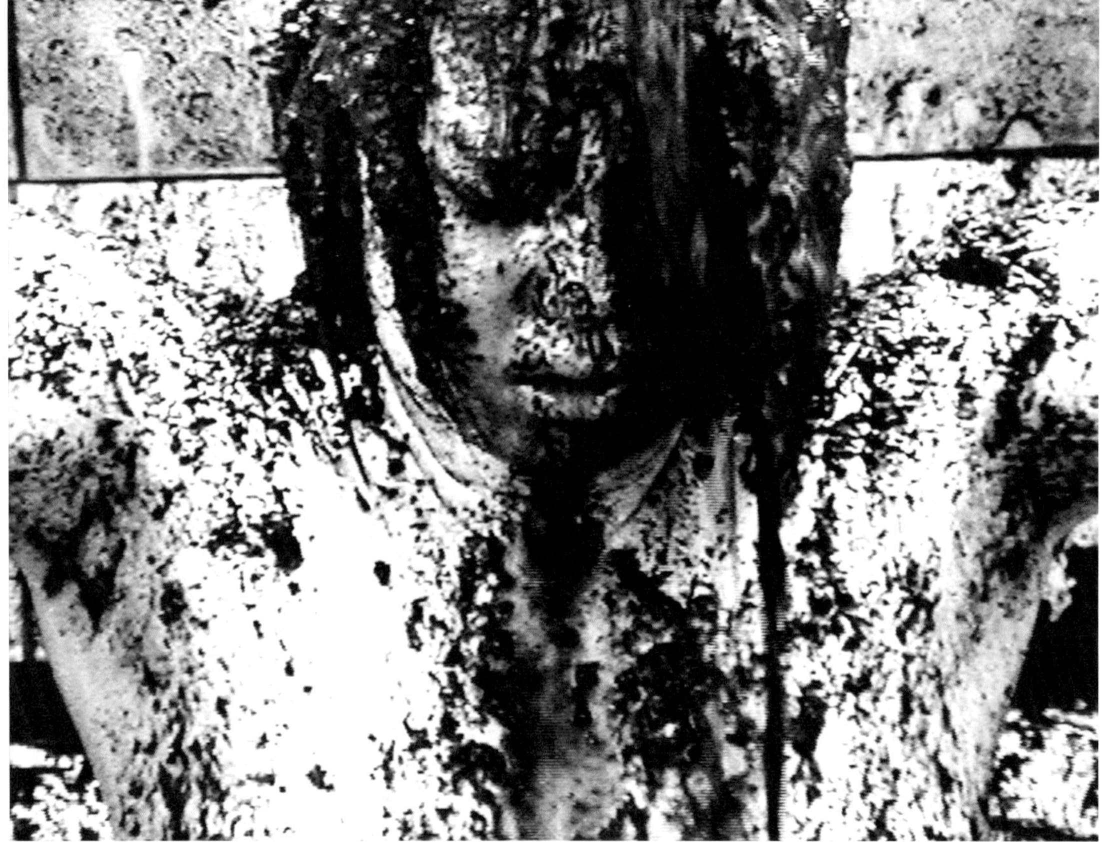

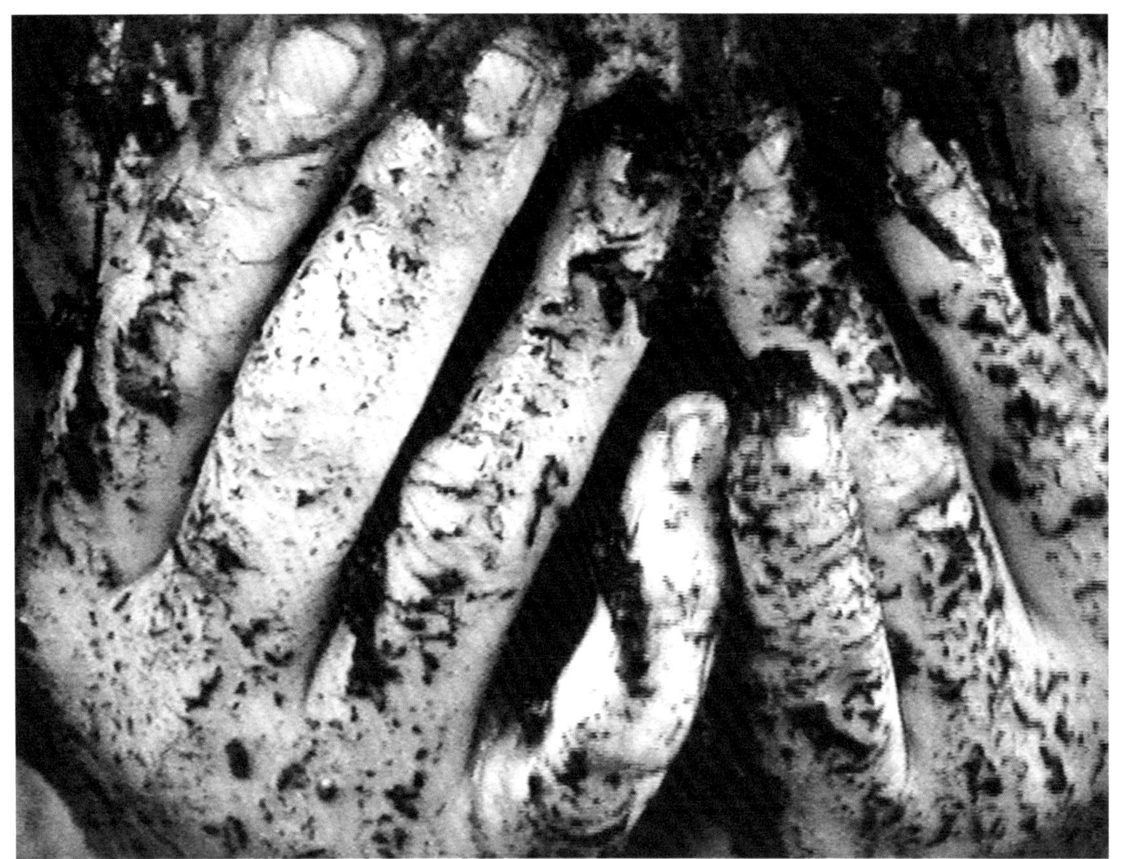

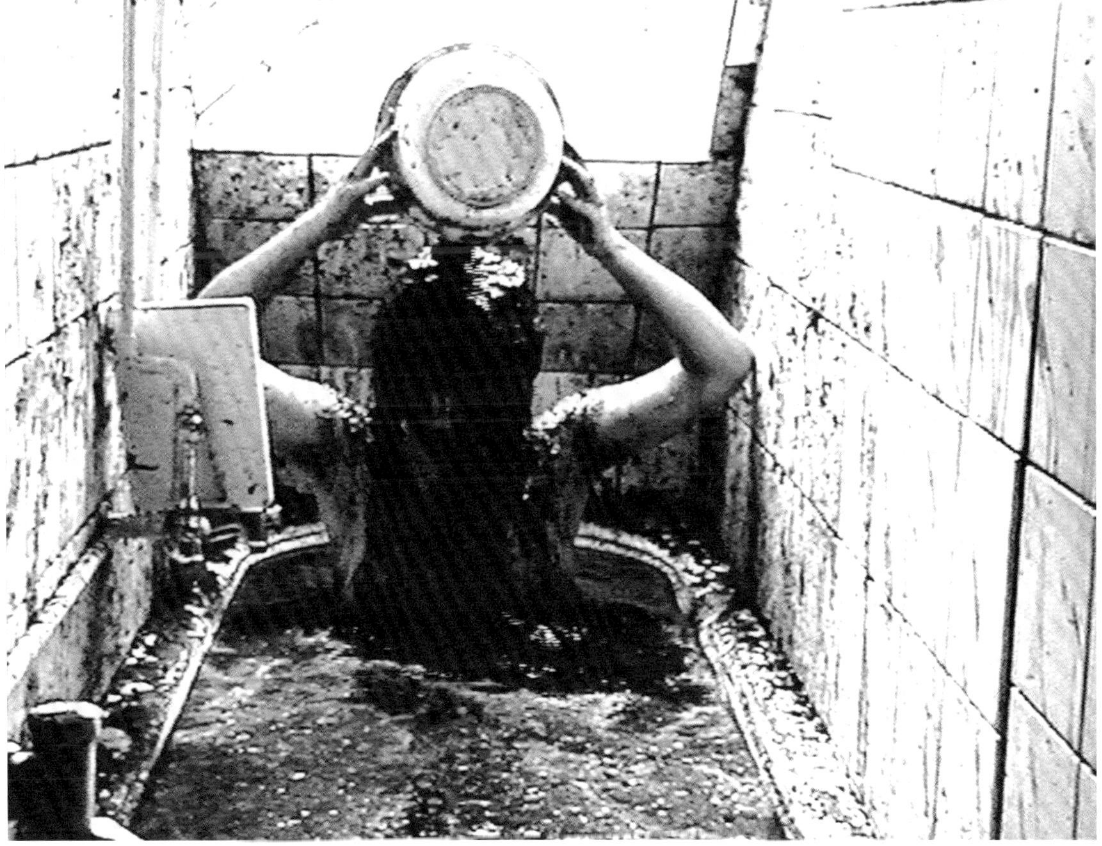

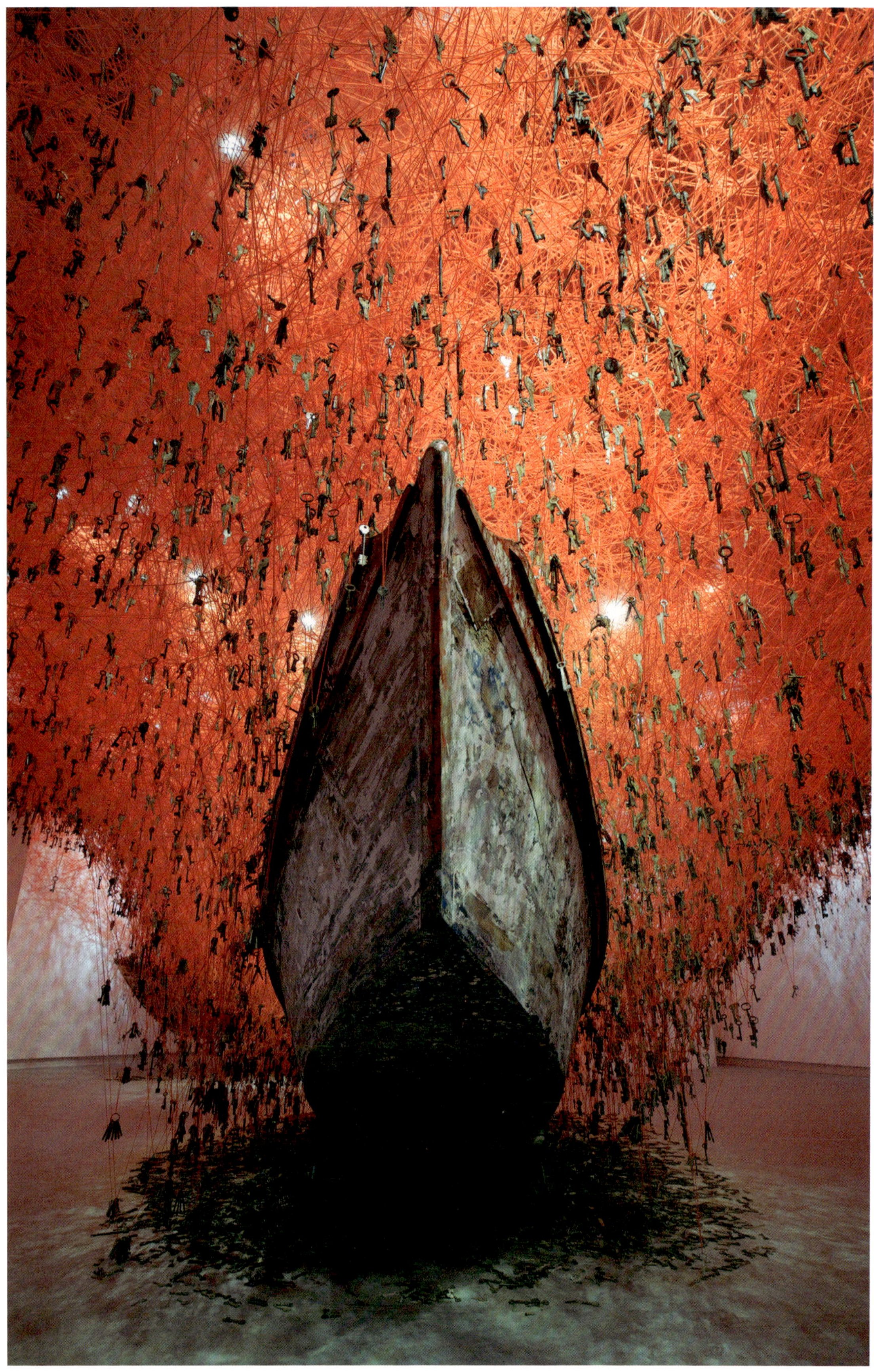

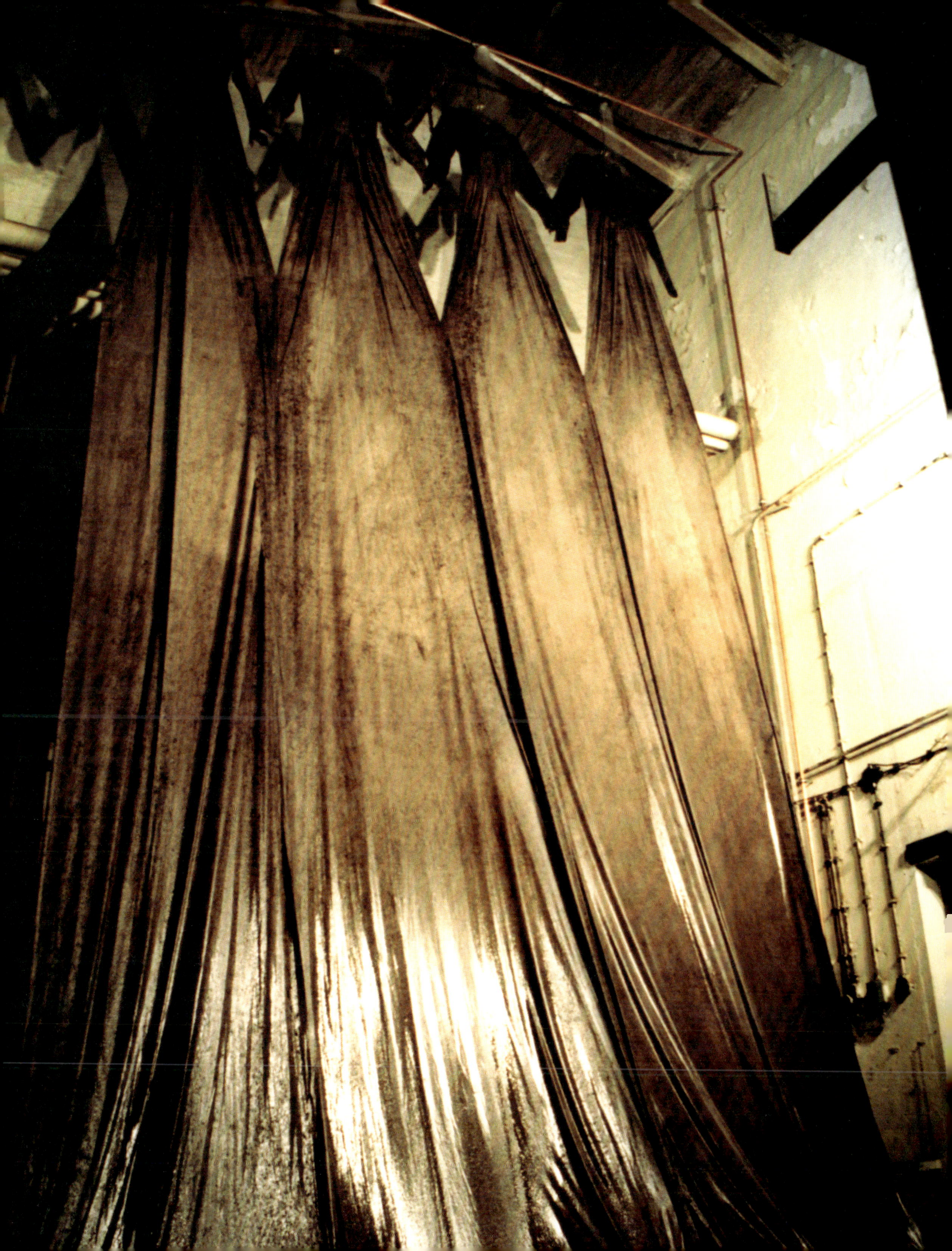

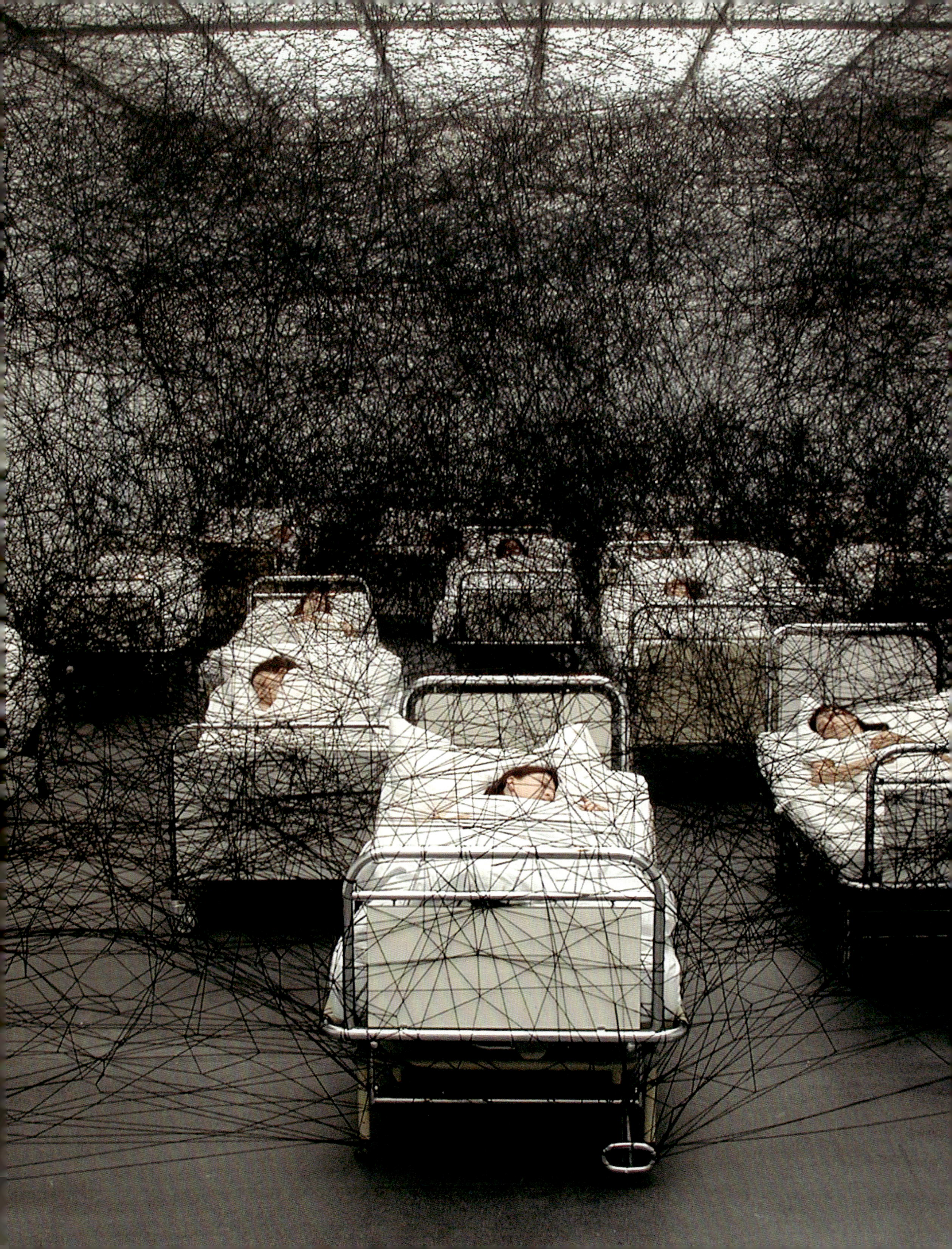

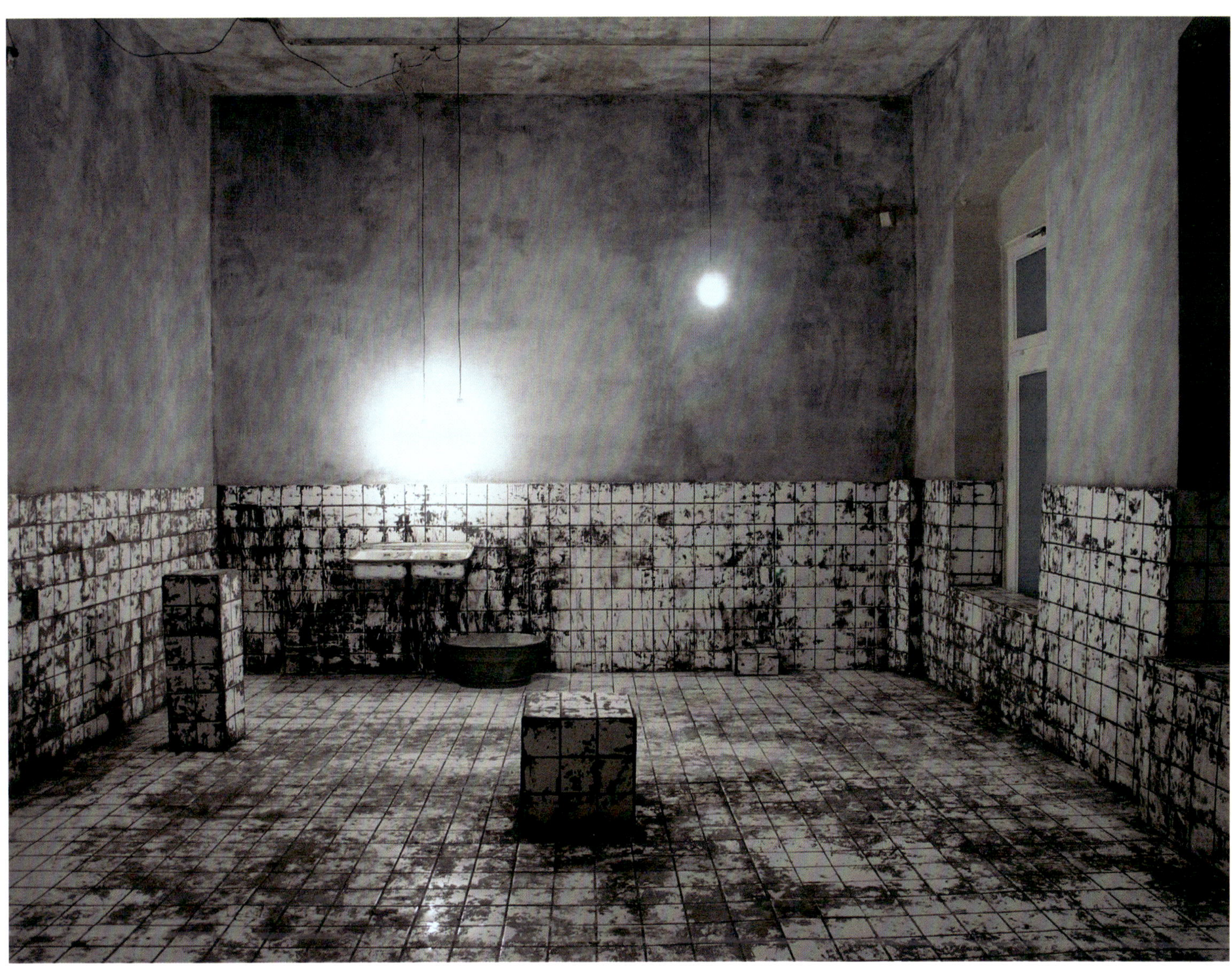

p. 185
Chiharu Shiota
After That / Dopo questo
1999
Installazione / Installation
Abiti, terra, acqua, doccia / Dresses, dirt, water, shower
E-Werk Weimar, Weimar, Germania / Germany
Photo Chiharu Shiota

Chiharu Shiota
During Sleep / Durante il sonno
2002
Performance
Installazione: performer che dormono durante l'opening; letti, lana nera / Installation: performers sleeping during the opening; beds, black wool
Kunstmuseum Luzern, Lucerna, Svizzera / Lucerne, Switzerland
Photo Sunhi Mang

Chiharu Shiota
Closed Daily Life / Vita quotidiana in un ambiente chiuso
2005
Installazione / Installation
Piastrelle bianche, vernice, acqua, cemento, vasca di zinco, lavabo, lampadina / White tiles, paint, water, concrete, zinc tub, washbasin, light bulb
Haus am Lützowplatz, Berlino, Germania / Berlin, Germany
Photo Sunhi Mang

Kazuo Shiraga

Testo / Text by Sachiko Namba
Traduzione / Translation by
Brian Amstutz Communications

Kazuo Shiraga – artista noto per il suo innovativo metodo di pittura che consiste nell'aggrapparsi a una corda dal soffitto e lasciare che i piedi scivolino sul colore sopra una stoffa distesa sul pavimento. Dopo essersi diplomato alla scuola d'arte, Shiraga iniziò a lavorare nella figurazione ma, con il passare del tempo, cominciò a dedicarsi alla produzione di dipinti astratti in uno stile fluido utilizzando spatola e mestichino. Esplorando il fauvismo, l'espressionismo, l'assolutismo e il suprematismo, si diede come missione quella di raggiungere "il limite estremo di una direzione emotiva". [1] Nel 1954 abbandonò il pennello e la spatola e iniziò a dipingere lo stesso motivo usando le dita e le mani. Poi, nell'estate dello stesso anno, inventò il "foot painting": la pittura con i piedi su un supporto steso sul pavimento. L'anno successivo, il 1955, l'artista fu invitato a far parte dell'associazione d'arte Gutai, costituita nella regione del Kansai, nel Giappone occidentale, da Jiro Yoshihara e altri giovani artisti, e in seguito divenne una figura centrale nelle attività del gruppo.

Jiro Yoshihara proibì ai membri del collettivo di dare titoli alle loro opere, non apprezzando l'idea di creare un'opera su un particolare soggetto da vedere in quel contesto. Nel 1958, tuttavia, Shiraga stipulò un contratto con il critico d'arte francese Michel Tapié impegnandosi a mandare opere alla Galerie Stadler di Parigi. Avendo bisogno di uno strumento per identificare i singoli dipinti, iniziò a chiamare le proprie opere con i nomi degli eroi guerrieri del suo libro preferito, il romanzo cinese *Margine dell'acqua*. La sua *Water Margin Hero Series* è costituita da centosei opere dipinte nei sei anni che vanno dal 1959 al 1965, più altre due aggiunte nel 2001 per un totale di centootto opere, una delle quali viene presentata in questa mostra.

Secondo Shoichi Hirai, i lavori di action painting di Shiraga non sono opere automatiche, dipinte scivolando sulla tela sopprimendo il controllo cosciente. Piuttosto, Shiraga raggiunge uno stile in cui "l'immagine si evolve all'interno della reciproca resistenza fra mente subconscia e conscia". [2] Questo stile appare molto evidente nella *Water Margin Hero Series*, che grazie alla padronanza del colore, alla forte vitalità e alla tensione carica di energia che la contraddistinguono è il suo lavoro più importante.

Kazuo Shiraga—an artist known for his novel method of painting by clinging to a rope from the ceiling and letting his feet glide on paint on a cloth on the floor. On graduating from art college, Shiraga began working in figuration but, in time, turned to producing abstract paintings in a fluid style using a spatula and palette knife. Exploring Fauvism, Expressionism, Absolutism, and Suprematism, he made it his mission to reach "the farthest end of an emotional direction." [1] In 1954, he gave up his paintbrush and palette knife and began painting the same pattern using his fingers and hands. Then, in summer that year, he came up with "foot painting": painting with his feet on a support spread on the floor. In the following year, 1955, he was invited to join the Gutai Art Association (Gutai), formed in the Kansai region of western Japan by Jiro Yoshihara and other young artists, and thereafter became a central figure in Gutai's activities.

Jiro Yoshihara forbade members from giving titles to their work, disliking the idea of creating a work on a particular subject for viewing in that context. In 1958, however, Shiraga contracted with French art critic Michel Tapié to send artworks to Galerie Stadler in Paris. Needing a means of identifying individual paintings, he began naming his works after warrior heroes in his favorite book, the Chinese novel *Water Margin*. His *Water Margin Hero Series* consisted of 106 works painted in the six years from 1959 to 1965, plus two more added in 2001 for total 108, one of which appears in this exhibition.

According to Shoichi Hirai, Shiraga's action paintings were not works of Automatism, painted by gliding over the canvas while suppressing conscious control. Rather, Shiraga achieved a style in which "the picture evolves within mutual resistance between the subconscious and conscious mind." [2] This style appears most clearly in the *Water Margin Hero Series*, whose command of colour, strong vitality, and energy-charged tension makes it his most important work.

Kazuo Shiraga
Chishinsei Shutsudoko
1960
Olio su stoffa / Oil on cloth
161,5×130,5 cm
Collection of Ashiya City Museum of Art and History
©Estate of Kazuo Shiraga
Image courtesy of Ashiya City Museum of Art and History

pp. 190-191
Kazuo Shiraga
Challenging Mud / Sfidando il fango
1955
Dipinto performativo / Performative painting
Courtesy Nakanoshima Museum of Art, Osaka / DNPartcom

1 Hirai, Shoichi, "On Shiraga Kazuo's Water Margin Hero series," *Shiraga Kazuo: The Water Margin Hero Series*, Amagasaki Cultural Foundation, 2018, p. 25.

2 Ibid., p. 26.

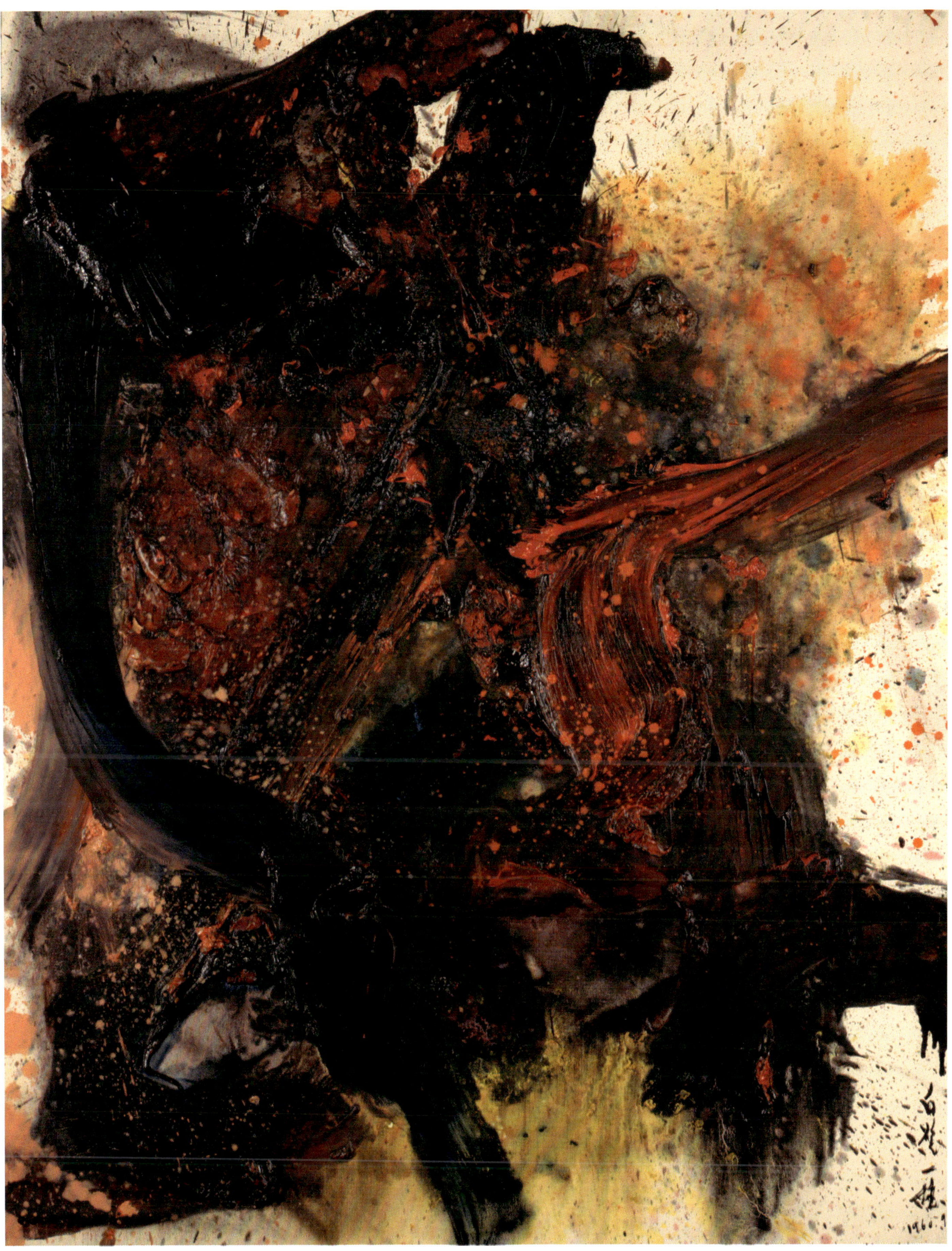

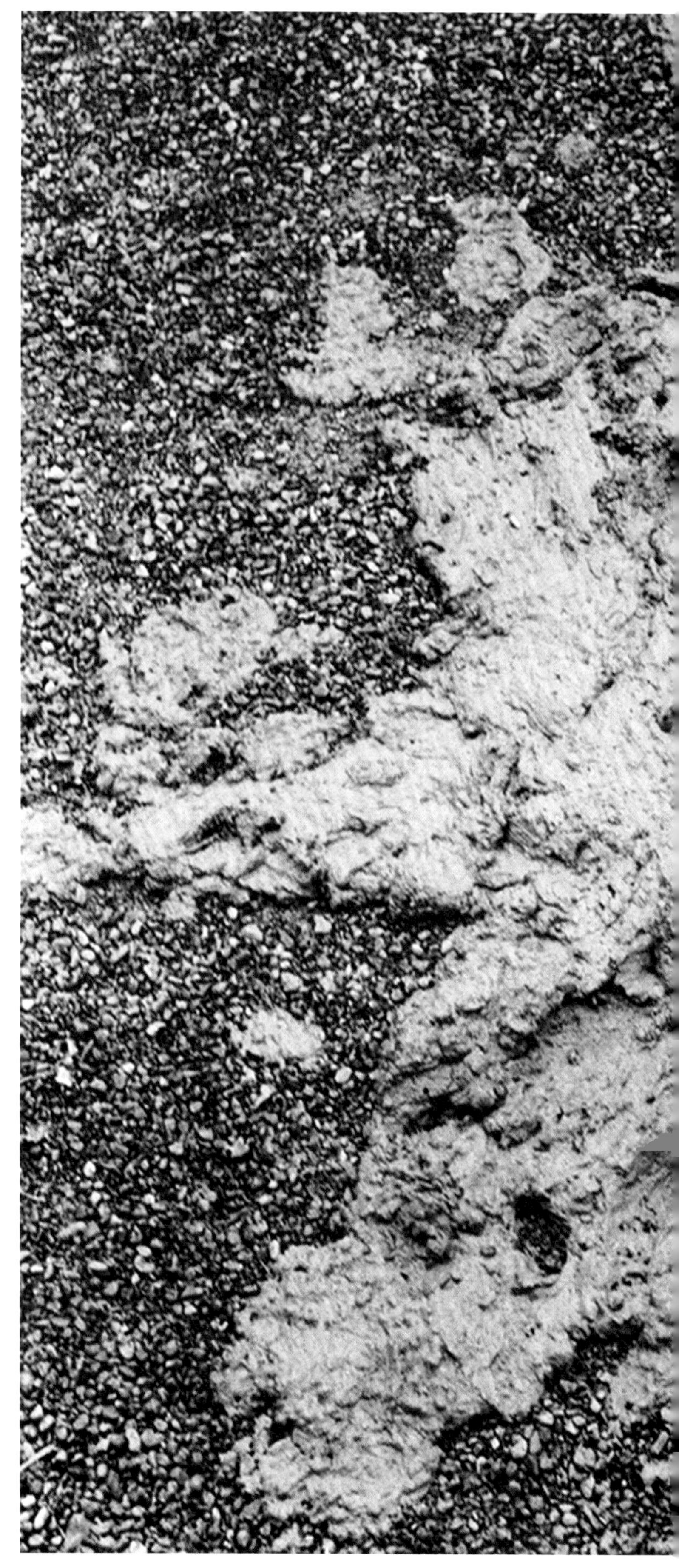

Kazuo Shiraga
Challenging Mud / Sfidando il fango
1955
Dipinto performativo
/ Performative painting
Courtesy Nakanoshima Museum of Art, Osaka / DNPartcom

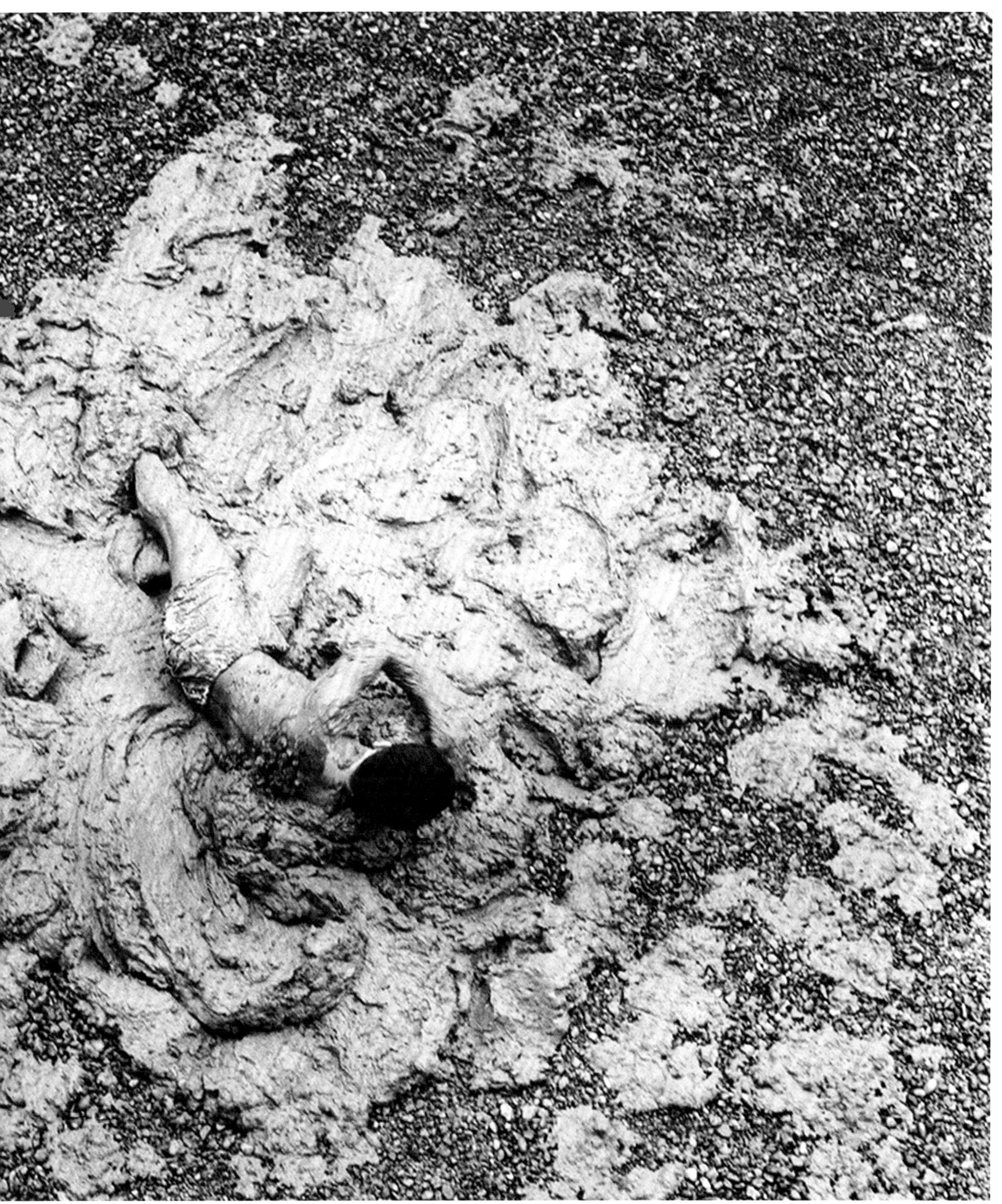

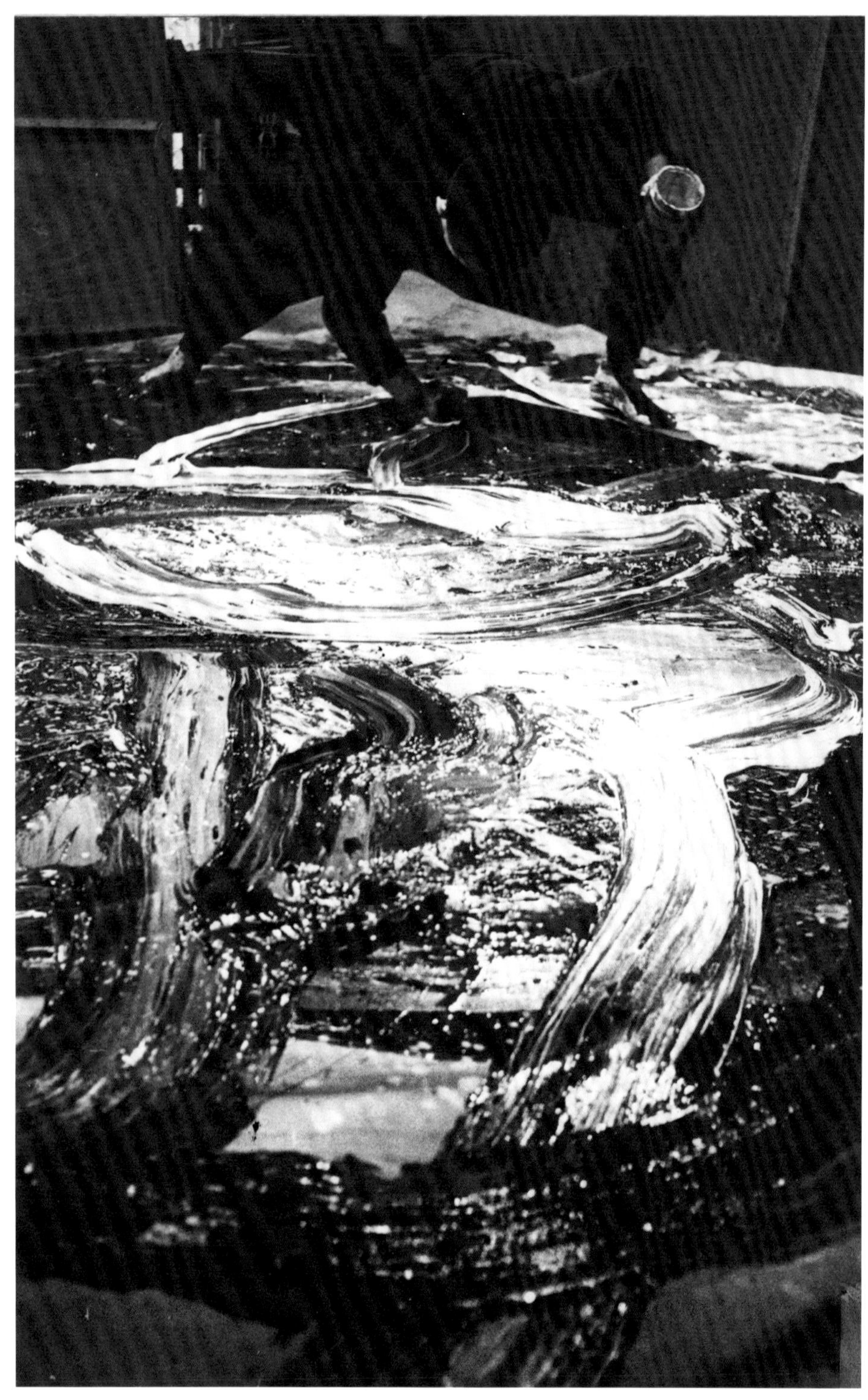

Kazuo Shiraga nel suo studio
/ Kazuo Shiraga in his studio
Fine anni Sessanta circa
/ Around late 1960s
Courtesy Amagasaki Cultural
Foundation

Kazuo Shiraga nel suo studio
/ Kazuo Shiraga in his studio
Fine anni Cinquanta – inizio anni
Sessanta / Late 1950s to early 1960s
Courtesy Amagasaki Cultural
Foundation

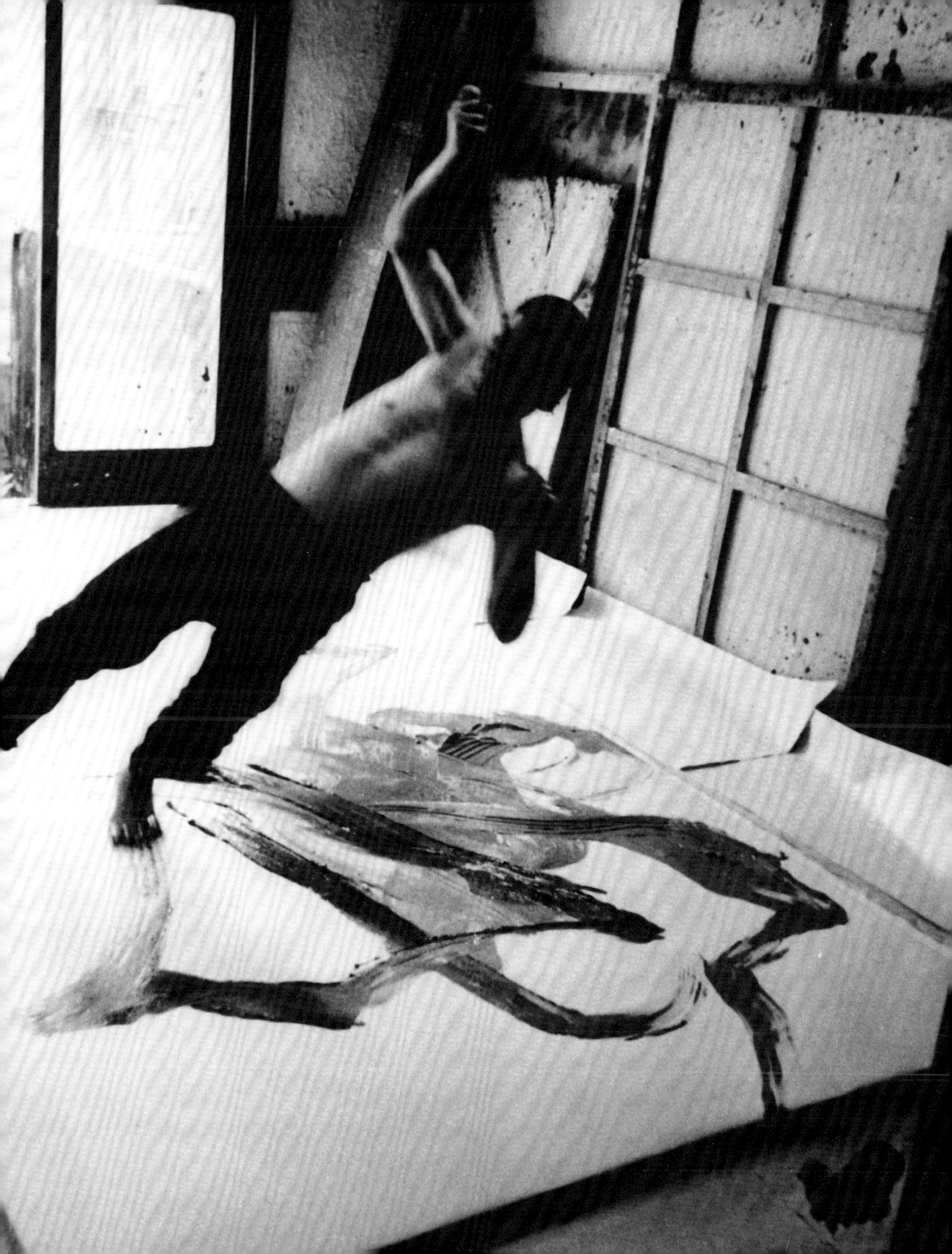

Kishio Suga

Testo / Text by Naoko Horiuchi
Traduzione / Translation by
Jaime Humphreys

Una delle figure chiave del movimento artistico Mono-ha, attivo tra gli anni Sessanta e i primi anni Settanta del secolo scorso, Kishio Suga è un artista riconosciuto a livello internazionale che ha rappresentato il Giappone alla 38a Biennale di Venezia nel 1978. Ha presentato le sue opere in numerose esposizioni e musei internazionali, fra cui la mostra personale *Situations* al Pirelli HangarBicocca di Milano nel 2016.

Gli artisti del movimento Mono-ha ("Scuola delle cose") si sforzavano di stabilire relazioni fra le *mono* ("cose") presentando materiali naturali come pietra, legno e terra, e oggetti artificiali come acciaio e cemento non lavorati e privi di ulteriori manipolazioni. Anche se il movimento ha caratteristiche diverse da quelle della Earthworks e della Land Art americana ed europea e dell'Arte Povera italiana fra i vari movimenti degli anni Sessanta, vi si può scorgere una filosofia che risuona come un modo di esprimersi comune all'epoca. Pur essendo attento a queste tendenze fin dagli anni Sessanta, Suga ha continuato anche a indagare in modo originale il rapporto tra oggetti, spazio e ambiente. Questo atteggiamento è stato costante per più di mezzo secolo, come nella sua prima opera *Diagonal Phase* (1969), in cui Suga esprime un modo di rapportarsi alle cose che sono stabilite in conseguenza della loro materialità, aggiungendo azioni quasi impercettibili a pezzi di legno, pietre e altri materiali, e nell'installazione *Law of Situation* (1971), in cui dieci pietre vengono collocate su una tavola di plastica che galleggia sulla superficie dell'acqua. Secondo Suga, rivelando le rispettive territorialità di aria, acqua e terra, egli "rende visibile" il sistema, la sostanzialità e l'idea di fondo dell'opera che media gli "spazi" in mezzo. 1

Negli ultimi anni ha continuato a cercare un rapporto universale con lo spazio e l'ambiente attraverso la sua espressione, come in *Scenic Units* (2021), dove dei blocchi di cemento sono disposti in forma rettangolare nello spazio espositivo per accentuare il rapporto e la dissomiglianza tra l'opera e il sito.

One of the key figures of the Mono-ha art movement that was active from the 1960s to the early 1970s, Kishio Suga is an internationally recognized artist who represented Japan at the 38th Venice Biennale in 1978. He has exhibited his works at numerous international exhibitions and museums, including the solo exhibition *Situations* at Pirelli HangarBicocca in Milan in 2016.

Artists of the Mono-ha ("School of things") movement attempted to establish relationships with *mono* ("things") by presenting natural materials such as stone, wood and soil, and artificial objects such as steel and cement in an unprocessed state without further manipulation. While the movement bears characteristics that differ from those of Earthworks and Land Art in the USA and Europe, and Arte Povera in Italy among other movements in the 1960s, one can discern a philosophy that resonates as an expression fostered in the same era. While attentive to such trends since the 1960s, Suga has also continued to examine the relationship between objects, space and the environment in an original manner. This attitude has been consistent for more than half a century, as in his early work *Diagonal Phase* (1969), in which he expresses a way of relating to things that are established as a result of their materiality, by adding almost imperceptible actions to pieces of wood, stones and other materials, and the installation *Law of Situation* (1971), in which ten stones are placed on a plastic board floating on the surface of water. According to Suga, by revealing the respective territorialities of air, water, and soil, he "makes visible" the system, substantiality, and underlying idea of the work that mediates the "spaces" between. 1

In recent years, he has continued to search for a universal relationship with space and the environment through his expression, as in *Scenic Units* (2021), where concrete blocks are arranged in a rectangular form in the exhibition space to accentuate the relationship and dissimilarity between the work and the site.

Kishio Suga
Jou-en / Edges of Site / Jou-en / Margini dell'area
2020–2022
Installation view PAC Padiglione d'Arte Contemporanea, Milano, 2022
Courtesy l'artista / the artist
Photo Lorenzo Palmieri

1 Sito web di Kishio Suga, *Ryoiki no Atsumi* (La profondità/Lo spessore dei territori), saggio di Kishio Suga originariamente pubblicato in *Co-Lab Art*, No. 5, Special Issue 1 (in giapponese): *Korekara no "Sengo Nihon no Gendai Bijutsu"* (Il futuro dell''arte contemporanea nel Giappone del dopoguerra'), 1996, ultimo accesso 27 luglio 2022 / Kishio Suga website, *Ryoiki no Atsumi* (The Depth/Thickness of Territories), an essay by Kishio Suga originally published in *Co-Lab Art*, No. 5, Special Issue 1 (Japanese): *Korekara no "Sengo Nihon no Gendai Bijutsu"* (The Future of 'Contemporary Art in Postwar Japan'), 1996, accesssed July 27, 2022, https://static1.squarespace.com/static/59306e3829687fbb733819d1/t/5a3cb10471c10b9c1adf2e55/1513926917055/1996_%E9%A0%98%E5%9F%9F%E3%81%AE%E5%8E%9A%E3%81%BF.pdf

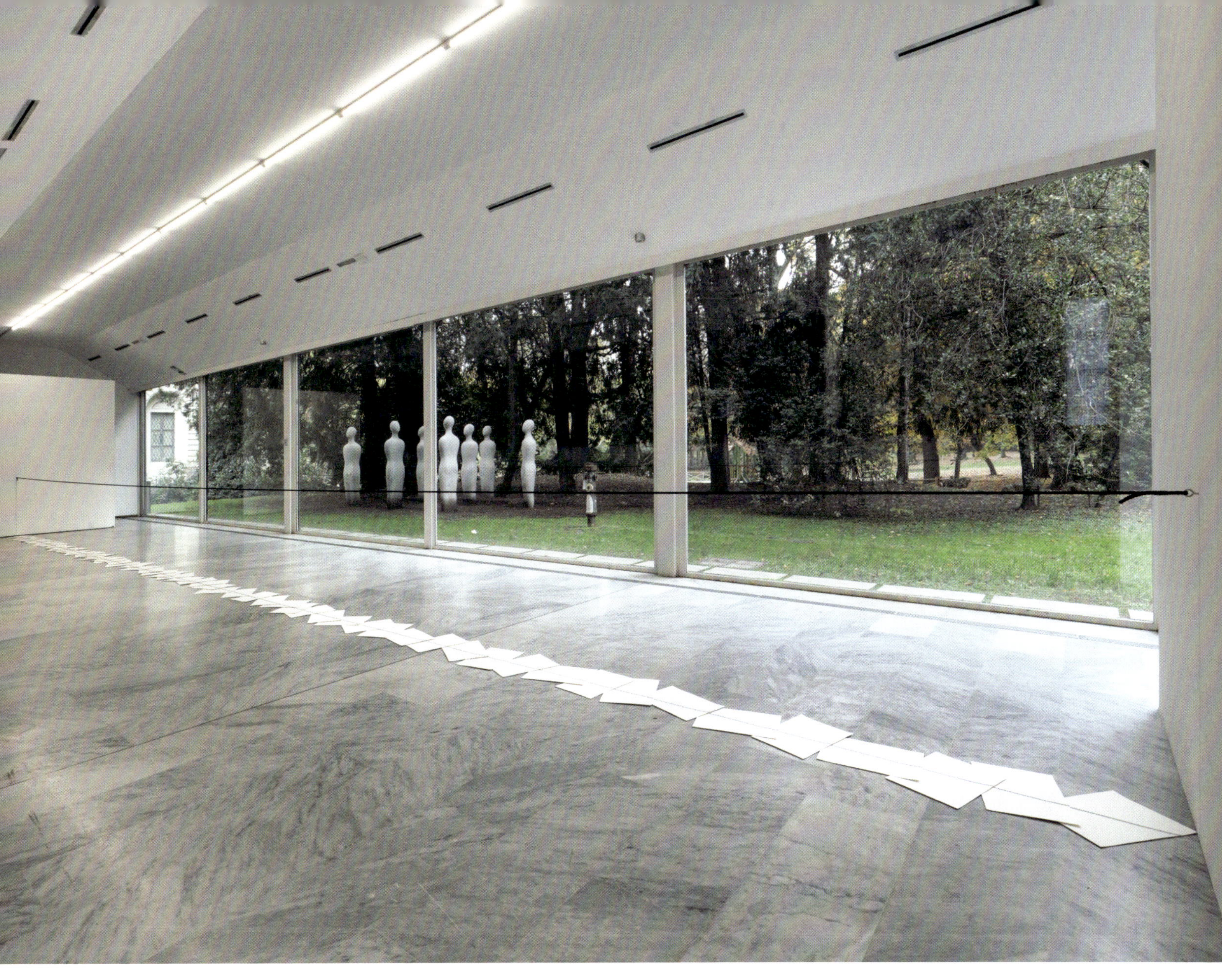

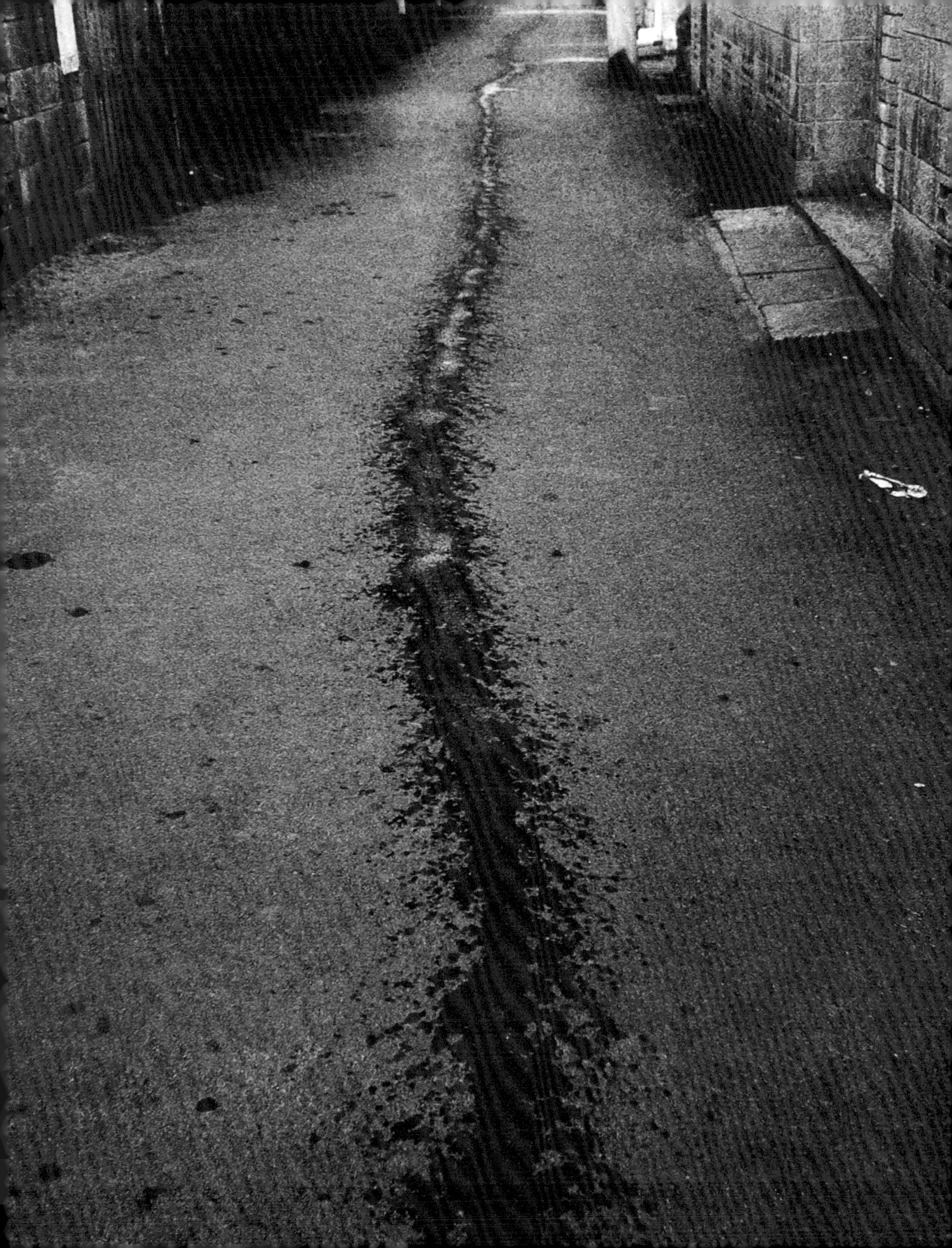

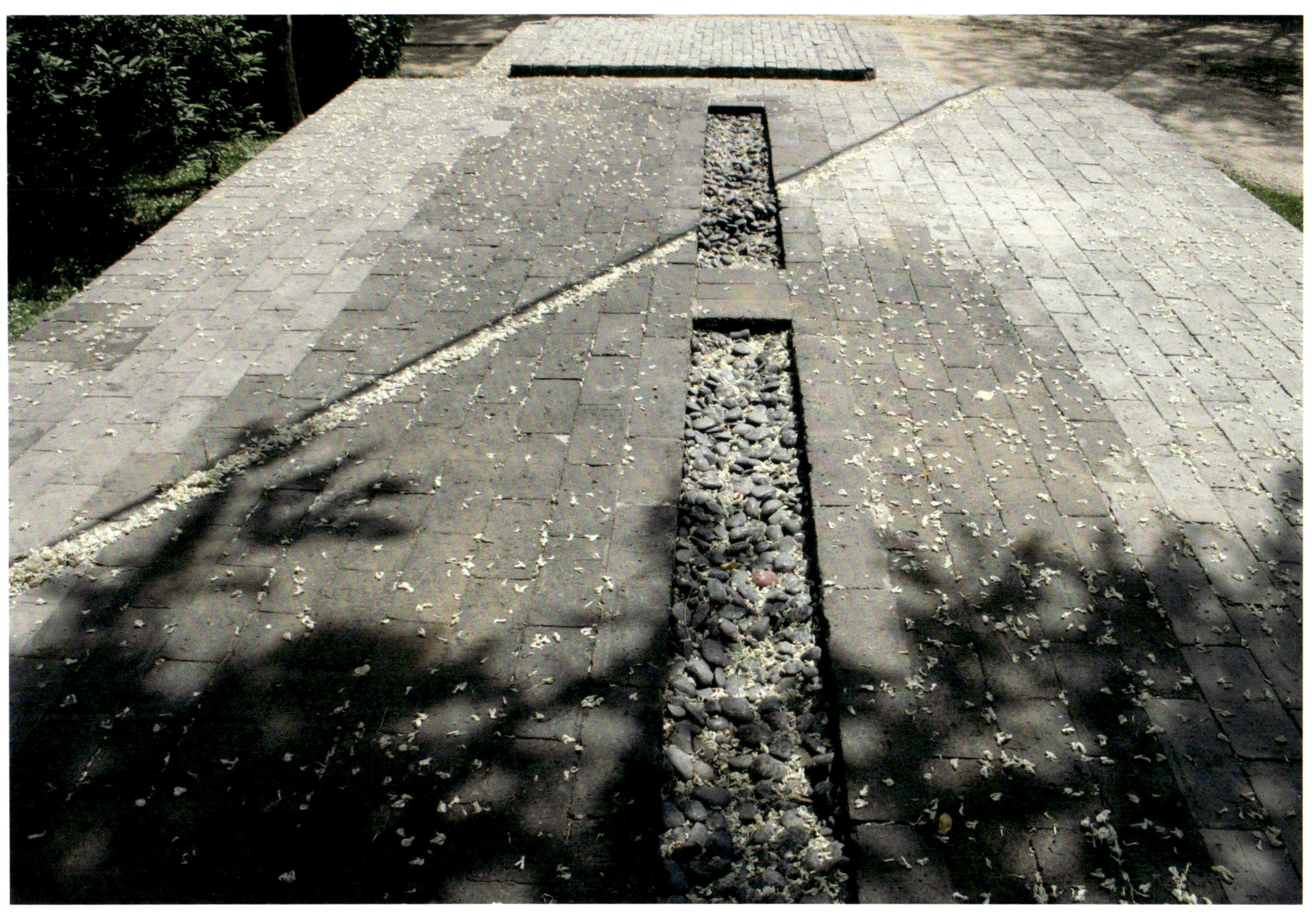

Kishio Suga
Condition of Perception
/ Condizione della percezione
1970/2006
90×64 cm
Stampa alla gelatina d'argento
/ Gelatin silver print
Courtesy Tomio Koyama Gallery
©Kishio Suga

Kishio Suga
Reflection of Light, Fallen Blossoms
/ Riflesso di luce, Fiori caduti
2007
Activation at BTAP, Beijing
©Kishio Suga
Photo Tsuyoshi Satoh

pp. 198-199
Kishio Suga
Emerging Space Amidst Branches
/ Spazio che emerge in mezzo ai rami
1978/2013
185×471×375 cm
Legno, lamiera zincata colorata
/ Wood, coloured galvanized iron plate
Courtesy Tomio Koyama Gallery
©Kishio Suga
Photo by Kenji Takahashi

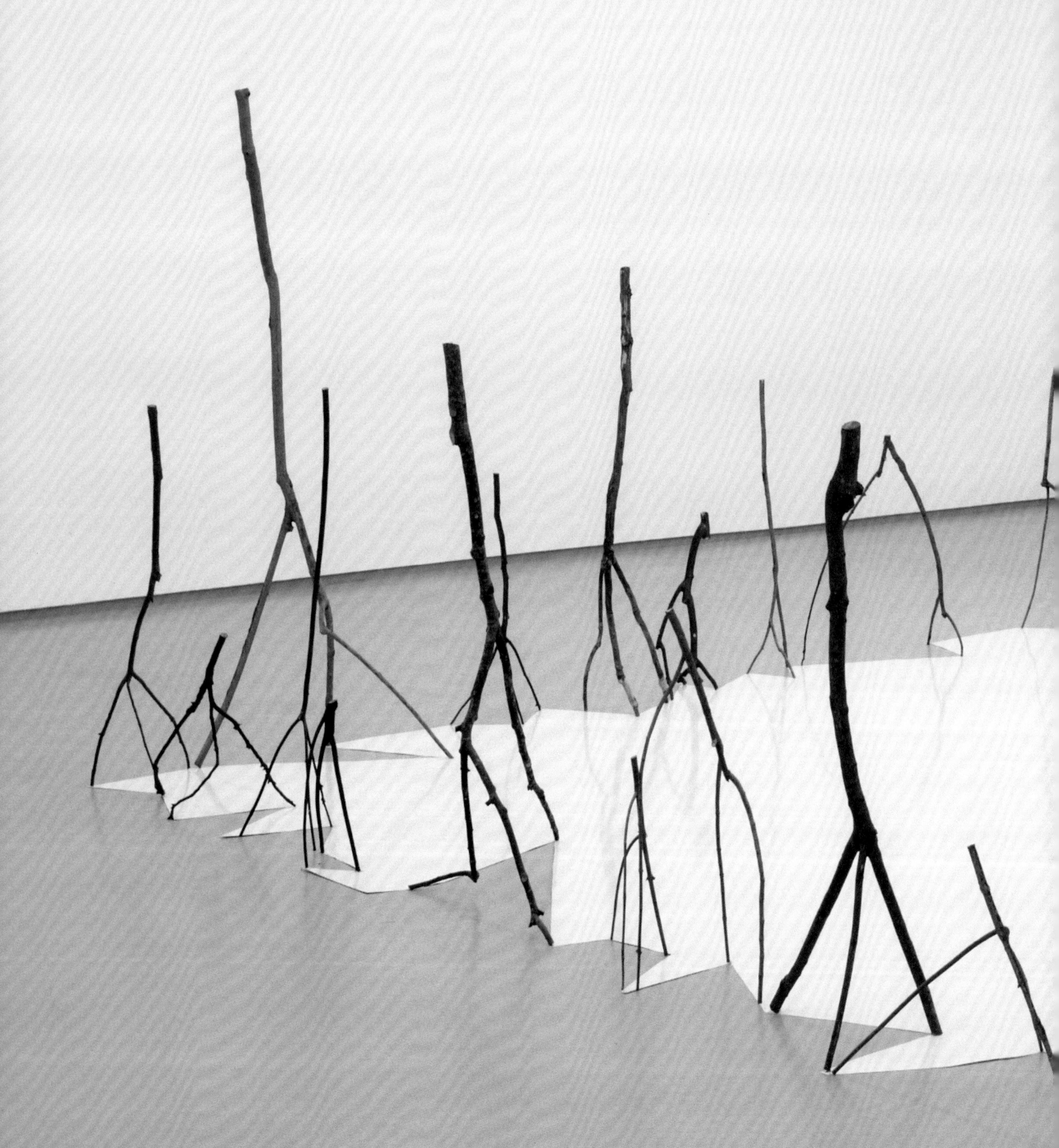

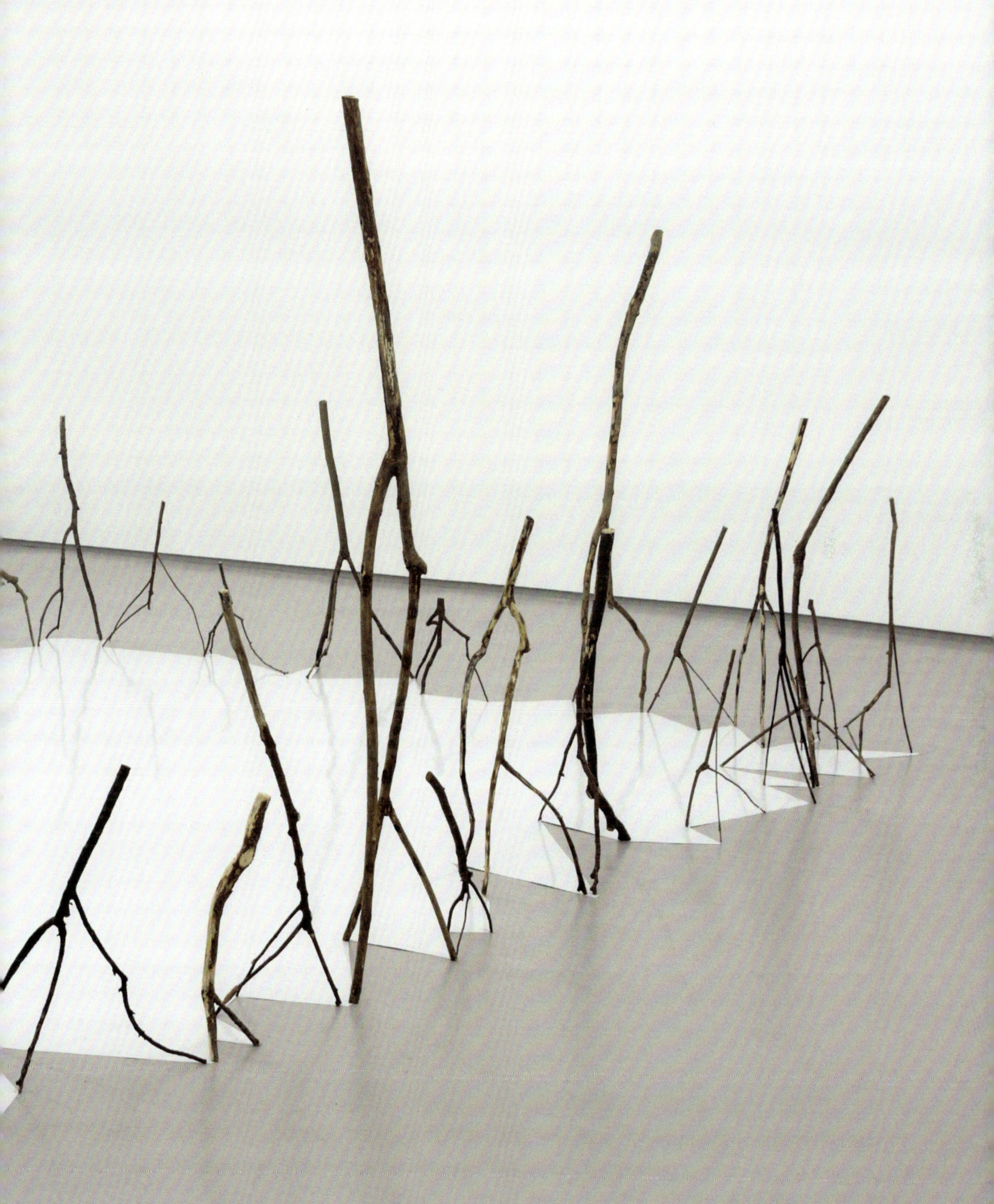

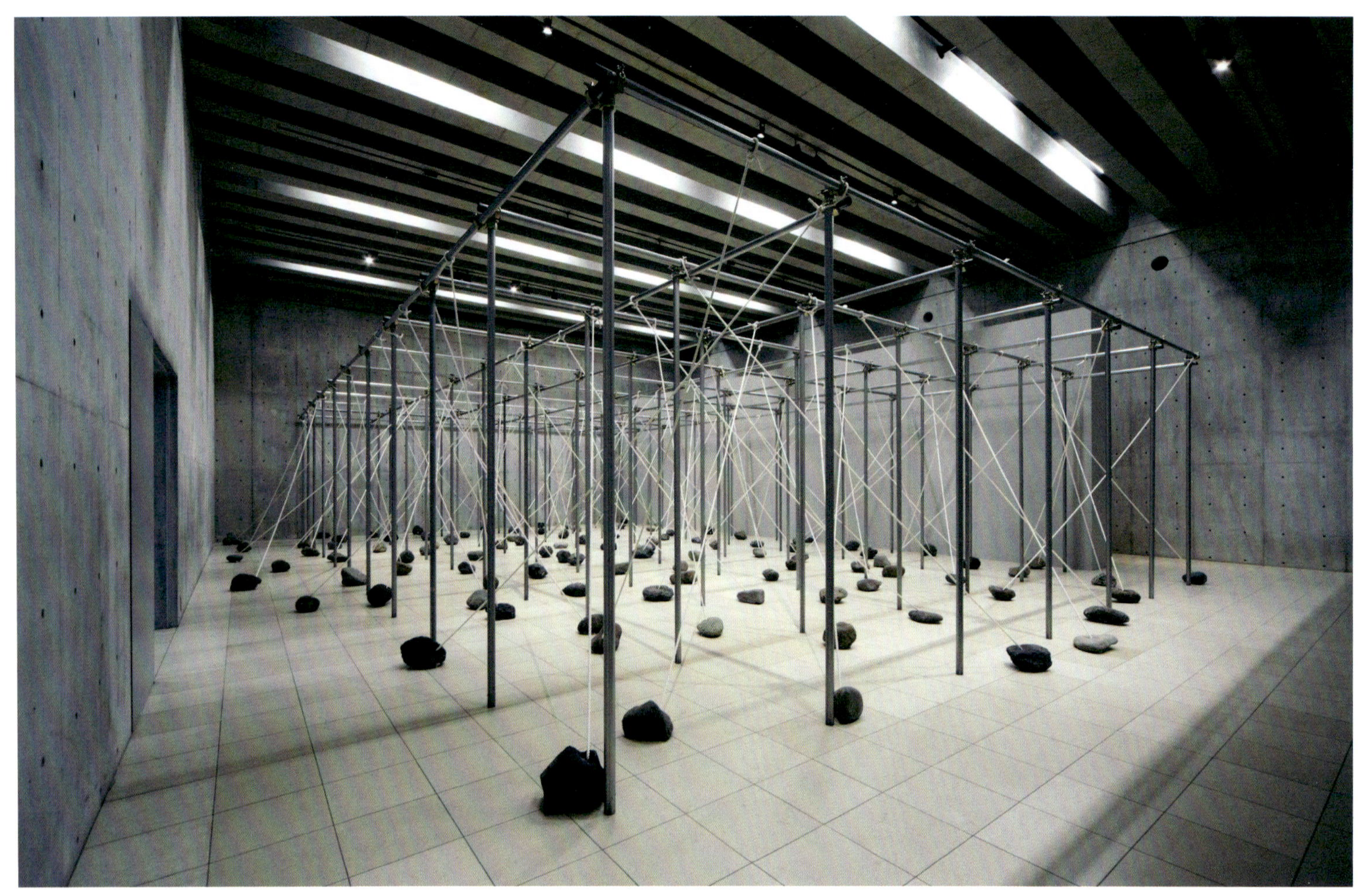

Kishio Suga
Law of Peripheral Units
/ Legge delle unità periferiche
1997-2014
Installation view Vangi Sculpture
Garden Museum, 2014
Courtesy Tomio Koyama Gallery

Photo Kenji Takahashi

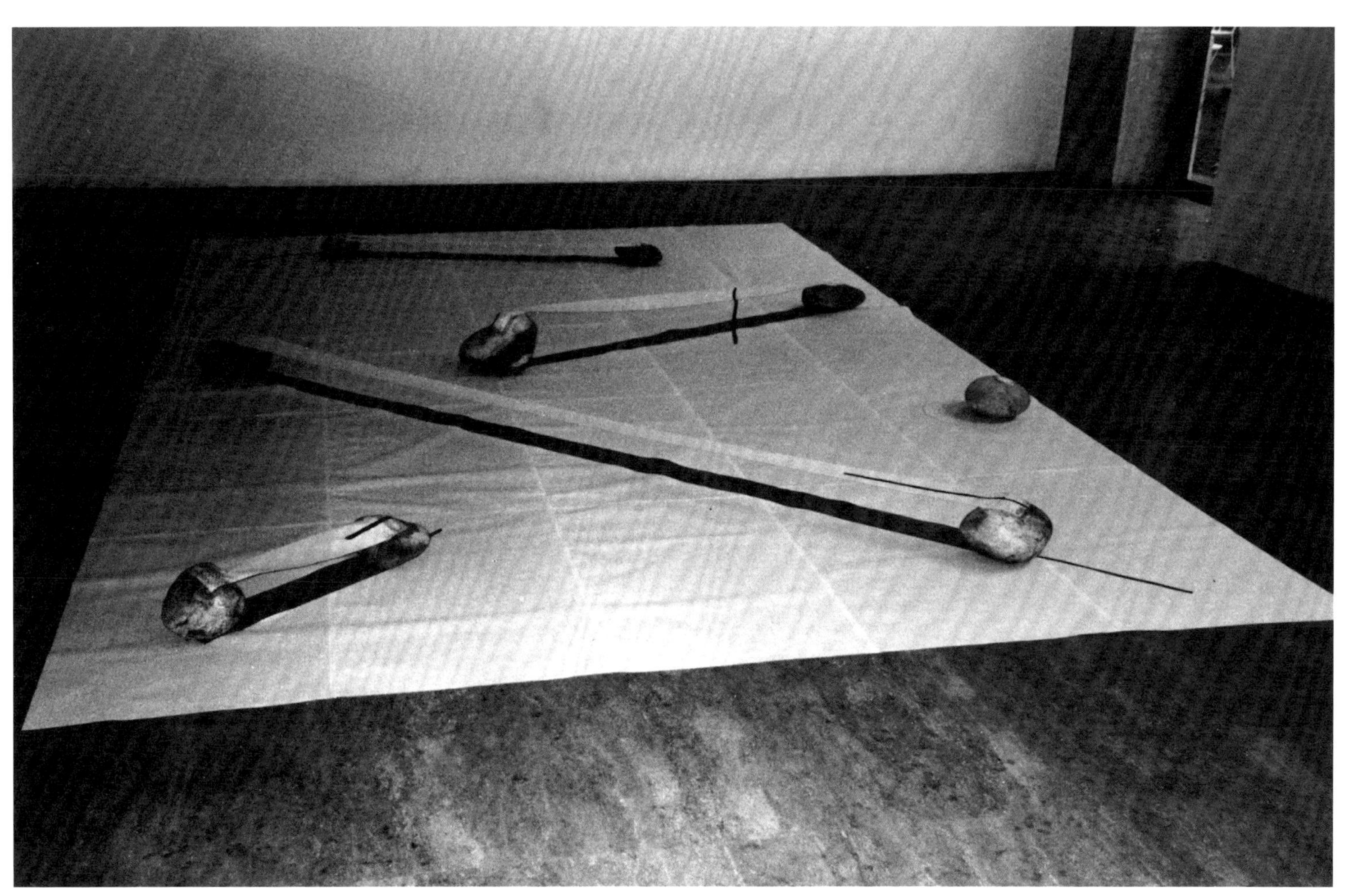

Kishio Suga
Spatial Condition
/ Condizione dello spazio
1985
Installation view da / from
Construction in Japanese Paper,
Halle Sud, Ginevra / Geneva, 1985
Courtesy Tomio Koyama Gallery

Photo Kishio Suga

Atsuko Tanaka

Testo / Text by Sachiko Namba
Traduzione / Translation by
Brian Amstutz Communications

Presentata per la prima volta nel 1956, *Electric Dress* è un'opera iconica che è diventata sinonimo di Atsuko Tanaka. Costituita da cento luci neon e da novanta lampadine dipinte in nove colori di vernice vinilica, il vestito ricopriva il corpo dell'artista dalla testa ai piedi. È un'opera che ancora oggi suscita una forte impressione di novità e provocazione. L'anno successivo, in occasione del "Gutai Art on the Stage", Tanaka presentò la performance *Stage Clothes*, che comprendeva *Electric Dress* insieme ad altre opere sul tema dell'abbigliamento precedenti ad *Electric Dress*, inclusa la sua performance in un abito trasformabile dotato di parti rapidamente rimovibili che rivelavano forme e colori diversi.

Nei disegni realizzati da Tanaka per la creazione di Electric Dress vi sono cerchi e rettangoli a indicare lampadine e luci al neon, e linee a indicare i fili elettrici. Ma i disegni sono più di semplici schemi elettrici. In essi possiamo scorgere la germinazione delle sue successive composizioni colorate fatte di cerchi e linee, dipinte su una tela distesa sul pavimento usando la vernice vinilica ad asciugatura rapida impiegata in *Electric Dress*. In questi ultimi dipinti, i cerchi sono uniti da linee serpeggianti che vanno in tutte le direzioni. La vernice altamente fluida si intrecciava con i movimenti fisici di Tanaka, fissandosi rapidamente sulla tela.

La mostra presenta le opere del primo periodo di Tanaka dipinte nel 1957 e nel 1960 quando iniziò a usare la vernice vinilica. Intorno al 1960, Tanaka realizzò numerose opere composte da piccoli cerchi dipinti in modo uniforme su tutta la tela e da linee che li uniscono. Dopo l'allontanamento dal Gutai nel 1965, la dimensione dei cerchi e lo spessore delle sue linee varia, vengono introdotti i cerchi concentrici, e le linee si intrecciano in modi più complessi. Eppure, per quanto intervengano questi e altri cambiamenti, i cerchi e le linee rimasero i principali elementi compositivi di tutte le opere di Tanaka. Come sottolinea Mizuho Kato, i suoi caratteristici cerchi e linee puntavano a instillare nei dipinti la "trasformazione priva di logica guida" [1] esibita dall'artista nei summenzionati capi di abbigliamento di scena. Quando dipingeva, il suo corpo interveniva, trasformando in modo continuo e irregolare l'opera per rappresentarla come una "estensione della pelle dell'artista". [2]

First presented in 1956, *Electric Dress* is an iconic work synonymous with the name Atsuko Tanaka. Composed of some 100 tube lights and 90 lightbulbs painted in 9 colours of vinyl paint, the dress covered her body head to toe. It is a work that even now strikes a fresh and provocative impression. In the following year, at "Gutai Art on the Stage," Tanaka presented the performance piece *Stage Clothes*. It encapsulated *Electric Dress* along with works of clothing theme she had conceived prior to *Electric Dress*, including her performance in a transformable dress with rapidly removable parts revealing different shapes and colours.

Drawings made by Tanaka for the creation of Electric Dress show circles and rectangles suggestive of electric bulbs and tubes, and lines suggestive of cords. But the drawings transcend mere wiring diagrams. We can see in them the germination of her later colorful compositions of circles and lines, painted on a canvas on the floor using the fast-drying vinyl paint she employed in *Electric Dress*. In these later paintings, the circles are joined by snaking lines running in all directions. The highly fluid paint interlocked with Tanaka's physical movements, setting quickly on the canvas.

This exhibition features early-period works painted by Tanaka in 1957 and 1960 when she began using vinyl paint. Around 1960, she produced numerous works composed of small circles painted uniformly across her entire canvas and lines joining them. After her departure from Gutai in 1965, the size of the circles and thickness of lines vary, concentric circles are introduced, and her lines entwine more complexly. Still, while these and other changes came into play, circles and lines remained the chief compositional elements in all of Tanaka's works. As Mizuho Kato points out, her distinctive circles and lines were aimed at instilling in paintings the "transformation with no guiding logic" [1] she exhibited in her afore-mentioned stage clothing pieces. When she painted, her body intervened, continually and irregularly transforming the work to embody it as an "extension of the artist's skin." [2]

Atsuko Tanaka
Work / Lavoro
1960
Pittura vinilica e olio su tela / Vinyl paint and oil on canvas
118,5×95,0 cm
Collection of Ashiya City Museum of Art and History
© Kanayama Akira and Tanaka Atsuko Association
Image courtesy of Ashiya City Museum of Art and History

p. 204
Atsuko Tanaka
Work / Lavoro
1957
Pennarello indelebile, vernice vinilica e tempera su carta / Permanent marker, vinyl paint and poster colour on paper
109,8×79,3 cm
Collection of Ashiya City Museum of Art and History
© Kanayama Akira and Tanaka Atsuko Association
Image courtesy of Ashiya City Museum of Art and History

p. 205
Atsuko Tanaka
Work / Lavoro
1957
Pennarello indelebile, inchiostro, vernice vinilica e tempera su carta / Permanent marker, ink, vinyl paint and poster colour on paper
109,8×79,3 cm
Collection of Ashiya City Museum of Art and History
© Kanayama Akira and Tanaka Atsuko Association
Image courtesy of Ashiya City Museum of Art and History

1 Kato, Mizuho, "Searching for a Boundary," in *Atsuko Tanaka: Michi no bi no tankyu 1954-2000* (Atsuko Tanaka, Alla ricerca di un'estetica sconosciuta 1954-2000), Comitato direttivo della mostra di Atsuko Tanaka / Museo Municipale di Arte e di Storia di Ashiya / Museo d'arte della prefettura di Shizuoka, 2001 / Kato, Mizuho, "Searching for a Boundary," in *Atsuko Tanaka: Michi no bi no tankyu 1954-2000* ("Atsuko Tanaka, Searching for an Unknown Aesthetic 1954-2000"), Atsuko Tanaka Exhibition Executive Committee / Ashiya City Museum of Art and History / Shizuoka Prefectural Museum of Art, 2001), p. 18.

2 Ibid., p. 23.

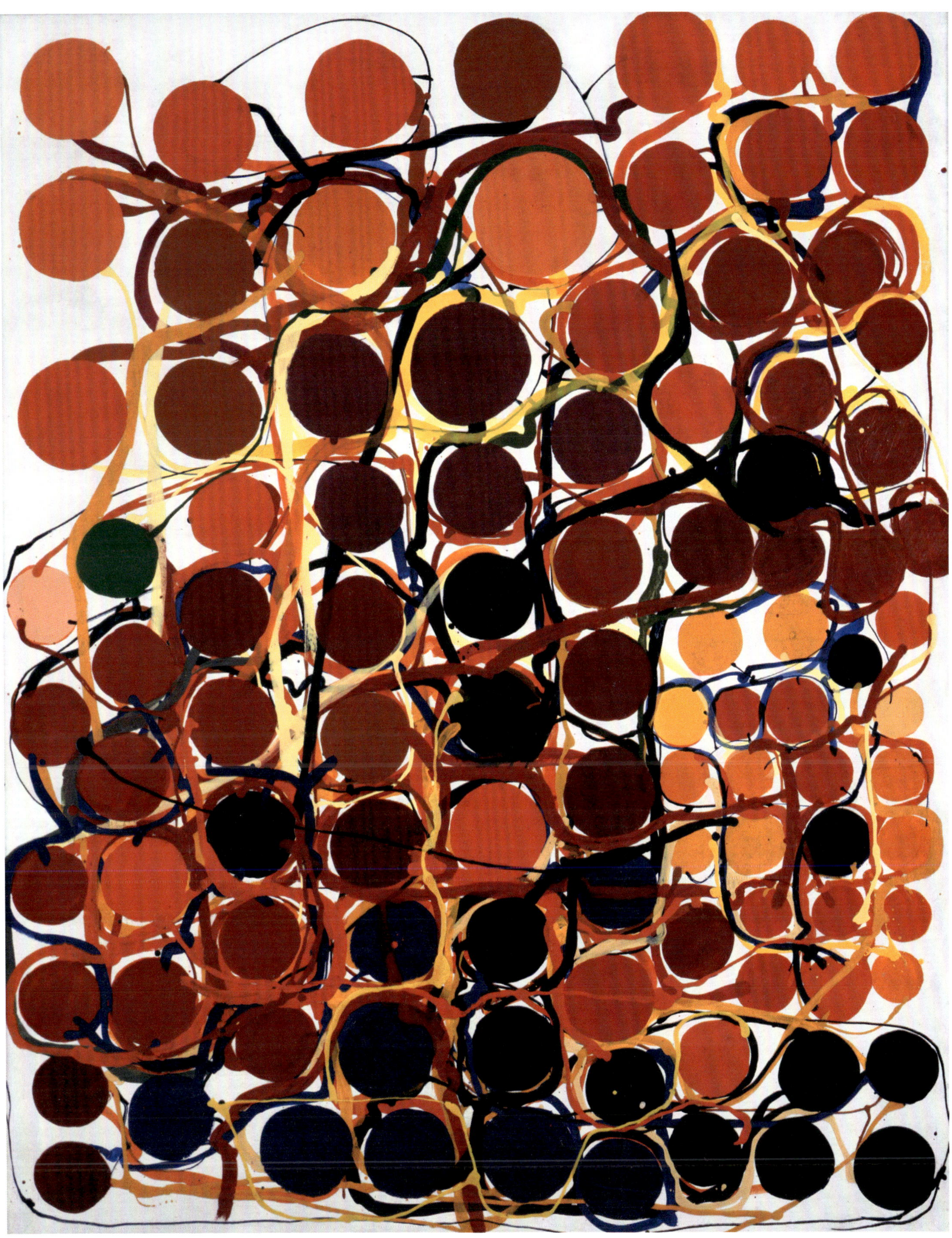

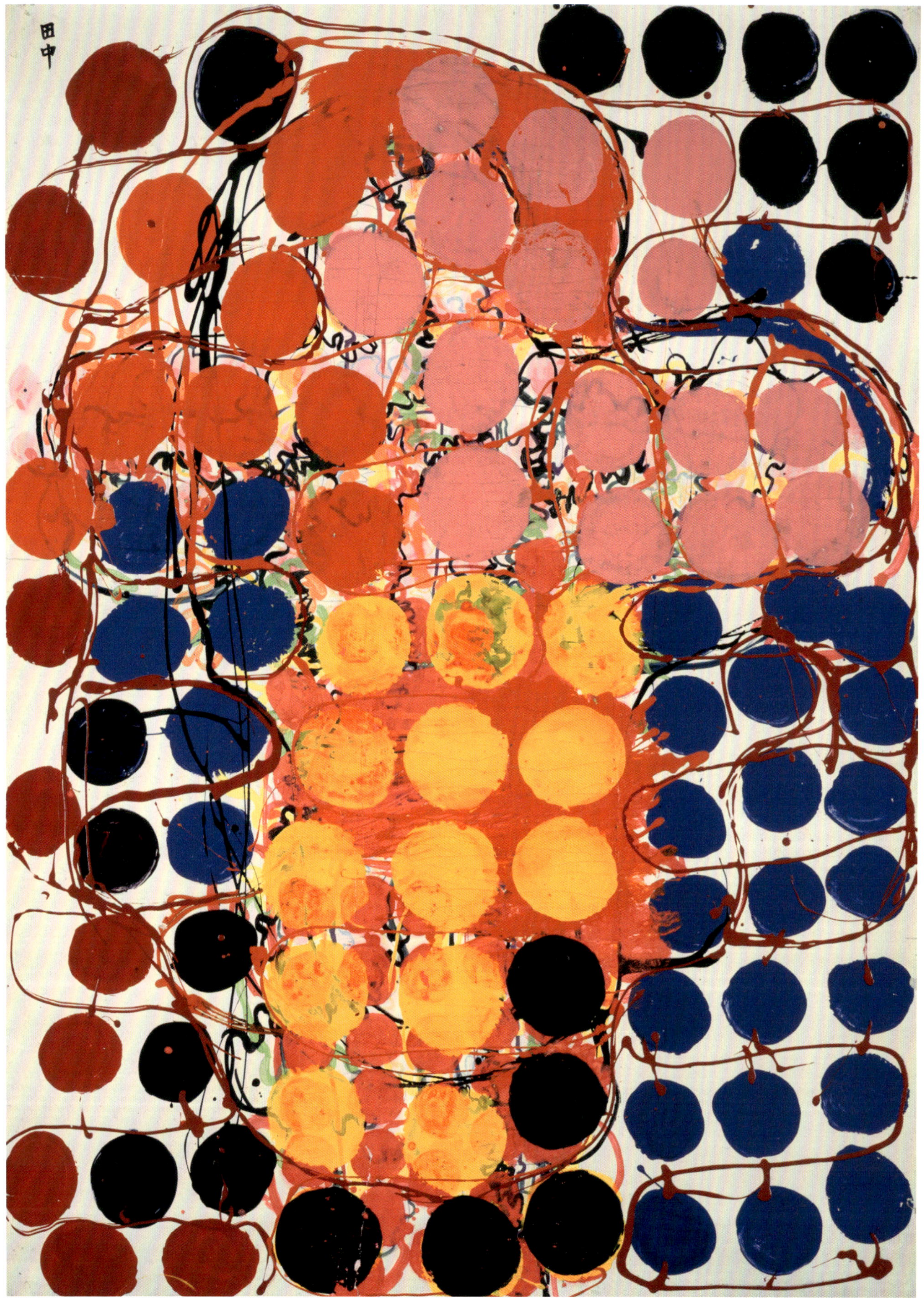
田中

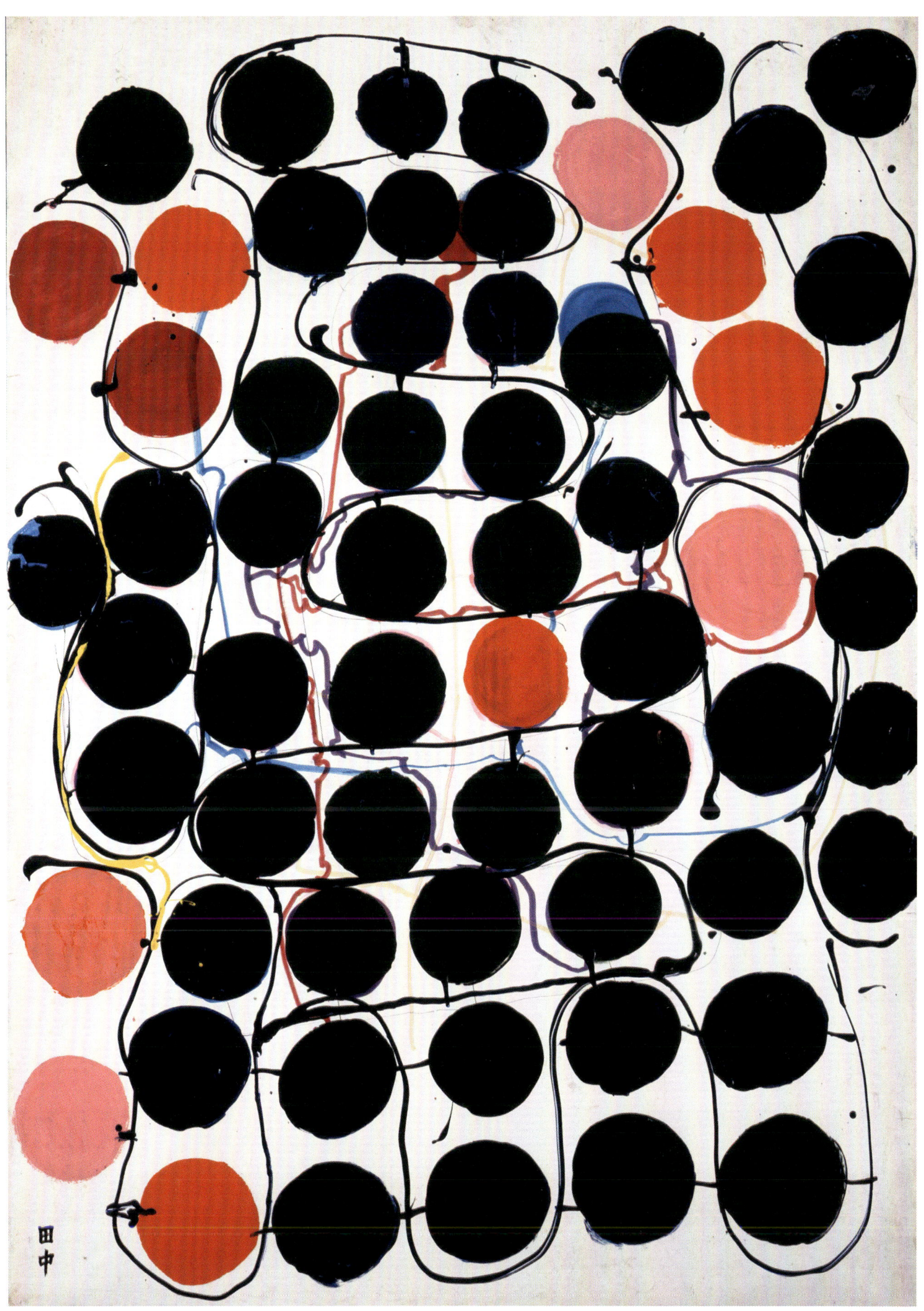
田中

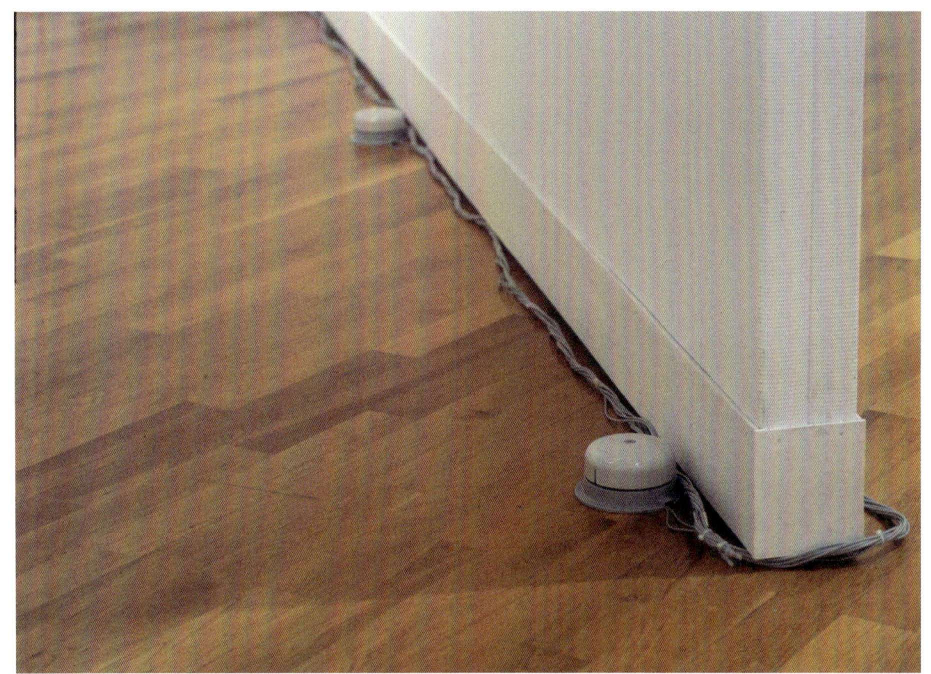

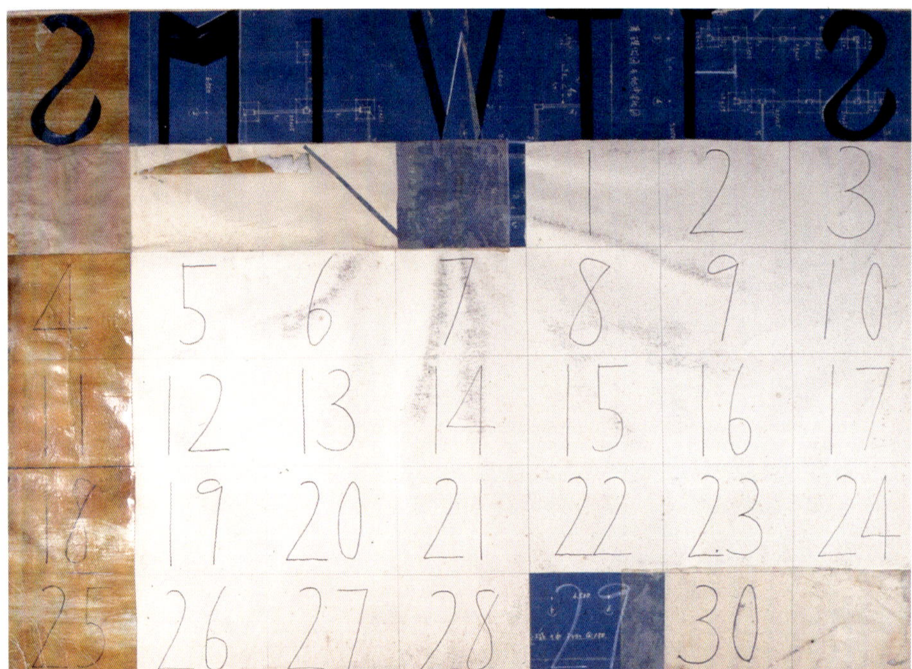

Atsuko Tanaka
Work (Bell) / Lavoro (Campanello)
1955 (riproduzione del 2000 / reproduction in 2000)
Dodici campanelli, filo, motore e interruttore / Twelve bells, wire, motor, and switch
Dimensioni variabili / Variable dimensions
Collezione / Collection of the Ashiya City Museum of Art and History
Courtesy of Ashiya City Museum of Art and History
©Kanayama Akira and Tanaka Atsuko Association

Atsuko Tanaka
Calender / Calendario
c. 1954
Collage di carta con inchiostro e matita / Paper collage with ink and pencil
38×54 cm
Collezione / Collection of the Ashiya City Museum of Art and History
Courtesy of Ashiya City Museum of Art and History
©Kanayama Akira and Tanaka Atsuko Association

Atsuko Tanaka
Electric Dress / Abito elettrico
1956 (riproduzione del 1986 / reproduction in 1986)
Lampadine a incandescenza dipinte, cavi elettrici, console di controllo / Painted incandescent light bulbs, electric cords, control console
165×80×80 cm
Collezione / Collection of the Takamatsu Art Museum
©Kanayama Akira and Tanaka Atsuko Association

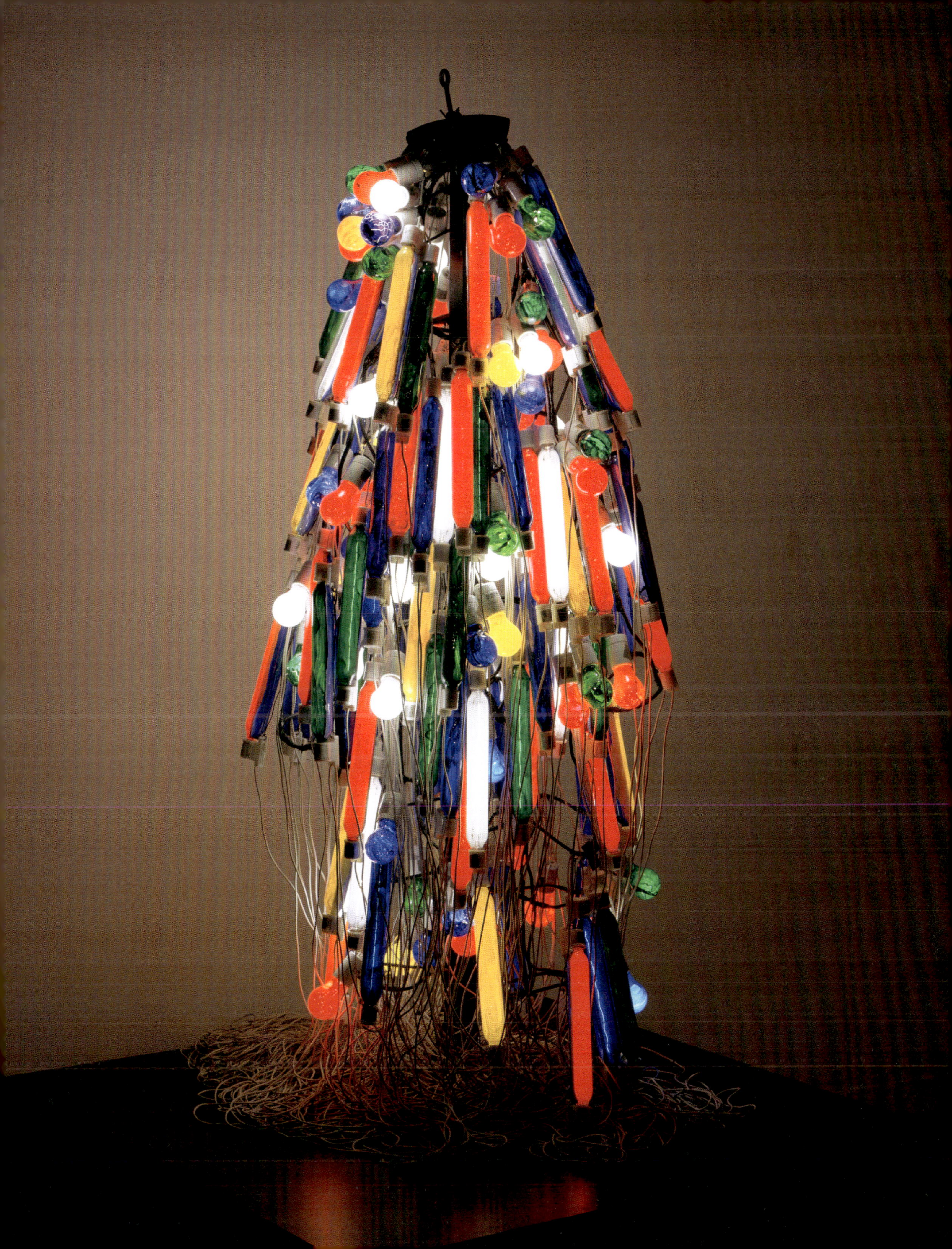

Yui Usui

Testo / Text by Sachiko Namba
Traduzione / Translation by
Brian Amstutz Communications

Attraverso un'accurata ricerca, Yui Usui individua fenomeni che tendono a essere trascurati nella società e nella storia. Negli ultimi anni ha lavorato prevalentemente con tecniche artigianali come il ricamo, il patchwork e le decorazioni su tessuto. Nonostante la specializzazione in pittura a olio conseguita all'università, in Giappone si è trovata davanti a un mondo artistico dominato dagli uomini, in cui la pittura era mainstream. Percependo una maggiore libertà espressiva nell'artigianato, un genere considerato una forma d'arte inferiore praticata dalle donne, ha perseguito attivamente questo genere pur provando disagio e fastidio verso le sue convenzioni.

In seguito al grande terremoto del Giappone orientale del 2011, Usui ha cominciato a leggere libri di storia, sociologia e femminismo e si è sentita spinta a confrontarsi con la propria femminilità - una cosa che fino ad allora aveva vagamente accettato ma considerato in modo negativo - e ad affermarla nelle sue opere d'arte. "Shadow work", che ha più di un significato, è un'espressione chiave nella serie *shadow work* che Usui ha realizzato a partire dal 2012. Essa si riferisce al lavoro non retribuito, come le faccende domestiche e la cura dei bambini, tradizionalmente svolto dalle donne, ma è anche il nome di una tecnica di ricamo con cui si crea un disegno simile a un'ombra su tessuti trasparenti come l'organza.

In *shadow of a coin* (2013-2018), l'opera più popolare della serie, su delle strutture rotonde in organza che riprendono il motivo di una moneta sono ricamate figure impiegate in lavori che sono emarginati dalla società capitalista, non solo il lavoro domestico ma anche quello svolto nelle centrali nucleari e la prostituzione. In quanto donna e madre, Usui getta con pacatezza uno sguardo fortemente critico sulla società e sulla cultura in cui viviamo. In questo è incoraggiata dalle parole emerse dal movimento femminista: "Il personale è politico".

Through careful research, Yui Usui digs out phenomena tending to be overlooked in society and history. In recent years, she has worked primarily in handicraft techniques such as embroidery, patchwork, and applique. Despite majoring in oil painting at art university, she faced a Japanese art world dominated by men, where painting was mainstream. Sensing greater expressive freedom in handicrafts, a genre viewed as a lower form of art practiced by women, she has actively pursued this genre while experiencing unease and discomfort in its conventions.

In the wake of the 2011 Great East Japan Earthquake, Usui began to read books on history, sociology, and feminism, and became motivated to face her own femininity—something she had vaguely accepted but viewed negatively until then—and affirm it in her artworks. "Shadow work," an expression having dual meanings, is an important keyword in the *shadow work* series she has produced since 2012. *Shadow work* refers to unpaid labor such as housework and childcare traditionally carried out by women. It is also the name of an embroidery technique for stitching a shadow-like pattern on sheer fabrics such as organdy.

In *shadow of a coin* (2013-2018), the most popular work of the series, round organdy constructions taking a coin motif are embroidered with figures employed at jobs that are marginalized by capitalist society, not only housework but also nuclear power plant work and sex work. As a woman and a mother, Usui quietly casts a strong critical eye on the society and culture in which we live. In this, she is encouraged by words emerging from the feminist movement —"The personal is political."

Yui Usui
in vitro
2019
Struttura in acrilico, tessuto, filo / Acrylic frame, fabric, thread
2 serie da / 2 sets of
100×100×13,5 cm (recipiente / schale),
100×100×11 cm (coperchio / cover);
100×100×13,5 cm (recipiente / schale);
100×100×13,5 (recipiente / schale);
1 serie da / 1 set of
80×80×10,8 cm (recipiente / schale),
80×80×8,8 cm (coperchio / cover);
80×80×10,8 cm (recipiente / schale)
Collection of Aichi Prefectural Museum of Art
PAC Padiglione d'Arte Contemporanea, Milano, 2022
Photo Lorenzo Palmieri

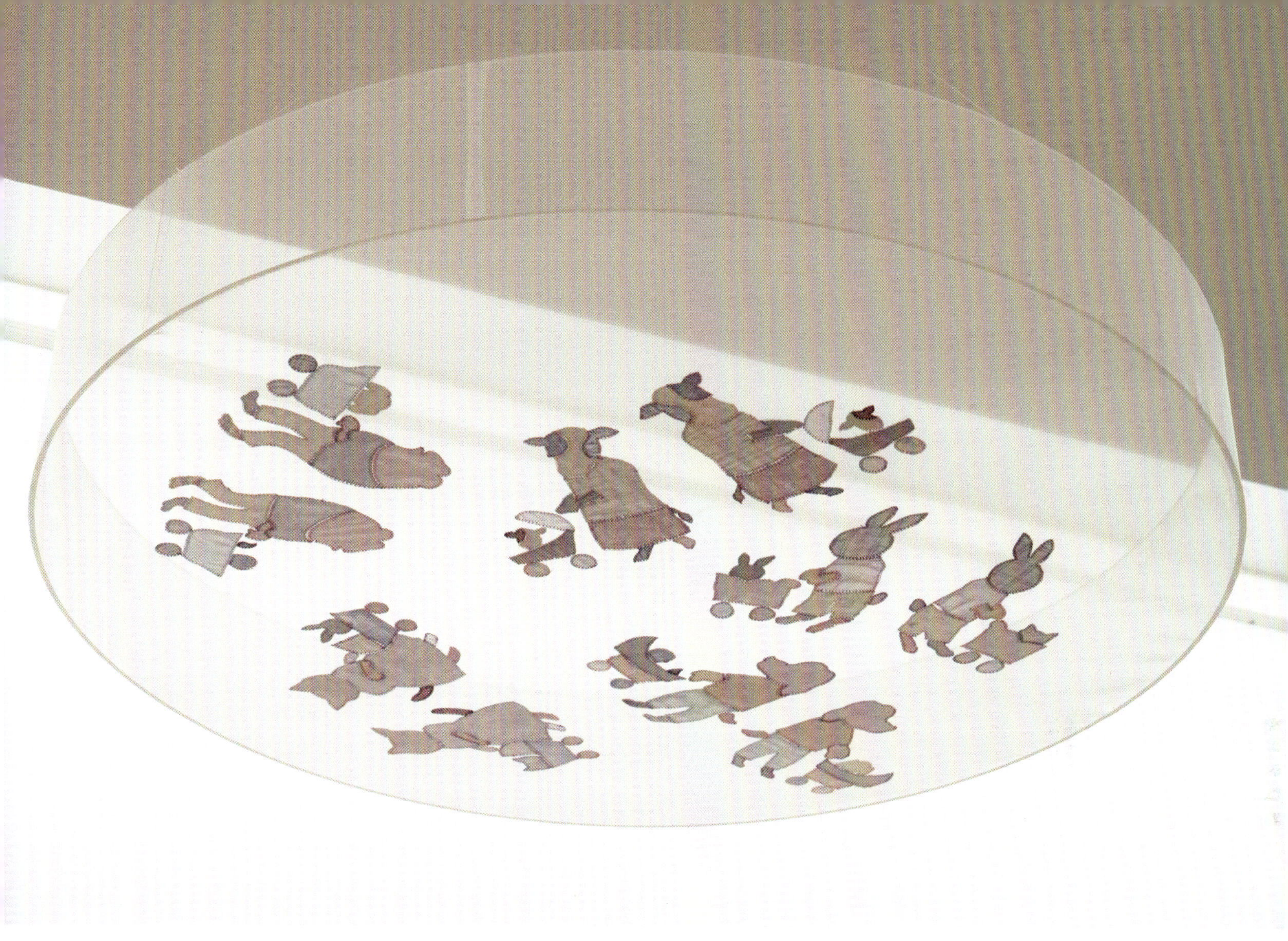

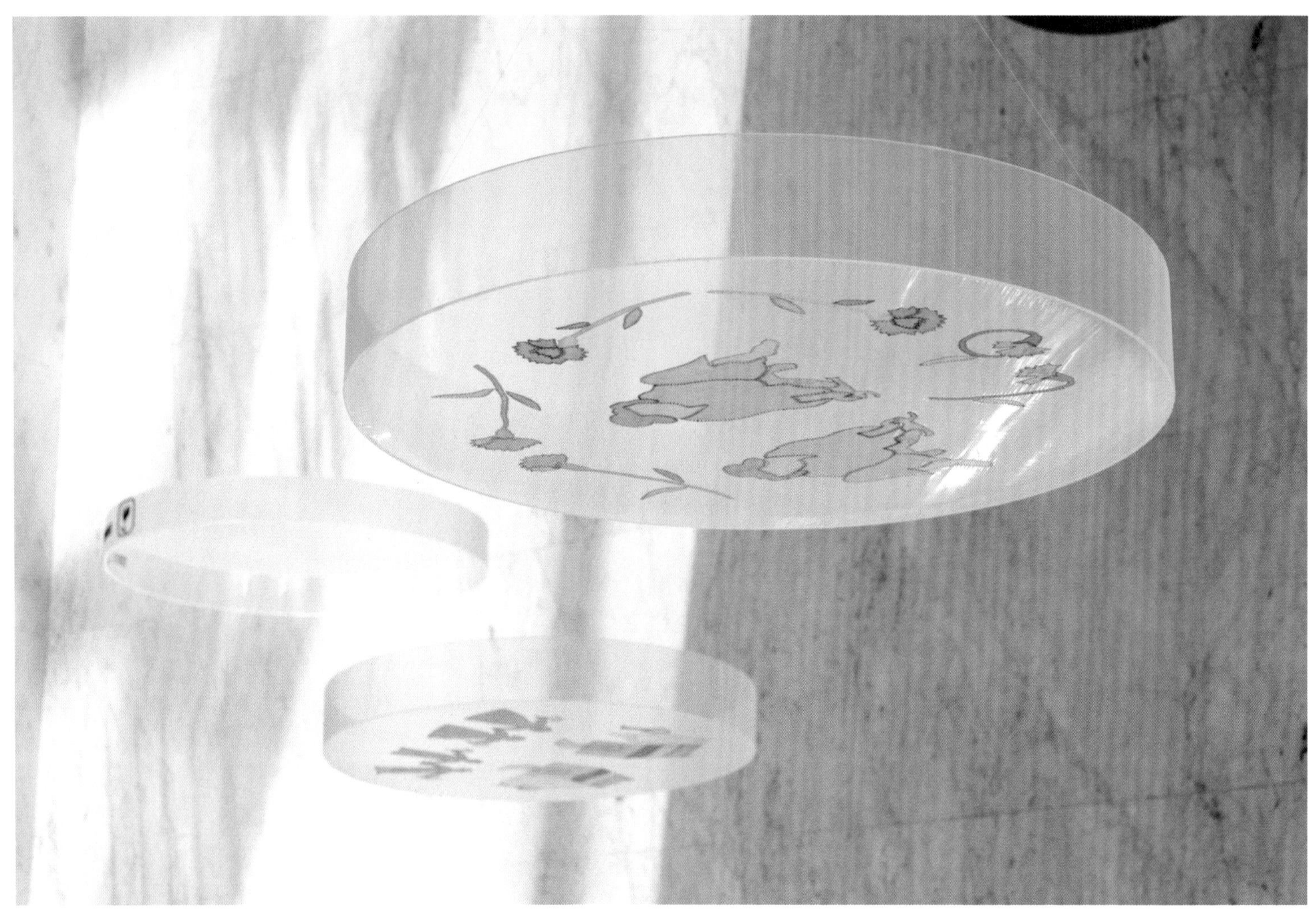

Yui Usui
in vitro
2019
Struttura in acrilico, tessuto, filo
/ Acrylic frame, fabric, thread
Collection of Aichi Prefectural
Museum of Art
Courtesy of Aichi Triennale
Organizing Committee
Installation view at Aichi Triennale
2019
Photo Tetsuo Ito

Yui Usui
in vitro
2019
Struttura in acrilico, tessuto, filo
/ Acrylic frame, fabric, thread
Collection of Aichi Prefectural
Museum of Art
Courtesy of Aichi Triennale
Organizing Committee
Installation view at Aichi Triennale
2019
Photo Tetsuo Ito

Yui Usui
in vitro
2019
Struttura in acrilico, tessuto, filo
/ Acrylic frame, fabric, thread
Collection of Aichi Prefectural
Museum of Art
Courtesy of Aichi Triennale
Organizing Committee
Installation view at Aichi Triennale
2019
Photo Tetsuo Ito

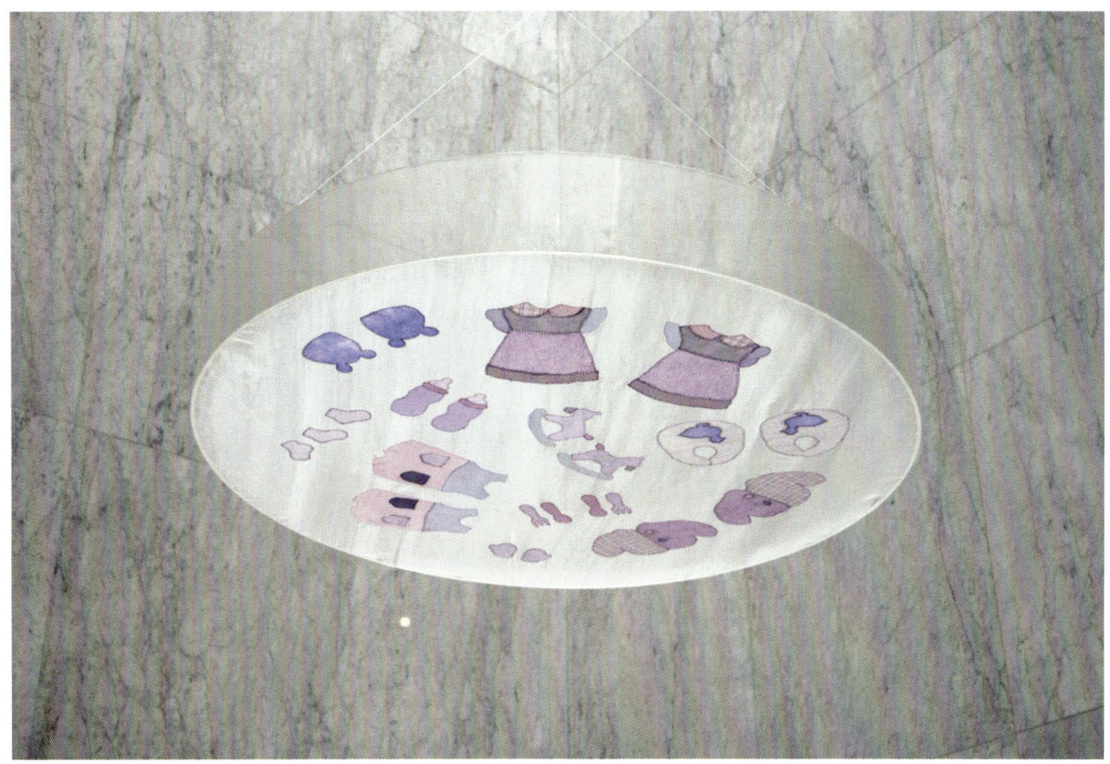

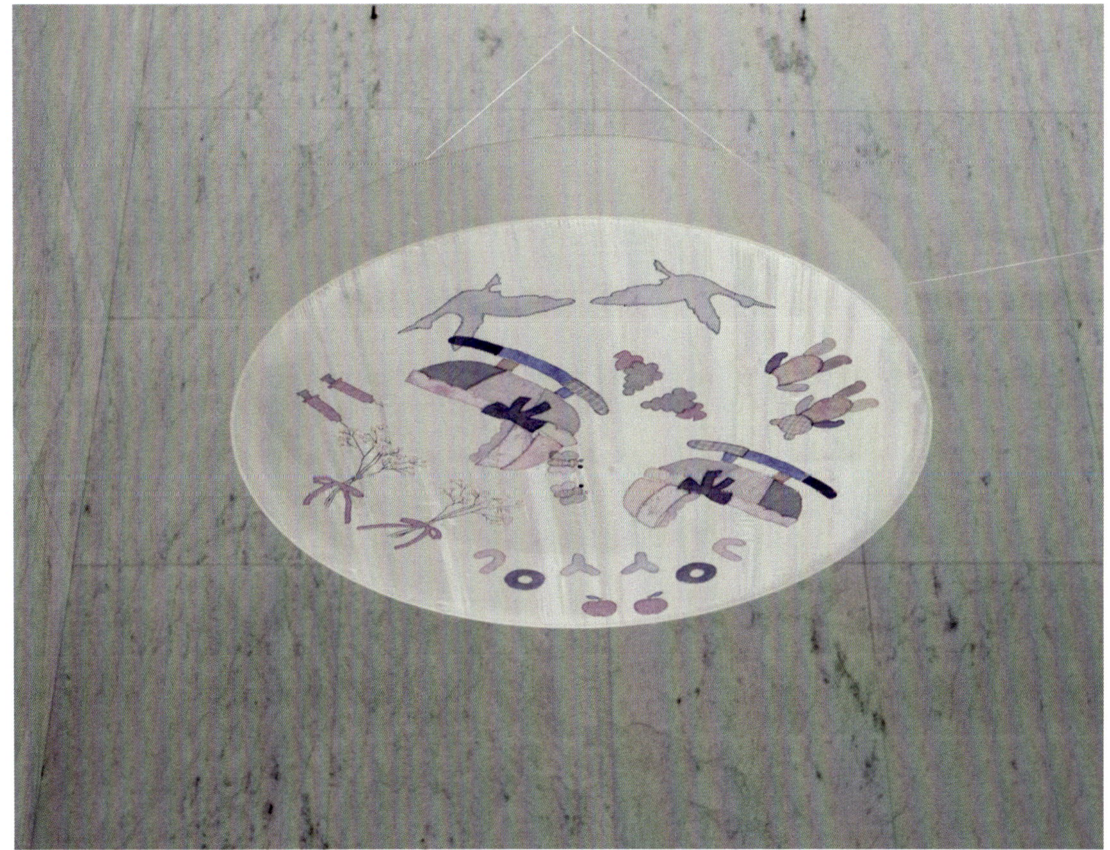

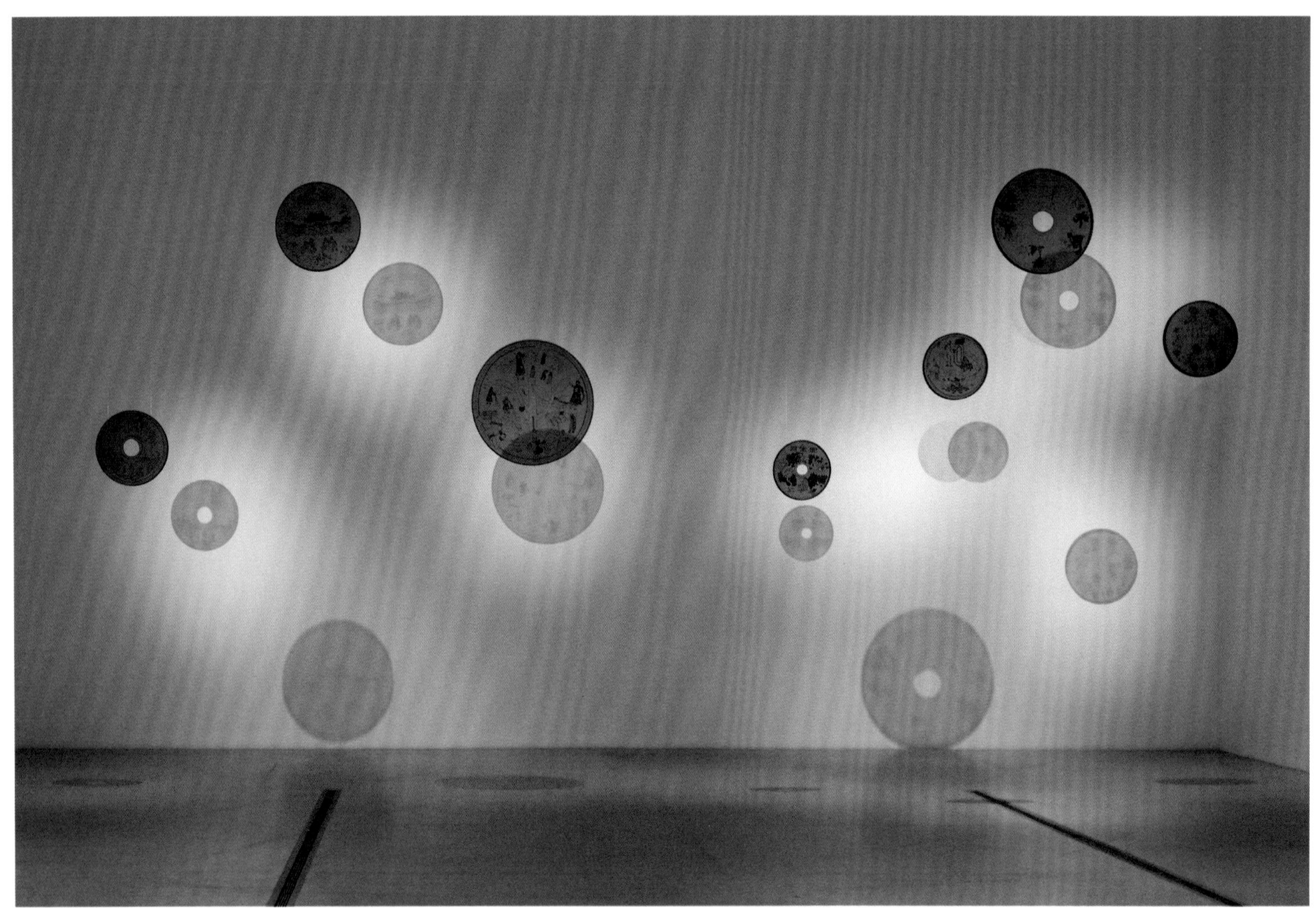

Yui Usui
shadow of a coin / l'ombra di una moneta
2013-2018
Organza, filo da ricamo, struttura in acrilico / Organdy, embroidery thread, acrylic frame
Courtesy 21st Century Museum of Contemporary Art, Kanazawa
Photo Keizo Kioku

Yui Usui
shadow work / lavoro d'ombra
2012-2016
Organza, filo da ricamo / Organdy, embroidery thread
Courtesy l'artista / the artist
Photo Shinya Kigure

Yui Usui
empty names / nomi vuoti
2013
Bottiglia di vetro, adesivo, bottiglia di profumo / Glass bottle, sticker, perfume bottle
Courtesy l'artista / the artist
Photo Futoshi Miyagi

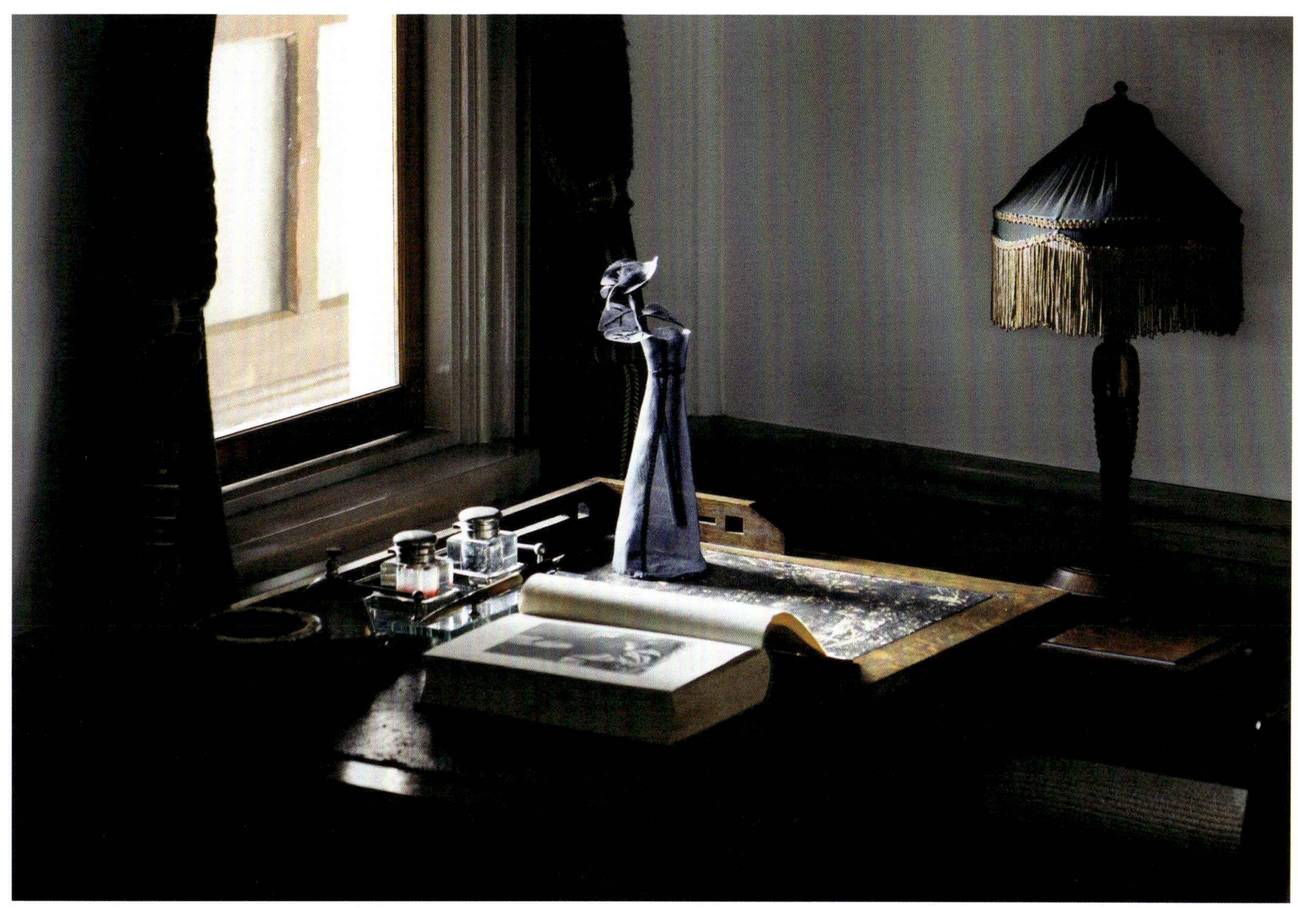

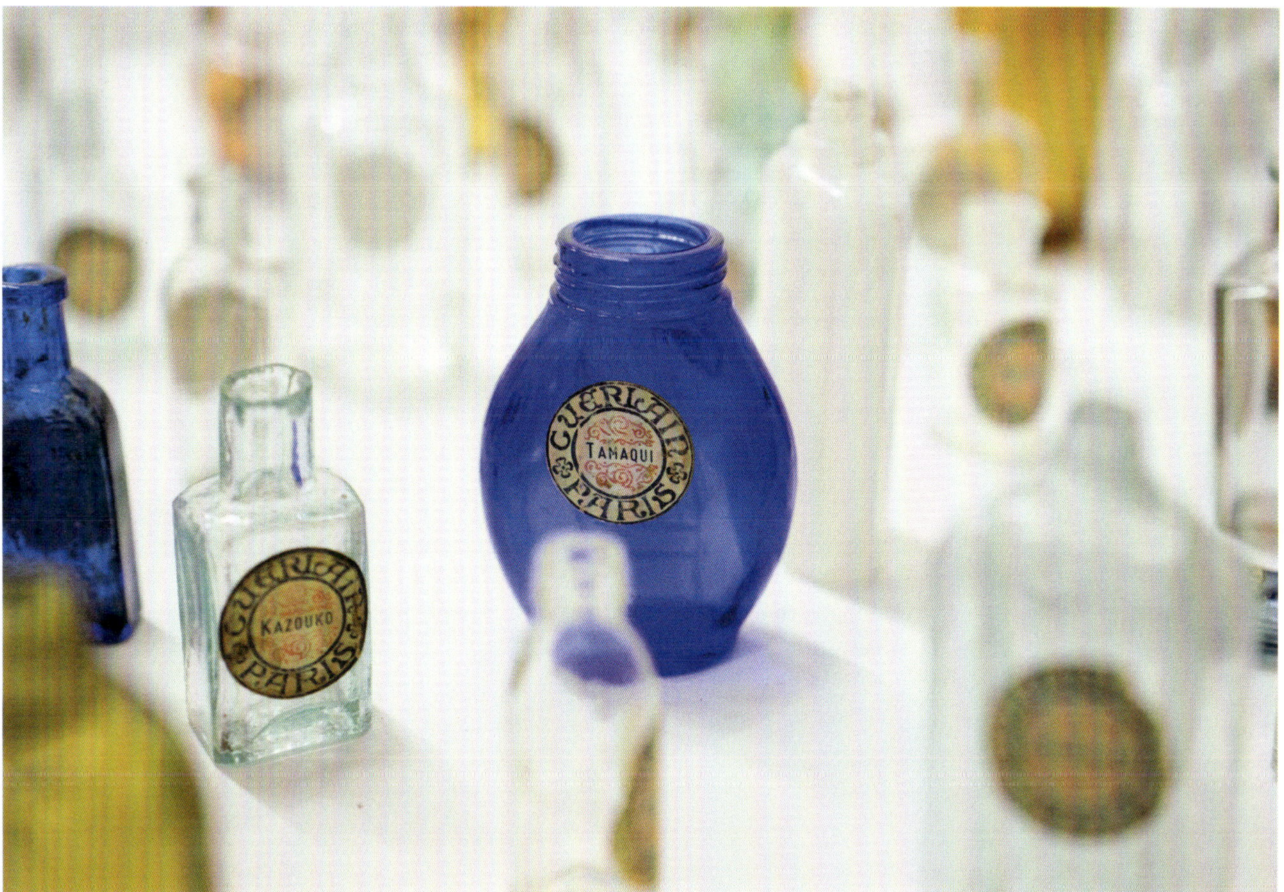
GUERLAIN
TAMAQUI
PARIS
GUERLAIN
KAZOUKO
PARIS

Fuyuki Yamakawa

Testo / Text by Sachiko Namba
Traduzione / Translation by
Brian Amstutz Communications

Fuyuki Yamakawa espande le capacità del suono e della luce nelle performance utilizzando un microfono a conduzione ossea, lo stetoscopio elettronico e altre tecnologie in combinazione con i movimenti e i suoni corporei, inclusi i battiti del cuore, la voce e i colpi dati sul cranio con la punta delle dita o il palmo della mano. Avendo appreso il canto gutturale tradizionale nella Repubblica di Tiva, in Asia Centrale, nelle sue performance si rifà a questo caratteristico modo di cantare. Yamakawa inoltre crea opere d'arte basate sulle ricerche che ha compiuto sulla storia e l'ambiente naturale e sociale di particolari regioni, operando attraverso i confini fra musica, arte contemporanea e arti performative.

Tra le sue opere più rappresentative c'è *The Voice-Over* (1997-2008), un'installazione composta a partire dalle cassette e videocassette lasciategli dal padre, un giornalista della tv. La clip di un telegiornale condotto dal padre viene trasmessa su un vecchio televisore a tubo catodico, mentre le registrazioni dei monologhi del padre e delle chiacchierate in famiglia vengono trasmesse da un impianto audio. Attraverso la voce del padre e gli spezzoni video, il ritratto condensato della vita e dei tempi di una persona che non c'è più viaggia al di là del tempo e dello spazio fino ai giorni nostri e si interseca con la nostra memoria personale.

La Biennale di Yamagata 2020 si è svolta interamente online a causa della pandemia di COVID-19. Portando un generatore elettrico e un router mobile in una cava nella rurale Yamagata, lontano dalle infrastrutture urbane, Yamakawa ha trasmesso una performance in live-streaming. Il soggetto scelto: la "comunicazione vocale", la più antica forma di comunicazione tra le persone e tra gli animali. La tecnologia di trasmissione ha consentito alla voce di essere trasmessa a grandi distanze, anche nel tentativo di comunicare con i morti o con forme di vita aliene, ma ha portato la socializzazione e la politicizzazione della trasmissione vocale. Yamakawa, utilizzando il live-streaming, ha rappresentato concretamente queste questioni legate alla comunicazione vocale che trascende le "distanze" di ogni tipo. Oggi che la nostra percezione della distanza tra le persone si è standardizzata, Yamakawa si interroga sul significato della comunicazione a voce in tempo reale con una persona lontana.

Fuyuki Yamakawa expands sound and light capacity in performances using a bone conduction microphone, electronic stethoscope, and other technology in combination with bodily movements and sounds, including heartbeats, voice, and thumps on his skull with a fingertip or palm. Having learned traditional Khoomei throat singing locally in the Tuva Republic in central Asia, he gives play to this distinctive singing in his own performances. Yamakawa also creates artworks based on his research into the history and natural and social environments of particular regions, working across boundaries between music, contemporary art, and the performing arts.

Among his representative works is *The Voice-Over* (1997-2008), an installation composed on the basis of cassette tapes and videotapes left to him by his father, a newscaster. A clip of a news program anchored by his father plays on an old cathode-ray tube television from that time, while recordings of his father's monologues and family talks stream from a sound system. Via his father's voice and fragments of videos, a condensed portrait of the life and times of someone no longer existing travels beyond time and space to our present day and intersects with our personal memory.

The Yamagata Biennale 2020 was held entirely online due to the COVID-19 pandemic. Bringing an electric generator and mobile router into a quarry site in rural Yamagata, far from urban infrastructure, Yamakawa live-streamed a performance. His subject: "voice communication"—the most ancient form of communication between people and between animals. While transmission technology has enabled the voice to be transmitted long distances, even in attempts to communicate with the dead or alien life forms, it has brought socialisation and politicisation to voice transmission. Yamakawa, using live-streaming, concretely embodied such issues connected to vocal communication that transcends "distances" of all kinds. Today, when our perceptions of distance between people have become standardized, Yamakawa is questioning the meaning of communicating by voice in real time with someone far away.

pp. 215–217
Fuyuki Yamakawa
The Art of Bodily Noises / L'arte dei rumori corporei, 2022
Performance at PAC Padiglione d'Arte Contemporanea, 2022
In occasione della mostra / On the occasion of the exhibition *JAPAN. BODY_PERFORM_LIVE*, PAC Milano 2022
Courtesy l'artista / the artist e / and PAC Padiglione d'Arte Contemporanea, Milano
Photo Lorenzo Palmieri

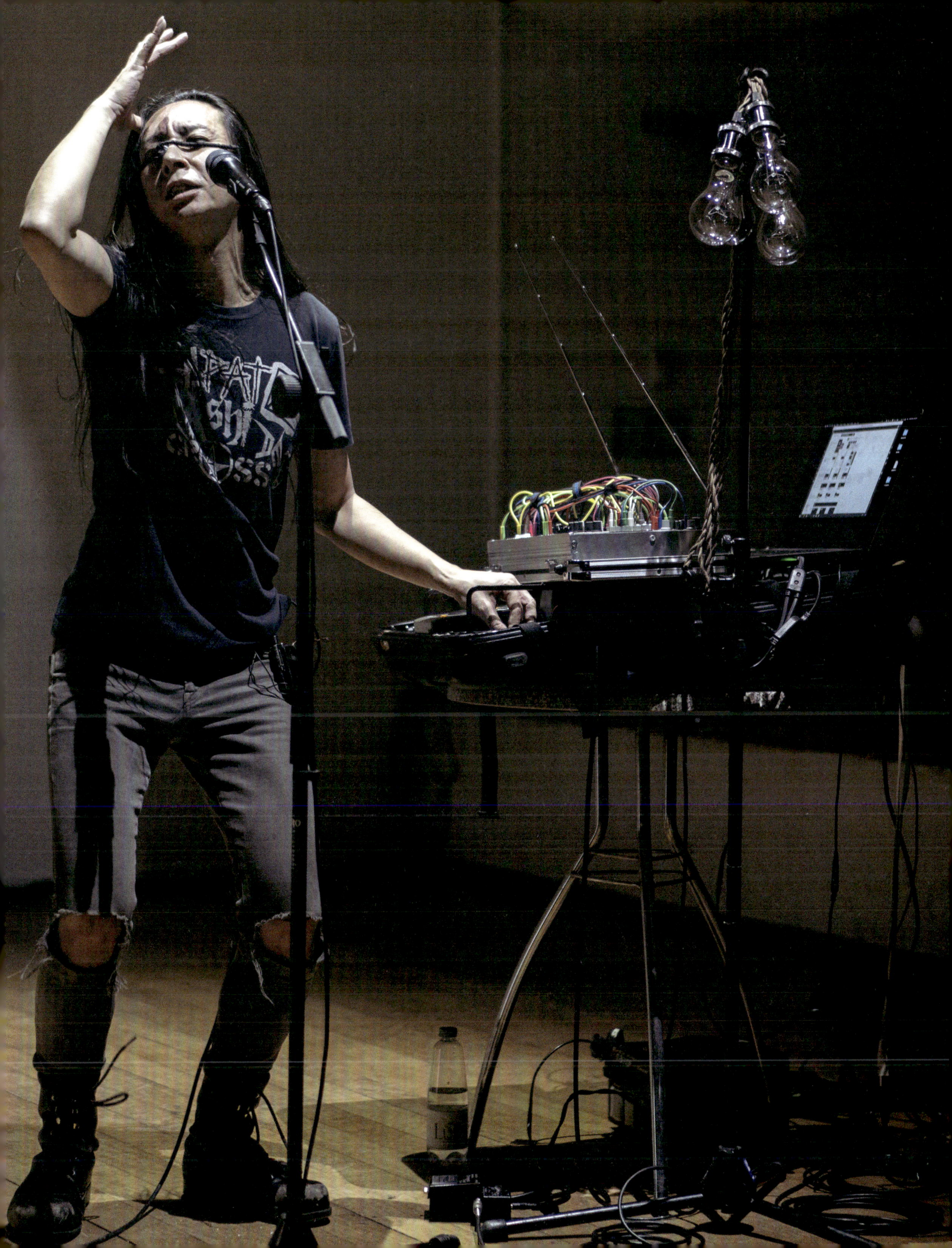

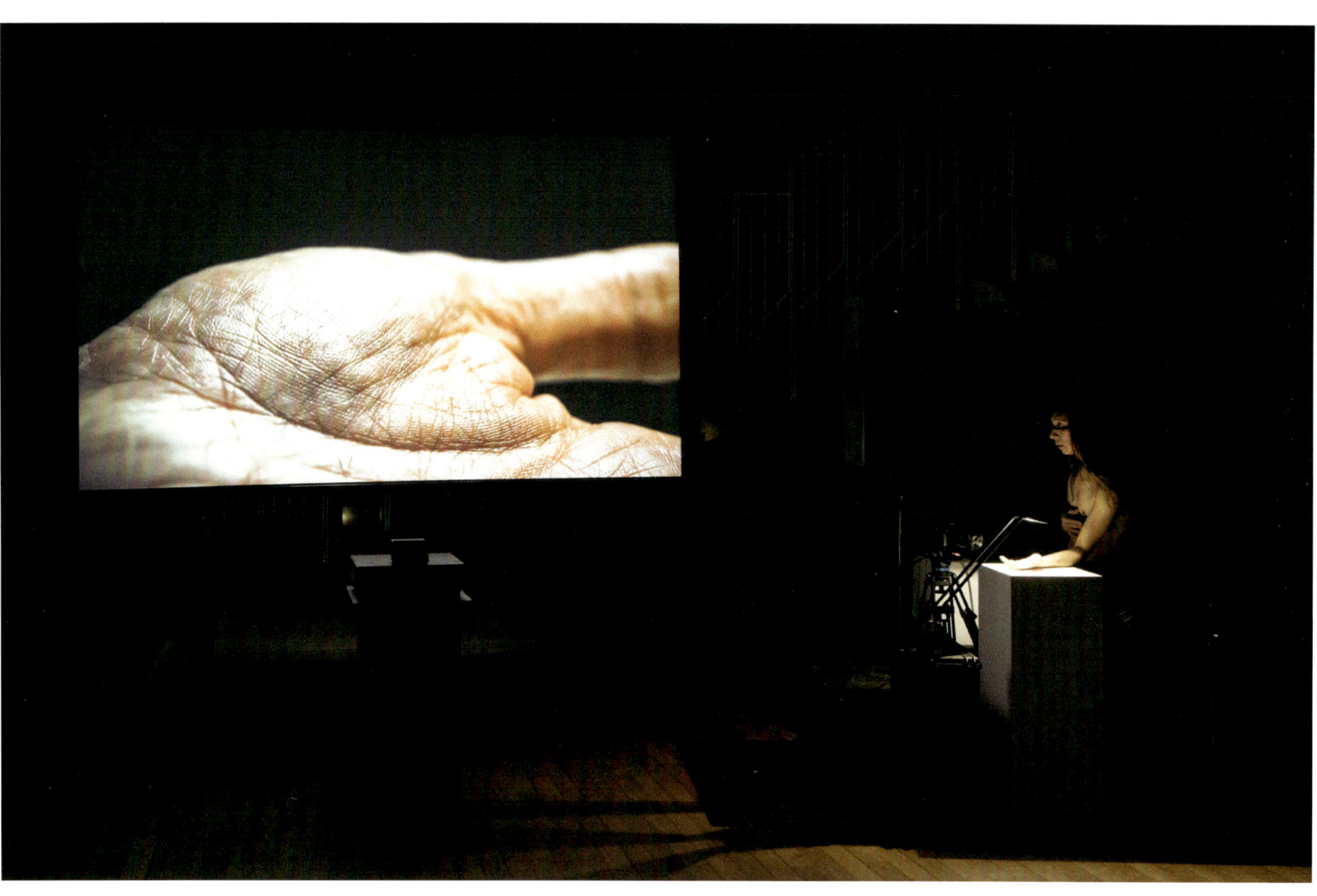

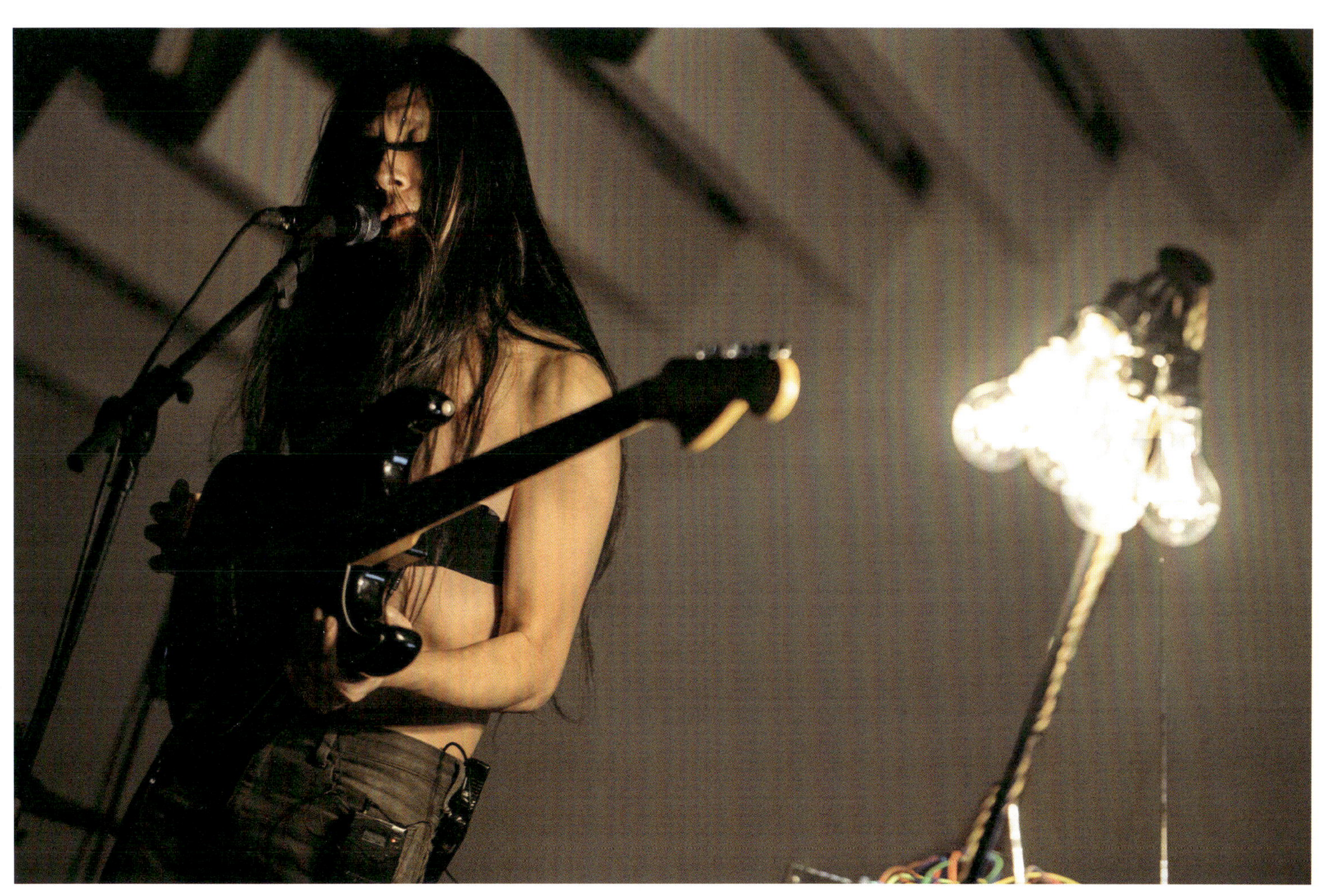

pp. 218-219
Fuyuki Yamakawa
Untitled / Senza titolo
2018
Performance, 40’
Performed in *Mazeum* at Seigan-ji Temple, Kyoto
Courtesy l’artista / the artist
Photo Yoshikazu Inoue

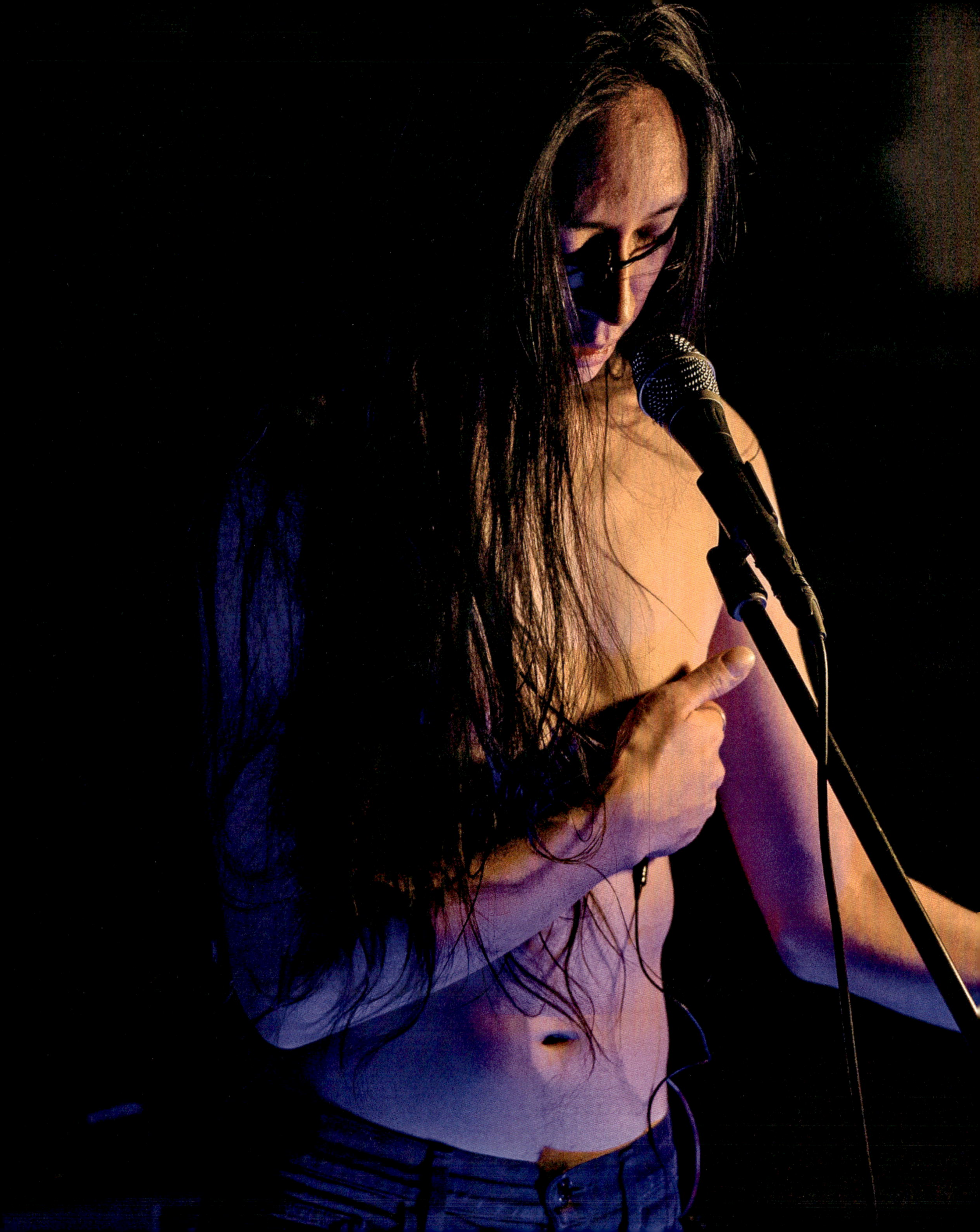

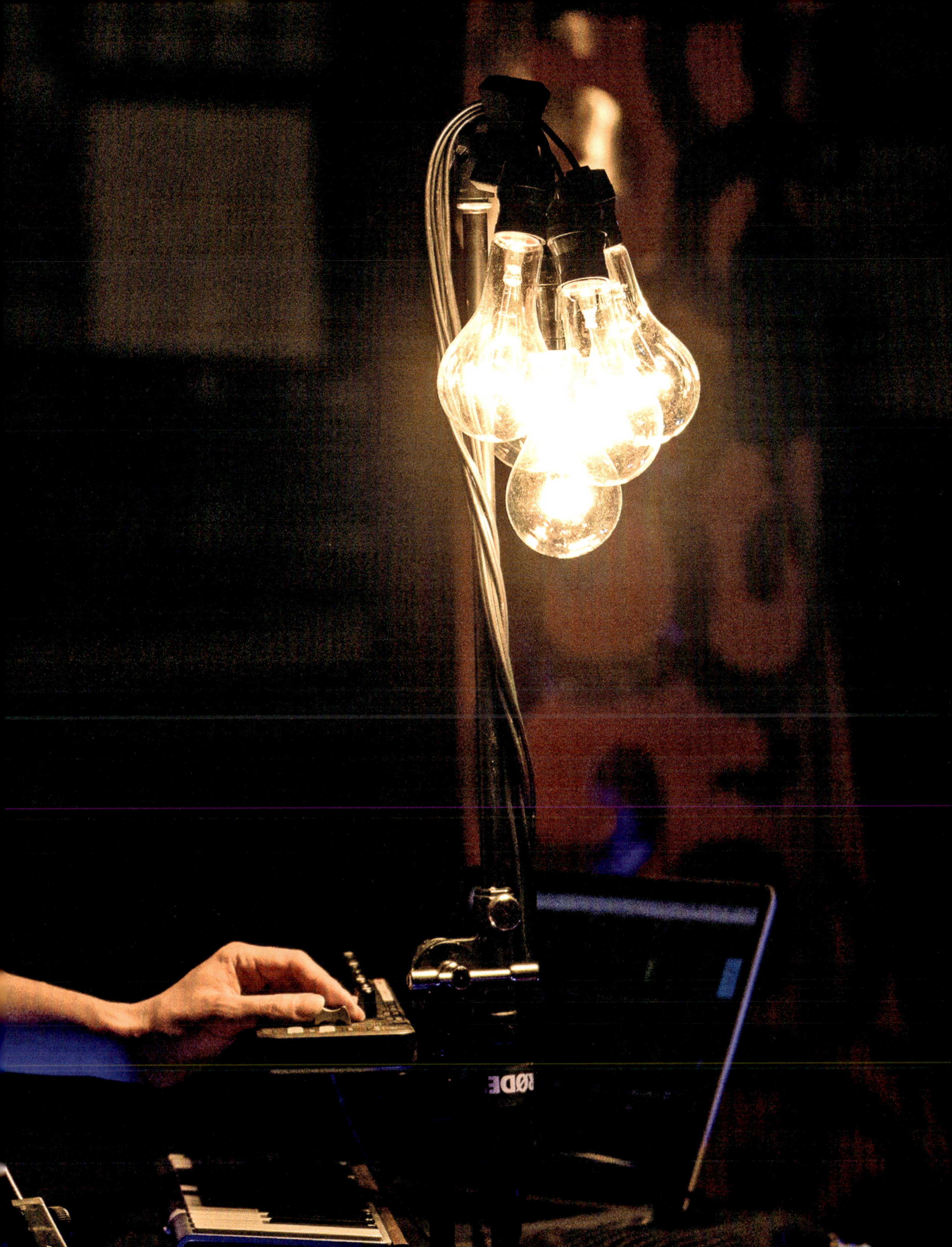

Ami Yamasaki

Testo / Text by Naoko Horiuchi
Traduzione / Translation by
Jaime Humphreys

Cosa sono la "voce" e il "suono", e cosa significa udire? [1] A partire dal tema dell'espansione del corpo, Yamasaki crea opere che riflettono una concezione delle caratteristiche dello spazio in modo analogo alla ecolocalizzazione. Nelle sue performance vocali altera i toni e i parametri, condividendo con il pubblico il processo con cui vengono esposte le possibilità acustiche dello spazio. Le sue installazioni amplificano la risonanza unica, o "canti", che lo spazio crea attraverso i suoi materiali, la sua struttura e il suo volume, producendo un silenzio straordinario. Il pubblico percepisce una gradazione del suono che si diffonde come una goccia d'acqua in una pozza. Il suono si propaga oltre lo spazio. La voce di Yamasaki funziona da mezzo per raccontare il modo in cui il pubblico crea il suono attraverso l'ascolto.

Dopo una mostra e una residenza presso la Reanimation Library nel 2011, Yamasaki ha iniziato a tutti gli effetti la sua carriera di artista mentre si trovava a New York grazie a una borsa di studio dell'Asian Cultural Council nel 2017, presentando poi il suo lavoro in varie mostre ed eventi tenuti in musei e spazi artistici in Giappone e all'estero come *KYOTO STEAM* 2022 (2022), Setouchi Triennale (2019), *VIVA EXCON 2018 CAPIZ* (2018) e *re:verb: Signs of Voices* (2017).

Rappresentative delle installazioni di Yamasaki sono opere infuse di tranquillità quali *SONG / the animal in man*, *RHYTHM* (2013), opera creata durante una residenza presso il Centro di arte contemporanea di Aomori in cui dei pezzi di carta semi-tridimensionali "piume", presenti anche in questa mostra, sono stati attaccati alle pareti per far risuonare, riflettere e assorbire il suono. L'artista tuttavia si è anche cimentata nella creazione di opere di active sound, realizzate editando registrazioni sul campo in modo cinematografico e riproducendole poi su casse vibranti, come *Sounding a Long Exposure* presentata nella mostra collettiva *Ways of Telling* (2021). L'interesse per la meccanica quantistica e la collaborazione con gli scienziati, [2] l'esecuzione di Manga Scroll di Christian Marclay e le sperimentazioni cross-disciplinari con musicisti elettronici come Yasunao Tone ed Earl Howard hanno portato Ami Yamasaki verso nuove svolte creative.

What is "voice" and "sound," and what does it mean to hear? [1] Based on the theme of expanding the body, Yamasaki creates works that reflect an understanding of the characteristics of space in a manner similar to echolocation. In her voice performances, she alters tones and parameters, sharing with the audience the process by which the acoustic possibilities of the space are exposed. Her installations amplify the unique resonance, or "songs," that the space creates through its materials, structure, and volume, producing a remarkable silence. The audience perceives a gradation of sound spreading like a drop of water in a puddle. The sound ripples beyond the space. Yamasaki's voice works as a medium to tell how the audience creates the sound by listening.

Following an exhibition and residency at the Reanimation Library in 2011, Yamasaki began full-fledged activities as an artist while based in New York through an ACC Fellowship in 2017, going on to present her work thereafter in KYOTO STEAM 2022 (2022), Setouchi Triennale (2019), VIVA EXCON 2018 CAPIZ (2018) and re:verb: Signs of Voices (2017) among other exhibitions and events held at museums and art spaces in Japan and overseas.

Representative of Yamasaki's installations are tranquil works such as SONG / the animal in man, RHYTHM (2013), a work created during a residency at ACAC in Aomori in which semi three-dimensional pieces of paper "feathers" that also feature in this exhibition were affixed to the walls to resonate, reflect and absorb sound. However, she has also challenged herself to create active sound works, made by editing field recordings in a cinematic manner and playing them back through vibrating speakers, as in Sounding a Long Exposure presented in the group exhibition Ways of Telling (2021). Her interest in quantum mechanics and collaborations with scientists, [2] her performance of Christian Marclay's Manga Scroll, and her cross-disciplinary experiments with electronic musicians such as Yasunao Tone and Earl Howard have led to new creative departures.

Ami Yamasaki
Performance at PAC Padiglione d'Arte Contemporanea, 2022
In occasione della mostra / On the occasion of the exhibition *JAPAN. BODY_PERFORM_LIVE*, PAC Milano 2022
Courtesy l'artista / the artist e / and PAC Padiglione d'Arte Contemporanea, Milano
Photo Lorenzo Palmieri

pp. 222-223
Ami Yamasaki
Here (*Qui*), *You* (*Tu*), *Hear* (*Senti*)
2022
Carta / Paper
Installazione site-specific / Site-specific installation
Courtesy l'artista / the artist

pp. 224-225
Ami Yamasaki
City's Limb, when your ears blink / City's Limb, quando le tue orecchie ammiccano
2016
Carta / Paper
4800×65×200 cm
Sapporo Odori 500-m Underground Walkway Gallery, Hokkaido, Japan "The 4th Sapporo 500m Gallery Award"
Courtesy CAI–Contemporary Art Institute/CAI03

1 TED x Talks YouTube Channel, Once you start to listen to the world, the world will start ringing | Ami Yamasaki | TEDxTokyoyz, 31 luglio 2017 / July 31, 2017, youtube.com/ watch?v=YV7HwUuXd2Q&. sito web di Ami Yamasaki / Ami Yamasaki website, amingerz. wixsite.com/ ami-yamasaki/installation-c84p

2 *Less is More*. A cura del sito web Info Mart Corporation, "Supponendo che la canzone che ti ha raggiunto sia ancora lì. Intervista con l'artista vocale Ami Yamasaki" (solo in giapponese), *Less is More*. a cura di Info Mart Corporation, 23 dicembre 2020 (ultimo accesso 27 luglio 2022) / Less is More. By info Mart Corporation website, "Assuming the song that reached you was still there. Interview with voice artist Ami Yamasaki" (Japanese only), *Less is More*. by info Mart Corporation, December 23, 2020 (accessed on July 27, 2022), note-infomart.jp/n/ n38822a8ee03e

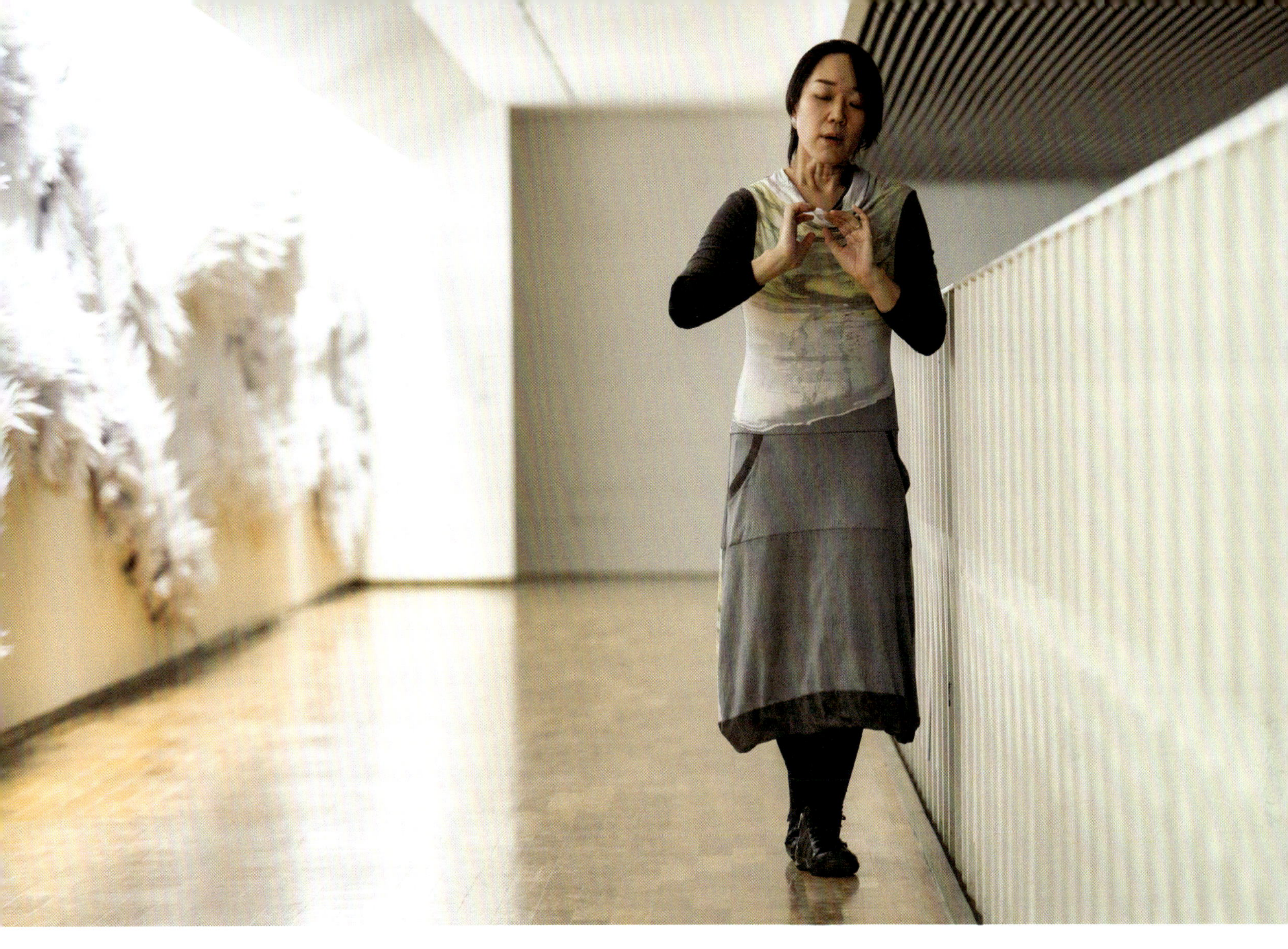

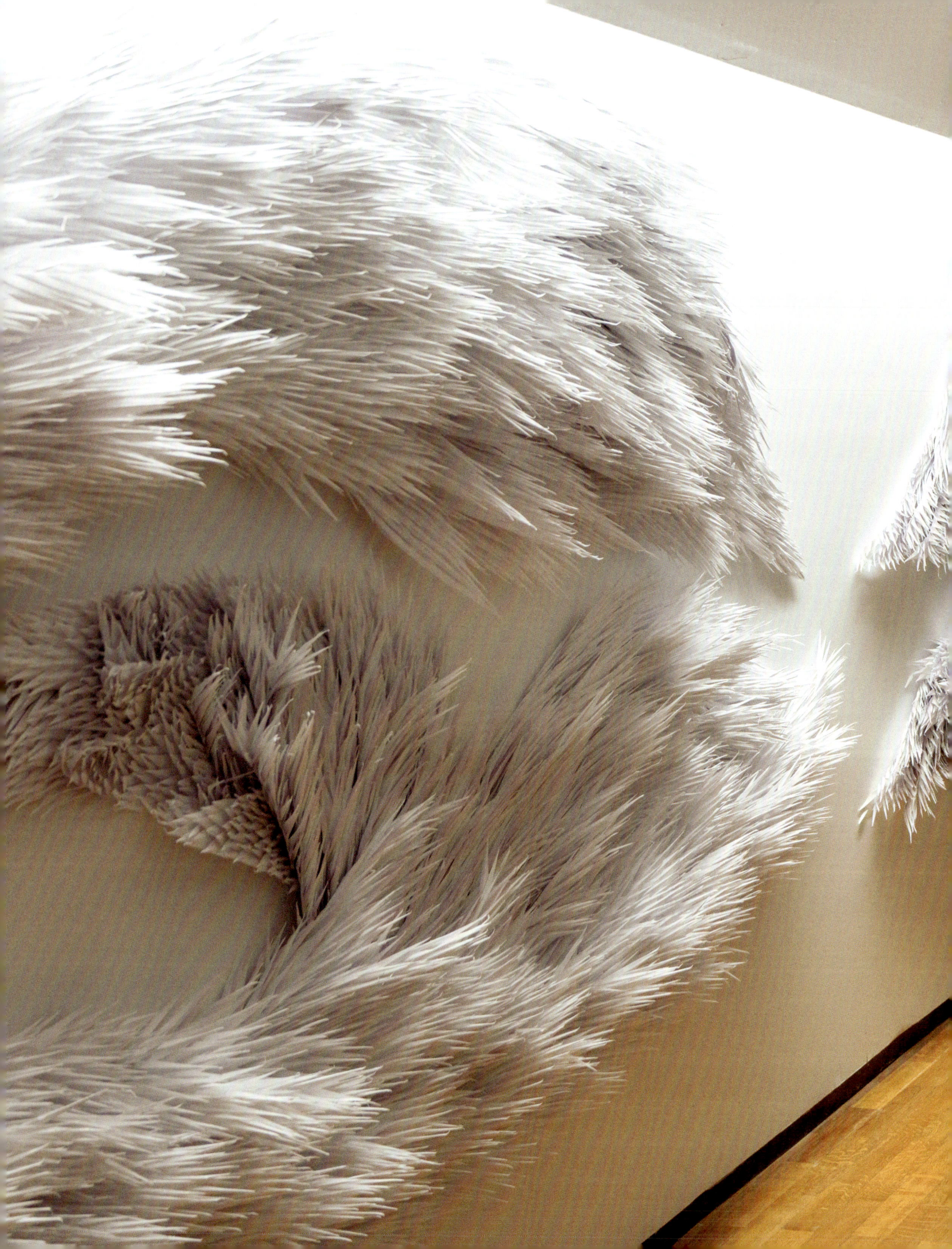

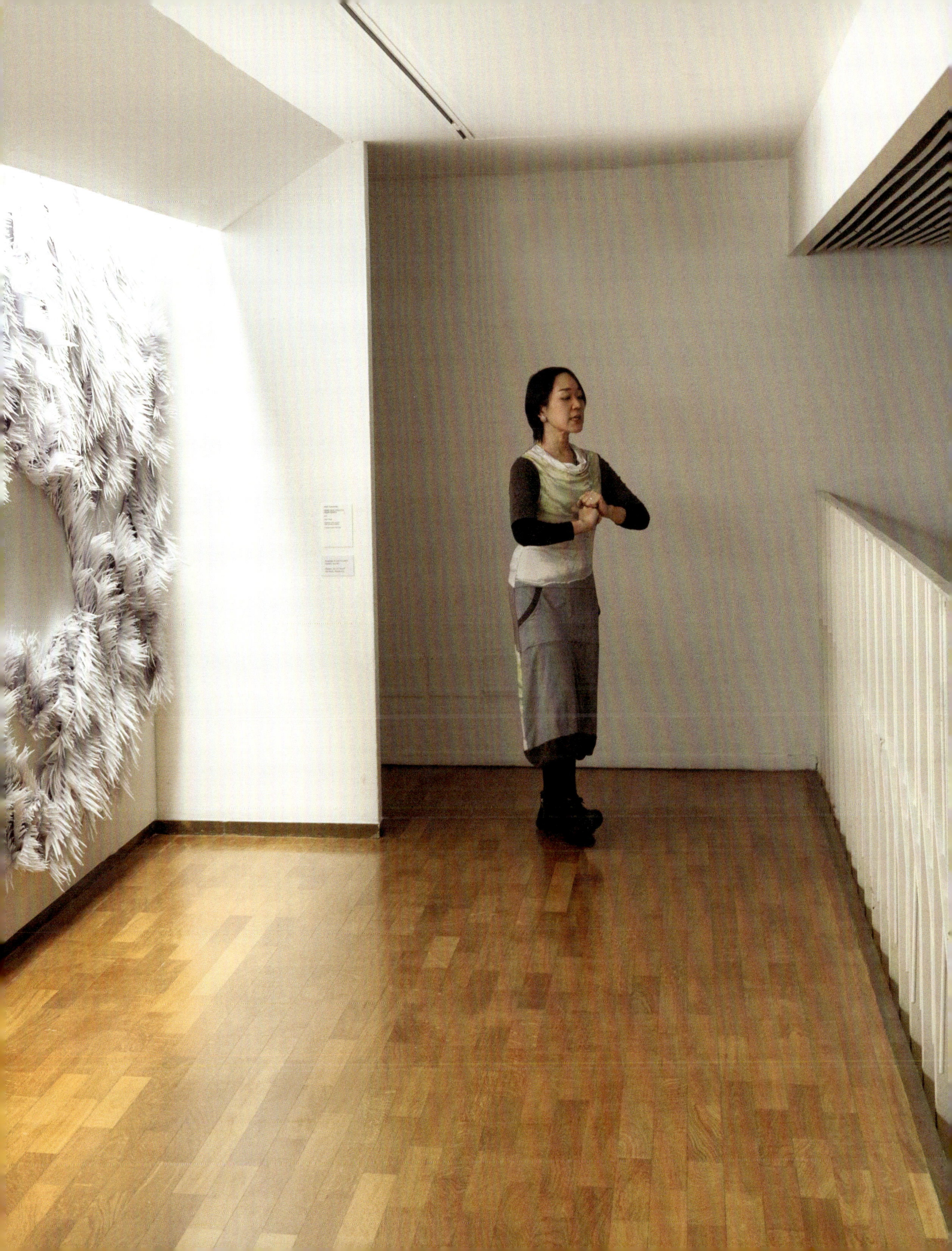

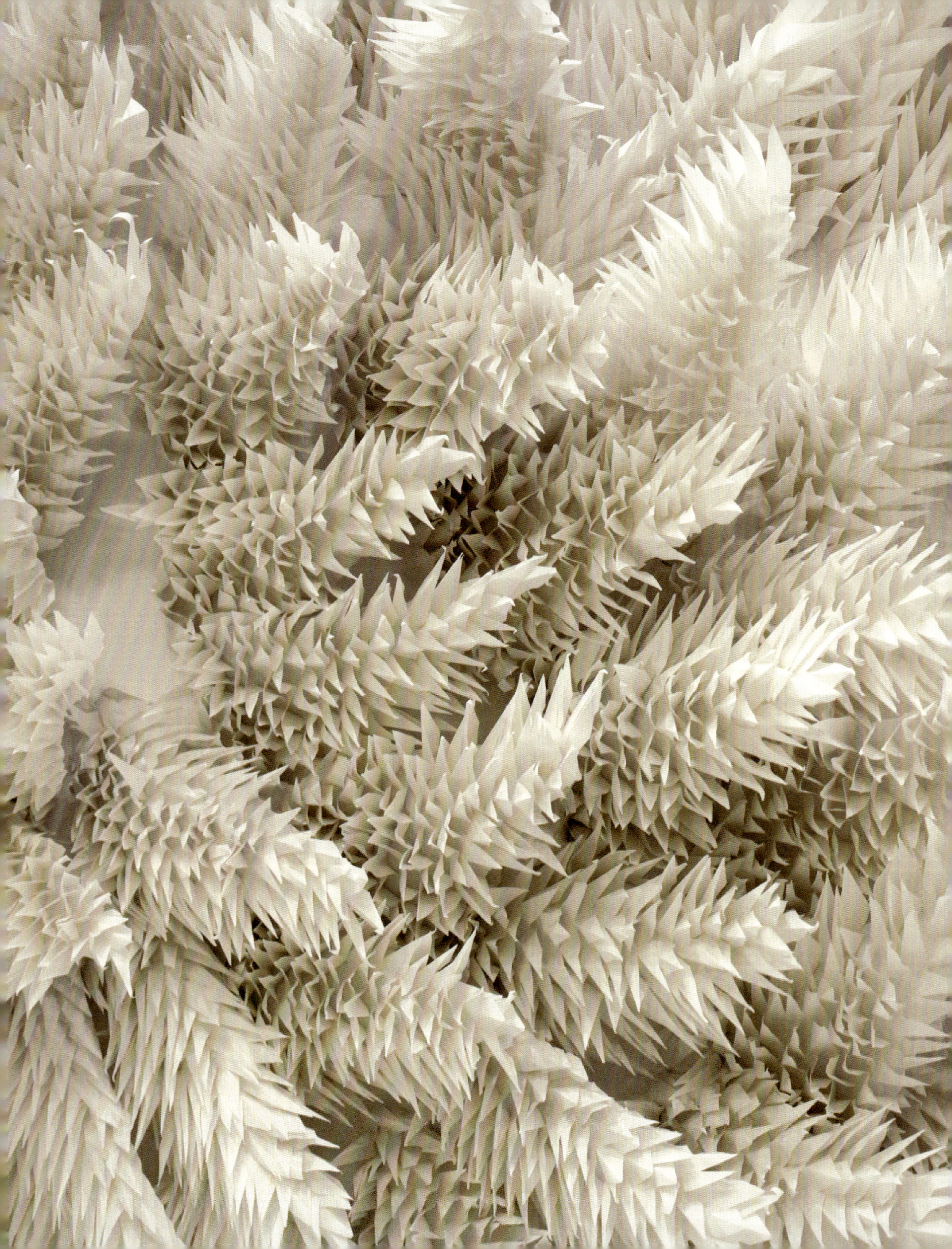

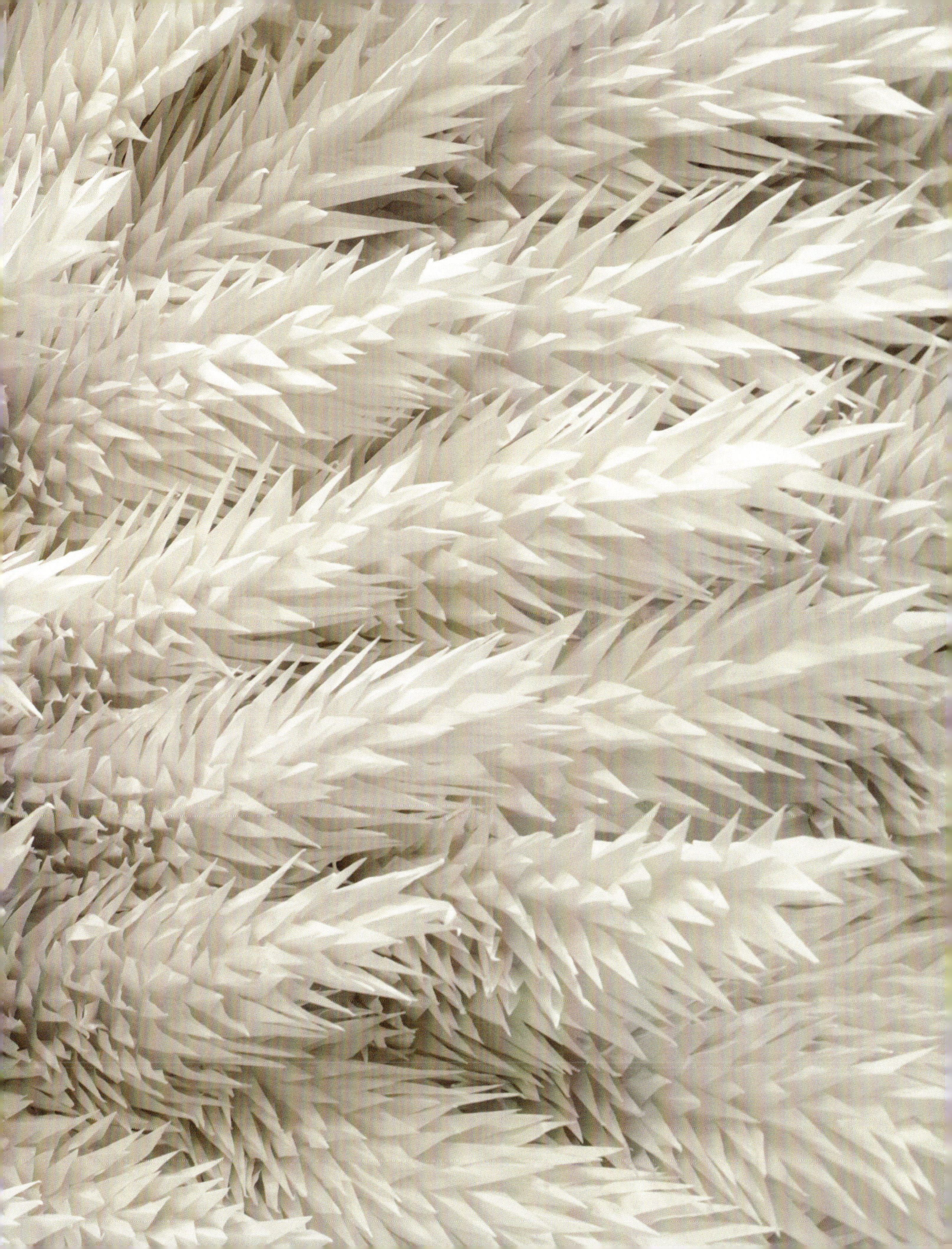

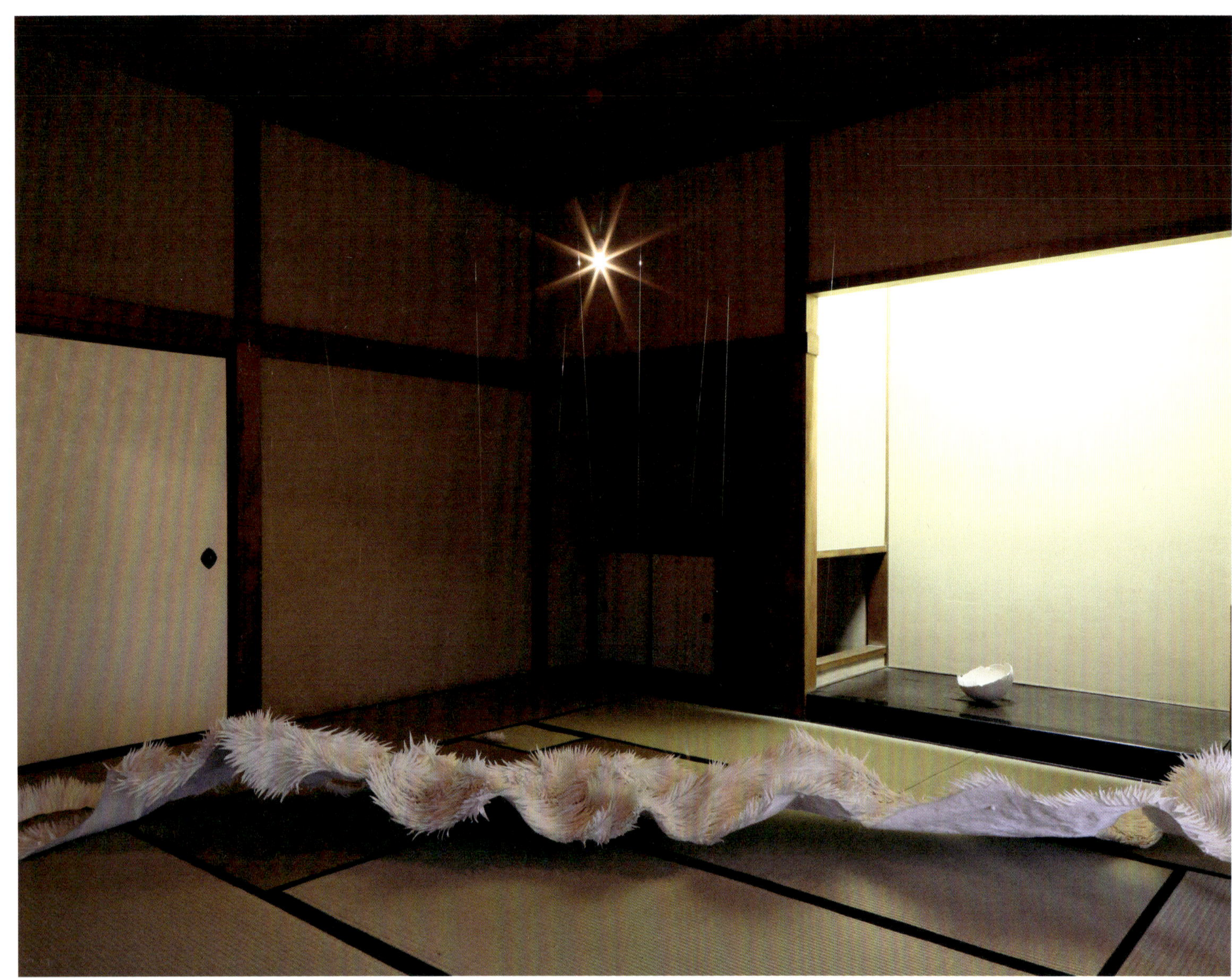

Ami Yamasaki
Sign of Voices / Il segno delle voci
2016
Carta / Paper
400×60×45 cm
Kyoto Art Center, Kyoto, Japan –
"KAC Performing Arts Program
2016 / Music"
Courtesy Kyoto Art Center
Photo Kai Maetani

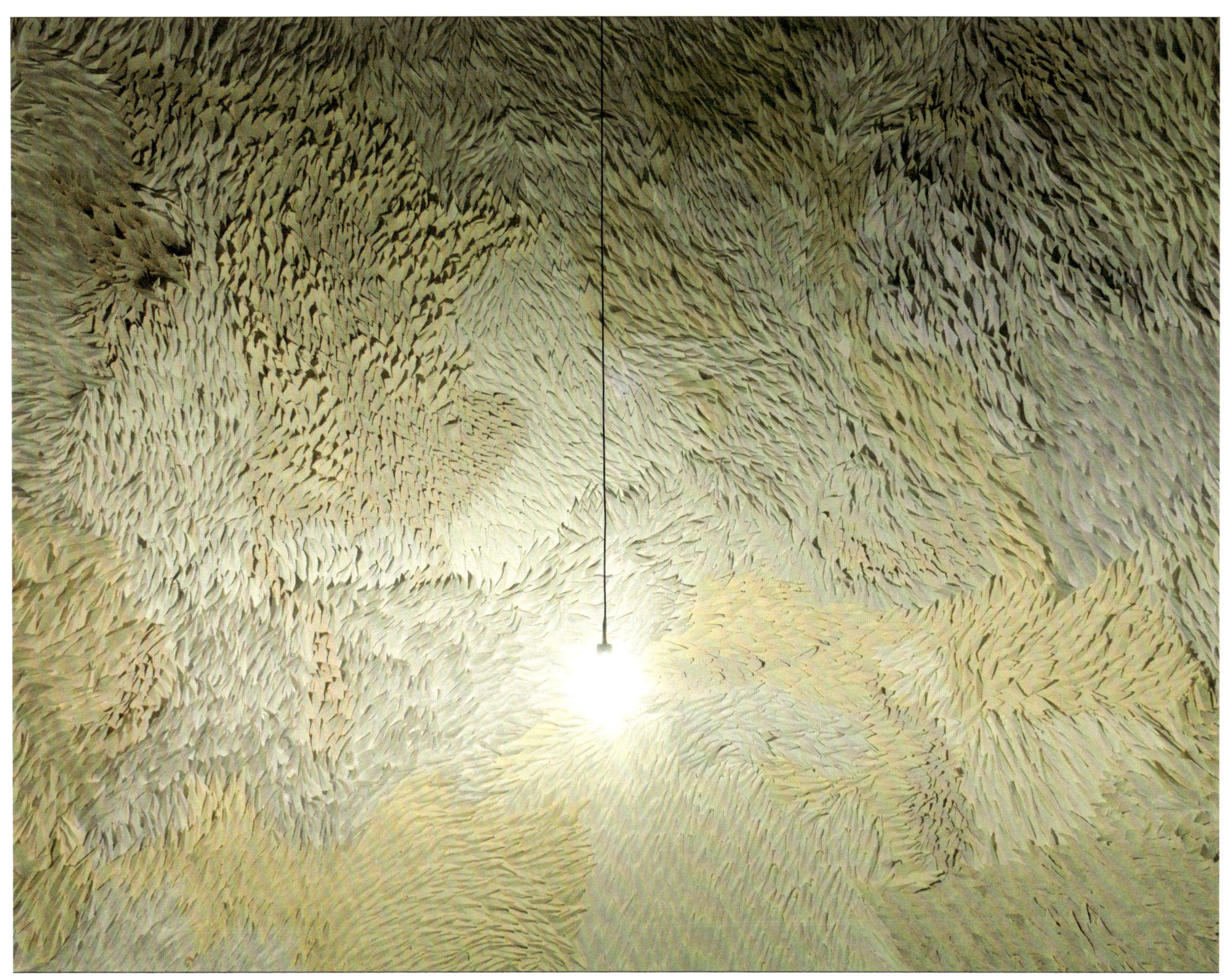

Ami Yamasaki
SONG / the animal in man, RHYTHM / CANZONE / l'animale nell'uomo, RITMO
2013
Carta / Paper
2500×20×600 cm
Aomori Contemporary Art Center, Aomori, Japan – "Exchange – Planting the seed"
Courtesy Aomori Contemporary Art Center
Photo Tadasu Yamamoto

Chikako Yamashiro

Testo / Text by Sachiko Namba
Traduzione / Translation by
Brian Amstutz Communications

Per molti giapponesi Okinawa, la regione nativa di Chikako Yamashiro è un luogo in qualche modo estraneo e che non ha niente a che fare con loro, un'isola turistica colorata contraddistinta dall'esotica cultura ryukyuana, un tempo teatro di una sanguinosa battaglia terrestre, tuttora afflitta dalla presenza delle basi militari americane. Yamashiro realizza opere fotografiche e video che prendono come punto di partenza questa prospettiva di Okinawa. Nei suoi primi lavori, lei stessa appare insieme a dei motivi simbolo di Okinawa come le splendide acque della baia di Henoko, la recinzione di una base militare americana o il caratteristico *hakanaa* (spazio per i banchetti in onore degli antenati) davanti alle tombe di Okinawa.

Affascinata dal potere del cinema di collegare spazi completamente diversi per carattere e dalla forte influenza esercitata sui film dal suono, Yamashiro negli ultimi anni realizza opere video su larga scala che mescolano realtà e finzione, con la partecipazione di numerosi performer. In *Mud man* (2016), un film ambientato a Okinawa e nell'isola coreana di Jeju – luogo che storicamente assomiglia a Okinawa – l'artista ritrae un mondo che intreccia il mito epico con la memoria storica, utilizzando suoni e immagini potenti. È una delle sue opere più efficaci.

Il film è accompagnato da parole simili a preghiere dette in giapponese, coreano e *uchinaaguchi* (dialetto di Okinawa). L'artista però omette di proposito i sottotitoli, così l'intero film si esprime solo attraverso le voci delle persone, i suoni e i ritmi. Nelle prime scene, gli "uomini di fango", assopiti in un'unione silenziosa con la terra, vengono svegliati dal suono delle voci che provengono dal fango. Alla fine, uno di loro precipita in un tunnel buio e la scena si trasforma in uno scontro a fuoco. Quello che sentiamo, tuttavia, è un beatboxing umano eseguito da voci edificanti completamente squilibrate rispetto alle immagini. Infine, un campo di gigli in fiore riempie lo schermo e da lì un'infinità di braccia si protende verso il cielo in un crescendo di applausi.

Pur svolgendosi nell'ambiente e nella storia caratteristici di Okinawa, le opere di Yamashiro parlano con forza alla gente di tutto il mondo, poiché celebrano la capacità innata delle persone di assimilare la storia e la memoria e di continuare a vivere, e fanno appello in modo eloquente all'unità e all'empatia.

For many Japanese, Chikako Yamashiro's native Okinawa is a region somehow foreign and unrelated to them, a resort island colored by exotic Ryukyuan culture, once the stage for a bloody land battle, that remains troubled by the presence of U.S. military bases even now. Yamashiro produces photographic and video works taking this perspective of Okinawa as her point of departure. In early works, she herself appears in conjunction with motifs symbolic of Okinawa such as the beautiful waters of Henoko Bay, the fence of an American military base, or the distinctive *hakanaa* (space for banquets in honor of the ancestors) in front of Okinawan tombs.

Fascinated by the power of film to connect spaces entirely different in character and by the strong influence exerted on film by sound, she in recent years is producing large-scale video works that mix reality and fiction, featuring numerous performers. In *Mud man* (2016), a film set both in Okinawa and Korea's Jeju Island—a place that historically resembles Okinawa—she depicts a world interweaving epic myth with historical memory using powerful sound and visuals. It is among her most compelling works.

The film is accompanied by prayer-like words spoken in Japanese, Korean, and *Uchinaaguchi* (Okinawan dialect). The artist yet intentionally omits subtitles, with the result that the entire film is expressed only through people's voices, sounds, and rhythms. As it begins, "mud men" slumbering in silent union with the land are awakened by the sounds of voices coming from mud. At length, one of them tumbles into a dark tunnel, which transforms into a scene of gun battle. What we hear, however, is human beatboxing performed by uplifting voices entirely out of balance with the visuals. Finally, a field of blooming lilies fills the screen, from which countless arms reach to the sky to a crescendo of applause.

While unfolding in Okinawa's particular environment and history, Yamashiro's works speak strongly to people everywhere, for they celebrate people's innate ability to assimilate history and memory and go on living, and eloquently appeal for unity and empathy.

pp. 229-233
Chikako Yamashiro
Mud Man / Uomo di fango
2016
Installazione video HD a tre canali, colore, sonoro / 3 channel high-definition video installation, colour, sound, 23'
In cooperation with Aichi Triennale 2016

Courtesy Yumiko Chiba Associates

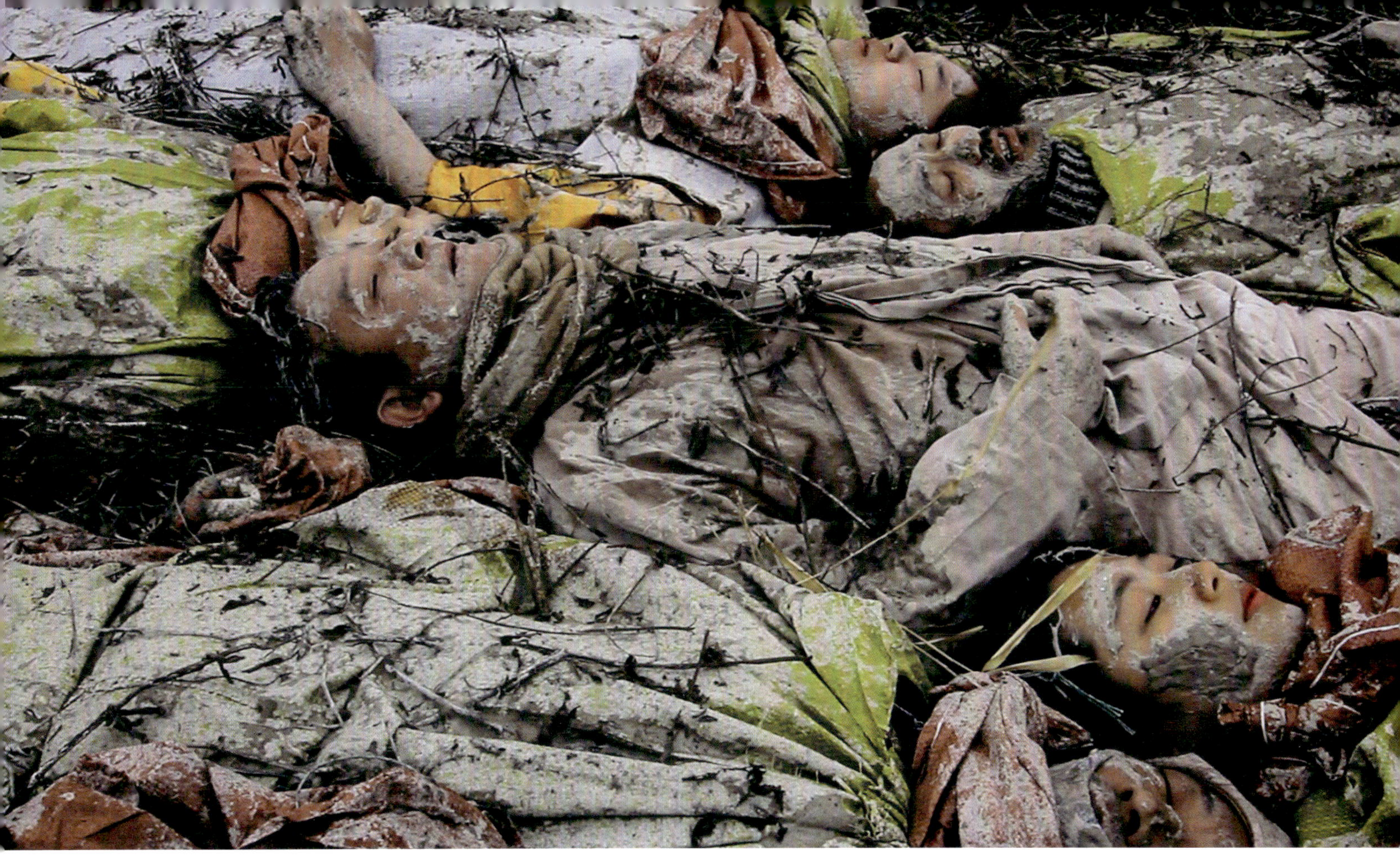

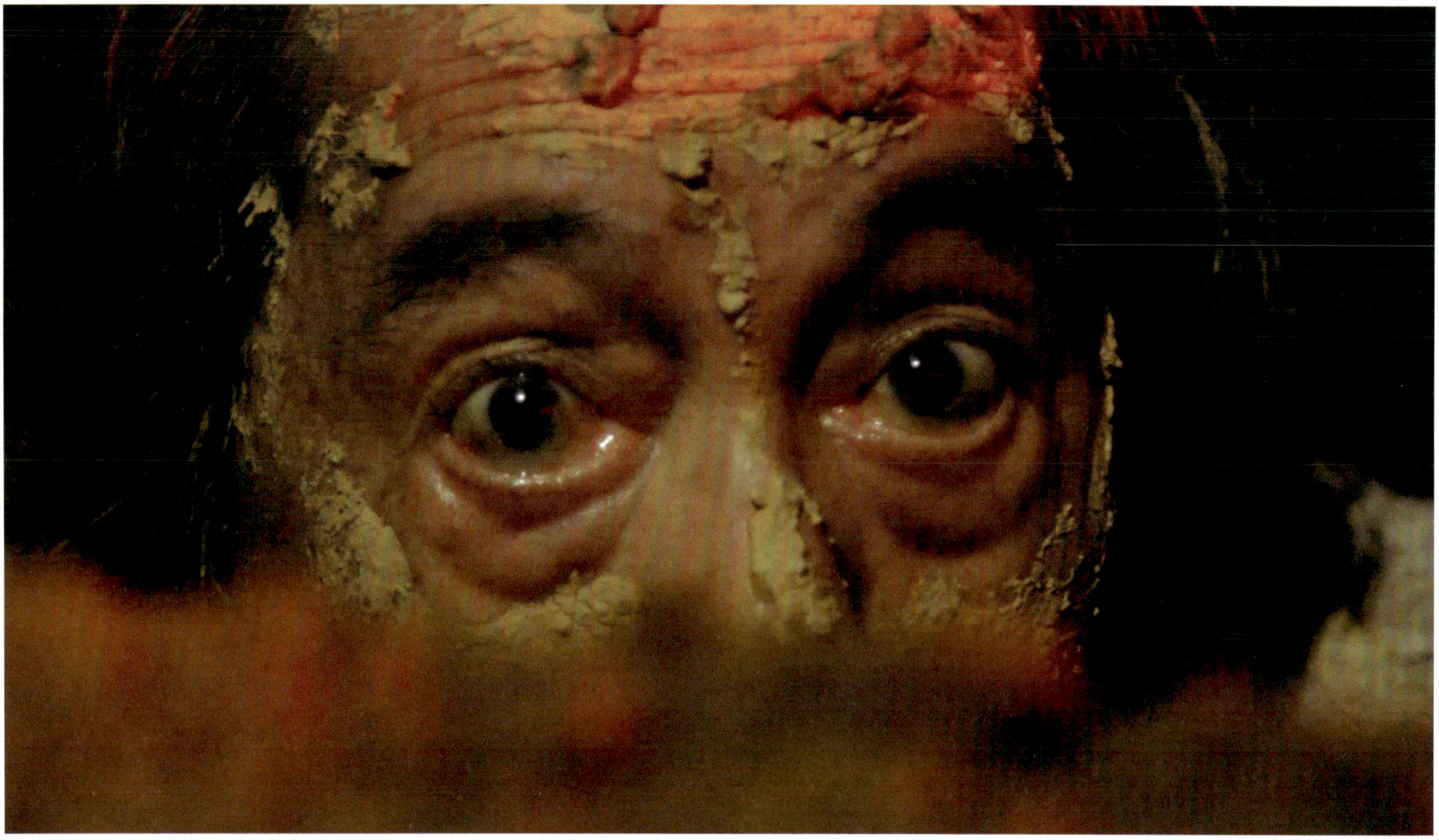

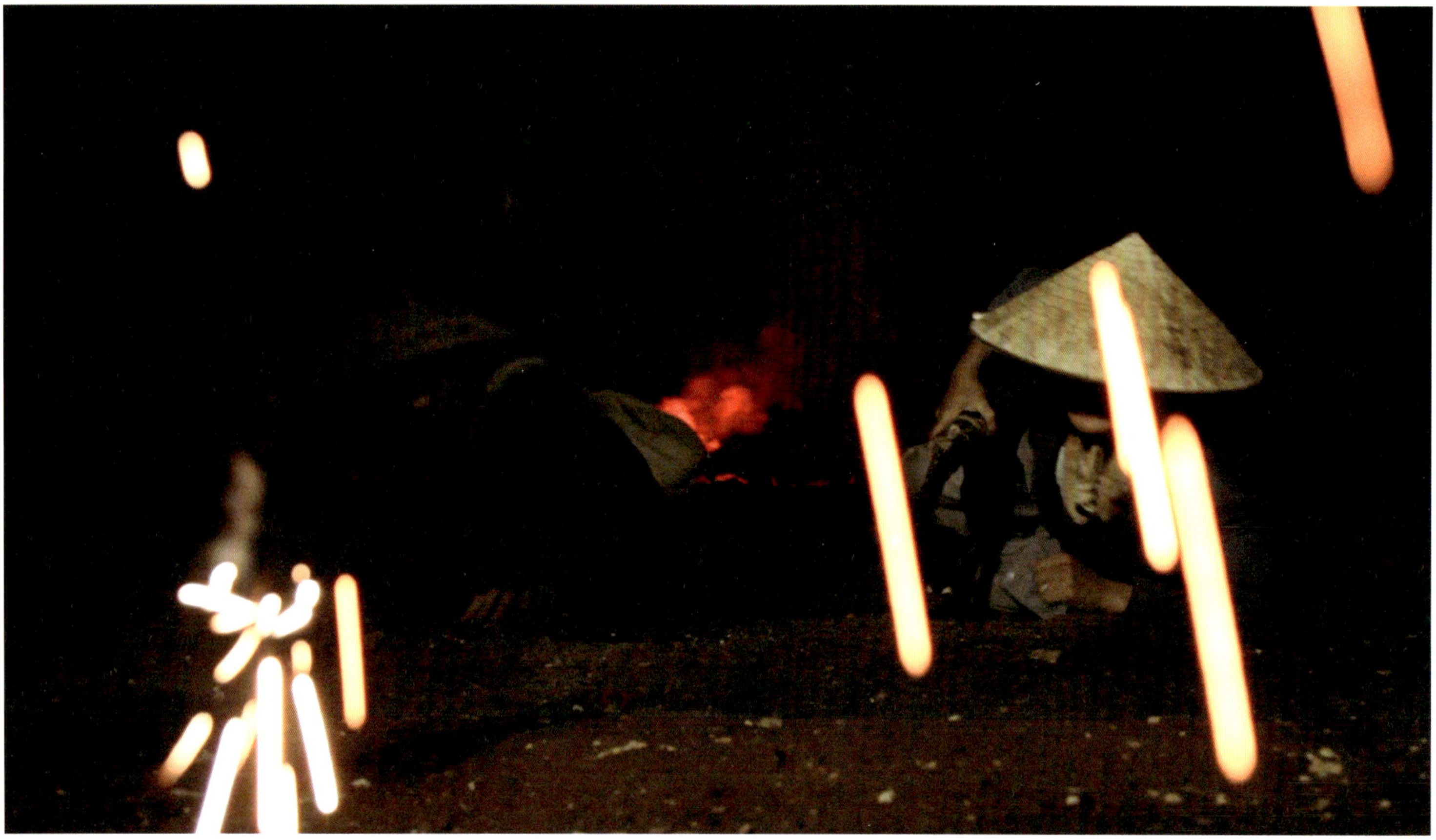

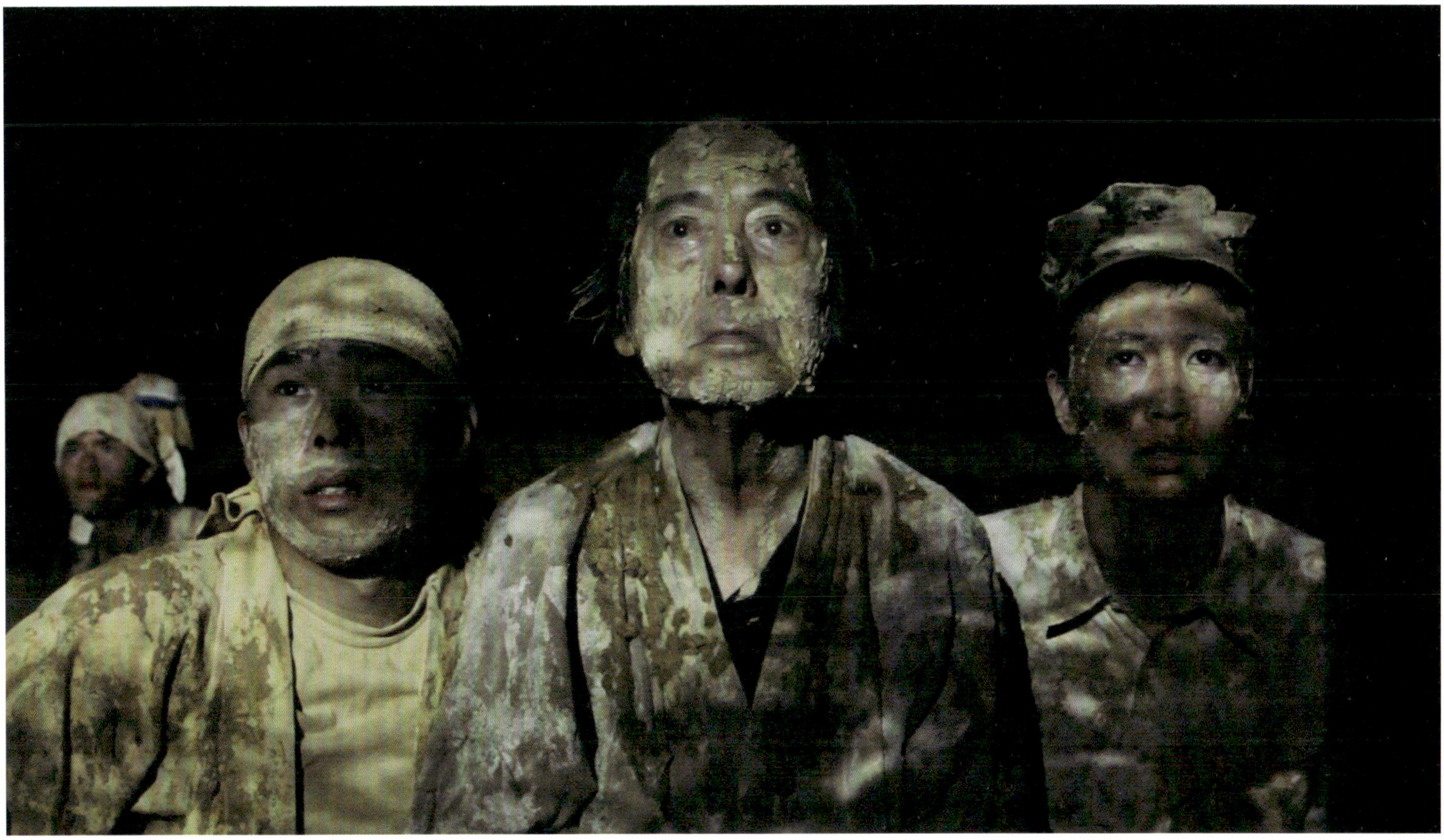

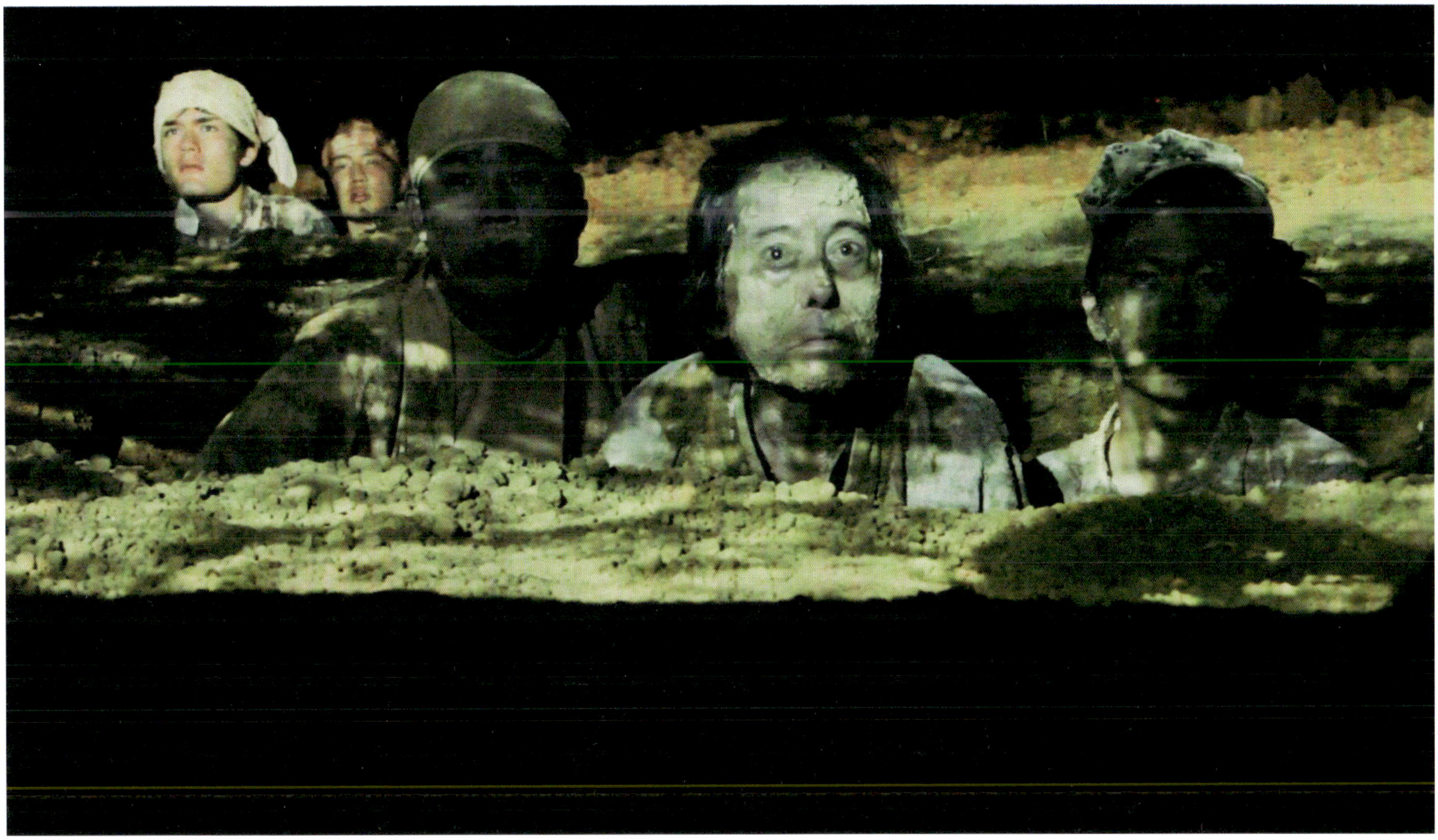

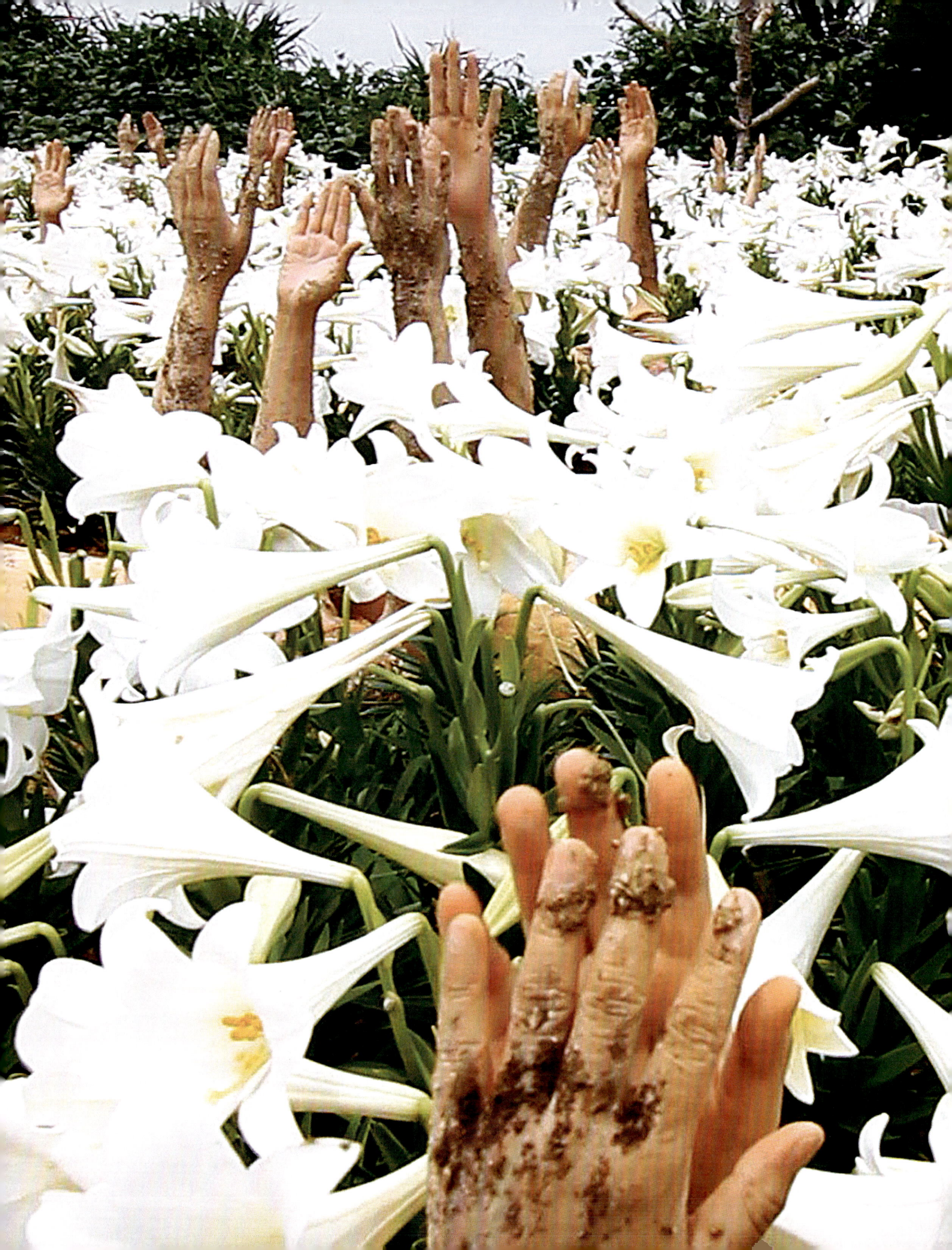

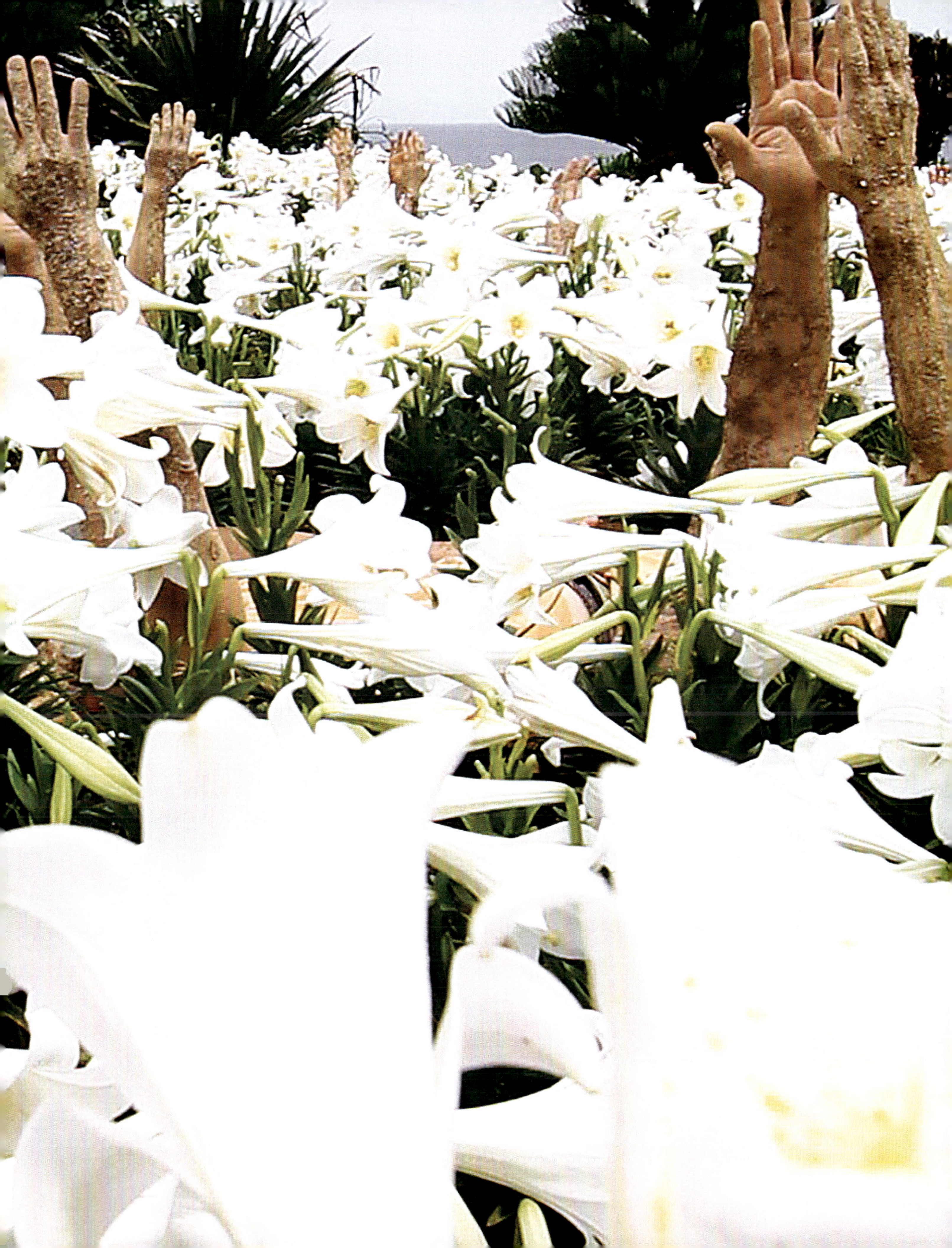

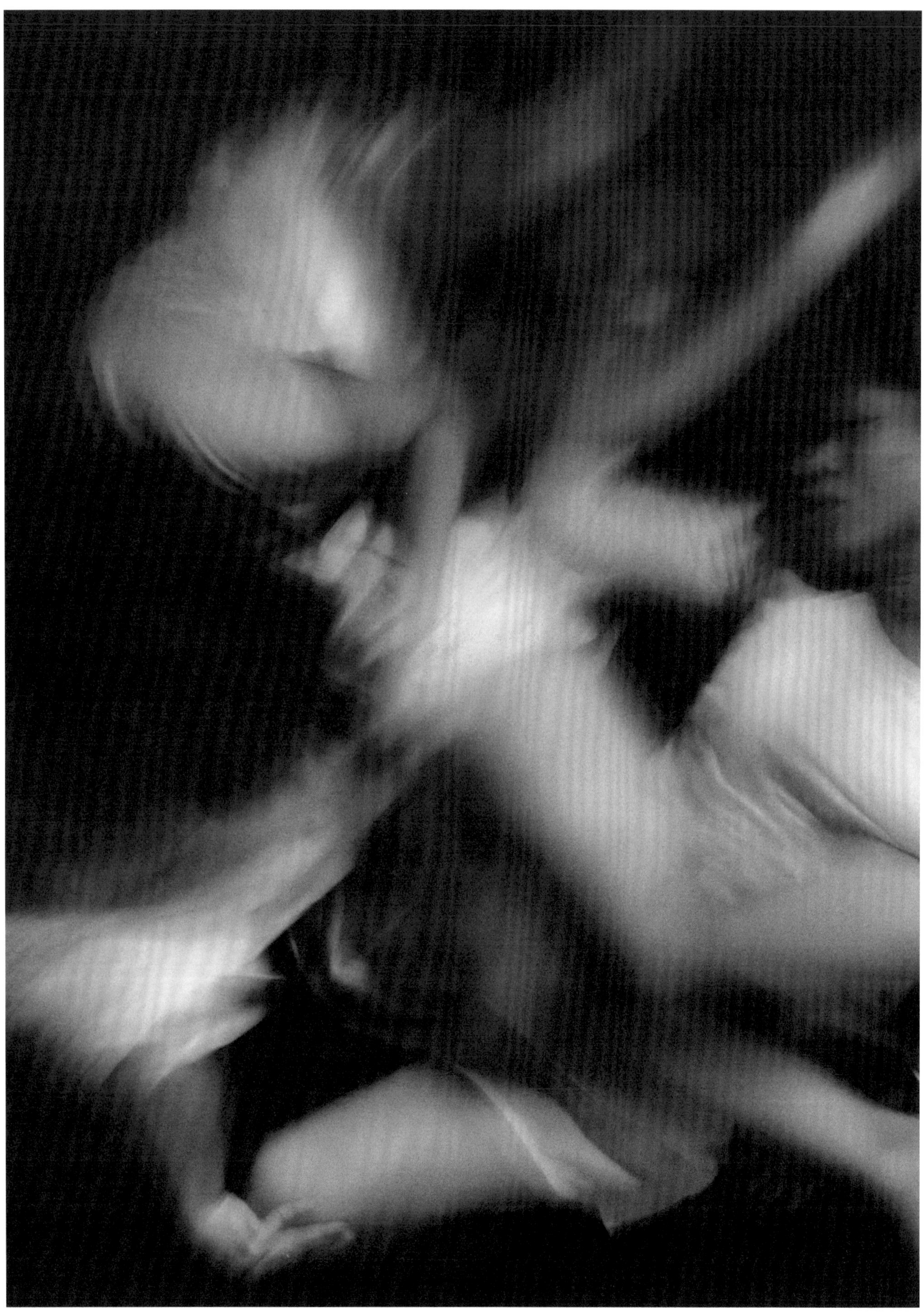

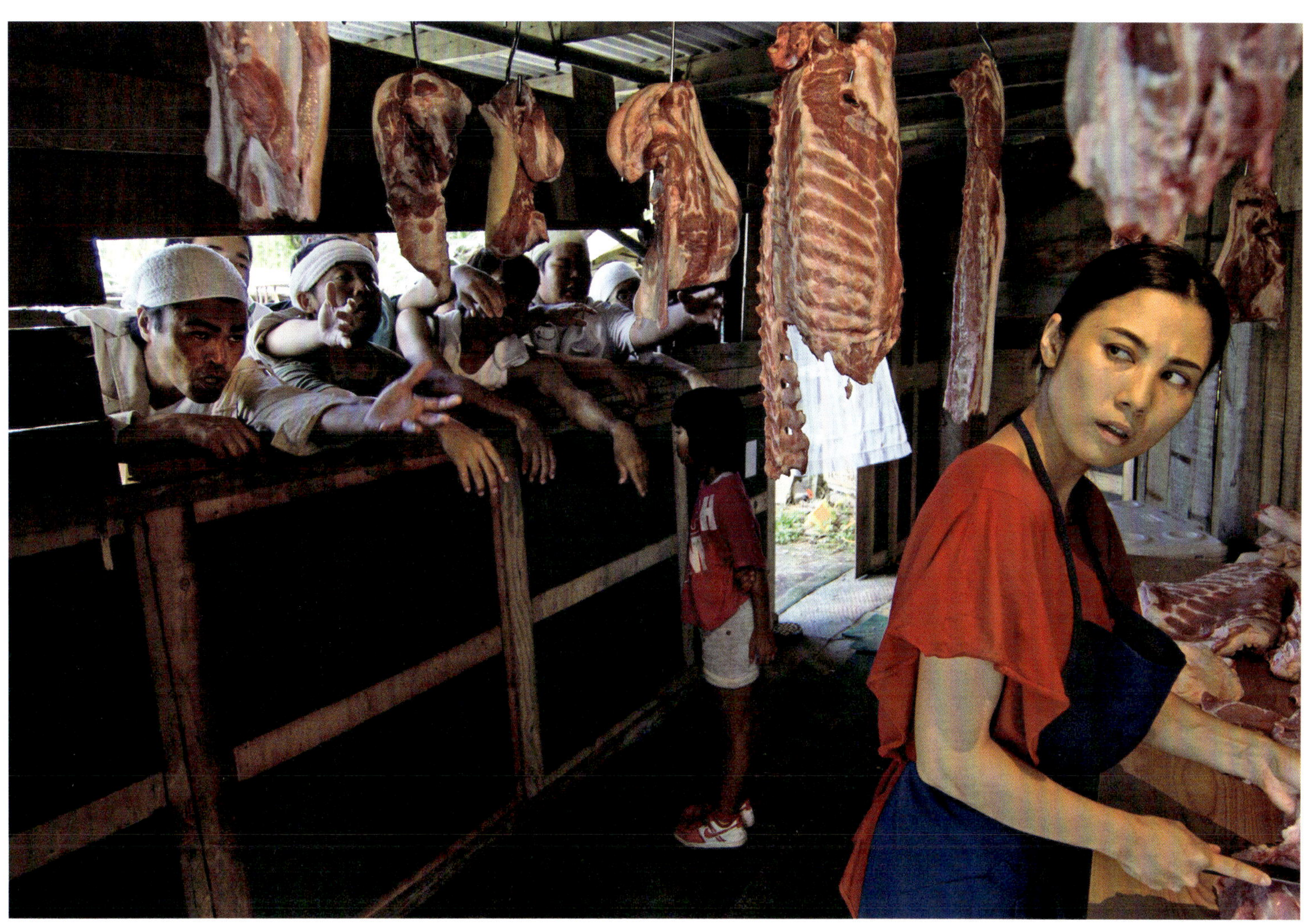

Chikako Yamashiro
The Body of Condonement
/ Il corpo del perdono
2012
Stampe Lambda / Lambda prints
(serie di / series of 13)
Versione originale / Original version:
56×40 cm cad. / each (×11),
70×50 cm cad. / each (×2), 2012
Versione rivista / Revised version:
70×50 cm cad. / each (×11),
84×60 cm cad. / each (×2), 2020
© Chiako Yamashiro
Courtesy Yumiko Chiba Associates

Chikako Yamashiro
A Woman of the Butcher Shop
/ Una donna della macelleria
Installazione a 3 canali
/ 3 channel installation, 21'15'', 2012
[versione cinematografica
/ cinema version]
video a canale singolo
/ single channel video, 27'30'', 2016
Supporto / Support: Mori Art Museum
© Chikako Yamashiro
Courtesy Yumiko Chiba Associates

APPARATI
/ APPENDIX

Biografie degli artisti

MAKOTO AIDA

Makoto Aida (Prefettura di Niigata, 1965) nel 1991 ha conseguito la laurea e un master di pittura a olio presso il Dipartimento di Belle Arti dell'Università di Tokyo. Le sue opere, che appartengono ad ambiti molto diversi come pittura, fotografia, cinema, scultura, performance, installazione, letteratura e manga, sono state ampiamente esposte sia in Giappone che all'estero. La sua prolifica produzione attraversa liberamente i confini storici e sociali, il contemporaneo e il premoderno, l'Oriente e l'Occidente, affrontando temi come la bellezza delle ragazze, dipinti di propaganda di guerra e la cultura giapponese del salaryman, ovvero l'uomo d'affari di medio livello. Il suo particolare stile caratterizzato da elementi di bizzarro contrasto e critica acuta gli è valso un notevole seguito fra persone di ogni età. Fra le sue mostre personali più importanti negli ultimi anni vi sono *Monument for Nothing*, Mori Art Museum, Tokyo (2012-2013); *The Non-Thinker*, Château des ducs de Bretagne, Nantes (2014); *So, This Is What They Call 'Still Alive'*, Museo di arte moderna della prefettura di Niigata, Giappone (2015) e *GROUND NO PLAN*, Aoyama Crystal Building, Tokyo (2018).

DUMB TYPE

Fondato a Kyoto nel 1984, Dumb Type è composto da artisti provenienti da diversi ambiti – arte visiva, musica, video, danza, design, programmazione informatica e altri settori – che nel corso degli anni hanno contribuito a creare una grande varietà di produzioni teatrali e installazioni. Il gruppo ha mantenuto uno stile creativo aperto, senza un direttore fisso e con una rosa variabile di membri che partecipano a ogni produzione come parte della loro continua esplorazione di sempre nuove possibilità di collaborazione artistica. Le loro opere sono state presentate in numerosi festival e mostre, tra cui la Biennale di Venezia (2022). Hanno tenuto mostre personali al Centre Pompidou-Metz, Francia (2018); al Museum of Contemporary Art di Tokyo (2019-2020) e alla Haus der Kunst di Monaco (2022).

KOTA TAKEUCHI

Su Finger Pointing Worker (L'operaio che punta il dito) non ci sono informazioni, inclusa la data di nascita, ma il suo rappresentante, Kota Takeuchi (1982), è un artista che vive fra Tokyo e Fukushima. Da quando ha presentato il video di Finger Pointing Worker in occasione della sua mostra personale *Open Secret* presso la SNOW Contemporary, a Tokyo (2012), sostiene di essere l'agente rappresentante di Finger Pointing Worker e ha presentato il video in molte mostre collettive, fra cui *Splitting Atom*, presso il CAC/SMK Centro per l'arte contemporanea e Museo dell'energia e della tecnologia, Vilnius (2020); *Japanorama. A new vision on art since 1970*, al Centre Pompidou-Metz, Metz (2017). Kota Takeuchi realizza anche video, foto, sculture e installazioni come artista, esplorando la relazione fra i media e la natura umana. Le sue opere offrono esperienze di condivisione simulata fra l'artista stesso e gli spettatori.

Fra le sue recenti attività si annoverano mostre personali come *Body is not Antibody*, presso la SNOW Contemporary, Tokyo (2019) e *Beyond the Beach*, Iwaki City Art Museum, Fukushima (2022) e collettive fra cui *OT Collection: Journals Special Exhibit*, Museum of Contemporary Art Tokyo (2017) e la 6a Asian Art Biennial, National Taiwan Museum of Fine Arts, Taichung (2017).

MARI KATAYAMA

Mari Katayama (Saitama, 1987, ma cresciuta a Gunma), ha conseguito una laurea magistrale presso il Dipartimento di arte intermediale della Tokyo University of the Arts nel 2012. Affetta da emimelia tibiale congenita, Katayama a nove anni si è fatta amputare entrambe le gambe. Da allora, ha realizzato numerosi autoritratti, insieme a oggetti ricamati e protesi decorate usando il proprio corpo come una scultura vivente.

Oltre alla sua produzione artistica, ha lavorato anche come modella, cantante e oratrice principale in eventi internazionali. Fra le sue più importanti esposizioni vi sono *Home Again* (Maison Européenne de la Photographie, Parigi, Francia, 2021); la 58a Biennale di Venezia nel 2019 (Giardini Arsenale, Venezia); *Broken Heart* (White Rainbow, Londra, 2019); *Photographs of Innocence and of Experience – Contemporary Japanese Photography Vol. 14* (Tokyo Photographic Art Museum, Tokyo,

2017); *Roppongi Crossing – My Body, Your Voice* (Mori Art Museum, Tokyo, 2016); Aichi Triennale 2013 (Nayabashi, Aichi).

È inoltre presente in collezioni pubbliche quali la Tate Modern (Londra); la Collection Antoine de Galbert (Parigi); il Mori Art Museum (Tokyo); la Arts Maebashi (Gunma, Giappone) e il Tokyo Photographic Art Museum (Tokyo). Ha ricevuto l'Higashikawa Award per la categoria Nuovi Fotografi nel 2019 e il Kimura Ihei Award nel 2020. Fra le sue più importanti pubblicazioni si segnala *GIFT* (United Vagabonds, 2019).

MEIRO KOIZUMI

Meiro Koizumi (Gunma, 1976) vive e lavora a Yokohama, in Giappone. Kouzumi è un artista che fonde realtà e finzione in video e performance sperimentali che esplorano le relazioni fra lo stato, il collettivo e il personale, nonché fra il corpo umano e le sue emozioni. Fra le sue mostre personali citiamo *Prometheus Bound*, Kanazawa 21st Century Museum, *Giappone* (performance VR); *Battlelands*, Perez Art Museum Miami (2018); *Portrait of a Failed Silence*, MUAC, Città del Messico (2015); *Trapped Voice Would Dream of Silence*, Arts Maebashi, Maebashi, *Giappone* (2015) e *Project Series 99: Meiro Koizumi* presso il Museum of Modern Art, New York (2013). Fra le ultime mostre collettive si ricordano la Triennale di Aichi (2019); *Leaving the Echo Chamber,* la 14a Biennale di Sharjah (2018); *Proregress*, la 12a Biennale di Shanghai (2018); la 9a Asia Pacific Triennale, Brisbane (2018). Ha ricevuto l'Artes Mundi 9 Prize nel 2021.

YUKO MOHRI

Yuko Mohri (Kanagawa, 1980) vive e lavora a Tokyo. L'arte di Mohri cerca di rendere visibili energie invisibili come l'elettricità, il magnetismo e il movimento. Nelle sue installazioni e sculture non lavora per comporre o costruire, ma per richiamare l'attenzione su "fenomeni" che cambiano costantemente in base a varie condizioni, come l'ambiente. Negli ultimi anni ha esplorato questa idea anche attraverso i video e la fotografia.

Tra le mostre personali più recenti vi sono *I/O* (In Oslo), Atelier Nord, Oslo (2021); *Parade (a Drip, a Drop, the End of the Tale)*, Japan House di San Paolo (2021); *SP. by yuko mohri*, Ginza Sony Park, Tokyo (2020); *Voluta*, Camden Arts Centre, Londra (2018) e *Assume That There Is Friction and Resistance*, Towada Art Center, Aomori (2018). Ha inoltre partecipato a mostre collettive internazionali, fra cui la 23a Biennale di Sydney (2022); la 2021 Asian Art Biennial, National Taiwan Museum of Fine Arts, Taichung (2021); la 34a Biennale di San Paolo, Ciccillo Matarazzo Pavilion, San Paolo (2021); Glasgow International 2021, The Pipe Factory, Glasgow (2021); la 9a Asia Pacific Triennial of Contemporary Art (2018) e la 14a Biennale di Lione (2017).

SABURO MURAOKA

Saburo Muraoka (Osaka, 1928-2013) è stato un artista moderno e contemporaneo giapponese. Da giovane ha subìto il fascino dell'astronomia, che si è tradotto in un impegno costante verso le scienze nella sua pratica artistica.

È famoso per l'uso di materiali insoliti come ferro, zolfo, sale e bombole di ossigeno, nonché per il suo impegno estetico con le qualità dinamiche come il calore, la vibrazione e il decadimento per catturare "il delicato equilibrio fra le forze naturali che producono vita e quelle distruttive". Nonostante la fama di Muraoka sia prevalentemente legata alla scultura, la sua pratica ha abbracciato molti media diversi nel corso della sua carriera e in particolare durante gli anni Settanta, quando ha sperimentato con la fotografia, il disegno, il video e l'audio.

Tra le sue mostre più importanti ricordiamo la 44a Biennale di Venezia, padiglione del Giappone (1990); Saburo Muraoka: Salt/Heat/Oxygen, una retrospettiva al National Museum of Modern Art di Tokyo (1997), in seguito presentata anche al National Museum of Modern Art di Kyoto (1998). Le sue opere sono presenti nelle collezioni permanenti di numerosi musei, tra cui The National Museum of Art, Osaka; The National Museum of Modern Art, Tokyo; The Museum of Contemporary Art, Tokyo; Toyota Municipal Museum of Art.

YOKO ONO

Yoko Ono (Tokyo, 1933) si trasferisce a New York nel 1953, dopo gli studi di filosofia. Rientrata a Tokyo nel 1962, lavora a vari progetti (concerti, performance, film) oltre a scrivere e pubblicare Grapefruit, una raccolta delle sue idee intorno all'arte concettuale, prima di tornare a New York nel 1964. Si reca poi a Londra nel 1966, per ritornare infine a New York nel 1971, dove da allora risiede.

Ono è un'artista la cui opera induce le persone a riflettere sul concetto che hanno dell'arte e del mondo che le circonda. Fin dall'inizio della sua carriera è stata una concettualista il cui lavoro comprendeva performance, istruzioni, film, musica e scrittura. Oggi è ampiamente riconosciuta per i suoi film innovativi, per la musica e l'arte radicali, oltre che per la sua arte performativa.

Le principali mostre itineranti di Ono hanno viaggiato in tutto il mondo, inclusi Stati Uniti, Canada, Giappone, Corea ed Europa. Negli ultimi anni ha tenuto mostre personali presso il Museum of Modern Art di New York (2015); il Museum of Contemporary Art di Tokyo (2015); la Faurschou Foundation di Pechino (2015); il MAC di Lione (2016); l'Hirshhorn Museum and Sculpture Garden di Washington D.C. (2017); il MdbK di Lipsia (2019); la Poetry Foundation di Chicago (2019); il Moscow Museum of Modern Art (2019); il Serralves Museum of Contemporary Art di Porto (2020); la Vancouver Art Gallery (2021); la Kunsthaus Zürich (2022); la Kaunas Picture Gallery (2022).

Nel 2009 Ono ha ricevuto il Leone d'oro alla carriera dalla Biennale di Venezia.

LIEKO SHIGA

Lieko Shiga vive e lavora a Miyagi, in Giappone, dal 2008. Si è laureata al Chelsea College of Art and Design di Londra nel 2004.

Nel suo lavoro continua a perseguire il rapporto fra la società e la natura, a riflettere sulla vita immaginando la morte e, dopo il grande terremoto del Giappone orientale, a cercare la realtà interiore della follia della mente e del corpo umano che continua a essere soppressa dal piano di ricostruzione promosso dal governo nazionale e dalle grandi aziende. Recentemente ha tenuto regolari open studios presso lo Studio Parlor, uno spazio creativo nella prefettura di Miyagi, oltre a laboratori e conferenze in collaborazione con i membri del collettivo d'artisti PUMPQUAKES. Fra le più importanti mostre collettive si ricordano Off the Wall, The Museum of Modern Art, San Francisco (2021); Tsumazuki no Niwa, Kyu Kankeimaru Shoten, Ishinomaki (2022), mentre fra quelle personali Human Spring, Tokyo Photographic Art Museum, Tokyo (2019).

Nel 2021 è stata insignita del Tokyo Contemporary Art Award (TCAA) 2021-2023.

CHIHARU SHIOTA

L'ispirazione di Chiharu Shiota (Osaka, 1972; attualmente vive a Berlino) nasce spesso da un'esperienza o un'emozione personali che l'artista amplia trasformandole in problematiche umane universali come la vita, la morte e le relazioni. Chiharu Shiota ha ridefinito il concetto di memoria e di consapevolezza raccogliendo oggetti comuni come scarpe, chiavi, letti, sedie e vestiti, e inglobandoli in immense strutture di fili. L'artista esplora la sensazione di una "presenza nell'assenza" con le sue installazioni, ma presenta anche emozioni intangibili nelle sculture, nei disegni, nelle video performance, nelle fotografie e nelle tele che crea.

Le sue opere sono state esposte in istituzioni internazionali, tra cui ZKM di Karlsruhe (2021); Mori Art Museum di Tokyo (2019); Gropius Bau di Berlino (2019); Art Gallery of South Australia (2018); Power Station of Art di Shanghai (2017); K21 di Düsseldorf (2015); Smithsonian Institution di Washington DC (2014); Museum of Art di Kochi (2013) e National Museum of Art di Osaka (2008). Ha inoltre partecipato a numerose mostre internazionali come l'Oku-Noto International Art Festival (2017); la Biennale di Sydney (2016) e la Triennale di Yokohama (2001). Nel 2015 Shiota è stata selezionata per rappresentare il Giappone alla 56a Biennale di Venezia.

KAZUO SHIRAGA

Kazuo Shiraga (Amagasaki, 1924-2008) è stato un pittore astratto giapponese, membro della prima generazione di artisti che nel dopoguerra hanno fondato la Gutai Art Association. Entra nella Scuola Tecnica di Pittura della città di Kyoto (oggi conosciuta come Università delle Arti della città di Kyoto), dove si specializza in pittura tradizionale giapponese.

Come membro di Gutai, è stato uno sperimentatore prolifico, inventivo e pionieristico che ha continuato a esplorare la pittura, praticando al contempo azioni sperimentali per espandere il mezzo espressivo, molte delle quali sono conservate solo su foto e film documentari. Shiraga è noto soprattutto per i suoi dipinti astratti, o per la cosiddetta "pittura con i piedi", che realizzava stendendo con i piedi colori a olio inizialmente su carta e più tardi su tela. Le sue opere sono state presentate a partire dagli anni Ottanta in un numero crescente di grandi mostre antologiche sull'arte giapponese del dopoguerra e di retrospettive sul gruppo Gutai, tra cui *Japon des avant-gardes 1910-70* al Centre Pompidou di Parigi (1986). La prima mostra personale di Shiraga in un grande museo si è tenuta al Museo d'Arte Moderna della Prefettura di Hyogo (1985). Mostre retrospettive sul suo lavoro sono state allestite presso il Centro Culturale di Amagasaki (1989) e il Museo d'Arte Moderna della Prefettura di Hyogo (2001). È stato insignito del Premio culturale della Prefettura di Hyogo nel 1987, della Distinguished Service Medal for Culture nel 2001 e dell'Osaka Art Prize nel 2002.

KISHIO SUGA

Kishio Suga (Morioka, prefettura di Iwate, 1944) nel 1968 si è laureato presso il Dipartimento di Pittura della Tama Art University ed è stato un protagonista del movimento artistico Mono-ha, sviluppatosi tra la fine degli anni Sessanta e gli anni Settanta.

A partire dalla sua prima mostra personale, nel 1968, Suga ha presentato lavori in oltre 400 occasioni in numerose mostre sia in Giappone sia in altri paesi. Tra le principali esposizioni ricordiamo la 38a Biennale di Venezia (1978); *Mono-ha: School of Things*, Kettle's Yard, Università di Cambridge (2001); *Tokyo 1955-1970: A New Avant-Garde*, Museum of Modern Art, New York (2012); Kishio Suga, Dia: Chelsea, New York (2016); Situations, Pirelli HangarBicocca, Milano (2016); Karla Black and Kishio Suga, Scottish National Gallery of Modern Art, Regno Unito (2016); 57a Biennale di Venezia *Viva Arte Viva* (2016). Le opere di Suga sono esposte in numerosi musei tra cui ricordiamo: Centre Pompidou, Dia: Chelsea, Tate Modern, Dallas Museum of Art, M+, The Museum of Modern Art, Guggenheim Abu Dhabi, The Scottish National Gallery of Modern Art e Museum of Contemporary Art, Tokyo.

ATSUKO TANAKA

Atsuko Tanaka (Osaka, 1932-2005) è stata un'artista d'avanguardia, figura centrale della Gutai Art Association dal 1955 al 1965. Ha studiato presso l'Istituto d'Arte del Municipal Museum of Art di Osaka dopo aver abbandonato gli studi di pittura occidentale al Kyoto Municipal College of Art (ora conosciuto come Kyoto City University of Arts).

I dipinti, le sculture, le performance e le installazioni astratte di Tanaka sfidavano le idee convenzionali su come le opere d'arte dovrebbero apparire o "essere inscenate". L'uso di materiali quotidiani, come i tessuti tinti in fabbrica, le campane elettriche e le lampadine, rivelava la bellezza artistica di oggetti ordinari.

Tra le mostre personali di Tanaka nei principali musei si ricordano:*Atsuko Tanaka Exhibition*, Gutai Pinacotheca, Osaka (1963); *Atsuko Tanaka Exhibition*, Minami Gallery, Tokyo (1963); *ATSUKO TANAKA*, Minami Gallery, Tokyo (1972); *10th Solo Exhibition of Atsuko Tanaka*, Asahi Gallery, Kyoto (1978); *Atsuko Tanaka: Peintures*, Galerie Stadler, Parigi (1987); *Atsuko Tanaka Exhibition*, Takagi Gallery, Nagoya (1994); *Atsuko Tanaka: Search for an Unknown Aesthetic*, 1954-2000, Ashiya City Museum of Art and History and Shizuoka Prefectural Museum of Art (2001); *Electrifying Art: Atsuko Tanaka 1954-1968*, Grey Art Gallery, New York (2004); *Atsuko Tanaka: The Art of Connecting*, Ikon

Gallery, Birmingham e altre sedi (2011-2012). Le opere di Tanaka sono state esposte in mostre internazionali, tra cui documenta 12, Kassel (2007).

YUI USUI

Yui Usui crea opere bidimensionali e tridimensionali usando materiali comuni come la stoffa, concentrandosi sulle tecniche artigianali. Nella sua pratica si impegna a interpretare e capire la società, la cultura e la storia da numerose angolature incentrate sulle prospettive delle donne e del lavoro, producendo opere che servono a generare relazioni e critiche riguardo questi temi.

Ha recentemente presentato le sue opere in varie mostre, fra cui *Everywhere Gather Yourself Stand*, SCAI PIRAMIDE, Tokyo (2022); *Feminisms*, 21st Century Museum of Contemporary Art, Kanazawa (2021-2022); Triennale di Saitama 2020, Saitama (2020); Triennale di Aichi 2019, Nagoya City Art Museum, Nagoya (2019). Fra le sue più importanti mostre personali vi sono *Fundamentals*, CADAN YURAKUCHO, Tokyo (2021); *Shadow work*, Kurumaya Museum of Art, Tochigi (2016).

FUYUKI YAMAKAWA

Fuyuki Yamakawa (Londra, 1973) è un artista performativo, sound artist e musicista che vive fra Yokohama e Tokyo, in Giappone. Quando aveva tre anni la sua famiglia si è trasferita da Londra, dove il padre era conduttore e corrispondente della Fuji Television, a Yokohama, in Giappone, prima di trasferirsi negli Stati Uniti, dove Yamakawa ha frequentato la scuola media.

È famoso per il canto multitonale Khoomei e per gli happening musicali che amplificano il suono del suo battito cardiaco e altri suoni corporei utilizzando strumenti come stetoscopi e dispositivi a conduzione ossea.

Il suo lavoro è stato presentato al Centre Pompidou-Metz, Metz (2017) e alla Biennale Danza, Venezia (2006, 2007). Yamakawa ha esposto e si è esibito in varie località del Giappone, di Singapore e della Corea del Sud, oltre che, tra gli altri, presso The Kitchen, New York (2007); il Paddington Town Hall, Sydney (2011); il Centre de Cultura Contemporània de Barcelona, Spagna (2010).

AMI YAMASAKI

Ami Yamasaki (Prefettura di Ehime, Giappone) è una artista vocale e visiva che crea installazioni e performance e dirige film. Utilizza le orecchie, le corde vocali e la pelle per percepire la propria voce e gli echi che essa produce. Ricorrendo a un metodo simile alla ecolocalizzazione per riconoscere uno spazio, lo trasforma attraverso una tipologia di ombra acustica. Con le performance e le installazioni, si interroga su come viene creato il mondo. Le domande che si pone nascono anche dal suo interesse verso la fisica quantistica e dalla sua collaborazione con alcuni scienziati di questo settore.

È stata borsista dell'Asian Cultural Council (2017) e Asian Fellow of Asia Center Japan Foundation (2018). Recentemente ha partecipato con le sue opere alla Setouchi Triennale 2019 e a VIVA EXCON 2018. La sua più importante mostra personale è stata Signs of Voices presso il Kyoto Art Center, Kyoto (2016). Tra le mostre collettive a cui ha preso parte ricordiamo KYOTO STEAM 2022, Kyoto Kyocera Museum of Art, Kyoto (2022) e WAYS OF TELLING, presso la Tokyo Shibuya Koen-dori Gallery, Tokyo (2021). Il suo lavoro è vario e prolifico e spazia dalle collaborazioni con Christian Marclay, Yasunao Tone e Ryuichi Sakamoto ai laboratori presso il National Museum of Art di Osaka, fino alle apparizioni televisive e cinematografiche.

CHIKAKO YAMASHIRO

Chikako Yamashiro (Okinawa, 1976) consegue l'MA presso la Graduate School of Formative Arts, Okinawa, Prefectural University of Arts, con una laurea in Environmental Design, 2002. Yamashiro ha scelto come soggetto della sua arte la nativa Okinawa, inserendola in video e lavori fotografici. Le mostre più recenti a cui ha partecipato includono una mostra personale, *Reframing the land / mind / body-scape*, Tokyo Photographic Art Museum (2021); *Chinbin Western*, Dundee Contemporary Arts, UK (2021) e una collettiva: Tokyo Contemporary Art Award 2020-2022, Museum of Contemporary Art Tokyo (2022). Le pubblicazioni selezionate comprendono: *Chikako Yamashiro, Tokyo Arts and Space*, Museum of Contemporary Art Tokyo (2022); *Circulating World. The Art of Chikako Yamashiro*, Yumiko Chiba Associates (2016); *Chikako Yamashiro*, Yumiko Chiba Associates (2012); *MAM Project 018: Chikako Yamashiro*, Mori Art Museum (2012). Tra i riconoscimenti ricevuti: il premio per nuovi artisti al 72° Premio del Ministero dell'Istruzione per le Belle Arti (2022); Tokyo Contemporary Art Award, 2020-2022; Premio ZONTA alla 64a edizione dell'International Short Film Festival Oberhausen (2018); Grand Prize all'Asian Art Award 2017 con il contributo di Warehouse TERRADA (2017).

Biographies of the Artists

MAKOTO AIDA

Makoto Aida (Niigata Prefecture, 1965) graduated in 1991 from Tokyo University of the Arts' Fine Art Department with a BFA and MFA in oil painting. His works in such varied fields as painting, photography, film, sculpture, performance, installation, literature and manga have been exhibited widely both within Japan and abroad. His prolific practice freely traverses historical and societal boundaries, the contemporary and the pre-modern, east and west, addressing thematic concerns such as the beauty of young girls, war propaganda paintings and Japan's "salaryman" culture. His distinctive style featuring elements of bizarre contrast or scathing critique has earned him a sizeable following amongst people of all ages.

Significant solo exhibitions in recent years include *Monument for Nothing*, Mori Art Museum, Tokyo (2012-2013); *The Non-Thinker*, Château des ducs de Bretagne, Nantes (2014); *So, This Is What They Call 'Still Alive'*, Niigata Prefectural Museum of Modern Art, Japan (2015) and *GROUND NO PLAN*, Aoyama Crystal Building, Tokyo (2018).

DUMB TYPE

Founded in Kyoto, 1984, Dumb Type is comprised of artists from diverse backgrounds – visual art, music, video, dance, design, computer programming and other fields – all contributing to a great variety of stage and installation productions over the years. They have maintained an open-ended creative style with no fixed director and a changing roster of members participating in each new production as part of their on-going exploration of ever new possibilities in artistic collaboration.

Their work has been presented in numerous festivals and exhibitions, including Biennale di Venezia (2022); solo exhibition at Centre Pompidou-Metz, France (2018); Museum of Contemporary Art Tokyo (2019-2020) and Haus der Kunst, Munich (2022).

KOTA TAKEUCHI

Finger Pointing Worker has no background information, including date of birth, but his representative Kota Takeuchi (1982) is an artist based in Tokyo and Fukushima.

Since he exhibited Finger Pointing Worker's video work in his solo show *Open Secret*, SNOW Contemporary, Tokyo (2012), he states he is the representative agent of FPW and shows his video in many group exhibitions, including *Splitting Atom*, CAC/SMK Centre for Contemporary Art and Energy & Technology Museum, Vilnius (2020); *Japanorama. A new vision on art since 1970*, Centre Pompidou-Metz, Metz (2017). Kota Takeuchi also produces videos, photos, sculptures and installations as an artist, exploring the relationship between media and human nature. His works give simulated sharing experiences with the artist himself and the viewers.

Recent activities include solo exhibitions such as *Body is not Antibody*, SNOW Contemporary, Tokyo (2019) and *Beyond the Beach*, Iwaki City Art Museum, Fukushima (2022). Group exhibitions including *MOT Collection: Journals Special Exhibit*, Museum of Contemporary Art Tokyo (2017) and 6th Asian Art Biennial, National Taiwan Museum of Fine Arts, Taichung (2017).

MARI KATAYAMA

Mari Katayama (Saitama, 1987, raised in Gunma), graduated with a Master's degree from the Department of Intermedia Art at Tokyo University of the Arts in 2012. Suffering from congenital tibial hemimelia, Katayama had both her legs amputated at the age of nine. Since then, she has created numerous self-portraits, alongside embroidered objects and decorated prostheses, using her own body as a living sculpture. In addition to her creative art, she has also worked as fashion model, singer and keynote speaker at international events.

Her major exhibitions include *Home Again* (Maison Européenne de la Photographie, Paris, France, 2021); "58th Venice Biennale 2019" (Giardini and Arsenale, Venice, Italy); *Broken Heart* (White Rainbow, London, 2019); *Photographs of Innocence and of Experience – Contemporary Japanese Photography Vol. 14* (Tokyo Photographic Art Museum, Tokyo, 2017); *Roppongi Crossing – My Body, Your Voice* (Mori Art Museum, Tokyo, 2016); Aichi Triennale 2013 (Nayabashi, Aichi).

Public collections include Tate Modern (London, UK), Collection Antoine de Galbert (Paris, France); Mori Art Museum (Tokyo, Japan);

Arts Maebashi (Gunma, Japan) and Tokyo Photographic Art Museum (Tokyo, Japan). She received Higashikawa Award for The New Photographer category in 2019 and Kimura Ihei Award in 2020. Her major publications include *GIFT* (United Vagabonds, 2019).

MEIRO KOIZUMI

Meiro Koizumi (Gunma, 1976) lives and works in Yokohama, Japan. Koizumi is an artist who blends reality and fiction in experimental videos and performances that explore the relationships between the state, the collective, and the individual, as well as the human body and its emotions. His solo exhibitions include *Prometheus Bound*, Kanazawa 21st Century Museum, Japan (VR performance); *Battlelands*, Perez Art Museum Miami (2018); *Portrait of a Failed Silence*, MUAC, Mexico City (2015); *Trapped Voice Would Dream of Silence*, Arts Maebashi, Maebashi, Japan (2015) and *Project Series 99: Meiro Koizum*i at Museum of Modern Art, New York (2013). Recent group shows include Aichi Triennale (2019); *Leaving the Echo Chamber*, Sharjah Biennale 14 (2018); *Proregress*, 12th Shanghai Biennale (2018); the 9th Asia Pacific Triennale, Brisbane (2018). He received Artes Mundi 9 Prize in 2021.

YUKO MOHRI

Yuko Mohri (Kanagawa, 1980) lives and works in Tokyo. Mohri's art seeks to make invisible energy such as electricity, magnetism, and motion visible. In her installations and sculptures she works not to compose or construct but to call attention to "phenomena" that constantly shift according to various conditions such as the environment. In recent years she has also explored this idea through video and photography.

Recent personal exhibitions include *I/O (In Oslo)*, Atelier Nord, Oslo (2021); *Parade (a Drip, a Drop, the End of the Tale)*, Japan House São Paulo (2021); *SP. by yuko mohri*, Ginza Sony Park, Tokyo (2020); *Voluta*, Camden Arts Centre, London (2018) and *Assume That There Is Friction and Resistance*, Towada Art Center, Aomori (2018). She has also participated in international group exhibitions including the 23rd Biennale of Sydney (2022); 2021 Asian Art Biennial, National Taiwan Museum of Fine Arts, Taichung (2021); 34th Bienal de São Paulo, Ciccillo Matarazzo Pavilion, São Paulo (2021); Glasgow International 2021, The Pipe Factory, Glasgow (2021); the 9th Asia Pacific Triennial of Contemporary Art (2018) and 14th Biennale de Lyon (2017).

SABURO MURAOKA

Saburo Muraoka (Osaka, 1928-2013) was a Japanese modern and contemporary artist. At a young age he became fascinated by astronomy, which translated into an ongoing engagement with the sciences in his artistic practice.

He is known for his use of unusual materials such as iron, sulphur, salt, and oxygen cylinders, as well for his aesthetic engagement with dynamic qualities like heat, vibration, and decay to capture "the delicate equilibrium of both life-forming and destructive natural forces". Despite Muraoka's primary reputation in sculpture, his practice spanned many different media over his career and particularly during the 1970s when he experimented with photography, drawing, video and audio.

Notable exhibitions include the 44th Venice Biennale, Japan pavilion (1990); *Saburo Muraoka: Salt/Heat/Oxygen*, a retrospective at the National Museum of Modern Art, Tokyo (1997), which subsequently travelled to The National Museum of Modern Art, Kyoto (1998). and. His work is in the permanent collections of The National Museum of Art, Osaka; The National Museum of Modern Art, Tokyo; The Museum of Contemporary Art, Tokyo; and Toyota Municipal Museum of Art, among other art museums.

YOKO ONO

Yoko Ono (Tokyo, 1933) moved to New York in 1953, following her studies in philosophy. She returned to Tokyo in 1962, working on various concerts, performances, films, as well as writing and publishing *Grapefruit*, a collection of her conceptual art ideas, before coming back to New York in 1964. She then went on to London in 1966, thereafter returning to New York again in 1971, where she has since resided.

Ono is an artist whose thought-provoking work challenges people's understanding of art and the world around them. From the beginning of her career, she was a Conceptualist whose work encompassed performance, instructions, film, music, and writing. Today, she is widely recognized for her groundbreaking films, her radical music and art, as well as her performance art.

Ono's major touring exhibitions have travelled worldwide, including the United States, Canada, Japan and Korea, as well as Europe. In recent years she has held solo exhibitions at The Museum of Modern Art, New York (2015); Museum of Contemporary Art, Tokyo (2015); Faurschou Foundation, Beijing (2015); MAC Lyon (2016); Hirshhorn Museum and Sculpture Garden, Washington D.C. (2017); MdbK, Leipzig (2019); Poetry Foundation, Chicago (2019); Moscow Museum of Modern Art (2019); Serralves Museum of Contemporary Art, Porto (2020); Vancouver Art Gallery (2021); Kunsthaus Zürich (2022); Kaunas Picture Gallery (2022).

In 2009, Ono received the Golden Lion for Lifetime Achievement from the Venice Biennale.

LIEKO SHIGA

Lieko Shiga (Aichi, 1980) has lived and worked in Miyagi, Japan since 2008. She graduated from Chelsea College of Art and Design, London in 2004.

In her work she continues to pursue the relationship between society and nature, to think about life through imagining death, and after the Great East Japan Earthquake, to purse the inner reality of the madness of the human mind and body that she feels continues to be suppressed by the earthquake reconstruction plan promoted by the national government and big corporations. Recently she has been holding regular open studios at Studio Parlor, a creation space in Miyagi Prefecture, as well as workshops and talks cooperated by the members of the art collective PUMPQUAKES.

Main group exhibitions include *Off the Wall*, The Museum of Modern Art, San Francisco (2021); *Tsumazuki no Niwa*, Kyu Kankeimaru Shoten, Ishinomaki (2022). Main solo exhibitions include *Human Spring*, Tokyo Photographic Art Museum, Tokyo (2019). In 2021 she received the Tokyo Contemporary Art Award (TCAA) 2021–2023.

CHIHARU SHIOTA

Chiharu Shiota's (Osaka, 1972; currently based in Berlin) inspiration often emerges from a personal experience or emotion which she expands into universal human concerns such as life, death and relationships. She has redefined the concept of memory and consciousness by collecting ordinary objects such as shoes, keys, beds, chairs and dresses, and engulfing them in immense thread structures. She explores this sensation of a 'presence in the absence' with her installations, but also presents intangible emotions in her sculptures, drawings, performance videos, photographs and canvases.

Her work has been exhibited at international institutions worldwide including the ZKM, Karlsruhe (2021); Mori Art Museum, Tokyo (2019); Gropius Bau, Berlin (2019); Art Gallery of South Australia (2018); Power Station of Art, Shanghai (2017); K21, Düsseldorf (2015); Smithsonian Institution, Washington DC (2014); the Museum of Art, Kochi (2013); and the National Museum of Art, Osaka (2008) among others. She has also participated in numerous international exhibitions such as the Oku-Noto International Art Festival (2017); Sydney Biennale (2016) and Yokohama Triennale (2001). In 2015, Shiota was selected to represent Japan at the 56th Venice Biennale.

KAZUO SHIRAGA

Kazuo Shiraga (Amagasaki, 1924-2008) was a Japanese abstract painter and the first-generation member of the postwar artists collective Gutai Art Association. He entered the Kyoto City Technical School of Painting (now known as Kyoto City University of Arts), where he majored in traditional Japanese painting. As a Gutai member, he was a prolific, inventive, and pioneering experimentalist who kept exploring painting, while practicing experimental actions in order to expand the possibilities of the media, many of which are preserved only in documentary photos and films. Shiraga is best known for his abstract paintings, or the so-called "foot paintings", which he created by spreading oil paint initially on paper and later on canvas with his feet. His works were presented from the 1980s onwards in an increasing number of major survey exhibitions of postwar Japanese art and Gutai retrospectives, including *Japon des avant-gardes 1910–70* at Centre Pompidou, Paris (1986). Shiraga's first solo exhibition at a major museum took place at the Hyogo Prefectural Museum of Modern Art (1985). Retrospective exhibitions of his work were held at the Amagasaki Cultural Center (1989) and at the Hyogo Prefectural Museum of Modern Art (2001). He was awarded the Hyogo Prefectural Cultural Prize in 1987, the Distinguished Service Medal for Culture in 2001, and the Osaka Art Prize in 2002.

KISHIO SUGA

Kishio Suga (Morioka city, Iwate Prefecture, 1944) in 1968 graduated from the Department of Painting at Tama Art University and served as a central member of the art movement Mono-ha that took place from the late 1960s to the 1970s.

Since his first solo exhibition in 1968, Suga has presented work on over 400 occasions in numerous exhibitions both within Japan and abroad. His major exhibitions include 38th Venice Biennale (1978); *Mono-ha: School of Things*, Kettle's Yard, University of Cambridge (2001); *Tokyo 1955-1970: A New Avant-Garde*, Museum of Modern Art, New York (2012); *Kishio Suga*, Dia: Chelsea, New York (2016); *Situations*, Pirelli HangarBicocca, Milan (2016); *Karla Black and Kishio Suga*, Scottish National Gallery of Modern Art, UK (2016); 57th Venice Biennale *Viva Arte Viva* (2016).

Suga's works are housed in numerous prominent museums including the Centre Pompidou, Dia: Chelsea, Tate Modern, Dallas Museum of Art, M+, The Museum of Modern Art, Guggenheim Abu Dhabi, The Scottish National Gallery of Modern Art, and the Museum of Contemporary Art, Tokyo.

ATSUKO TANAKA

Atsuko Tanaka (Osaka, 1932-2005) was an avant-garde artist, a central figure of the Gutai Art Association from 1955 to 1965. She studied at the Art Institute of Osaka Municipal Museum of Art after dropping out of Western Painting at Kyoto Municipal College of Art (now known as Kyoto City University of Arts).

Tanaka's abstract paintings, sculptures, performances and installations challenged conventional notions of how works of art should appear or "perform". Her use of everyday materials, such as factory-dyed textiles, electric bells, and light bulbs revealed the artistic beauty of mundane objects.

Tanaka's solo exhibitions at major museums include *Atsuko Tanaka Exhibition*, Gutai Pinacotheca, Osaka (1963); *Atsuko Tanaka Exhibition*, Minami Gallery, Tokyo (1963); *ATSUKO TANAKA*, Minami Gallery, Tokyo (1972); *10th Solo Exhibition of Atsuko Tanaka*, Asahi Gallery, Kyoto (1978); *Atsuko Tanaka: Peintures*, Galerie Stadler, Paris (1987); *Atsuko Tanaka Exhibition*, Gallery Takagi, Nagoya (1994); *Atsuko Tanaka: Search for an Unknown Aesthetic, 1954-2000*, Ashiya City Museum of Art and History and Shizuoka Prefectural Museum of Art (2001); *Electrifying Art: Atsuko Tanaka 1954-1968*, Grey Art Gallery, New York (2004); *Atsuko Tanaka: The Art of Connecting*, Ikon Gallery, Birmingham and further venues (2011-2012). Tanaka's works have been shown in international exhibitions, including documenta 12, Kassel (2007).

YUI USUI

Yui Usui (Tokyo, 1980) creates two-dimensional and three-dimensional works using familiar materials such as fabric, while focusing on handcraft techniques. Throughout her practice she engages in efforts to interpret and understand society, culture, and history from numerous angles centering on perspectives of women and work, producing works that serve to generate relationships and criticism regarding these concerns.

She has recently presented works at exhibitions including *Everywhere Gather Yourself Stand*, SCAI PIRAMIDE, Tokyo (2022); *Feminisms*, 21st Century Museum of Contemporary Art, Kanazawa (2021-2022); Saitama Triennale 2020, Saitama (2020); Aichi Triennale 2019, Nagoya City Art Museum, Nagoya (2019). Her major solo exhibitions include *Fundamentals*, CADAN YURAKUCHO, Tokyo (2021); *Shadow work*, Kurumaya Museum of Art, Tochigi (2016).

FUYUKI YAMAKAWA

Fuyuki Yamakawa (London, 1973) is a performance artist, sound artist and musician who lives in Yokohama and Tokyo, Japan. At three years of age his family relocated from London, where his father was an anchor and correspondent for Fuji Television, to Yokohama, Japan, before moving to the United States where Yamakawa attended middle school.

He is known for his multi-tonal Khoomei singing and musical happenings that amplify the sound of his heartbeat and other body sounds using instruments such as stethoscopes and bone-conduction devices.

His work has been presented at the Centre Pompidou-Metz, Metz (2017) and the Biennale Danza, Venice (2006, 2007). Yamakawa has exhibited and performed in various locations in Japan, Singapore and South Korea as well as at The Kitchen, New York (2007); Paddington Town Hall, Sydney (2011); Centre de Cultura Contemporània de Barcelona, Spain (2010), among other venues.

AMI YAMASAKI

Ami Yamasaki (Ehime Prefecture, Japan) is a voice and visual artist who creates installations, performance pieces and directs films. She uses her ears, vocal cords and skin to perceive her own voice and the echoes it makes. Using a method similar to echolocation to recognize a space, she transforms it through a type of acoustic shading. Working with performance and installations, she questions how the world is created. These questions also stem from her interest in quantum physics and her collaboration with scientists in this field.

She was a grantee of Asian Cultural Council (2017) and Asian Fellow of Asia Center Japan Foundation (2018). She has recently staged work in Setouchi Triennale 2019, *VIVA EXCON 2018*. Her main solo show was *Signs of Voices*, Kyoto Art Center, Kyoto (2016). Group shows include *KYOTO STEAM 2022*, Kyoto Kyocera Museum of Art, Kyoto (2022) and *Ways Of Telling*, Tokyo Shibuya Koen-dori Gallery, Tokyo (2021). Her work is diverse and prolific, ranging from collaborations with Christian Marclay, Yasunao Tone, and Ryuichi Sakamoto, workshops at The National Museum of Art Osaka, as well as television and film appearances.

CHIKAKO YAMASHIRO

Chikako Yamashiro (Okinawa, 1976) achieves MA from Graduate School of Formative Arts, Okinawa, Prefectural University of Arts, majoring in Environmental Designs, 2002. Yamashiro takes her native Okinawa as subject of her art to create video and photographic work. Recent exhibitions include a solo show, *Reframing the land / mind / body-scape*, Tokyo Photographic Art Museum (2021); *Chinbin Western*, Dundee Contemporary Arts, UK (2021) and a group show, *Tokyo Contemporary Art Award 2020-2022*, Museum of Contemporary Art Tokyo (2022). Selected publications include: *Chikako Yamashiro*, Tokyo Arts and Space, Museum of Contemporary Art Tokyo (2022); *Circulating World. The Art of Chikako Yamashiro*, Yumiko Chiba Associates (2016); *Chikako Yamashiro*, Yumiko Chiba Associates (2012); *MAM Project 018: Chikako Yamashiro*, Mori Art Museum (2012). Selected Awards include: the newcomer's prize at the 72nd Minister of Education Award for Fine Arts (2022); Tokyo Contemporary Art Award, 2020-2022; ZONTA Prize at 64th International Short Film Festival Oberhausen (2018); Grand Prize at the Asian Art Award 2017 supported by Warehouse TERRADA (2017).

Opere in mostra / Exhibited Works

MAKOTO AIDA
The video of a man calling himself Bin Laden staying in Japan
2005

MAKOTO AIDA
The video of a man calling himself Japan's Prime Minister making a speech at an international assembly
2014

DUMB TYPE
LOVE/SEX/DEATH/MONEY/LIFE
2018

FINGER POINTING WORKER / KOTA TAKEUCHI
Pointing at Fukuichi Live Cam
2011

MARI KATAYAMA
caterpillar
2012

MARI KATAYAMA
in my room #001
2009

MARI KATAYAMA
white legs #001
2009

MARI KATAYAMA
you're mine #002
2014

MARI KATAYAMA
in the water #001
2019

MARI KATAYAMA
ashio copper mine #002
2018

MARI KATAYAMA
ashio copper mine #004
2018

MARI KATAYAMA
ashio copper mine #003
2018

MARI KATAYAMA
ashio copper mine #008
2018

MARI KATAYAMA
objects #001 – little high heel
2018

MARI KATAYAMA
Thus I exist #001
2015

MEIRO KOIZUMI
We Mourn the Dead of the Future
2019

YUKO MOHRI
Moré Moré (*Leaky*): *Variations*
2022

SABURO MURAOKA
Body Temperature
2010

SABURO MURAOKA
Thermal Cutting
2003

YOKO ONO
Cut Piece
1964/1965

LIEKO SHIGA
Human Spring
2018-2019

CHIHARU SHIOTA
Empty Body
2022

CHIHARU SHIOTA
Bathroom
1999

KAZUO SHIRAGA
Chishinsei Shutsudoko
1960

KISHIO SUGA
Jou-en/Edges of Site
2020-2022

ATSUKO TANAKA
Work
1960

ATSUKO TANAKA
Work
1957

ATSUKO TANAKA
Work
1957

YUI USUI
in vitro
2019

FUYUKI YAMAKAWA
The Art of Bodily Noises
2022

AMI YAMASAKI
Here (*Qui*), *You* (*Tu*), *Hear* (*Senti*)
2022

CHIKAKO YAMASHIRO
Mud Man
2016

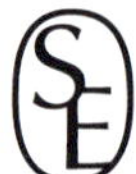

Silvana Editoriale

Direttore generale
/ Chief Executive
Michele Pizzi

Direttore editoriale
/ Editorial Director
Sergio Di Stefano

Art Director
Giacomo Merli

Coordinamento
redazionale
/ Editorial Coordinator
Natalia Grilli

Progetto grafico
/ Graphic Design
studio òbelo
Claude Marzotto
Maia Sambonet
Alice Guarnieri

Redazione / Copy Editing
Cristina Pradella

Traduzione / Translation
Laura Melosi,
Silvia Savojni,
Elizabeth Burke per / for
NTL, il Nuovo Traduttore
Letterario, Firenze

Coordinamento di
produzione
/ Production Coordinator
Antonio Micelli

Segreteria di redazione
/ Editorial Assistant
Giulia Mercanti

Ufficio iconografico
/ Photo Editor
Silvia Sala

Ufficio stampa
/ Press Office
Alessandra Olivari,
press@silvanaeditoriale.it

Available through
ARTBOOK | D.A.P.
155 Sixth Avenue, 2nd Floor
New York, N.Y. 10013
T (212) 627-1999
Fax (212) 627-9484

ISBN 9788836653973

Silvana Editoriale S.p.A.
via dei Lavoratori, 78
20092 Cinisello Balsamo,
Milano
T 02 453 951 01
silvanaeditoriale.it

Le riproduzioni, la stampa
e la rilegatura sono state
eseguite in Italia
/ Reproductions, printing
and binding in Italy
Stampato da / Printed by
Grafiche Peruzzo
Mestrino (PD)
Finito di stampare nel
mese di marzo 2023
/ Printed in March 2023

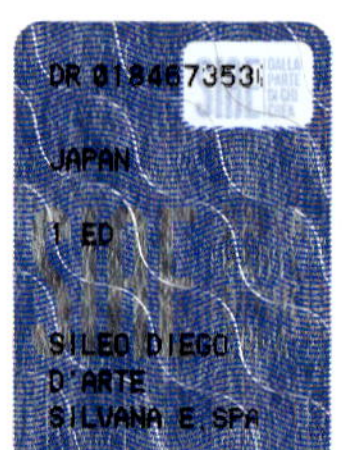

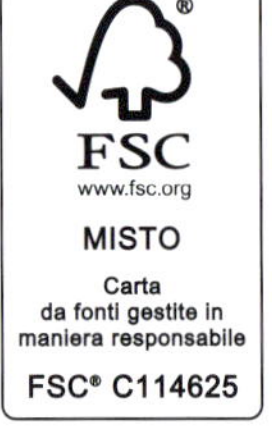